1898年的夏日

一个德国记者的中国观察

保罗·戈德曼 / 著　吴伟栗 / 译

人民文学出版社

Erste und zweite Auflage：
Frankfurt a. M,
Literarische Anstalt
Rütten & Loening
1899

根据 Rütten & Loening, Frankfurt 版本译出。

图书在版编目（CIP）数据

1898年的夏日：一个德国记者的中国观察/（德）保罗·戈德曼著；吴伟栗译. —北京：人民文学出版社，2022（2023.2重印）
 ISBN 978-7-02-016525-4

Ⅰ.①1… Ⅱ.①保…②吴… Ⅲ.①中国历史—史料—1898 Ⅳ.①K252.06

中国版本图书馆 CIP 数据核字（2021）第 229283 号

责任编辑　付如初
装帧设计　刘　静
责任印制　任　祎

出版发行　人民文学出版社
社　　址　北京市朝内大街 166 号
邮政编码　100705

印　　刷　北京盛通印刷股份有限公司
经　　销　全国新华书店等

字　　数　393 千字
开　　本　710 毫米×1000 毫米　1/16
印　　张　28.5　插页3
版　　次　2022 年 1 月北京第 1 版
印　　次　2023 年 2 月第 2 次印刷

书　　号　978-7-02-016525-4
定　　价　68.00 元

如有印装质量问题，请与本社图书销售中心调换。电话：010-65233595

出 版 说 明

1898年,是中国近代史上一个重要的年份。

1898年3月6日,清政府与德国签订了《胶澳租借条约》。4月10日,德国记者保罗·戈德曼受《法兰克福报》指派,从意大利热那亚港出发,对中国进行采访。

戈德曼乘坐的德国"普鲁士号"远航机械船出发后,穿越地中海,经由埃及、苏伊士运河、亚丁湾,远航至欧洲式东方新城——新加坡。而后,他从香港登陆,经广州、上海,一直深入到中国腹地,进行详尽考察。途中,他先后采访了时任广东总督秘书兼厘金局长王存善、上海道台蔡钧。从上海又沿长江乘船而下,在镇江、汉口、武昌等地停留。

在汉口,戈德曼参观了欧洲在中国内地建立的商业机构与修道院。在武昌,考察了湖广总督张之洞所聘德国教官主持训练的新式军队。在胶州湾的青岛、威海、芝罘(烟台)等地,深入探访了刚刚纳入德国租界的胶州地区。

戈德曼此行所见到的中国近代史人物颇多。在烟台,他与原清政府驻欧洲外交官陈季同相遇。这是一位曾在欧洲大力推广中国文化的近代史重要人物。在天津,他采访了清政府的陆军总领、直隶总督荣禄。在北京,他拜访了刚刚下野的李鸿章。

他记下的所闻所见,对于我们了解19世纪末沿途城市的风光风貌以及中国社会的面貌,有一定的帮助。尤为可贵的是,在书中,戈德曼对他所接触到的中国人民的勤劳、勇敢、智慧给予了高度肯定。他当时曾预言:上海会以数十年的努力,成为东方一座伟大的城市。这个预言后来成为了现实。

在书中,他也以记者的客观,披露了最初中国铁路规划过程中,欧洲列强资本竞争的内幕,以及中国经济与欧洲经济相融相斥的情况和列强之间的利益纷争。通过与清政府不同级别官员的互动,他记录下清末官员对改革和与西方合作的不同主张,以及民间对这种主张的不同反应。

保罗·戈德曼在中国的这段采访记录,观察细微,文笔优美,对中国民间和中国老百姓的认可度也很高。这在当时的历史条件下,很难能可贵。时隔百年,这本书能够被发现、翻译、出版,也是有意义、有价值的。

保罗·戈德曼作为德国记者,对中国是持友好态度的,在反对纳粹等重大历史问题上,他的立场和气节也是令人赞赏的,但我们也必须注意到,在这本书中,他是站在德国的视角看中国的,有时候表达就难免会沾染一些殖民的色彩,某些时刻甚至会流露出殖民者的口吻。这显然是一种历史局限,也是他的偏见,所以我们中国读者在肯定这本书的历史史料价值的同时,还需要对殖民化表达提高警惕,需要持批判的立场去阅读与理解相关内容。

读史以明志。放眼今天,我们的生活发生了翻天覆地的变化,多灾多难的古老中国终于摆脱了受制于人的厄运,迎来了崭新而令人振奋的局面。

中国与世界,处在一个命运共同体中,我们需要历史的沟通、文化的沟通,需要消除偏见,需要相互尊重。这也是这样一部史料著作在今天出版的另一种价值和意义所在。

人民文学出版社

// 目 录

第 一 章　登船"普鲁士号"　// 1

第 二 章　复活节早晨在塞得港苏伊士运河　// 11

第 三 章　红海—亚丁　// 21

第 四 章　科伦坡的一日一夜　// 32

第 五 章　新加坡　// 42

第 六 章　香港　// 52

第 七 章　往广东与沙面的珠江上　// 65

第 八 章　广东　// 78

第 九 章　王道台的招待会,广东总督的秘书　// 98

第 十 章　从香港到上海　// 108

第十一章　上海　// 123

第十二章　拜会上海蔡道台　// 141

第十三章　中国夜生活　// 149

第十四章　关于中国铁路　// 164

第 十 五 章　在中国的德国军事教官　// 183

第 十 六 章　中国的报章媒体　// 195

第 十 七 章　长江上　// 202

第 十 八 章　汉口　// 218

第 十 九 章　武昌　// 228

第 二 十 章　胶州印象　// 242

第二十一章　北直隶海湾　// 277

第二十二章　陈季同将军　// 296

第二十三章　从芝罘去天津　// 306

第二十四章　天津　// 325

第二十五章　天津武备学堂　// 351

第二十六章　在天津拜访直隶总督　// 359

第二十七章　北京危机　// 373

第二十八章　拜访李鸿章　// 390

第二十九章　北京　// 402

第 三 十 章　回家　// 436

后　记　// 443

第一章　登船"普鲁士①号"

一八九八年四月十日

热那亚—那布勒斯—塞得港途中

易碎品—"普鲁士号"—启程—德法蒸汽船—少许食物—船舰协会—船长—繁忙的船—行政官员—高等服务员—离开欧洲

在热那亚②港口边上，行李工人们忙着把小纸箱装船。整个搬运行李的流程是再简单不过了，那就是把行李丢弃到停泊在石阶尽头的船上而已。难道行李不会因此而掉入水中吗？这的确是有可能的，而且也时常会发生。掉入水里的行李箱在喧闹声中被打捞上来时，那些看似英勇的码头工人，情绪也随之沸腾了起来。他们不懂得整件事情的荒谬之处，因为每一个滚下石阶的箱子上面，都清清楚楚地漆着德文"易碎品"字样。我对要带我去登船的渡船人说，如果他能够用其他方式把我的行李送到船上，而不是把它们丢下石阶，我心里会舒服些。他会意地对我眨了眨一只眼睛，另一只眼睛则半开半闭地说：没有四个里拉他就无法为我渡船，即便我是他的亲兄弟也不能再便宜了。我们在讨价还价的过程中，甚至连圣母马利亚都搬了出来。我把一个里拉攥在手里，说这是我仅存的意大利钱，他如果不想要，那我就待在陆地上；

---

① 普鲁士，中世纪至第一次世界大战结束为止，存在于欧洲中北部的一个国家或地区，在历史上是德意志统一以及德意志帝国立国的主要力量。普鲁士之含义在不同时期有变迁。
② 热那亚（Genua）是意大利北部的港口城市，属于利古里亚大区，是该大区首府，并且是意大利第六大城市。

他要是不相信我的话，那么事情可能会变得有些棘手。但是，最后他还是把那一个里拉收进了他的口袋里，将我的行李稳稳当当地放到了船上，并奋力摇桨向前划去。

我们的小船在锚链和松动的缆绳下方滑行，一下往右弯，一下往左转，甚至，还差点撞上其他船只。"普鲁士号"这艘北德航运公司的大型东亚航线蒸汽船，她停泊得实在是有些远。顺带一提的是：在英文语法中所有的船都用代名词"她"，而德文的蒸汽船是阳性冠词"他"，船是中性冠词，普鲁士王国也是中性冠词。但是，为什么这艘"普鲁士号"却是阴性冠词"她"呢？我不知道为什么，不过大家都是这么说的。

"普鲁士号"停泊在远处，你只有靠近了才能看清她的全貌。首先，必须得绕过停泊在热那亚港内的"珀修斯①号"，接着看到一艘巨大而修长的白色船以及两个深黄色的烟囱。当人们看着她的船首，会看到 Llyod 的标记刻印在锚上面，也就是不来梅皇冠搭配着钥匙。另一侧大船的舷梯已经放下来了，一艘小船牵着其他小船，有些船上飘扬着黑白红的三色旗帜②。

人们登上舷梯，然后站在上面，周围尽是启程前最后几个小时熙熙攘攘的热闹场面。我有个奇异的感觉：这里的人们在某些方面，并没有协助要去中国的人，他们也相当习惯这件事情。有人问友善的服务员哪里是分配好的客舱。我穿越长长的通道，这让人想起大酒店中的长廊，这里不时还听到某处有小孩的嬉笑声。通道统统都是白色的，干净得闪闪发亮。船的内部设施都是明光锃亮的，这使得船舱的友善度一下子提高了不少。服务员开门说："请进！这就是您的客舱。"这将是我接下来几周的住处。这房间是如此地宽敞，以至于我感觉有可能是在另外一艘船上。床之外还有一个沙发，以及几件木制家具，事实上这

---

① 珀修斯，拉丁文 Perseus，亦作珀耳修斯，是希腊神话中宙斯和达那厄的儿子。
② 1866 年的普奥战争之后，普鲁士国王领导的北德意志联邦采用黑、白、红三色旗为联邦旗。黑白红三色旗后来也成为 1871 年德意志统一后的德意志帝国（德意志第二帝国）的国旗，并一直使用到 1918 年一战结束。

只是一个小房间,但是,却让我觉得气势非凡,让我回想起第一次海上旅行。那是搭乘意大利的船,船上必须要打开窗户,才会有足够的空间刷牙。

甲板上有个礼拜堂,尽管是一支只有八个人的乐队,但是他们打击得很用力,大鼓的回音震动着整个船壁。此刻,从热那亚港某个教堂尖顶传来了深邃、轰隆隆的钟声,普鲁士号启动的铃声以清脆嘹亮的声音"叮!叮!叮!"回应着,锚链开始叮当作响着收起,船准时启动了。灯塔从我们的左边缓慢滑过,还有一座山丘以及山丘上的老建筑,那里可能是一间有着浓密灌木丛的修道院。我们就这样出港了。

一艘小小的船跟着我们的大船一起同向航行,一位女士撑着白色的阳伞站在上面。她挥了挥手帕:"再会!再会!"很快,她的阳伞便成为水上的一个白点。热那亚港在我们的后方,海岸线沿着绵延的山脉展开,处处闪烁着房屋的灯光。海水的波动如同深呼吸,让船也跟着潮起潮落。

有人对我这个航海新手保证,上下摆动的船身很快就不会恼人了,可是我足足等了八九天,这个承诺依旧没有实现。令我难以适应的是:上面站着人的甲板,突然离开脚底,又总是像后悔一样,重新回到脚下。

"普鲁士号"是一艘富丽堂皇的船,船舱内装潢优雅宜人,到处挂满了画、到处都是镀金的饰品。客厅以樱桃色的丝绸布置,吸烟室还镶着锃亮的黄木。以白色及金色装潢的餐厅,可以同时容纳八十人,靠十二个舷窗与天花板中间的彩色玻璃采光。当然,所有的房间以及客舱都有电灯。当人们散步于甲板之上,绕着头等舱专属的俱乐部圆环,它占地宽敞而洁白得不可思议(这让人相信每个污点都被去渍油洗掉了)。头顶用木头以及帆布覆盖了二三层,以遮蔽热带地方较晚升起的太阳照射——所有乘客们能想到的都已经被考虑得很周到。这艘船拥有自己的烘焙坊、点心坊、肉铺、洗衣房(我看到有中国人在此服务)、药局、印刷店、发廊,还有许多提供冷热水的浴室等等。甚至小孩子也有自己的活动空间,在那里边可以爱叫多大声就叫多大声(可惜我们在甲板上听到的可是相当大声)。每一层甲板,第一层、第二层都还有一个给小孩子的秋千——虽然搭这艘船就已经很像是在玩一个大的秋千了。

第二层提供的服务设施对于乘客而言不亚于第一层,只是房间少了一点点奢华的东西。第三层的下等舱也被布置得井然有序并且干干净净,这就是德国船与法国船的区别。后者所有东西都是为了头等舱的乘客,只留下很少的东西给下等舱级的乘客。哭吧,谁叫你没有钱呢!在法国,她的国家就是按照这个原理运作的,社会也是依照这样来组织的。难怪同样是法国船的标准设置,在德国至少比较有民主精神,人们会顾及其他等级舱的乘客。

我们一整天都在吃饭,从早上很早就开始,直到夜幕降临很晚才结束。每天三次大餐:早上这个时候人们就已经喝咖啡配二三盘肉了,再来就是中午及晚上的餐食,这中间还有许多咖啡与茶水点心可用。尽管三餐的时间间隔很短,不过考虑到人们还是会有可能肚子饿了找不到东西吃,所以在这些间隔时间,船上又供应着许多奶油餐包。夜晚,当先生们在吸烟室坐着吞云吐雾,啤酒杯与威士忌放在桌上时,服务生还会提供三明治。如果说唯一可以摆脱进食的时刻,那就是躺在床上睡觉之时。但是,让人更为惊奇的是,当你睡着了,也会有某个步伐轻盈的服务员出现在客舱边,偷偷地把好吃的东西塞给你,让人无法逃出白天的习惯。

船上食物的准备维持在最高的标准。

"要小心。"一位桌友这样跟我说。他是从槟城①来的大商人,一个有经验的航海人,而且他经历过的事情,使得我年轻的航海热情一下子就减退了一些。他说:"要小心,在一周后,所有的人都会因为食物而

---

① 槟城(Penang),亦称槟州,是马来西亚十三个联邦州属之一,位于马来亚半岛西北侧。以槟威海峡为界,槟城分成槟岛和威省两部分,其中威省的东部和北部与吉打州为邻,南部与霹雳州为邻,而槟城西部则与印度尼西亚苏门答腊岛隔马六甲海峡相对。槟城州是由槟城岛及半岛威省共同组成。

抱怨。"

"为什么?"我问。

"因为,除此之外,他们什么事都不做。"他漫不经心地回答着。

"很好啊!"我说,"到目前为止味道还是很好的。我们这里有盘烤牛肉,这可是我人生中吃到的最鲜嫩的。"

槟城来的先生切了块儿烤牛肉,轻轻地放在自己的盘子里:"即使等一下,"他说,"这也是上好的热那亚牛。不过,当塞得港以及亚丁牛上桌的时候——这些牛拉了一辈子的车,那时候你等着瞧吧!"

"船上不是有小牛吗?"我试着反驳他。事实上甲板下面的确有两只小牛拴着,它们卧在一层稻草上,大大的眼睛对着湛蓝的大海眺望着。对于槟城来的先生而言,我声称有小牛显然是件有趣的事儿。

"你真能相信,"他回答,"我们航行的时间长到足以让两只小牛长大?"餐桌上的气氛很欢乐,蔓延到那个要去广东的老先生那儿,以及要去胶州青岛建港口的皇家建筑检查员那儿。要去广东的老先生心情特别愉悦。他把头上的黑帽子矫正好开始讲述有关法国的事情。他说了许多法国的好话,只是,有一个难处,他对名字没什么记忆力,一直在讲一位他那个时代常出现在报纸上的人物,不过那个人到底叫什么名字呢? 我们猜了许久终于知道了,原来他叫甘毕大①!

与此同时我的烤牛肉已经吃完了,于是就要点鸡蛋来吃,槟城来的先生摇了摇头,斥责说:"鸡蛋怎么能吃!"

我听了非常惊讶,鸡蛋竟然是个起争议的食材,我的经验正好相反。

"船上的鸡蛋都臭掉了。"槟城来的先生如此宣称。

尽管有先前小牛的例子,但我还是想要反驳他,在有小牛的那一层甲板也有鸡窝,这些有翅膀的家伙大声啼叫,搞得羽毛纷飞、乱七八糟,

---

① 莱昂·甘毕大(Gambetta),法国共和派政治家,出生于卡奥尔,父亲是热那亚的杂货商,母亲是法国人,15岁时因事故造成右眼失明,1857年在巴黎学习法律,1859年成为法庭律师,曾出任法国内政部长。

其中甚至有只公鸡,每天早上都以无与伦比的热情宣告太阳的升起。有时,当月亮在海上微微地发亮,它会误以为是太阳,便开始对着月亮高声啼叫。这个错误是可以理解的,但我觉得奇怪的是,它有时候会把大桅杆上的灯笼也误以为是太阳,这种混淆想必是因为年老的关系吧。希望我们不会吃到这只年老公鸡的肉。不过在另一方面,世界上没有什么可以阻止母鸡们每天下蛋的了,我把这信息提供给桌友听,试图让槟城来的那位先生,想想"船上的鸡蛋都是臭掉的"这种宣称是否正确?槟城来的先生不想接受这个反对意见,他完全是一个怀疑论者,无法理解船上的母鸡为了这艘船的乘客,即将会在某一天被宰杀,却仍然继续下蛋的理由是什么?"它们真是笨得可怜。"他这样说。除了槟城先生之外,我的桌友还有一位是在印度的商人,他是德国人,在印度开商店。此外,还有许多和蔼可亲的绅士来自英国。绅士们安静而且整齐划一。他们冷漠中带着亲和的面容,即使跟他漫无目的地聊天,大家的关系也不会变得熟络。他们给人精明又有效率的印象,从听他们讲述个人的生活与事业,你就知道他们一定相当干练。他们说:"只有那些做大事情的人,才能够勇敢地走出去。平庸的人则只会一代又一代的继续待在欧洲。"人们跟他们谈论着他们有房产与事业的遥远国度,那是相当具有启发性而且激励人心。这跟从书本上学习到的东西不同,他们谈话的内容更加直白,不会受任何谎言与文学形式的干扰,令人感觉更加真实。跟他们谈大理论是没有用的,一般来说他们并不会轻易认同任何理论,除非是自己生活中的亲身经历。他们习惯了不受阻碍地独立判断,尽管他们有时候免不了会有点太过主观。我必须要举槟城先生作为例子。我们在相互聊着旅行的时候,我提到了意大利。"那是一个没人会去的国家!"他说着。我露出了困惑的表情。"不过,"他继续说,"现在越来越少的人愿意相信这个事情了。"

还有一位先生想要去新加坡,想去换掉他的生意伙伴。另外一位先生则是从新加坡来的欧洲,在两趟蒸汽船航程期间,他很快就订婚然后结婚了,现在,他要把年轻的太太带回到新加坡。这位年轻人的太太是莱茵人,有着娴静美丽的特质,被所有印度先生认为是大家闺秀。

除此之外,我们这桌还有苏门答腊①德国庄园的主人,是一位英俊的男士,手指上戴满了发亮的戒指,领带夹闪亮到可以照亮海面。他像是剧场上扮演的庄园主一样(只差一顶大帽子),虽然有点唐突而高调,但是当你接近他的时候,你又能感觉到他其实很温和。在他旁边坐着一个高大的退伍中尉军官,他竟然相信鬼的存在。有一次,当他晚上去拜访朋友的时候,在莱比锡大街和弗里德里希大街的路口,他见到了一个黑色的身影,这位先生因此决定:不回家,去旅馆过夜。第二天早上他发现他公寓卧室的天花板塌了。"是个不错的不回家的借口!"槟城先生说。他什么都不相信。这位退伍中尉有点郁闷,有时候人们会见到他一个人在交谊舞厅的角落里叹气,并斩钉截铁地说:一切都会更好!只有在喝得烂醉如泥的晚上,他看起来才摆脱了心中的阴霾,并与这个世界言归于好。

我们这桌的主人是船长海恩兹(Herr Heintze)先生,他如同北德航运公司旗下其他的船长一样,安安稳稳地开着船。对乘客而言,他是一个温和的领导者。他常常从驾驶舱下来巡视每一个搭船的乘客,他知道每一个人的名字,与每一个人做好朋友,对女士们那就更不用说了。他知道如何安慰晕船的人,他不知疲倦地回答问题,讲述着取之不竭的趣闻轶事。世界上所有可能的地方他都有认识的人,而且都还有滑稽的故事发生:"我们的船医在巴尔的摩②生病了,因此,船上需要找到另外一名医生。我去找了一个年轻的德国医生,他刚刚在城里安顿好,然后,我问他是否愿意跟我们一起航行,还好医生同意并做好了准备。'那你的病人怎么办呢?'我问,'我只有一个老太太患者。'医生说,'但是,她昨晚过世了,我也不用再为她操心了。'于是,他就跟我们一起航

---

① 苏门答腊(Sumatra),印度尼西亚最西面的一个大岛,全球第六大岛屿。
② 巴尔的摩(Baltimore)是美国马里兰州最大的城市,也是美国最大独立城市和主要海港之一。巴尔的摩市被巴尔的摩县环绕,但不属于巴尔的摩县,是马里兰州唯一的一个独立市,因此经常称为巴尔的摩市。

行。在航程中他一直不断地说,如果他有钱的话,他会为他的病人们准备墓园。"

当船长说这些事情的时候,身上散发着友善的光芒。船长的脸庞因为风雨而变红,蓝眼睛不时地闪烁着。他把这艘船的特性解释得如此完美,说我们搭的这艘船,就像是我们在德国的一个家,穿越一片蔚蓝的海洋。搭船的女士并不多,尽管如此我觉得心情仍然相当愉快。有一位看来不太安分的法国小姐要去北京,目的是什么连船长都搞不清楚,而且,她惊人地懂得多国语言。最近,她甚至为我们写出"嫉妒"这两个中文字,解释说顶盖下有一撇,左右各有一点,这一撇代表着与两个女人同住屋檐下的男人。还有个叫作格蕾琴阿姨的人物,我们都不知道她的身份,不过小孩子们都这样叫她。这位和蔼可亲的女士似乎属于第二号皇家建筑检查员的家族,他们在横滨为日本政府服务,早上她会在甲板上与先生来回散步,并静静地聆听她先生讲出的日本话。同时,还有另外一位皇家建筑检查员,他要去胶州湾建港口——我们的船上满是勤奋的能量。今天,船上还有一个小社团成立了,跟着住在第二层甲板的一位中国乘客学习中文会话,他在德国柏林的中国大使馆工作。所有这些建筑检查员以及公务旅行的人,都是相当友善且可敬的先生,其中有些官员相当有魅力。我们与整个胶州湾测量小组同行,这个小组由两位参谋和两位海军军官,以及从属于第二船务师的二十位水手组成。水手们都住在经济舱,那儿也放着小组的汽艇,此外,他们还带了一艘汽油驱动船同行。在经济舱,每天早上他们都有早会,水手们会按军衔与番号穿戴好,军官们会从上层甲板下来。有时候也会用红旗进行信号演习,早会结束之后水手们就会聚集在甲板上玩牌。除此之外,经济舱还有一支苏丹部队,他们在伦敦时与巴努先生一起,现在,要经由塞得港回到非洲。他们一个个穿着蓝色长袍,英俊挺拔。他们最喜欢躲在鸡笼的屋顶,有时会把鼓拿出来,然后击鼓跳舞。这种打击音乐与地毯打浆机有着惊人的相似之处。他们在甲板上踏出小小的步伐,摇摆着上身,借此获得心灵的满足。有个小矮人与他们在一起,他皮肤黝黑,胡子又长又灰。这小家伙是个相当厉害的舞者,他会模仿东方舞娘的肚皮舞动作,带给他的同伴们很多的欢乐。最底层的是在洗衣房工作的中国人,他们把衣服洗得洁白干净,但让人难以理解的是:他们自己却是乘客中穿得最脏的一群。他们在洗衣房里,有时也会为自己准备中国佳肴。船长说,中国人打算在那不勒斯①买只胖哈巴狗来烤。在轮机室也有很多工作是由中国人来做的。他们有在厨房帮忙的,似乎也听得懂一点德语。一个大厨对着要浇酱汁的中国人用德语骂骂咧咧,似乎表明听者具备基本的德语能力。这是我目前在船上所听到的唯一的脏字,人们不然就是全然的静默,至少对整个船上船员而言是这样的,甚至一句命令都听不到,而这艘船就好像自己会走,自己会找方向一般。船上的机械装置也都小声地运作着,服务乘客的侍者与服务员踩着无声的步伐,就像是那些服务贵族的管家一样。他们被训练得友善而且乐于服务。船上的大副是一个大管家,他像上帝一样看顾着所有旅客,从他那儿什么东西你都可以弄得到。他确保客人在餐桌上吃得满意。当有人跳过几道菜时,他会忧心忡忡地问:您还有胃口吗?当有人晕船躺在客舱时,他会主动敲敲门,进来为你打气。他接下了所有的杂事。他要把信件带在身上,不管邮局到底有没有开。他上岸时总会带着装满各国货币的袋子。不幸的是,在海上他没有直接影响力,不过我必须得说:两天前,我请他让海面平静下来,直到目前为止海面真的相当平静,这让我能够安静下来写下这些文字。本船的服务之良好是所有德国船舰中难得的,借此与那些英国船舰区分开来。在那些船上通常只有特定时间的服务,然后,他们就会摆出礼貌的姿态想要退场了。

我们就这样一直往南航行着。在某一天中午当我们坐在桌边时,有一阵曼陀铃②的声响出现,告诉我们那不勒斯到了。晚上当我们离开港口时,曼陀铃声又在四面八方出现,到处都是乘着小船的音乐家与

---

① 那不勒斯(Neapel)是意大利南部的第一大城市,坎帕尼亚大区以及那不勒斯省的首府。
② 曼陀铃(Mandoline),拨弦乐器,由欧洲意大利文艺复兴时期的琵琶家族鲁特琴演变而来,一般有钢弦四对,按小提琴音高定音,用拨子弹奏。

歌唱家。有人靠着船壁，开始演奏小提琴，声音温柔甜美，那不勒斯的小提琴声……维苏威火山①在晚上仍然冒着烟，从山顶上流出的岩浆让火山显得更加明亮，好像是有人为了欢迎你而在山上挂着灯泡一般。那不勒斯映在我们的眼前，布满灯笼与电灯的一个银白色城市。在船上他们开始唱着"再见！我的宝贝那布里②"，甚至还尝试"祝福你在歌舞中"等歌谣。

岸上的人们纷纷把硬币丢到船上，真像是下起了一场硬币雨。这时，一个人点亮了火把，查看甲板上丢来的硬币。另外一个人则撑开雨伞，然后把雨伞翻过来，好接住其余投过来的硬币。小提琴家继续演奏着，又唱又拉，音乐激起了难以抗拒的哀伤之情。我可以感觉得到：离开家乡如此之遥远，这是一种无止尽的悲伤。

一个手上捧着玫瑰花束的小姐，把自己的脸庞隐藏其后，一个人以深沉的声音说道："这是与欧洲告别！"

---

① 维苏威(Vesuvio)火山是欧洲的一座活火山，位于意大利南部那不勒斯湾东海岸，同世界名城那不勒斯相距不过20千米。海拔1,281米。维苏威在公元79年的一次大喷发，摧毁了当时拥有2万多人的庞贝城(Pompei)，其他几个有名的海滨城市如赫库兰尼姆、斯塔比亚等也遭到严重破坏。

② 那布里(Napoli)：那不勒斯的意大利语发音。

第二章　复活节早晨在塞得港①苏伊士运河②

一八九八年四月十四日

亚丁湾—红海

如果有人这几天经过了船上的面包坊,他就会发现有些闻起来相当特别的东西,今天咖啡桌上多了蛋糕和很大的葡萄干麻花卷面包,这意味着什么呢？这意味着船上的乐队今天突然觉得有必要早上六点钟演奏三首赞美诗吗？"今天是礼拜日!"咖啡桌旁有个人如此说着,他好像很惊讶地知道是这一天。有人说,他在自己的日历上用铅笔做了记号,但是他又为何如此确定呢？在远航的船上,区分星期日与星期一、星期一与星期二,毕竟不是一件小事儿。这儿的时间平静地流逝着,就像基尔运河③的水一样。好! 那就星期日。这解释了赞美诗,但是,又怎么解释麻花卷面包呢？有位女士来到咖啡桌前坐了下来,从包包里翻出两颗用稻草编成的蛋,"给小孩子的。"她笑着说。这点醒了

---

① 塞得港(Port Said)是埃及东北部地中海沿岸靠近苏伊士运河的港口城市,塞得港省首府,位于北纬31.25度,东经32.9度。塞得港以渔业以及化工、食品加工、烟草等工业为经济基础,是埃及出口棉花、稻米等产品的重要港口,也是船只过往苏伊士运河的加油站。

② 苏伊士运河处于埃及西奈半岛西侧,横跨在亚洲、非洲交界处的苏伊士地峡,头尾则在地中海侧的塞得港和红海苏伊士湾侧的苏伊士两座城市之间,全长约163公里,是全球少数具备大型商船通行能力的无船闸运河。这条运河连结了欧洲与亚洲之间的南北双向水运,船只不必绕过非洲南端的好望角,大大节省航程。

③ 基尔运河,又称北海—波罗的海运河,1948年前被称为威廉皇帝运河。是一条位于德国最北方的石勒苏益格—荷尔斯泰因州的,全长98公里长的运河。运河西起北海畔易北河口的布伦斯比特尔,跨越日德兰半岛,东至波罗的海的基尔湾的霍尔特瑙港。运河连接了北海和波罗的海,使得来往船只不必再绕过日德兰半岛,平均节省了460公里的路程。

桌边的所有人，我们这才知道麻花卷面包配大葡萄干意味着复活节到了。

　　远方出现了类似一排树的东西，可能是一片棕榈树林，中间的地方稍微高又窄了一点，可能是工厂的烟囱吧。但是，当船再靠近时才看出来，原来那又高又长的东西是清真寺的尖塔。更接近一点儿又有个灯塔，原来看似棕榈树的东西竟是塞得港的房屋。蒸汽船停了下来，白色的北德航运公司的旗帜在空中飘扬。一个有信号旗帜的缆绳悬挂在驾驶舱外，一艘接驳船带来了海港码头接船的人，他同时还大口呼吸喘息着，仿佛知道自己要把船停靠在码头的任务。这种接驳船是跟不上我们大船的，毕竟我们经过的海里数以万计。"普鲁士号"仍然在移动中，慢慢地靠向陆地。在港口停靠着许多以煤驱动的大船。我们经过一艘荷兰运输军舰，甲板上站满了穿着褐色制服的士兵。一艘英国运输舰船的甲板上有更多的士兵，他们身穿黄色的毛衣挤在栏杆前，有些人还穿着红色的军装外套。到处都可以看得见运煤船。这种运煤船上有着很大的方形井，近百位工人围绕在架高的船舷边。他们穿着灰色的大衣，身上覆盖着煤尘，在污渍中也保持深棕色的脸，这看起来整个就像是一船黑魔鬼。他们的船固定在我们的船旁边，就像是魔鬼降临在我们的蒸汽船旁。这些魔鬼伴随着呼喊声拉住我们船侧的绳索，其中一个人沿着船壁的绳索往上爬，一直爬到散步的甲板上，接着突然在栏杆外出现了他笑嘻嘻的脸庞。伴随着喊叫他们开始工作了，他们一边唱着单音的歌曲，一边把煤炭装进黄色小篮子当中，把它们带到舱口然后倒进去。一个篮子通常只有两三块煤炭，但是借着他们如此的工作热情，整个煤仓在几个小时之内就被清空了。他们的动作甚至比任何机械做得都还要快，仿佛是要试验他们自己的力气，好像装煤炭也该有进取之心；或是这些可怜的黑褐色小伙子们，自豪于只要给他们几个小时，一艘漂亮的白色蒸汽船就可以秀出他们有何能耐。无论如何他们都对自己这样的工作感到快乐，而塞得港更是世界上几个补煤炭最快的港口之一。

塞得港港口的房子,给人一种不甚牢固的感觉。它们是木头建造或半木结构的,薄薄的一层红砖屋顶盖在上面,墙壁有着各种颜色。每层楼都有开放式的走廊,整个看起来相当简单紧凑,就像是假日临时搭起的市集,或一座不知到底该不该继续存在的城市一样。几天后人们经过苏伊士运河看到更好的房子,那么塞得港可能就会有个想头了。塞得港的市区应该要在那个运河的出口处才是,唯一真正显著的建筑地标是地方当局:苏伊士运河管理处。它是摩尔风格①的宫殿,灰色的石头与绿色的穹顶,有着丰富杰出的色彩效果。圆顶中间画着螺旋的"S",这也是苏伊士运河的简写。

一艘飘扬着北德航运公司旗帜的白船优雅地来到了我们船旁,航运公司的职员们登上我们的船,其他阿拉伯人的船则围绕在我们的船舰旁边,发出很大的噪音。其中一位阿拉伯警员,蓝色的制服配上红色的毡帽。他带的拐杖象征着他的尊严,制造的噪音比其他人还多。他用各种方式执行其公权力,用相当危险的方式挥舞着他的棍子,不过在他听到命令后还是停了下来。早些年,这帮船长习惯殴打乘客,就像是他们活该忍受一样,不过,现在船长们则在安静地等待,直到这些人登上自己的船。乘船的费用明码写在每艘船上,这里到码头需要三十分钱。不过邮局也是一个要注意的对象。所谓的邮局就是一个有着咖啡色脸庞的年轻人,他的胸前搭配着黄色的外衣和一个铜板以及毡帽。他把要邮寄的包裹扛在肩上放到他的船上。然后,有个医生过来了,他深信塞得港对于我们这种人的健康有害,所以他要求我们快快上岸。码头上有个出租驴子的人,因为我们是从德国船舰上下来的,所以这些驴子就都有了一个个德文名字,三只驴子的名字是:麦耶、米勒、舒尔茨。当我们向前走开时,麦耶、米勒、舒尔茨用长耳朵摆出了失望的表情。

我们转向市区方向,那儿一下拥出一群棕色的小乞丐,有人破口大

---

① 摩尔人喜欢马蹄形的拱门,或是拱形的圆顶。

骂,他们就傻笑着,挥之不去!当有人上楼,他们就跑去角落,然后,下一秒钟就会又出现。最有可能逃离他们的方法是,一边逃一边讲法文:"一群蠢猪!你不想我们给你带来平安!"我也不明白为什么说这句法文就管用,可能跟苏伊士运河是由法国人建造的这个事实有关。小贩们都像是跟踪狂一样,兜售着人们可以想到的任何便宜物品:看起来像铝罐的香烟盒子、邮票、金丝手环、鸟笼与小绿鹦鹉,值得注意的是某些照片(不是在塞得港拍的),你可以用你最喜爱的国家的货币付钱,当然,最好还是要用法郎,德国马克也可以,意大利里拉则会被怀疑。小贩们会把价钱定在先令,特别是当他猜想买的人身上没有先令的时候,因此,这就需要来换算,他可以借此获利。同样,很多东西都要花"一毛钱",这不是说真的要花一毛钱,这只是对德国买家提出购买的诱因,价钱叫作"一毛",像是驴子被叫作麦耶、米勒、舒尔茨一样。假如启动了这个"一毛"的买卖,那就会开始一个程序:一个东西要价十法郎,可是你只有一个法郎,最后,以两个法郎交易成功。

所有塞得港的教堂都在举行复活节之夜的庆祝活动。这儿的每条街上都有教堂,复活节可以用任何语言和文化来庆祝。教堂同样也像是在困难之中盖起来的,不是那种上帝会安居的古老房子。在这里,人们用木头与铁快速地盖起房子,并且会刷上油漆,上帝只能体会到自己暂时的居所。教会中所有的东西都是全新的,刺鼻的油漆味让整座教堂有新家的感觉。油漆匠还没有离开这些房间太久,物件的摆设也还没有定位,所有人必须要先在白墙内祈祷,甚至,还有些仪式是在外面露天举行。

最靠近港口的街道上有一家天主教堂,拥挤到人都排到门外去了。薄弱和声的管风琴伴随着大声的歌咏,既不高亢也无法飘扬到白色的拱顶上去。在教堂前炙热的太阳底下,站在石头路上的是英国船上的爱尔兰士兵。他们穿着白色的热带制服,这白色制服有着白天的光泽,军官的裤子熨烫打理得非常好。

希腊教会只是一间很大的木屋,就像是乡间的小木屋那种样式,这里的人多得根本就无法进去,参加聚会的一部分人必须待在庭外,可见里面一定是坐了满满一地。不过他们要找人的机会也不多,除非是在收奉献①的情况下。有位先生穿金戴银从那儿出来,他负责收取奉献。几条街之外就是亚美尼亚教会,而且是相当大的亚美尼亚教会,同时也在举行着礼拜。

亚美尼亚人穿着欧洲市井小民的假日盛装前来:男人们穿着黑裙,当然,也配个毡帽;女人则是不可思议的花枝招展,砖红色或是绿色的礼服,搭配着黑发上面不搭调的黑色蕾丝头罩。教堂门口还有干燥的棕榈树叶。

最引人注意的还是英国人的教堂,它是所有教堂中体积最小的,但是,优雅地建成阿拉伯风格,有着圆顶和拱顶;虽然英国教堂里面显得有些阴暗,但是通过彩色玻璃,太阳光照射进来,色彩缤纷,令人眼花缭乱。年轻的英国人穿着黑色沙龙裙,戴着大礼帽,去教堂参加唱诗班歌队,这是英国女士们夏日服饰的一种。

所有这些不同的教会和宗教彼此相邻、和平共存。但奇怪的是当你通过这个沙漠小镇时,这地方每条街道都有不同的宗教,每个小区的居民都有权提出自己的救赎祭典。他们可以用除了本城四分之一居民以外的任何方式获得救赎。

在阿拉伯大街上,一座清真寺静静地坐落在那里,他们不知道什么是复活节。接着爬了两个石阶,一个漂亮的阿拉伯女人递给我一双很大的毛皮拖鞋,而这个过大的鞋子,痛苦地磨着地毯,地毯铺在室内凉爽的石板地上。洁白的墙壁上有许多三角形的小灯,由玻璃切片与铅构成,挂在天花板上没有一个发光。明亮的白天贯穿着白色的大门,只有背景呈现出昏暗,就像是墙壁上多了个讲台一样,沉默笼罩在这中间。有一个阿訇慢慢地走下来,头缠绕着厚厚的布,右边有位阿拉伯人下跪面向麦加。女人无声地穿越房间,露出她褐色的小脚,我跟着她的

---

① 指捐款。

步伐往前走。当我掉了一只毛皮拖鞋时,她笑着蹲下来帮我把丢掉的那一只穿回我的脚上。她看起来非常的迷人,当她这样做的时候,让我觉得我丢掉拖鞋似乎是非常必要的。在隔壁的房间里,她为我展示了沉重的木弯刀,以及阿拉伯文的《古兰经》,这些都是摆放在地上几乎所有的角落里,最后,在一角还有两箱垃圾。然后,我们穿越清真寺掠过阿訇走了回去,阿訇对我们毫不关心。女子轻松跳跃着,我显然是笨拙拘谨,到门口她又一次帮我把拖鞋推穿回去。我握手表示感谢她,当然,我手上还握有一些金属硬币。她认真仔细地端详了我给她的钱,把硬币拿给一位坐在石阶上的有点老又有点脏的女人看,应当是请她给出意见。这枚硬币就这样通过严格的测试。现在,我得到一个"再见"和她的一个微笑,显露出友善亮白的棕色脸颊,以及她那闪闪发光的白色牙齿。石阶上的老太太也微笑着,但是,显然没有那么亲切。对我来说,阿拉伯人大体上是我在塞得港这短短的几个小时里,所认识的最优雅的一群人。他们吸引人之处在于言语轻细的特质,这种温柔属于一个遭受许多苦难的民族。他们友好且值得信任,他们穿着东方的长袍,身形高大,昂首挺胸,因此,他们可以把破烂潦倒的状态藏在长袍之下。

当看到原始的欧洲城市木屋后,你就不会对阿拉伯的小木屋感到惊讶了。只是,这里并没有那么引人瞩目。此外,他们已经有了非常舒适的家具。这里的房屋和居民同样很脏,这是融入其中和彼此相熟的记号。然而,当你在街上行走,虽然有的地段狭窄,有的却比人们预料的要宽上好几倍,而且会有许多大型活动。人们在房屋里没有足够的空间,所以只好走到大街上去。面包店就在人行街道上烤面包,皮匠店就在房子前面修理靴子,穿针引线。每间房子不是工坊就是商店,但是,几乎看不到店门口的商业招牌,街墙旁边的商店街都有着极为相似之处,商店等同于一个街区,相反地,街区也就是商店。有时候商店边上会有银行类的建筑物,在那里银行家盘着大腿做会计,在膝盖上记账。

市场里不仅有阿拉伯人的产品,也还有很多欧洲的赝品,一切都有可能混淆在一起。鞋子与真正黄金做的表链,都只需花费十分钱。在一个金匠店铺,有三个艳丽的女士在工作,她们头上扎着头巾,半裸到腰带处。在另一个角落里,摆着一架磨刀机与绿色头巾,这必须是先知的后裔才可以这样做,屠夫把肉挂在肉铺的阳台上垂下来,买家可以用手指去感觉。选一个他觉得碰起来最柔软的。接着经过一家充满浓妆艳抹女子的商店。这家商店位于市场中间,就像我说的,商家个个平等。

一条巷子的尽头是学校,你踏入这条街学校的大门,像是处在一个商务大楼里。这里可谓热闹非凡,男孩子捧着鼻子前面的纸,用头抵着并且高声叫些我无法听懂的东西。老师在一个小小的讲台上,拿着一根长长的杆子,杆子长到可以碰到房间里任何一个角落而不用起身。老师没有错过任何一个学生。课程显然只在这房子中进行,学生们借着"东方宿命论",在无法逃脱的地板上习惯着。而他们的活泼则通过各种玩笑表现出来,特别是伸出来的舌头。这个把戏似乎是不分国度与经纬度,在所有的学生中都相当受欢迎。

有一间房子里正在举办婚礼,但是,我看不到新郎与新娘在哪里,房子的门上装饰着喜庆的红色窗帘,临街的房门前挤着几个棕色皮肤的乐师,不只有小而刺耳的笛声,还有一个长音低声的长笛,两个不同音律的定音鼓。吹短笛的是团长,她是最重要的角色,主导整个音乐的旋律。舞蹈的节奏相当漂亮,音乐没有因为舞步失色,击鼓则是以稳定的节奏伴着整个喜庆。这些阿拉伯乐师们演奏的东西,听起来是相当的喜气洋洋。阿拉伯区后面就是一片荒地,在炫目阳光的照射下,遥远的地方即是大海,荒地的表面与海洋的表面合而为一,这两者的边界是由一队骆驼勾画出来的,他们沿着海岸行走,仿佛是一幅图画。

返回到没有阴影的欧洲区,整个塞得港的港口都充斥着风沙,灰尘无情地遮挡住阳光。在这条街上有个很窄的轨道车,车长与驾驭人都是阿拉伯人。车长是个有着灰胡子的老人,受伤的头上有个奇怪的头巾包着。驾驭人是个年轻的小伙子,有着只到腰间的蓝色制服和一件衬裙,没有任何官方标记。这位优秀的驾驭人自然是赤脚跑路,驾驭这辆车本身我不能说我不喜欢,只是好几次看到它停在轨道上,车长、驾驭人以及乘客们都下来一起在后面推车。主要的大道均通向广场——被称作雷塞布的广场,那里可以看到苏伊士运河建造者的半身像,白色的大理石已经变黑,纪念像基座上写道:费迪南—德—雷塞布①—塞得港(La Ville de Port-said)。广场的另一侧有许多咖啡厅,其中,也提供德国啤酒。桌子就摆在街上,广场上还有些现场演奏,有许多游唱歌手唱着七月十四日法国国庆②的傍晚会唱的歌曲,这一天,人们在巴黎大道上也唱一样的歌曲。在广场的中间有棵被太阳晒伤的大树,似乎表示这里是一个音乐广场,停靠在塞得港的英国船上的乐队,也办了一个现场音乐会。整个塞得港充满着相互不熟悉的乐音。然后,乐师们在广场上集合,整齐行进在节庆的海港中,小号在狭窄的街道中显得嘹亮,引出了房内的居民以及走廊上的人,街上阿拉伯的年轻人也踏着节拍在街道上行进着……

"普鲁士号"这时已经填满了煤,缓慢地朝苏伊士运河方向前进,运河两岸的景观单调而沉闷,左边看到的是沙漠绵绵不绝直到天际,那里就是亚洲;右边看到的是宽阔的礁湖以及白亮的水面,那里就是非洲。紧接着运河有低矮的河堤出现,堆积好的土坯看起来是垒在砖头的基座上。右侧是杂草丛生的灌木山坡,还有覆盖着灰色灰尘的植被,电话线杆沿着河岸火车的铁轨排列延长着,在此可以遇到运河旁往来的火车,这条铁路尽管融入在景色之中,可是看起来却不够协调。火车在空气中完全自由地穿梭着,不受限制也不受拘束。它是这个陌生世

---

① 费迪南德·德·雷塞布(Ferdinand de Lesseps,1805—1894)是法国外交官、实业家。著名的苏伊士运河即由他主持开凿。1854年应埃及总督巴夏之邀,雷塞布重回埃及。巴夏同意由雷塞布来主持苏伊士运河开凿的工程。但英国出于自己利益的考虑,设法对工程进行阻挠。在欧仁妮皇后(雷塞布之表妹)及拿破仑三世的支持下,雷塞布于1858年底成立了国际苏伊士运河股份有限公司以获得资金,并终于在1869年完成工程。
② 七月十四日亦称巴士底日,1789年7月14日,巴黎民众与军队攻陷巴士底监狱释放囚犯,揭开了法国大革命的序幕。到了1879年,为了纪念法兰西第一共和国的建立,法国政府宣布把7月14日定为国庆日。

界的闯入者,沙漠容忍它但似乎并不接受它。进入运河通道一定的间距后,就会有数个红色的浮标,旁边有很大的挖沙船,每个都有高高的铁杆支在空中。我们的船慢慢地、小心翼翼地前进,它用其强大的蒸汽机呼吸,轻轻地、慢慢地推进。只有在过了提姆萨赫湖(Timsah-See)以及后来在大苦湖①,这台机械巨兽才开始大步向前,并且像是她很高兴又能够以正常的速度行进的样子。船长以及所有的官员都站在舰桥上,这趟艰难的旅程如此紧绷着的压力仍然持续着。

运河两岸的景观十分单调,就像我说的,它与世界上任何国家都没有共同之处,你只要看到它就永远不会忘记。颜色是没有差别的,沙漠是偏绿的黄色,荒野与天际融合形成一条小小的锥形线,沐浴在粉红色的阴霾中。碧蓝的天空虽然充满了阳光,但沙漠还是显示出它的庞大,它看起来是如此的无边无际、沉寂荒凉,就像是被抛弃在死寂之中的一片荒野。

我们继续向前,远处看到一些灰色的山丘,然后,你可以看到在山丘中有些豁口。这些豁口像是大门,但是,好像没有窗户,也没有屋顶。这样的房子彼此之间相距甚远,在沙漠中随意地分布着,村庄中没有一处阴影(如果那是座村庄的话),围绕着柱子有马与骆驼,它们在烈日下安静地或卧或站。

岸上是一个有着一点点绿的地方,一些棕榈树和仙人掌生长在这里,所有这一切都是经过精心维护的,显然是一个花园。沙丘中有一个人背对我们蹲着,当他把背转过来的时候,就像什么都没有,只有背部一样。

我们继续向前航行!有时候河边会有骆驼沿着河岸行走。骆驼用那长长的腿向前奔跑着,它的驼毛在风中波浪般地飞扬。有个农夫划

---

① 大苦湖(Bitter-See)位于埃及的苏伊士地峡区,宽9千米、长17千米,其自然水道足以使各种船只畅行,苏伊士运河穿湖而过。在苏伊士运河落成前,大苦湖的所在地是铺满盐的山谷。由于运河没有水闸,海水可从地中海和红海经曼扎拉湖流入大苦湖,鱼类能从红海经运河和湖泊向北迁徙至地中海东部。

着小船过来,停靠在我们的蒸汽船旁,他有很多要卖的东西:干枣,鸡蛋,柑橘甚至草帽。他取出自己带来的秤,我以一个沙丁鱼罐头作为我的资本,最原始的买卖就可以开始了。虽然,太阳已经接近下山了,但仍然在天空闪耀着。光芒已经开始渐渐减弱,太阳以惊人的速度很快地变成黄色,瞬间就像是块黄金,然后,散发出红色的光芒。太阳的下沉是如此地迅速,以至于看起来他好像是陷入在沙丘中。夜晚的天空星星匆匆地上来了,蒸汽船也在船头上大放灯火。白色的雾灯忽左忽右,像是这艘船长上了灵界的翅膀。那个白色小丘的河堤,现在看起来像是雪丘,这雪丘的世界是个真正令人窒息痛苦的炎热世界。热主宰了运河两边沙漠之间的缝隙,岸上有那醒着的野狗对着离去的大船大声吼叫着。

　　河岸的左边是亚洲土地上升起来的月亮。但那不是家乡夜晚洁白的月亮。这完全不一样!我们用惊异的眼光望着它,它热辣地脱离了沙漠,好像加了热般更加明亮,然后,它沉重地挂在天空当中,就像是个奇怪的金黄色的果实。

第三章　红海①—亚丁②

一八九八年四月二十四日
印度洋

　　红海—热与风扇—各种痛苦—航海的危险—水手拉丁文—西奈—南十字—精明的亚丁中尉—在亚丁兜风—山上街头—街头生活—所罗门王的把戏

　　红海时常是深蓝色的,有时候也有绿色的光泽,日落西山之时云彩们染上了钢青色,因此,红海有了除红色以外的各种颜色。若有人以为红海就是红色的,那就错了,如果你想要用某一种特性来表述它的话,那我们就叫它"热海"好了。

　　从苏伊士运河航行到亚丁湾,这里是一个火热的熔炉,亚洲与非洲彼此呼出热气,你就在这两大洲的中间通过。虽然因船的航行会有轻微和煦的微风吹到前甲板,但是,你不能永远地站在前甲板上。这些许的微风表示着:这里是被神所遗弃的地方。现在还仅仅是四月天,照此看来,这里似乎还应有一个盛夏,因此,这个季节我们只是先适当地热一下!大家对三十五摄氏度都是相当地不知感恩,这可是整年里亚丁湾最凉快的时候。

---

① 红海,位于非洲东北部与阿拉伯半岛之间呈狭长形,长约2250公里,最宽处355公里,平均深490米,最深2211米,面积438,000平方公里,其西北面通过苏伊士运河与地中海相连,南面通过曼德海峡与亚丁湾相连。红海是印度洋的陆间海,实际上是东非大裂谷的北部延伸。

② 亚丁,位于也门和索马里之间的一片阿拉伯海水域,通过曼德海峡与北方的红海相连的一座小城。苏伊士运河亚丁湾是船只快捷往来地中海和印度洋的必经之站,是波斯湾输往欧洲和北美洲的重要水路,该地区自古海盗猖獗,又称为"海盗巷"。

餐厅装上了风扇。是一些杆子，上面挂着块布，在每个长餐桌上，风扇都飘来飘去。因为头顶上没有间隔开，客人们从这边到另外一边，没有不被布碰到头的。所有的风扇都相互绑在一起，整个运转都是由一个中国人操作。他站在敞开的餐厅大门口外，拉着一条绳子。他就在吃饭的时候拉，大概一到一个半小时，以一个平稳的速度移动。他不赶拍也不落拍，没有一分的误差。风扇平稳地移动时，他的脸上没有显露一丝工作的辛苦或是怨言。乘客们似乎觉得，他们进去吃饭，中国人拉着风扇是很自然的事情。餐后，外面的中国人把风扇收好，看起来也是理所当然的。

风扇只是让空气流通，不会使空气变凉，人们特别需要的是口腔的降温，没有喝的就不能减轻这个感觉，整天都被口干舌燥困扰着。这种痛苦也只有在喝东西的时候暂时消失片刻，结果就是每个人都一直在喝东西。大家倒着各种清凉液体，威士忌配汽水、汽水配威士忌，而被晕船破坏最严重的是胃，马上就完全地失去了控制。如果现在炎热伴随着胃部不适倒还可以忍受，最让人难以忍受的是温度的平均不变，天气永远都不会变凉，白昼黑夜都是一样的热。我们就这样沿着红海前行，海水被蒸汽船的汽轮扰动起来。夜晚在印度洋中航行时，红海被广阔的天空照亮着，天空中正有流星雨（星星们很疏松地挂在天上），但是气温依然没有变凉。

这样的时刻相当枯燥沉闷，每一个夜晚大家总是希望会变凉爽些，但总是不能如愿，甚至连一丝的风也没有。夜幕降临，所有的藤椅都挤在前甲板上，大家希望至少可以捕捉到一点点船舰自身航行而制造出来的风。在红海航行，整夜甲板上都有人仰望天空，想待在船舱的房间里显然是一个艰难的决定。尽管船舱都装有挡风玻璃，但却没有任何风可以挡。这个温度躺在那个太小的床上，相当痛苦，特别是船上还无法避免的空间狭窄。热会让大家要求自己的身躯能够舒适地向四面八方舒展。然而，船舱实在是太小，床又实在太窄。我们总是在床上等待着不会到来的睡眠，我们先找左边，再找右边，翻来覆去却发现在别的地方。在极度的昏昏沉沉、神志不清、半睡半醒时，突然，又清楚地认知到了这个夜晚的可怕。

虽然红海并不十分宽阔,但我们很少能够看到陆地。你通常能看到的是一片被太阳烤焦的石头荒野,几乎没有任何一处会有植被。到了夜晚,海面上闪烁着灯塔,这时,就会有股悲叹涌上心头——人性必须在孤独中求生存,以维持像灯塔这样的东西。这里是世界上最危险的航道之一,我们经常会看到伸出水面的旗杆,提醒路过的船只这里有沉船的标志。近日英国的P&O公司就在这片水域,不幸丢掉了顶级的蒸汽船。据说船是在吃晚饭的时间撞上了一片悬崖,船长正在餐厅与头等舱的乘客们坐着,在舰桥上代理他工作的是船上的大副,但他为了刮胡子也离开了他的岗位。尽管对这个意外的叙述也许只是一个谣言,但是,当它在海上被半信半疑地流传时,我们的好船长说:"既然船长是晚餐时坐在餐厅,那船舰还会触礁是相当没道理的。"

晚上在抽烟室,白天看到沉船的标志,也一样被当作闲聊的话题。船上有个人是第一次在海上旅行。他是如此地天真无邪,自从海上旅程开启后,已经做出了各式各样的搞笑事情来。最后大家有了一个默契,无可怀疑的天真同样会出现娱乐效果。我们在海上是尽可能地想着打发时间的,现在已经形成了这样的习惯:晚上,勇敢的人聚集在抽烟室,一起坐在圆桌旁,听彼此吹牛闲聊调侃。一开始是由一个人说,接着就会影响整个航海船上的成员,从船长到胶州调查小组的官员,而且,他们都毫无异议、相当热情地相信,这些闲聊的故事都是真的,无论他人是否相信。有人说着沉船的事,有人议论社会上的事,虽然室内说的话不该在室外被透露,但还是有些人因着良心的驱使,说出了一个当时在舰船上的人的说法:船长其实已经迷失航道了!事实上,许多沉船在海底里的那些废铁,已经影响了路过舰船的指南针。指南针就这样转来转去好几个小时,这使得你无法知道现在的准确位置。这个讯息是以非常严肃的表情传出来的,接着是很长时间的沉默。在红海中指南针失去方向,并不是件让人舒服的事情。有人最后表达怀疑:这不太可能是真的吧?然而,怀疑只会使得整个事件看起来更自然,而且,更会去煽动不幸的受害者的家属。有位海军军官来了,大家把这则传闻交给他来评判,他觉得这整件事还是很有可能的,在红海发生这种事情也是很正常的。不过船员们不再害怕这件事,而指南针总是特别会被这种烦人的意外所影响,最糟糕的事情就是当海虫也进来时——海虫会对船上的金属设备造成毁灭性的破坏。之前就有人听说过:指南针的指针一夜之间会被海虫吃得一干二净,因此船员有个习惯:就是每天要为指南针点上驱虫剂……

在红海航行的第二或第三天,我们看到了左边有一个细长高峻的山脉,就是著名的西奈山①,也叫月亮山。"普鲁士号"沿着它航行,似乎与它相当接近。她从海中的山脚伸延出来,好像是一个巨大的沙滩,然后整个西奈山突地隆起到了空中,除了航行,没有任何事物会构造这样的风景。大海是孤独的,海滩是空旷的,山脉贫瘠而荒凉,没有树林也没有灌木,没有一丝人居的迹象。它是一个灰色的岩石,有时候会发黑,不过到底是不是非常坚固,我们在海上看不出来。山脊上有许多山峰,而最高的那个自然会被认为是摩西从上帝父神那里取得的十诫,从此之后,世界听命于上帝父神。船舰慢慢地围绕着西奈半岛航行,直到深夜我们看到它在天际线边上消失。它就在那儿静静地躺着,保护着上帝传授戒律的奥秘。我们虔诚地望向这山,这山上没有任何绿色的东西生长,而它的名声却无与伦比,因为数千年以前它曾经绽放出一个伟大的事物——十个伟大想法的绽放……

这是红海一个晴朗的夜晚,华丽的星空已经可以见到南十字星了,水手们却抱怨说都是因为骗子冯-洪堡②陷入疯狂,他把南十字星写得相当迷人。在我看来或许它们的闪烁并不怎么妩媚,但是,它的确是个

---

① 西奈山(Mount)又叫摩西山,位于西奈半岛中部,海拔 2285 米,是基督教的圣山,基督教的信徒们虔诚地称其为"神峰"。
② 亚历山大·冯·洪堡(Alexander von Humboldt,1769—1859),德国自然科学家、自然地理学家,近代气候学、植物地理学、地球物理学的创始人之一;涉猎科目很广,特别是生物学与地质学。教育家、柏林大学创始人威廉·冯·洪堡是其兄。他被誉为现代地理学的金字塔和现代地理学之父。

相当漂亮的星座。四颗相隔较远的星星标示着十字,当它第一天出现在星空时,人们还需要一点点想象力,才能把它跟十字联想在一起。当星座位于天际线之上一半时,很快就不需要再联想了,它会很快就出现在天上,毫无疑问,就是一个十字,而且,看起来像有一只看不见的手在夜晚保护着它。十字星紧紧地抱着我们,像是个牧师握着十字架为他的牧区祝福。每一个夜晚都是如此相似,简单的外形带着深刻的外观,十字星温暖的光辉照亮着人们的内心。

红海之行持续了四天四夜,这一天,我们的船停靠在了亚丁。三座山从海面上升起,形成了一个强劲的山脉,山上有了褐色的色泽,可以期待有些植被了。但是,那儿还是什么都看不到。山还是光秃秃的,褐色的色泽是它的石头。(我们到底有多久没看到绿色的树木了?)在三座山的中间,在小海湾旁一个下降的斜坡上,有五六栋相同建筑形式的房屋,围绕着敞开的门廊以及红瓦屋顶,是英国驻军的军营。在这狭窄的红海出入口,跟世界上其他的交通要道一样,都有英国人警戒。亚丁山是如此的巨大,以至于庞大的军营看起来都相当渺小。驻扎在此的英国师团大部分是印度人。这座军营盖得相当合适,且十分罕见地符合所有的标准。在炽热的阳光下、裸露的岩石中,军队能够在此生存且惬意地驻扎已是很难想象,更让人吃惊的是,每两个士兵就有一个当地的仆人。但无论如何,亚丁的军旅生活并不会是俗世的乐趣所在,在很短的时间里驻军就会被轮流替换(大多为六个月),当然,是与印度军之间的互相替换。

在这个不得不讲些轶闻趣事的时代,我们应该给亚丁中尉警备指挥官一个机会。据说六个月前,从加尔各答[①]来的上校的信件表示,亚丁中尉警备司令可能要被替换。中尉回信表示感谢,说他很喜欢亚丁,想要在这里再待久一点。加尔各答的上校收到回信摇了摇头。自从亚丁有驻军以来,没有哪一个军官可以摆脱被按时替换的命运。尽管如

---

① 加尔各答(Calcutta),印度西孟加拉国邦首府。

此,他的愿望也还是实现了。上校让中尉再待六个月,然后告诉他这是任期的最后期限。上校已经为下一任期的替换做好了准备,而中尉可以准备他的旅程。但当这个期限到来时,这个中尉又来了一封请求信,说看在老天的分上,不应该把他从亚丁调开。上校这时就不再响应了,他派了一个调查委员会去亚丁,成员包含精神病科医生。因为一个人两次请求延长待在亚丁的期限,毫无疑问,他肯定是疯了!调查委员会悄悄地来到亚丁,谜团马上就解开了,虽然是以不同的方式。就如同一般人所想的一样,这位在亚丁做指挥官的中尉,其实并没有疯,只是在把指挥权交托给他人之后,马上就去了伦敦,然后,一直在伦敦指挥着亚丁……

我们的船在距离停泊地很远的地方停了下来,往陆地上看有许多船只离岸驶向我们。不久后,蒸汽船就被这些驶来的原始木船围绕起来,船上坐着各式各样的工人,以我们听不懂的语言喊叫。这些工人与船工大部分是索马里人,来自索马里亚丁湾非洲海岸边,有着很容易辨识的肉桂肤色。同样地,那些剃光毛发、肤色最黑的非洲人在船上也能看到,还有卷曲黑发和长山羊胡的埃塞俄比亚人。这里到处都是棕色或黑色的人,欧洲已走到了尽头,我们来到了东方——埃塞俄比亚。

我们跳上一艘由四个索马里人驾驶的船,由他们负责带我们上岸。他们用力划着沉重的桨。岸上到处停着小巧的马车,挂着铃铛的马和开小天窗的车子,单薄的轮子看上去非常脆弱。头戴白色头巾、身着斗篷的车夫用力挥动着鞭子,我们就这样像个魔鬼一般地上路了。车子经过一个广场,这里有了些新造的欧式木屋,以半圆的方式环抱着广场,面对大海的那一侧是开放的。这些房子形成了汽轮码头,形成了亚丁的欧洲人小区。在广场的上方海拔稍高一点的地方,有个高大通风的建筑,有门廊和四面敞开的窗户,这是亚丁英国驻军长官的房子。港口有无数的阿拉伯式帆船,是当地人用于通行非洲海岸的快速帆船。它前方狭窄后方宽阔,外观呈现特殊的三角形样式。

经过汽轮码头之后,道路开始变得陡峭,像是一条蜿蜒的大蛇通往山上。走在这条路上你会越来越对英国人肃然起敬,山上的街道铺设得很宽也很长,道路维护得相当好,平稳顺畅,让所有的脚踏车骑士们感到喜悦不已。照明也都被考虑到了,道路两边有灯笼依照固定的间距安置着,灯台都是相当典雅,给人留下深刻印象。从阿拉伯西南地区来的人,不得不将这些街灯看成是文化奇景,大家扭了扭脖子,确定自己两眼视力没有坏掉——即使在人生中我们已经看过了太多的街灯。

通往山上的路程大约超过一个半小时,这就意味着我们要用另外一种方式表达了,因为"山上"这个词对我们来说是与绿色山丘、小溪流水相联结的概念。这里的山上可尽是光秃秃的岩石,上面顶着炎热的太阳,显然不符合我们对山的定义。我们就这样不假思索地往上走,以为很快就会走向太阳。我们后来了解到,这个地方的特色就是你无法从太阳中走出来。没有一根树枝是绿色的,滚烫的土壤连一棵棕榈树都养不活。虽然稍晚会有三四棵种好的树木映入我的眼帘,但树干细得可怜,在弱枝上的叶子与其说是绿色,不如说是灰色。为了要让它们在生死之间挣扎,不断地浇水一定是必要的,甚至根必须种在一个真正的池塘中才行。然而,亚丁人相当自豪于这些可怜的植物,他们会把这三四棵种好的树木当成观光景点加以介绍,像是在欧洲介绍野生动物一样。

这里的死者也不葬在草地之中,他们的安息之地无树荫遮蔽。山道右边有几个小石碑立在边坡上,是阿拉伯人的墓园。基督教的平安园则是由插在地上的十字木头辨识出来的。没有什么比在贫瘠岩壁路边的平安园显得更加冷清的东西了。这里的平安园没有仪式与平安。垃圾的碎屑人们已经想着从街道上清空了,但葬礼还是不能少的。山上一群人很快地走下来,一个人匆匆地走在最前面,以敞开的双臂背着一个草席包好的包裹——那就是逝者!其他的人走在后面齐声祷告。我们没有看到葬礼的游行,一切都进行得如此快速,因为他们需要快一点把草席摆脱掉,这样就能尽快回到自己的生意当中去。

整个山上的街道热闹非凡,这个充满了东方美丽色彩的街道很有特色，主要交通工具是骆驼，它们不停地走来走去，有上坡的有下坡的，有单独的有拉着篷车的，车上装着黑色的水管或是各种包装的咖啡。摩卡①距离这里很近，这也是亚丁的贸易以咖啡豆为主的原因。成群结队的骆驼载着货物来来往往，鼻孔带着生气的表情，相当有趣。每一只骆驼似乎都认为自己受到了特殊的眷顾，以优越的姿态背着咖啡袋傲慢地行走。驼夫在附近跑来跑去，或是夹着大腿坐在上面。骑骆驼看起来也不是个愉快的事情，骆驼每走一步驼夫都会下沉然后再跃起，旁人光是看都要眼晕了。此外，也有白牛拉着笨拙轮子的木车，车夫坐在车辕上颠簸行进。一只小驴子跑下山，骑驴人修长的双腿愉快地在鞍里伸展，几乎就要垂到地面上了，而驴子必须得跑，它能做的只是跑。这之间滚动着的是我们所坐的马车，其中一辆马车坐着一位中尉，身上穿着白色的制服，头戴金色固定链子的白色头盔。徒步行走也不是问题，路上的男人女人拖着推车。

这儿也不乏年轻的优雅男士，他们穿着多彩的长袍，挂着黑檀木银色手柄的手杖。这些人来自桑给巴尔②，看来是要散步到海边。让人难以置信的是，当地居民的头上不戴任何东西防晒，车顶和热带帽可以让人辨认出哪些是欧洲人。当地人每个人头上都没有什么东西，黑人甚至连头本身都是光秃秃的。人们可以看到这壮观的景象：在刺眼的阳光下一切都是如此的分明，这些黑色的人们穿着美丽布料织成的雪白长袍经过。他们沿着街道迈着大步昂首行走；他们安稳地将步伐放在灼热的地表上，而这地表便是他们的家园。一些人不失尊严地响应我们的问候：伸开手臂把手的掌心朝外，放在前额的中间。

---

① 摩卡（Mokka），又译穆哈，是位于也门红海岸边的一个港口城市。从15世纪到17世纪，这里是国际最大的咖啡贸易中心，在15世纪全盛期该港垄断了咖啡的出口贸易，对销往阿拉伯半岛区域的咖啡影响特别大。后来新的咖啡种植地被开发，加之该港泥沙淤积严重，该城咖啡贸易逐步衰落。摩卡也是一种"巧克力色"的咖啡豆（来自也门的摩卡），这让人产生了在咖啡里混合巧克力的联想。在欧洲"摩卡咖啡"既可能指这种混合巧克力的咖啡，也可能仅仅指用摩卡咖啡豆泡出来的咖啡。这种混合巧克力的咖啡，与卡布奇诺拿铁等，成为咖啡饮料的主要品种。

② 毗邻非洲的岛屿。

山脉深处的岩石中深藏着一个通道,马车颠簸前进到山坡的另一边,伴随着大海的天际线,亚丁市也出现了。很快地,我们就下了山,把马车停在广场的入口。在有集市的日子里,这里会停满满载货物的骆驼与马车,不过,今天这里空荡荡的,徒留灰色的地面。

在城市的街道中混杂着来自亚洲与非洲的深色人种,我们身处在黝黑的东方,甚至一张白色的面孔都没有看到。除了阿拉伯人与黑人,还有高挺着鼻梁,长着杏仁状的眼睛,很容易被辨识出来的印度人。印度小孩穿着红色或绿色、化装舞会般的服装。在亚丁出现的儿童服装,会让你觉得这里没有儿童裁缝师。许多一丝不挂的小孩在街上跑来跑去,如果他的父母对品位有点坚持,就会在光溜溜的身体上戴一个手环。若是这些棕色的小家伙已经在街上打滚,他的背部可能就有厚厚的一层灰土,这有着非同寻常的美丽,当然,他也没有把"裤子"弄脏。在亚丁,我们看到小孩的"服装"是多么的实际!我们遇到两个亚丁市民,带着一个光溜溜的男孩逛街。这位少爷放荡不羁,因此,他的两位同伴跟他说,如果他再不乖,我们就会把他给带走。这褐色的小家伙吓得跌坐在街上,发出了惊心动魄的鬼哭神嚎——在亚丁市,白人是那些带走调皮小孩的"黑暗人士"。

我们就这样四处散播着恐惧,现身在宁静的亚丁街头。有四个小女孩穿着彩色的长袍,戴着鼻环,在街上玩着绿色的阿拉伯纸牌,大声嚷嚷。她们一看到我们马上就溜到最近的一栋房子里去了。门廊前的女士看到我们也马上躲进屋内,并在我们面前狠狠地把大门甩上。一般而言,我们很少被人注意,我们可以随意走随意看。在一栋房子里坐着一位印度女人,面前有个很大的篮子,正在为黄色的咖啡豆分类。在另外一条街上,我们看到了一个综合理发与咖啡厅的店,客人坐在地板上喝着咖啡、抽着水烟,店门口的理发师做着自己的生意。他坐在客人前的椅子上,他们之间保持着相互尊重的距离。他理发时只允许自己的剃刀轻轻地滑过客人的脸庞,接着用左手接住那颗受托并需要照顾好的头。大家都用眼神为他加油,最后修剪胡子,把他修成了大家都会称羡的样子。街上几乎所有门都是敞开的,人们的生活都是在街上讨。男人的位子是房子前的木制框架,晚上这个就是他们的床。他们在此抽着水烟,在太阳下慵懒地度日。

这些房子几乎都是只有一层,看起来房子一开始肯定是白色的,不过很快就被阳光"烧"成了灰色。最开始,有些房子上会有一层淡蓝色的涂饰,这证明在亚丁,人们对艺术也是有需求的。在房子的中间,是一个绝对小得可怜的门,也有缩头缩尾的装饰,甚至有些房子门前还有奢侈品门环,但在门后,就只是走廊以及家徒四壁的灰色了。房子里面,动物与人类和平共处着。如果有山羊因为觉得很热就在街道门牌上磨蹭,它们可以直接进到最近屋子的客厅里去。这里有二三层楼的屋子,是所有房屋中最漂亮、最雄伟的,当然,住的一定是有钱人。从亚丁当地人那里我们得知,这些有钱人是阿拉伯犹太人。亚丁距离欧洲文化是如此遥远,以至于在大部分只有一层房子的城市里,犹太人住着二三层楼的房子,还没有一个反犹报纸能在当地生存。

在亚丁,我们参观了一群巨大的、由石头砌成的储水池,据说这是所罗门王建造的第一批设施,用来搜集雨水。不过既然亚丁没再下雨,它们也是干的;当你口渴时你会望向它们,想必就会增加一些解渴的希望。

我们现在就要返回了,回来的路上有个小乞丐,一直捧着肚子尾随着我们,这并不是说他肚子痛,而是饥饿正在折磨着他。他甚至还拉扯肚子,表明他有多悲惨。他一边跑一边抱怨着他的痛苦,还一边讲几个他懂得的欧洲词汇:"是!""是的,船长,早安!"然后他拉扯着他的肚子。这情形看起来相当不乐观。

我们停在汽轮码头的一个旅店前,这里叫作"联合旅社",老板是斜着眼看人的意大利人。他卖着价钱离谱的饮料和拙劣的亚丁图片。这里也是可以写明信片的。当有人坐在那儿担心着他的书信时,会有一个黑人从街上进来,用扇子为他扇风降温。右手边相当肮脏又不适合客人待的房间是餐厅,有张主桌四个人坐了许久,感觉无聊与不耐烦,不发一语。一个阿拉伯侍者赤脚走在石板地上,用冰块装满玻璃杯。每个桌上都有一个褪色的红巾风扇在微弱地转着。苍蝇围绕着每一个客人,围绕着每一个碗……

蒸汽船出发前,福瑞达与卡提两位小姐(她们是与家长一起去日本旅行的),很快地冲到街上买东西,她们想要买些礼物送给在柏林的亲戚。第二天在印度洋上,福瑞达坐下来写了这封信:

> 船上很漂亮,住的房子更是千倍漂亮。我给你一个鸵鸟蛋,不过这个蛋不能吃,因为鸵鸟已经在上面坐过了。

第四章　科伦坡①的一日一夜

一八九八年四月二十六日
科伦坡与新加坡之间

祝福之雨—晚上靠岸科伦坡—僧伽罗仆人②—东方旅馆—热带式建筑—热带式床铺与热带式早餐—去拉维尼亚山上—棕榈树林—外来人口—包头的人们—意外的渊源—赌场度假村—第一只蜂鸟—佛寺中—玻璃柜里的众神—黄金与花朵—神职人员

晚上十一点多的时候,科伦坡的灯塔之光映入眼帘,有一道白色的光转来转去,另外一道则是静止的红色的光。白天已经够热的了,夜晚一如往常地没有降温。人们看着满天的繁星,就像是一个放在海洋上的时钟,我们待在这时钟之下会觉得很热;如果我们离开,那也许就会有新鲜的空气了。没有人想要待在自己的船舱房间里,那些满怀希望想要在睡梦中克服燥热的人们,现在又回到了前甲板。在甲板上至少还可以呼吸,在狭窄的船舱房间里可就无法呼吸了,所以大家都在甲板上看灯塔,似乎对灯塔一红一白的灯光忽然有兴趣了,在一瞬间除了新鲜的空气以外什么都不想了。有些人则枯燥地坐在椅子上,什么都不

---

① 科伦坡(Colombo),英属锡兰的首都,自1948年斯里兰卡独立起,科伦坡一直是斯里兰卡的首都,直到1985年迁都至科伦坡东南郊区的斯里贾亚瓦德纳普拉科特为止。
② 僧伽罗人(Singhalesische)是斯里兰卡的主体民族,斯里兰卡岛的西南部便是僧伽罗人人口分布比例最高的地区。长年处在热带气候当中的僧伽罗人,在住房及饮食方面都有着适应气候而发展出的特色。僧伽罗人有自己的语言及文字,并于1956年成为《斯里兰卡宪法》上承认的官方语言。

看。有人说再往前会更糟糕的,因为科伦坡是封闭的海湾,它的炎热比外海更糟糕,锡兰①现在是热带夏天时节。不过现实情况完全不一样,转眼间科伦坡海港的街灯就出现在眼前,突然就从陆地吹来了美妙的凉风。很快地,船上噼里啪啦地下起了雨,陆地上的温度降下来,我们呼吸的至少已是夜晚的空气了!人们让雨滴在额头上,深深地吸进空气。雨!多么可爱的雨!多么棒的雨!终于有雨水啦!当你在海上航行太久,你会忘记自己在大海上航行,其实那波涛汹涌的海面也是水呀!

我们的"普鲁士号"静静地停靠在科伦坡港,这是城市的街头,左右两边各有一条由灯光组成的长线。我们眼前有一个发亮的东西,在夜晚露出孤独的外表,中间是一个乘凉的亭子,可能是一个浮动的旅馆吧。但是当你仔细看时,它有两个黄色的烟囱:原来是艘军舰。灯塔两道光中的白光,是一个比较强力的灯,看起来像是装在房子的屋顶之上。当我们在甲板上来来回回走动时,陌生的面孔已经登上了舰桥。在上面无时无刻都可以听到哨声,而外面则是静悄悄的。黑暗中几艘船默默地停在我们的船旁,没有声音从城市穿越出来,雨短暂地又下了几次,它在海水中猛烈地鼓掌,又将散步的甲板当成鼓击打着。这雨只持续了几分钟,然后就突然停下来。当天晚上煤就应该填充完毕了,启航时间却定在第二天的上午十一点钟。当船在补充煤炭的时候,人们是不可能在船上过夜的——至少可以在明天凌晨时分,看到一些科伦坡城市的样子,所以就上岸吧!

在船下等待的是僧伽罗人开的船,这些深肤色的船夫沉默地划着桨,慢慢地带着我们通过无声的港口。我们在码头上登陆,该码头是一个宏伟、有木屋顶的大厅,下船时船夫提高了船费,再一次地讨价还价,接下来发生的安全状况表明这里是英国的殖民地。夜色漆黑,码头寂

---

① 锡兰(斯里兰卡)1815 年起作为皇家殖民地由英国统治,正式名称为"Ceylon",汉译"锡兰",此英语名称来自葡萄牙文的"锡兰",1948 年锡兰独立成为"锡兰自治领",1972 年锡兰废除君主制改称"斯里兰卡共和国"。

寥,穿蓝色制服的警员突然出现了,开始进行调解。这件事以相当令人满意的速度解决了,有些可疑的棕色观众——那些剃着光头的人,悄悄地消失在夜晚的黑暗中。僧伽罗人就这样拿到了船费。有一个人已经拿到了两个先令,但警员要求他交出来,他发誓说他从来没有见过这样的硬币。接着警员就开始搜身了,他必须解开挂在腰间的罩裙;罩裙解开了,不过一毛钱也没看到,钱大概是掉到地上去了吧?棕色的家伙高兴地笑着,展示他空空的两手。最后,警员踢了这家伙两脚就结束了,先令仍然失踪不见。警员对我们亲切地问候:"晚安,先生们!"我们弯腰脱帽致以谢意,然后就往市区街上走去。街的右边靠着几个奇怪的小马车,灯在前面,车的双杆放在地上,车子很小,只能容下一人。这里到处都有车夫,可是却看不到马!事实上,马车的车夫同时也是马车的马。日本的人力车,由苦力拉着,已经遍及亚洲,甚至渗透到锡兰了。在科伦坡,到处都可以看到这些特别的人力车,半裸的车夫置身车轴之间,打着赤脚来回拉着。这些就是科伦坡街上流动着的不熄的灯火。

你从"夜猫子"人力车上看出去,是空荡荡的街道和寂寞,空气潮湿,朦朦胧胧,只有一点点街灯在烧着。我们来到一座桥前,我们到底要去哪儿呢?事实证明还没有人提出这个问题。距离日出还有几个小时,最好是有事可以填满这段时间。或许可以睡觉?不错!但是在哪里睡呢?大家都听说过东方旅馆(Oriental-Hotel),所以,我们就去东方旅馆吧!当然,最好先知道它到底在哪儿。它应该就在陆地上。我们已经在陆地上,而且远离码头了,但是东方旅馆还是不见踪影,远处有一个大房子,估计可能是一个旅馆,因此,我们必须继续前行。不管是在世界的这里还是那里,任何一个黑暗的夜晚都是如此相像,不过锡兰的夜晚却相当地奇特、陌生,呼吸的是从没呼吸过的空气。这里的夜亮得不同寻常,可月亮并没有出现在天空;自己的步伐也变得相当奇怪,在这未知的城市街道中完全地安静。

其实第一栋大房子就是东方旅馆,大门敞开着,柜台也有人。全体员工肤色黝黑,从领班到柜台长桌前的小家伙,都有着黑色的胡子,就像是邪恶的巫师一般。旅馆所有的服务人员都是僧伽罗人,他们是优秀的仆人,每一件小事都考虑得非常周到。他们的彬彬有礼、温柔顺从,构成了本地服务的最大魅力。仆人们不仅是行为服从要求,甚至整个气质都给人顺从、从属的印象。不仅仅是服务,是整个顺从的特质,让他们的服务对象感觉到尊崇。每个欧洲人在这里都可以感觉到自己像个主人,因此,有些欧洲人在热带待久了,对待下人时会惯用一种粗暴专横的语气。

其中一个"邪恶的巫师"拿出一大本书,埋首其间似乎在进行艰难的计算,计算的结果则是我们每一个人的房号。我们很快就围了一圈坐着,当然,也免不了要喝威士忌和汽水。领班拿走饮料钱,虔诚地感谢着并把它摆在额头前。这样我们每个人都被引入自己的房间。一个戴头巾的男人负责打开房间,就像是在歌剧院一样。不过有头巾的男人是服务员,长廊似乎没有尽头,"头巾"打开了一道门"21",这就是我的房号!

21号是个相当大的房间,宽敞且令人不舒服的高。东方旅馆的房间都是这样的巨大。在热带地区,人们为了对抗炎热房屋需要散热,他们就盖得又宽又高,这样的建筑风格就诞生了。热带建筑的特色是它的宽阔,一个热带住宅大约是欧洲住宅的二到三倍大。热带旅馆的房间也是如此,所以它比欧洲的楼层少,大部分的房屋都是略微增高的一层。

在狭小的船舱待过数周后,现在住进21号房真是令人心情愉悦。船舱待得越久越感觉像是囚房,终于有个床可以舒服地完全伸展了,蚊帐在上面散落开来,冠层由精美的布料做成,挂在四个角落,尽头被包在床铺底下。床是相当的精美,困难之处在于如何上去,因为只要一进去,网子就不再是关的,蚊子就有可能会把这个当作是入内的邀请,也会一起进去。所以,之前就要先拍拍自己的身子,使躲在睡衣里,想要溜进去的蚊子的计划落空。接着,我们应该先把灯光熄灭,这是最麻烦的一点,蚊子固然会因此失去方向,但是,这样你也什么都看不清了。

无论如何,只有这样做你才可以单独享用一张床,没有蚊子进来和你争斗。

　　床的毯子是由最优质的亚麻织出来的,有着惊人的薄度和亮度,但房间的空气是如此潮湿,以至于这样轻盈的布料,对你的身体而言很快就难以负荷——睡眠不会来!不可思议的是,我们竟然在锡兰,待在蚊帐内,这个想法把安宁都吓跑了。我睁开双眼,听着神秘印度之夜的声音。外面又下了一场雨,雨像一条从天而降咆哮而来的瀑布,接着暂停了有十五分钟,然后,又突然地再次出现。就这样,远方的隆隆声与蓝色的闪电持续交加,风雨沿着墙壁变化,雨哗啦啦地下着,忽然就没有了雷声的伴奏,天也突然放晴了,这之间几乎没有任何的过渡。窗口垫子下透进了灰色的晨光,鸟儿也开始同时鸣叫,这是一个很长的乐句,以完全一样的音符重复播放着,然后就是一个大扫兴——从窗户向外望去时,看到的是一大群乌鸦,从房屋的一侧飞到另外一侧,有些则在地上跳跃着。街道还没有铺好,地表已被染成了红色,僧伽罗人在上面无声地行走。有一两个人力车似乎在表示他们是早起者,角落有一个警员巡逻着,穿着蓝色制服,赤着脚。对面是一栋很大的红色建筑,显然,昨天晚上我们没有去过那里。

　　时针指向五点,一位僧伽罗人准时敲门并送来茶。这茶真是很好喝,但是,更美味的是放在茶杯旁的新鲜香蕉。没有一个热带早餐是没有水果的,这是跟健康有关系的,但人们不会仅为了健康而吃水果。水果的好处是既很好吃又对健康有帮助。现在浴缸已经准备好了,浴缸里装的是河水,这可真是太棒了!最近几周的船上海水浴室,因为过热而无法使用,海水会刺激皮肤,让人变成"红狗"。科伦坡的河水是黄色的,有一点点热,不过,如果你需要一点点想象力帮忙的话,它是能振奋精神的。当你进到这浴缸里时,还能望见酒店的花园,树木与灌木形成了一个树丛,绿色是如此的清新亮丽,估计从来没有人见过。旅馆门口等着的是一辆小小的马车,上面有个印度驾驶员,我们很快就疾驶到了拉维尼亚山上。先是沿着海岸线走,据警员说这条街是英国殖民地中第一个让外来人感到惊奇的街道。通往山上的大道相当理想,在半小时的行程中,车子没被一颗石头打到,道路都是一样地平坦舒适。靠近岸边的海水呈现出绿色,白色的海浪泡沫汹涌击打着褐色的岩石,数以百计的渔船都出来了,水面被许多小方帆覆盖。小船在波涛中时隐时现,它们细长且狭窄,两边都有细长的弯条作为附加物,有个更重的条状物出现在船的旁边(外伸支架)以使他们免于翻船。铁路延伸到大海边,火车的车厢很长,还有帆布制成的天窗。街道的另一边则是广阔的绿草地,有一些穿着白色制服的士兵,正拿着小信号旗进行演练。这部分街道沿着草地与海岸蜿蜒,下午在这里散步定是科伦坡最美好的时光,现在,遇到的只是一些自行车骑士(第一次在欧洲外见到)。

毫无疑问,街道的两边都是棕榈树。棕榈的树林一片又一片,这就是热带地区的奢华。只要有树林就会是棕榈树,但是,我们要怎样形容它呢?可以说就像是德国树林中的树木一样,棕榈树林中的每棵树都有自己的个性,也都有各自的长各自的短,而不管其他树如何生长。有些棕榈树直挺挺地挺入天空;有些棕榈树则优雅地弯曲探地;有些棕榈树几乎没有向上生长;有些棕榈树则横向与另一棵结缘。还有一些从高处向地表伸展,千姿百态。树林是由不可想象的个体组成,画面又是变化多端且充满生机。从远处看树林就像是堵墙,以奇异的树冠真诚地招手。树木可以长出各种各样的姿态,有奇特的树冠像屋顶般展开,黄色竹管及嫩绿叶子的竹子,绿色黄色相交铺天盖地而来。新鲜的春绿或是成熟的深绿色,都摊在亚洲灼热的太阳下。这里地上与天上都是绿色的,树下方的草坪又绿又软,树木与灌木有着丰富的绿。绿色的光芒围绕着棕色的树干,绿色就是它的冠冕,棕色就是它的令牌,相当的富丽堂皇。在这些异国情调的华丽中,却隐藏着人工色彩的矫揉造作。你甚至感觉这不是大自然,而是人工创造的温室绿色。这的确是片树林,的确就是大自然。这些棕榈树似乎没有阴影,没有鸟鸣以及树叶沙沙作响。你会想到德国的黑森林,然后,看看这些陌生土地上陌生的树种,你感觉到自己不属于这块土地。

街道的右侧就是大海,隐藏在茂密的森林背后,在公路和大海之间,棕榈树的林间有欧洲人自己建的别墅。这些别墅外表都没有艺术装饰,外观相当简单,这里最主要的目的是要通风地住着。这些房子如同之前所提到的那样,大多只有一层楼高且尽可能地把它拉宽,房子越高越宽主人就越高贵。通常情况下你可以看到一个门廊,一种开放式的大厅垂直于屋前。每一栋别墅的前面都是一大片草坪,房屋的四周到处都是棕榈树,到处都是宽大的窗户和门,这些房子的洞廊比墙还多。所有这些门窗都是敞开着的,满眼覆盖着厚厚的绿色地毯。从草地到大海再从大海到草地,新鲜的空气吹拂着房屋。

所有的房子都有自己的名字。同样,德国故土也被纪念着,热情地迎接你的到来,例如:这里有"汉堡之家"。但这还不算什么,你会看到一栋房子坐落于如诗如画的绿意之中。附近还有一个小湖,周围一排排的棕榈树,每一棵树都有着不同的姿势,在这里肯定会活得很好。司机没有意识到这里的美丽,他只顾快快地赶路,这是相当的愚蠢,这小段风景怎么能只叫作地表呢?房子的名字是在白色的墙后、花园别墅的入口处,"这可能吗?""是的!"这毫无疑问并应明确大声地把名字念出来:"法兰克福之屋!"房子前面的草地上,蟋蟀的鸣叫有时如同合唱般铿锵有力,听起来就像是钟鸣。

通往僧伽罗人城区的道路,两旁都有一排低矮的房屋,这些房屋都是用木头做成的,看起来更像是个会展场地,而整个城市就像个露天市场。手工业者在街上工作着,卖场里挂着一串串的香蕉。时常与棕色的人们混淆的是亚丁的黑人和阿拉伯人,他们各自在力量与尊严上展现自己。而僧伽罗人不同,他们又高又瘦娇小玲珑,有细而单薄的四肢,有一个相当女性化的外表,或许他们本能地意识到了这一点,穿着也都相当的女性化。这几年他们来到欧洲各大城市做客,在德国,人们都知道他们成群地四处流荡。我们也知道僧伽罗人的发型,那可是由妇科医生整理出来的。每个僧伽罗人头上都戴着个很大的玳瑁梳子,就好像是德国小女孩为了要照顾自己的卷发,而在自己额头上所做的那样。僧伽罗人最主要的服装是印花布围裙,从腰一直到脚踝处垂下来,看起来像是一个很窄的衬裙,它的末端在臀部的上方有个简单的环状结,结点有时很高,长袍因此显得很长,高大的人穿起来更显得高大。女人与男人一样精心打扮,这是男人头上也有梳子的民族。你从外观上区分男女有相当的困难。所有在路上遇到的僧伽罗人,都会有伞拿在手上,有些是芦苇叶编成的,有些则是欧洲的黑伞。这不禁让人好奇:为什么这些人要带伞?因为他们根本就没戴帽子,而且几乎身上什么都没有,当天空下起阵雨时,没有一个僧伽罗人把他的伞打开放在头上,这就更让人惊讶了!他们就拿着收起的伞在雨里走,直到太阳出来。这里的人们需要保护自己免于太阳的照射,没有人认为自己需要免于雨水的浇淋,原来这雨伞本身也是对太阳的防护。

我们的车子后面跟跑着一个褐色的小孩儿,他的手紧紧地抓着车缘,呵护着每个人的靴子,并且保证,你是个"好绅士"以及他的"好爸爸"。有个像煤炭一样黑的小鬼在我旁边,不停地说我是他爸爸。他们一路随着滚动的车轮跑着,汗水顺着他们的脸庞滴下,不过他们还是会不断地说,"你是我的爸爸!"在一个你从未造访过的国家,得知自己已经是五六个小孩的爸爸时,这个感觉相当的奇妙。我的旅伴们很幸运地知道,这是我第一次造访锡兰,所以,我不需要顾及我的名声。

一个宏阔的白色公园门口,有堵墙围着蓝色的神像,构成了印度教寺庙的入口,不远处是一个红色的小砖房,是通往印度佛教的寺庙。不过我们要去拉维尼亚山。其实拉维尼亚山不能真正称作是座山,它是一个大饭店,也是一个度假村的赌场,只是盖得要比街道还要高一点点。这里的地板是石头做的,脚踩上去会热到起水泡。当你坐下来在一个铺着沥青的大厅乘凉时,你会看到阳光照耀下的全景,一片绿油油的,耳边是海岸边波浪拍打岩石的声音。但是,另一边却没有什么好看的:棕色木头做成的桌子柜子,一些很普通的印度雕刻。一个可怜的老太太蹲在地上,卖着用象牙雕成的大象。那无人问津的小象令人产生无助的感伤。房子四周树上有各种颜色的花朵,在花朵中还有一个色彩鲜艳的蝴蝶或是一只小鸟。热带生物学家会发现:一个有翅膀的生物会在空中拍打着翅膀然后消失,这就是看到蜂鸟的感觉。僧伽罗服务生送上了早餐:前菜是鱼,主菜是鱼,第三道菜也是鱼,不过都是种类不同的鱼。鱼让早餐至少有了些改变。甜点是水果,是绿皮橘子、香蕉及刚摘下来的菠萝,后者有着新鲜的蔬果香味,还有芒果可食用,含有相当多的松节油,闻起来像是油灯,不过尝起来非常鲜美。

回程时,我们在佛教寺庙停留了一会儿,有一条狭窄的通道直达街上。在道路的最后一段要爬几个阶梯,然后,到达一个平台之上。平台上分散着几个小屋子。寺庙顶部矗立着一个蓝色的锥顶,上面有明亮的月亮石。整体看起来像是个适应夏季的住宅而不是一个寺庙。从入口到寺庙一路上都有乞丐相伴,看门人把调皮的孩子当成自己的小孩,而与佛教智慧持续的接触使得这些满怀希望的小孩更为聪慧了。当有人说自己没钱且把口袋掏出来给他们看时,"这是欧洲人带着钱包的地方!"他们用力扯着自己的高嗓门,把话吼进拜访者的耳朵里。看门人棕色皮肤,有着黑胡子和大嗓门,不过这里的价码提前都定好了:参观要两个卢比,除此之外,还要一些救济金,如果要看仪式的话那就更贵了,不过我们用两个卢比就已经看到更多的"神圣"了。

参观说明保证,所有展出的事物都有上千年的历史,寺庙的房屋有一千年的历史,神像也是一千年,花园里的树也是如此——虽然看起来相当年轻。如果寺庙真的有千年历史,那它肯定全面刷新过:到处都有涂料的味道。从来没有一个印度神话的神明,能像科伦坡的卧佛一样,漆着那么多的金色涂料。卧佛是人的三到四倍大,沉重的头倚着巨大的手,作为整个支撑的是一个厚厚的黄金手臂。他的胳膊肘放在地上,金色的脸庞上有个绿色的眼睛(翡翠,千年以上哦!导游这样说)。还有一个坐着以及站着的佛祖像是毗湿奴①,旁边有一条眼镜蛇,蛇头狰

---

① 印度教三相神之一。梵天主管"创造"、湿婆主掌"毁灭",而毗湿奴即是"保护"之神,印度教中被视为众生的保护之神,性格温和。

狞直面对着拜访者。所有的神像都被玻璃柜保护着，这唤起了人们的好奇心。

墙壁上画着佛教地狱的惩罚与折磨，这些画与市集上游唱诗人的帆布窗帘一样，描述着值得纪念的谋杀。任何在地狱中发生的事情，都让人相当地不愉快。我们看到一个人的舌头被鸟拉出来（看起来似乎是如果这个人在世上生活时，没有看好自己恶毒的舌头，就会遭受这种严厉的惩罚），另外一个则被红色的老鼠吃掉眼睛。比较有艺术价值的是天花板，以及地板上的马赛克装饰。在地板上可以看到活生生、忠实呈现自然样貌的动物图案。在房子的门口则钉着金币（这是象征性地解释和表示，所有幸福的门槛难道是钱吗？），金钱在寺庙中是否被接受为奉献，在这场导览中并不确定。我只看到献上的白花，那白花非常的香，类似于我们的茉莉。这些花因为它的用途而被称作佛祖花。它们没有茎、没有叶子，放在黑色的桌子上，这些桌子还放着玻璃柜以及神像。同样在蓝色尖塔中的壁龛外，也放着奉献用的花朵。

神职人员住在房子后面的房间，桌子上就是寺庙的图书馆，馆藏里有印度的书籍，一些英国海盗小说，还有德文席勒[①]全集的第一册，标题是"荷兰起义"。有个小风扇装在扶手椅上面，有个虔诚的男子坐着研读神圣的经典。假如神圣的经典对他没有说什么新东西，舒适的扶手椅对他来说不够舒服，那么这位神职人员就不会坐着，而是在房子的门口抱着黄色的毯子，被太阳照耀而且陷入冥想中。很明显，他不受世俗世界的影响，他的眼睛是安静闭着的。他一动也不动，让人觉得他好像进入涅槃了。不过特别的是从他嘴巴出来的声音，让人会产生一个想法：任何找到涅槃之道的人，都必须展现智者的艰苦。

---

① 席勒（Schiller），通常被称为：弗里德里希-席勒，神圣罗马帝国18世纪著名诗人、哲学家、历史学家和剧作家，德国启蒙文学的代表人物。席勒是德国文学史上著名的"狂飙突进运动"的代表人物，也被公认为德意志文学史上地位仅次于歌德的伟大作家。

第五章　新　加　坡

一八九八年五月一日
新加坡与香港之间

城市一景—欧洲大饭店—街头生活—中国人的工作—人力车—一间热带大教堂—炎热—衬衫—诱惑的季节—植物园中—唐人街—欧洲人与中国人的竞争力—中国工人与工匠—人的灵魂或是苦力的灵魂—胖子付更多—煤油灯—夜晚—Parsi 剧院中—以风琴描绘性—16 幕剧一瞥

新加坡的欧洲城坐落在新加坡的要道上，房子不是建在海边就是建在附近，以让凉爽的海风吹来（不要以为这海风很凉爽，新加坡位于赤道前一个半度而已！）。这些办公大楼拥挤的街道中，电报与银行这些贸易最重要的工具，都因其建筑物的巨大而显得出众。首先，银行的建筑有个令人印象深刻的占地规模，风格显然是个特殊的印度式建筑，混合着柱子及楼房凸出的部位，圆拱尖拱让人想到除了文艺复兴时的建筑以外，没有什么建筑是这样的。此外，在白色的外墙中，特别引人注意的是有一排小小的绿色柱子，透过这样的建筑细节你可以发现，新建的白色建筑有着黑色的斑点，显然气候已经做足了功夫——在潮湿的热带，这些欧式房子的外皮，不比欧洲人的皮肤衰老得迟缓。

德国领事馆在高耸的办公大楼间显得格外朴素，新加坡俱乐部位于水面之上，在宽敞的餐厅中有许多风扇因风摆动，印度式的午餐在这儿特别好吃。我们在那儿特别知道了椰糖这道甜点：马来西亚的国菜中有椰奶的碎粒(玉米淀粉)和棕色的椰子汁,它具有辛辣的麦芽香味。接着我们在明亮的、铺着绿色地毯的走廊喝着咖啡,看着河面上的船只在阳光下的航道中穿行。

德国商务代表处河岸边上有一个小铁桥,穿黄色热带制服的印度警员在此看守,他严肃且沉默。我们在桥上望着小河,数以百计静止的小船密布着,与一排当地人的蓝色房子共同构成了河岸的美景。

走过街道、经过小桥,管理局的建筑前有个小铜牛纪念碑,街道尽头是欧洲大饭店。这是新加坡最大的旅馆,将三四座狭长的房屋连接在一起,全部是一层楼并且是木造的。房间家具原始,但相当干净,这样可以在挂着蚊帐的大床上睡得很好。每个房间都有一个浴室,浴室没有那么精美。你需要泡在木桶中,用金属瓢浇水在身上。食物却相当美味,我只想建议在我之后来这儿投宿的人,不要点比尔森①啤酒。它根本不是啤酒,只是油墨的添加物。这种啤酒不是最好的。

饭店的老板是个德国人,我们叫他贝克(Herr Becker)先生。他以彬彬有礼的态度接待着客人们。酒店的服务主要是由中国人来负责,一群穿着白色西装、数量难以估计的中国人,分工相当细致且烦琐。每个中国人都有自己的工作任务,如果某事不属于他的他就不会去做。餐桌旁有专门收盘子的中国人,他们只是负责收盘子,不会给你带来饮料,而这却是许多人想要点的。这些中国人显得很特别。还有一个中国人专门负责小卧房中某个坏掉的设备,他凭借尊严准时履行职责,并且每天好几次去看他负责的设备。不过他只做这一件事,如果有人为了抽烟跟他借火,他最大的妥协就是把厨房小弟请来,尽管那个人并不乐意。

欧洲大饭店前街道与大海之间有个宽阔的广场,晚些时候会被数

---

① 比尔森啤酒(Pilsener)常常被简称为比尔森,也叫比尔森式啤酒,一般指的是使用比尔森式酿造法制出的啤酒。它源自捷克的比尔森市,是一种使用下层发酵法,浅色麦芽和苦味较重的啤酒花酿造出的窖藏啤酒,麦汁浓度最高不超过12.5度,酒精度多在5%以下。

以百计打网球的人占据。同时,街道还运行着新加坡商人的四轮双头马车,由穿着褐色服装的马来西亚车夫驾驶,优雅的人们会想要避开。出租马车是相当轻巧的单头马车,有点像小小的公共交通工具。不过最常见的交通工具还是人力车。在新加坡,这些褐色苦力拉着的人力车数以千计,日日夜夜都有相当数量的人力车在街上行驶。一开始你会有一个想法,不愿让同胞拉着车子,但很快你就会让同胞擦你的鞋。此外你需要考虑到:你这是在帮助这些穷人,你给他们一个机会赚几分钱。当你坐在人力车上,苦力看起来不费吹灰之力拉起车子时,道德的顾虑就会烟消云散了。你需要坐在车上。车环由日本漆器装饰,前面是一个褐色的裸背人,跑步时均匀地来来回回晃动满身汗水。但是他没有喘息的声音,也没有快速呼吸的声音。简单来说这是一个适度的快跑,如果只是去三十分钟、四十五分钟或是一小时的地方的话。在人群熙熙攘攘的地方,人力车从四方八面汇集,却从来都没有擦撞过。透过短暂的呼喊躲避,一切都在苦力掌控中。这些小车敏捷地穿过所有街道,在喧嚣与障碍中找到道路。许多人坐在人力车上阅读报纸。晚上也会有人力车经过,一台车上有对情侣交流爱意,苦力慢慢地跑着,与其说他不想打扰乘客的兴致,倒不如说两个人坐在一起,本来就比一个人拉起来要难。

在新加坡,无论你想不想搭乘人力车,当你徒步在城市漫游时,你都不能错过这样的情境,会有一些苦力拉着他们的小车跟着你,他们很清楚地知道,行人在如此漫长的街道上,一会儿就会走得疲累不堪,定想要有个交通工具可以回家。只要一个眼神来了,你就搭上最近的人力车,说出旅馆的位置,苦力就出发了,你很开心地坐在车上并且得到休息。但是过了一段时间后你发现这段路好像感觉有点长,我真的离旅馆那么远吗?人力车走啊走,街道相当陌生,又宽又长,没有一栋看起来跟旅馆一样的房子。事实证明,苦力不知道路,于是就只是走一条他最喜欢的路以赚取车资。这些底层人士不懂英语,几乎只说马来话与中文。马来文是通用语言,所有新加坡的商人都必须懂得马来文以便理解他们的员工。同样,在欧洲人与中国人之间,交流的口语是马来话。如果你给他一个英文的地址,人力车夫不会知道他该往哪里走,但是这并不会阻碍他出发。如果他们看到这是一个外国人,他们会习惯性地把他带到最近的邮轮前,或者就把他放在马来街头:这个不幸的家伙,他想要去植物园,却看到一群年轻的日本女士出现在人行道上,对他伸出手臂挥手召唤要他跟她们一起跳舞。

欧洲大饭店附近一片绿草地间,有一座圣安德鲁大教堂。它看起来灰灰的,饱经风霜,仿佛经历了好几个世纪,其实没有几年。里面什么装潢都没有,光秃的墙壁是白色的,通过美丽缤纷的彩色玻璃,刺目的光芒洒落进来。如此高耸的石顶哥特式大教堂却是相当潮湿。整栋房子挂满了白色的风扇,在墙壁与墙壁之间,热带的虔敬一定很特别,这里的信徒将祈祷传达到天上,而风扇在整个会众头上转啊转。

在新加坡,无论你想要去哪里,都是炎热,教堂也是如此,整个生活就被炎热主宰并掌握着。你可以从房屋与服装看出来,这里的欧洲人全部都是穿白色的西服。如果你看到白色西服配上金属纽扣,或是热带遮阳帽有一对钢配件,那么你看到的是公务员或是军人。在德国领事馆,我看到两位先生走在白色的阶梯上:一个是侦探,一个是囚犯。有一次我在一个地方看到,一个人穿着白色的西服,头戴热带遮阳帽,虽然陌生但却让我似曾相识。我一定在哪儿看见过。的确如此,我站在镜子前,这个陌生人就是我自己。在办公室工作的人没有穿衬裙和背心的,如果有个人被介绍进来拜访,高卷着的袖子也得放下来,而这卷袖子的"特权"也只限于高层人士。这热日日夜夜持续着,整年也没有什么差别。天气总是一样,日光总是一样。穿透最密集的树梢,你还记得此时家乡正是春天,空气温和、太阳和煦、树木正要开花。你开始意识到幸亏热带还没有掌控我们的四季变化。你若经过新加坡会真的有个感觉:你在家乡是多么地幸福,不用在这一年四季都如此无情的热中生活,不用在让人无法摆脱的光线中度过黄昏与自己无声的思想交流的时刻。

欧洲商人住的地方都是城市外的小木屋,当你去植物园的时候你会经过住宅区,这儿一间别墅也没有。路的左右都岔出小路,每个小路都有名字。别墅隐藏在密集的绿色树丛中,花园邻近的道路上有棕榈树,躯干上方的叶子展延得宽大华丽。

动植物园是相当典型的,位于几座小丘上,几乎囊括了所有的热带动物,而动物只有在一点树荫下才有身影。参观者因为一条美丽的大蟒蛇出现而感到有趣(谁对大蟒蛇不爱呢?),它是从苏丹邻近的植物园送来的森蚺①,在马六甲岛的森林,甚至靠近新加坡的地方,巨蛇出现的情况并不少见。老虎是这些森林地区流行的狩猎动物,难怪植物园里也有老虎。此外,还有几个鹈鹕和其他珍奇鸟类,它们有着华丽多彩的羽毛。最有趣的莫过于脸上显露出憎恨人类神情的黑色狒狒,它会举起石头丢向那些站在笼子前面对它品头论足的人们。一个小鳄鱼在有人拿拐杖戳它嘴巴时瞬间咬住拐杖,看来鳄鱼不怎么喜欢这种野蛮的人。

沿着欧洲人的住宅区行走(同样也是位于城市外围的海边),可以通往唐人街,它的占地超过欧洲区的二十倍,人口可能达到上千倍。在新加坡的中国人,既有无产阶级,也有小市民,甚至有更庞大的中产阶级。因为这儿有许多中国的亿万富翁,他们的房子盖在欧洲区附近。房子有着梦幻般的斑斓色彩,有画、镀金,从山墙到地板都是满满的雕刻。每座房子前都会有小花园,有一排排的瓷像。据说这是广州的习俗,广州是中国洛可可②艺术的发源地。你第一次会以为这些房子是剧场布置,因为这实在是太过梦幻;接着会认为至少这是庙宇。

在新加坡唐人街的中国城,满满的新鲜印象冲击着西方来的游客,

---

① 指蟒蛇。
② 洛可可式(Rococo Style),建筑样式以欧洲封建贵族文化的衰败为背景,表现了没落贵族阶层颓丧、浮华的审美理想和思想情绪。他们受不了古典主义的严肃理性和巴洛克的喧嚣放肆,追求华美和闲适。洛可一词由法语 Rocaille(贝壳工艺)演化而来,原意为建筑装饰中一种贝壳形图案。洛可可风格最初出现于建筑的室内装饰,以后扩展到绘画、雕刻、工艺品、音乐和文学领域。

一个丰富的新世界揭晓了。在解开混乱并再次发现这个古老生活的形式之前,你有许多事情要做。生命的形式事实上无处不在,无论人们住在哪里,在地球的这一边或那一边,总是有许多尚待解释的疑惑。你走在这街上,什么都不了解——我从出发以来第一次完全地意识到,自己已经身处亚洲了!

我相信一些我在路上听到的说法,越来越多的中国人在新加坡经商,无论大生意还是小生意,他们开始参与殖民地的管理。中国的工人、杂工以及职员击败其他来自外地的人,他们凭着毅力、自给自足和廉价,没有什么人能与其竞争。中国人不知道什么是休息时间,什么是星期日,他们从早工作到晚,日复一日年复一年。他们从来不觉得自己需要休息,他们能够不间断地进行机械的工作,而欧洲工人持续那么久时间工作就会发疯。总之,中国人永远快乐,总是开朗乐观,似乎他们从来没有想过能过更美好的生活。

中国人就这样做着新加坡的每一件工作,从最高等级做到最低等级。如果有欧洲人说"去找裁缝与鞋匠",在新加坡则会说"你去找中国人"。在邮局柜台的后面坐着卖邮票的中国人,他们在银行里做着记账工作。他们使用美丽的墨西哥银圆和来自上海与香港、银行无法辨认的银票。他们坐在中国城的商店展示处,每个人都可以做人们想象出来的工艺品。

尽管商业企业雇用这么多的工作者,但是总还有数以千计的中国人失业。这些人将自己作为苦力的自雇者,特别是在码头上,几乎都是这些黄色半裸的临时工人。在聚集这种人群的地方,数以百计千计的人在争取着一份工作。在这里没有什么比一个人更容易被取代的了。这些人还会有什么样的个性吗?仅仅是劳力密集业中的一个小螺丝钉?如果你知道,这些劳动者其实也有着跟我们一样的灵魂,那你会感到相当的痛苦。

在唐人街的中国城,你会想念在大英国殖民地时看到的明亮宽敞、笔直又干净的街道。中国城的街道塞满了商店,它们之间没有空隙。

这儿庞大的需求是相当惊人的,街道上的手工作坊与小店面没有围墙,在外面可以把里面看得一清二楚。他们夙夜匪懈地运作着,一律打着赤膊,即使深夜任何时间也都会有人在工作。我们家乡的裁缝店大概有三到五个裁缝师,而这里却有二十到三十个打赤膊的中国人,他们互相挤在一起。你会悲伤地想到巴黎的手工作坊,那里马戈小姐与安洁儿小姐顶着卷发工作,用自己的小手指可怜地穿针引线。这里则不会有人陷入制帽女工的风险,因为这里的工人是很粗壮的中国人,他把针放在眼镜架上以方便缠起来。

如果你第一次就跟他们讲好价钱的话,中国裁缝的工作速度相当惊人且令人钦佩。当然讨价还价可不是件小事情,当你已经杀了价、工作也都做完了,他就会一直不断地摇头并且自言自语道:这位师傅必须要多给一美元,因为他的身材比较胖。

令人惊讶的是大量的中国钟表匠。几乎每家商店都有一个欧洲时钟,这些可能都是由中国人做的。同样在中国商店中,缝纫机也被更多的人使用。不过欧洲文化在世界战胜中国的成果其实是煤油灯,这儿(至少让你知道这里是新加坡)完全没有煤油灯的痕迹,用的是挂灯与灯笼的完善照明系统,最主要的是一个白色的灯笼与铃铛。不过有趣的是,看到这些陌生的黄色面孔,他们在熟悉的灯光下,会让人想起家乡的晚餐时刻和餐桌边的亲人们。

每家商店的背景几乎都是相同的,在入口进来对面的墙上都有一个神龛。中国人一般不上教堂,他们家里有自己的神明,这就是他们死去先祖的灵魂,死后仍然属于这个家族。所以,这些中国神明就坐在商店里,并确保着德昌鞋店卖掉自己的靴子;吴光时装店卖掉自己的衣服;也确保更容易调解与邻居的矛盾。这些木造的神明都有一个美丽的锡造器皿,像银一样闪闪的发亮。夜里,商店的学徒把香点燃,放在祭坛前的香炉上。有一条街有只有小姐们服务的茶艺馆,这里的神坛特别华丽,这些小姐们都坐在香炉旁边,等着顾客的光临。

每当到了晚上,商店门前都挂着硕大的中国纸灯笼,勤奋的中国工人拥挤地坐在一起吃晚饭。他们打着赤膊的黄色身子,都在桌子前面弯着腰,一只手端着碗一只手握着筷子,快速运动的筷子会把菜放进嘴巴,然后再有力地吞下去。大家都忙于吃饭,很少讲话,如果有个陌生人来到门口,也不会有人注意到他。在消夜时分他们偶尔也会起起哄:有人会稍稍在自己这边推一下:"看看这个滑稽的家伙!"其他人笑着,接着继续吃,却很少有人会闲着,因为他们很快就要去工作。有些假日的夜晚会有人戴着灰色欧洲毡帽走出去冒险,或者他们会待在家门口抽着那长长烟管的水烟,或者当他们有敏感纤细的灵魂时会在椅子上蹲着,在家门口的黄昏里演奏音乐。有个人以木笛吹着旋律,让人想起粗鲁小孩的喊叫;另外一个人大腿上有一个中国的弦乐器(二胡),形状让人想起黑人的吉他,有着刺耳的高音(京胡)。也会找到些一起合唱的邻居,这状况可是特别的糟糕。所有的街道都相当拥挤,人群数量相当庞大,他们扇着风扇大笑不止,以不知所云的喉音聊天。不断地有人力车穿过密集的人群。在这个陌生的天空之下,还有许多小吃摊,整个街头到处都是,桌上摆着煤油灯,有各种各样的菜肴和让人难以理解的饮料。在商家的桌子上头挂着肉块、拔好毛的鸡以及切成片的鱼,煤油在生锈的容器中燃烧发亮,锅吱吱作响,升起许多蒸汽。街道上灯火通明,而空气无法流通,人群相当密集。这其中充满着烟、贫穷、馊水、脂肪、鸦片与人身上的味道。

晚上我们聚在一起去 Parsi(巴黎)剧场。我们每个人都坐进一辆人力车,人力车夫持续小跑,通过拥挤嘈杂的中国城街道。印度剧团在郊区有自己的空间,用电弧灯照明,剧场建筑是由木头和铁皮做的,就像是游走的马戏团。此外,剧场外还有一些摊位,有清凉的饮料出售,也展示了爱迪生留声机。剧场内部镶着木地板,地板上有柳条椅、长画廊和长板凳。长椅上坐着个马来人,晃着棕色的大腿打发时间。一直到表演开始前,他都尽可能地让自己舒适,包括在地板上吐痰。在剧场座位的第一排,坐着一个日本女人,黑色的发髻闪耀着,椅背上搭着一个精致的披肩。有些游客是中国人,抽着很大根的雪茄。少有穿着白色西装的欧洲人。一个铃铛用力地响了很久,舞台的前帘慢慢卷起,我们看到印度王宫的花园。后台睡在一张豪华沙发上的是英俊的王子卡姆鲁扎曼,因为他是王子的缘故,他会有各种奢侈品。他是如此的英俊,以至于仙女巴兹玛拉与巴兹玛,决定要把他绑走。每个人都在地板上踱步,要将自己的倾诉交托给观众。这两个角色都由男性扮演,巴兹玛拉身穿红色唐装,后面带有蓝布的翅膀;巴兹玛的服装有黑色与银色的星星,有粉红色的翅膀。这部作品大部分都是歌唱的独白,左右两边都有风琴以及手鼓,这些乐器前左右坐着两个印度人,这就是他们的乐团。旋律是由琵琶弹出的、单调没有活力的宣叙调,歌手唱歌有风琴伴奏。巴兹玛拉慢唱时,由右边苦力的风琴伴奏;当巴兹玛声音出来时,则是左边苦力的风琴伴奏。借由这样明白的展示,让人可以知道剧中人物的不同个性。你可以想象这是多么有助于阐明剧作家意图的作品:好人是跟着右边的管风琴一起唱;左边的管风琴则是给坏人伴奏,而同情的个性也会通过歌声插入花腔得到表述。英俊的王子卡姆鲁扎曼的颤音颤抖不已,他恰恰是剧中的主人公。当重要的事件进入准备阶段时,风琴下的手鼓就开始动作。他会用力地打鼓,让观众明白一个戏剧性的时刻已经到来,并且他还需要的是睁大眼睛加以体会。

王子卡姆鲁扎曼醒来,伸伸懒腰打了个呵欠,走到布有前景的舞台。他有长长的黑发与鹰钩鼻,同样拥有精湛的钢琴演奏技巧。大家都知道,这类型的帅气是多么风靡,女士巴兹玛拉与巴兹玛的热情瞬间展现出来,你无法有不同的看法。但是国王从先知那儿得知,他会被绑架,必须迅速地采取必要的防范措施。这样好的儿子怎么可以被绑架,少了儿子可什么都没有了。国王戴着假胡子、戴着黑色和蓝色相间的丝绸帽子以及珍珠串,他轻抚王子的肩膀,他痛苦的表现连右边的合唱与风琴伴奏都难以跟上。接着,一个黑人被抱到豪华的沙发上,沙发由皇家紫袍盖着,上面有红色的床单。黑人是个喜剧角色,他被仆人安排在沙发上,用红色床单进行各种戏谑玩笑的表演。他总是一条腿伸在空中,当仆人把他的腿按回去时,手又会自动地跑出来,如此反复(全世界丑角的桥段都是如此类似!）。精灵最后绑架了黑人而不是王子，这个错误只能由国王下令把舞台灯调暗才能解释得通。

这是剧目的第一幕，接着还有十五幕。整部剧大概要演一周，可惜的是第二天我们就要回到蒸汽船上了，所以直到我死的那一天，我都不知道巴兹玛拉与巴兹玛有没有达到她们的目的，或是她们就是满足于黑人？毕竟当她们不可能得到王子时，这是最合理的选择。

第六章　香　港

一八九八年五月十二日

香港

日落—抵达香港—海盗传统—鼠疫—英国殖民统治的天才—中国工人的冲动—缆车—在高峰—间谍恐惧—壮丽景色—德国人在香港—海因里希王子—"上海虎"—皇后大道—街头生活—轿子—中国商店—黄金和白银装饰艺术—艺术感和良好的品位—中国商船—中国服务员—在"卢金斯兰别墅"

我们的蒸汽船经过了许多岛屿,它们在海水中都是丘陵,单个或是成群突出在海面。一小层可怜的绿色盖在上面,少许的植被生长在岩石上,有时绿色的外袍会被刮破或是刺破,暴露出那石头的山体。这里之前海盗经常出没,不过现在已经被根除,大概是英国人对他们发动了全面战争吧?不过这些岛屿看起来一点都不欢迎人,这会是我们在海上航行的最后目标吗?我的思绪飞回到了家乡,回到了绿色的树林和所爱的人身边。

夜晚的到来中断了我这些思绪。南方的黑夜来得特别快,一转眼间就日近黄昏,太阳似昏昏欲睡,接着就闭上他的眼睛。太阳还没有全落下来,月亮就已经匆匆登场了。它从右边黑色的山脉群中升起,现在高高地悬挂着。月光照着宁静的海面,海湾却是一片银色。山脉顶峰直入云霄,山峰被白云围绕,山脚下有许多光点在水边密集地排成长列。光点从山的最底部到最上面接近云雾,点缀在黑夜的山景之中。

这就是香港最高的山吧?

我们的蒸汽船在晚上入港,让人想起了夜里那不勒斯的出航。山峰貌似维苏威火山的高度与形状,没有人知道被云盖处的顶峰,在云里面还会是什么,会不会也吐着烟和火?但这海湾比那不勒斯还大,到处都是延绵不断的山脉。城市沿着很宽的弧形伸展开来:第一个最低,然后接着升高,再后面则是最高。除此之外,没有其他的光线,这里的山峰,这里的无光、这里的无声、这里的神秘——这里就是中国。

从香港方向来了许多中国人划的舢板,他们用长长的抓钩棍子固定船壁。蒸汽船还在以很快的速度移动时,这些中国人就以超快的速度用杆子爬了上来。他们飞身跃上甲板,光影般消失,然后,往他们的目标甲板层跑去。在新加坡启航时,船上载了五百位苦力,他们打算到香港谋生。有些闯入者被水手抓到,然后被迫回自己的船上去。快速登船看起来像海盗的传统,如果四面八方突然出现这样的船只,不是十个而是上百个,这样身手敏捷的家伙跳上甲板,就如同嚎叫的狼群,抵抗是不可能的!从此之后我们意识到,倘若大型蒸汽船遇到这样小海盗船的抢劫,该是多么的无能为力。

船边还航行着一些蒸汽驳船,有些满载着中国人过来,许多都是中国旅馆的服务生。他们有彩色的纸灯笼在手里,上面有中国字,如此一来可标示出客户的名字,叫喊这些名字的声音在水上此起彼落。此外,也有大型欧洲公司与旅馆的单桅帆船。所有的小蒸汽船都在下面努力喷汽鸣啸,以便跟着大船。其中一条船上有位先生和女士,不断地挥舞着手帕说:"欢迎!欢迎!"我们真的有被欢迎吗?没有人等我们来,没有人因我们来而欢欣。我们是在陌生土地上的陌生人。这位好心女士挥舞的手帕,第一次让我们感受到友好的问候。

乡愁!愚蠢的乡愁啊,从旅程一开始就离我不远,现在跟我一起上了岸。准备和我一起在中国旅行吧(噢,乡愁!我感觉得到它,它看起来不想再操心我了)。我住的香港旅馆就位于水边,是一栋很高的建筑,就像所有外面的旅馆一样,凭着六层楼,它傲视所有在码头上的房子。最高层的客房是最贵的,因为最为通风,当然,有电梯通往那里。电梯里面有一个年老的中国人,看起来他得到了一份闲差事。他永不停歇地从屋顶到底层,从底层到屋顶看护着电梯。他从不说一句话,总是摆着同样一张脸,在比较热的时候,他会带着纸扇送冷风,然后插在脖子后面。旅馆的走廊人来人往,你要先问问路,才会找到你的房间。房间是个真正的大厅,外面有两个玻璃门,一个由砖铺成的宽门廊。我们终于又看到了壁炉,它就在我们的眼前。

整个旅馆都有石灰的味道,这是因为瘟疫的关系。几周前开始有所耳闻,现在传到了欧洲。整个世界都在谈"鼠疫",报纸整个版面都是〔我们这旅馆有《中国邮报》(China Mail)、《香港电报》(Hongkong Telegrah)、《每日新闻》(Daily Press)等等〕。你可以在下列的报道中读到:"目前为止还没有美西战争的消息,不过我们倒是有另外一场战争的消息——人类与瘟疫之战①,而这个新闻相当的悲惨。"在香港的每日生活中,"鼠疫"这个字很少被提到。白天在云咸街角开张花市的中国人,用他们聪明的商业头脑,突然想到了可以有效响应瘟疫的办法。他的花篮内都是多彩缤纷的南方花朵,现在他把白色的也带来,可用在墓地。同样地,水莲也在下面,它的白杯有梨子般大小,这样人们就可以买到坟墓花圈,以及用绿色叶子做成的十字架。

这些白色的花朵提醒我们,在这里距离死亡相当接近。但是,在这样明媚的阳光下,谁会相信呢?有一次在港口的街上,有一群苦力踏着快速的步伐,全程拖着一个中国棺材。沉重的棺材由绳子捆好,五个人用杆子托起扛着,每个杆子都很重要,沉重得让大家都气喘吁吁。棺材是打开的,死者躺在中间,盖着多彩的布料。人们拖着沉重的步伐,气喘如牛。可能还会有细菌在空中飞来飞去。我们匆忙地走去香港旅馆

---

① 一八九四年香港鼠疫是十九世纪末至二十世纪初"鼠疫第三次全球大流行"中的一次重要爆发。一八九四年五至十月,在香港大流行的鼠疫导致两千人以上丧生,三分之一的人口逃离香港。此后至一九二六年的三十年间,鼠疫几乎每年都在香港出现,总共导致超过两万人死亡。

的酒吧,点了鸡尾酒。第一条规则是,你可以在报纸中关注瘟疫的危险,并总是"胃里有一英寸威士忌"。这里有名的医生是这么保证的,这里也可以点"Kju-Ci",也是一种鸡尾酒,里面有比一般鸡尾酒更多的威士忌。这种酒是由一个曾经在香港居住过的男子发明的,他在此地发现,鸡尾酒中的威士忌如果加倍会更好喝。这个人手臂上刺着 Q.C(女王议会),所以这种酒被后人命名为 QC,来纪念他这个意义深远的发现。

在亚丁、科伦坡和新加坡,英国的殖民地统治显示出了巨大的才智,而在香港,则是完成了真正的奇迹。五十年间,香港岛都掌握在英国人手中,其他海湾中的岛屿与裸露的石头,至今仍然忠实地反映出香港五十年前的图像。英国人来到了这里,突然,这些裸露的岩石上长出了一座城市,一个有着优雅街道与舒适建筑物的城市。现在这些岩石都绿油油的,疯长的树木在房屋的窗前簌簌作响,它们遍布山峰的斜坡上,从街道到山顶,开始成长为一个蓬勃的花园。应当指出的是,这儿几乎没有一朵花,每个灌木都需要特别的安置,把它们放在应该布置成绿地的地方。

建造香港这样伟大的工程,只能凭借本地无可胜数的劳动力来完成,你看到中国工人工作时的样子就知道了,到处都有他们的身影。在山峰的山麓之上,他们在铺路;以前是丘陵的地方,他们在移除丘陵。现在有数个看起来像是甜面包的小小隆起,便于让人测量出到底有多少土被带走。在港口正在建造一栋房子,可能是全市最大的一栋,在施工的支架上(完全没有钉子,只是由竹子编在一起)没有看到任何电梯或是其他方便的机械设备,对于建筑来说必需的梯子也都是由苦力自身携带。同样地,位于山上的富商别墅,每一块石头都是由苦力带上来的。在我的窗户前有五十位苦力一边喊叫着,一边拉着沉重的压路机,以便让道路更为平坦。这里所有的事情都是由人力来完成的,因为他们与蒸汽机一样便宜,也一样的快速吧?

中国人具有惊人的力量,谁给他工作他就会对谁好!外国人对他而言可能比当地人更亲切,因为给的薪水会比较高,而且工作职场也会有较好的保护与保障。为了生存下去的奋斗,解释了这个普遍存在的对工作的渴望。中国人赚钱赚得很少,但是他们需要的比他们赚的更少。你会有一个印象:这些人只靠一半的工作量就可以过活,你不明白的是,他们为何努力使自己变得苦不堪言。有人说他们是在用自己的方式提炼享乐,他们需要女人与赌博,当然更不用说鸦片了,这些只是需要让多余的体力可以得到发挥的机会而已。炎热的太阳下拉着压路机,可能是他们表达愉快的方式,这就是为什么他们总是那么开心。

每个人都会赞同我所说的:应将香港奇迹的关键归功于本地勤奋的劳动者!当然,这并不会减损英国人的荣誉。中国人对工作怀有的信心,以及牛的勤奋精神,体现在数以千计的工作中,但香港奇迹唯一的前提是:英国人想要花园,就指挥这些中国巨人犁开岩石。

一条缆车线通往山上的峰顶,它没有绕道而行,直直地暴露在陡峭的山壁上。如果你乘坐缆车上山下山,大概总计需要停靠一至三站。这些缆车沿线路驶过,你会看到所有歪斜的房子。在缆车车站让人想起法国梅登的缆车,爬坡时你会不情愿地偏向右看,那儿的树梢上可以让人一瞥法国圣克鲁城堡,以及银色的塞纳—马恩省河。这里左右两边都是海湾的全景。在蓝色的大海上,海面被帆船点缀着,海因为阴霾而消失在远方;许多帆船出现在山峰脚下和海湾之间的狭小空间里;在海中岛屿之上,我们面对着奇特形状的山峰山脉,它的岩石在阳光下散发出红色的光芒。

缆车中坐着一位英国女士,要去山峰上的别墅,她简洁的白色衣服显得相当优雅。一个穿着黄色热带制服、佩戴黑色肩章的皇家兰开斯特①的军官,一位亲切的骑士,很想认识这位女士。最上面就是山顶大

---

① 兰开斯特王朝是英国历史上的一个王朝,在一三九九年,金雀花王朝支系兰开斯特公爵海因里希,趁国王理查德二世远征爱尔兰时夺去王位,成为兰开斯特王朝的第一位国君。兰开斯特或兰卡斯特的名字来自于该王朝的成员,他们均为第一代兰开斯特公爵约翰的后代,而以红玫瑰为王朝的象征。

酒店,有凉爽的房间和美味的食物。你也可以用好几小时爬上去。最顶峰有信号站可以停留观光,但你不会在那儿停留太久,因为马上就会有士兵出现,问你有什么事情;如果你没有什么事情,你会被礼貌地恳求不要逗留在信号站。你必须离开军事管制区,虽然那里早期是山顶大饭店,现在则是作为军官医院以及高级文官的宿舍,到处都是士兵并且为大家指引道路。英国人就跟法国人一样,都幼稚地害怕间谍。不久之前,有一位蒸汽船上的北德军官登上了香港这个小岛,随意拍了一些照片。他因此被逮捕了,法院判他拘禁三个月,而且无法缴纳罚金。德国政府出面交涉,在经过法律程序后,法院宣判一百元罚款,之后就被法外赦免了。

　　山上光滑的卵石路通往四面八方,满山覆盖着茂密的绿色树叶。走在其中你会以为自己在梅拉诺①或是卢加诺②,那里因为台风暴雨的关系,树不高但绿意盎然。在陌生的树叶之间嬉戏着深黑与深蓝色花纹的蝴蝶。这条路弯来弯去总会让你看到山峰的新景色,从山峰与丘陵之上一直绿到地表。如果你从近一点的地方认识它,山峰是整个山丘与峡谷的绿地景观。有的山丘围成一个圆圈,包住一片蓝色的海水,翻山越岭后可以看到最明亮的海湾!碧绿的山丘与海洋天空一起流动着,你坐在石椅上享受风景,这个景色人世间少有。

　　山谷中有许多盆地映入眼前,被用作高地房屋的取水之地,现在这里到处都是繁忙的工地。山峰附近有新建成的道路,居民仅能以脚踏车或人力车散步通行。这应该是条即将通往山下的路,蜿蜒环绕着整个香港岛,为了纪念英国女王的生日而被称作女王路。那些散落在山顶不同海拔高度的房子,大多涂着灰色,有着朴实的外观,它们的区别仅反映在占地大小与尺寸上。令人欣喜的是(我们不应

---

① 梅拉诺,意大利特伦蒂诺—上阿迪杰大区,博尔扎诺—博曾省的一个镇,以温泉浴场而闻名世界,面积二十六平方公里,人口三万五千余人。
② 卢加诺,瑞士提契诺州的一个意大利语区城市,人口约六万四千人,面积二十六点二平方公里,是瑞士第九大城市,提契诺州最大城市,也是意大利之外,最大的意大利语聚集区,官方语言是意大利语,城市地处卢加诺湖,被卢加诺山脉所包围。

该真的说出来),在香港的居家中,最漂亮的房子竟然是德国人的。一位德国商人在香港买了一块顶级的土地,英国人对此还有点酸溜溜的——真希望事情不是如此。至少站在英国殖民者的角度,德国商人的举动有助于一种伟大且自由的观点——让每个人都在这块土地上受到欢迎,让不同民族的人在这里自由定居与做生意。英国商人与德国商人在香港自由竞争,常常会看到德国商人以自己锐利的眼光而略占上风,这跟国家之间的政治偏见没有什么关系,这是德国商人通过安静且专注的工作获得的。英国商人早已征服世界好几个世纪,他们倾向于满足现状休息一下。德国办事员在热情、商业利益把握和语言能力上,已超越英国人好几倍。几家世界级的德国企业现在在香港都有分支,其中有美最时洋行①、禅臣洋行②、瑞记洋行③等等。大约有三百人的德国区坐落在温德姆街上,是一个典型的官方机构建筑。温德姆街上飘扬着德国领事馆黑白红三色国旗。领事馆由副领事海因策(Herr Heinze)管理(海因策先生后来调去台湾淡水做德国领事),他精湛的管理让每个拜访他的德国人,都会乐于采纳他的建议。德国区还有一些人,让人们很乐意去认识。我特

---

① 美最时洋行(C. Melchers GmbH & Co.),德国历史悠久、规模较大的贸易公司。一八〇六年在德国不来梅创立,从事国际进出口业务,是最早在北美洲从事贸易的欧洲公司,其经营重点是机械和工业产品,成为知名的机械供货商之一。第一次世界大战后,美最时洋行撤退回国,几年后又卷土重来,一九四五年第二次撤回国内。

② 禅臣洋行(Siemssen & Co.),从事远东贸易的德国公司,创办人特奥多尔·希姆森(Theodor Siemssen),一八四六年到中国广州设立分行,一八五六年在上海设分行并成为禅臣中国总部。一八九九年在青岛分行成立,最著名的业务是经营工厂和铁路成套设备,以及西药、染料、军火等,乃至绒线、布匹、针线等日用商品。代理德、英许多著名厂商和保险公司,第一次世界大战德国战败退出中国,产业作为敌产被没收,战后禅臣重返中国增设南京分行。

③ 瑞记洋行(Arnhold & Karberg & Co.),一家历史悠久的德国籍犹太人公司,为中国清末民初最著名的洋行之一,一八六六年九月德籍犹太人安霍尔特兄弟(Jacob Arnhold & P. Arnhold)和丹麦商人彼得·卡尔贝格(Peter Karberg)在中国广州合资设立了德商瑞记洋行,随后迁入英法租界所在的沙面岛。一八六七年在香港设立了第一个分行,一八八一年一月一日在上海设立分行。一九一九年在香港重新注册,一九二六年底新沙逊洋行(E. D. Sassoon & Co., Ltd)兼并了安利洋行。一九三五年安诺德兄弟离开安利洋行,另组英商瑞记贸易股份有限公司(Arnhold Trading Co., Ltd)。一九四九年后洋行总部迁往香港,现为"安利集团"。

别喜欢豪布特先生,他是美最时洋行在香港的总经理,是我在东方见过的第一个有魅力的人。

德国区依然沉浸在海因里希亲王①来访的热烈气氛中,亲王说了许多对德国商人同情的话,并暗示德国将在中国胶州开始的殖民,第一优先的是德国的商业利益(不再有官员以及军人的殖民统治)。他向德国商人打听,你们要去做什么?希望满足德国商人的愿望。德国大公司的老板们建议写一份书面声明,表明愿意让德英两国关系维持友好,眼前发生的任何事情,都不应该让两国分开,诸如此类的话题。

在香港的英国人中间,海因里希亲王不会给他们留下传统德国人的印象。他让所有人看到自己柔软的一面,他参加所有的运动赛事,与英国人打网球与马球。在辉煌的市政厅举办的宴会也由英国人主办,总督在晚餐的桌边说,(你知道,没有什么比用英语的称赞来得更高了!)德国皇帝的兄弟不但是个亲王,更是一个绅士。亲王以优雅的牛津腔英语,回应了几个温暖人心的字,但是这被一个本地称之为"上海虎"的东西打断了。嗨!天晓得为何叫这个名字,一个节拍紧凑的小曲开始唱着,最后以各种能够想象得到的,能制造噪音的全部方式结尾:吹口哨、跺脚、大叫、呼喊。亲王坐在那里谦虚惊奇地听着,一直到旁边有人跟他说,"上海虎"在东亚是最高层级的赞美……

皇后大道上尽是欧洲各企业的大房子,他们高高耸立且平行排列着。所有船业公司的旗帜飘扬在港口,这里是本地的主要干道,漂亮的房子紧邻着不太宽的道路,接着是一家又一家的商店。树木在街旁整齐排列生长着,较高的楼层大都有可以打开窗户的前廊,类似欧洲阳台的形式。宫殿般的银行前有一个长长的广场,广场由柱子与纪念碑所装饰,银行前面有一小排棕榈树。白色市政厅的建筑矗立着,前面有一

---

① 海因里希亲王(1862—1929),即英语音译的亨利亲王,生于柏林,母亲是英国维多利亚长公主。德国皇帝斐特烈三世第三个孩子,威廉二世皇帝的弟弟,海军元帅。一八九八年到中国青岛成为东亚舰队司令。一九一二年十月,海因里希亲王到青岛,向中国满族宗室表示他的皇兄陛下和他本人将支持清朝的复辟。德国一战中失败、君主制被推翻后,海因里希亲王携家人到北部隐居。

个特别的纪念碑,这不是为了女王,也不是表示城市的自由,而是意味着这里贸易的健全。女王的纪念像在码头旁一个开放的神殿中,由深色的铜建造,因此当地人称之为"黑皇后"。皇后大道之后开始,第一波山脉的波纹通往港口的对面,这些由大道分出来的小道,依山而上,都有很陡峭的斜度。这些旁支小道里住着中国人,中国的主妇们晒了好几条线的衣服,这些线从一边拉到另外一边。新加坡在这一点上比较像是中国城。香港有大约二十万中国人,你在大街小巷都会遇到他们。但是他们住的地方并没有明确地加以限定,可能在这些小巷的小房子中,会住着数以百计的中国人,在这样的情况下,瘟疫会爆发也就不让人惊讶了,但瘟疫在这里已经开始缓和了。不过香港大致上给人的印象是:有着许多中国人居住的欧洲城市。

街道上仍然有着相当浓烈的中国特色,城市的交通车辆是人力车与轿子,香港的马车跟威尼斯一样稀少,对于他们来说,马是奢侈品,只能用于骑乘。在香港,轿子的使用比人力车多,因此与人力车苦力相比,轿夫至少还懂一点英文,对街道以及门牌号码,他们也更熟悉。轿子由竹子编成,挂着两个长竿,一个苦力在前,一个在后。不过如果你想要花个大价钱,那么会有更多的苦力为你抬轿。有钱人都会有自己的轿子,而且是由四个以上的苦力抬着。他们穿着漂亮的仆人服装,宽松的白色外套、有色的卷边。不过还是有两个人没有制服。只要轿子一扛在肩上,他们就以快速的步伐奔跑,不管是坡地还是平地,都一样。只要你愿意,他们就会以相当快的速度,不停歇地直达山顶。他们双手弯曲抓住竿子,把轿子扛在肩膀上,赤脚在地表上以大步伐迈进。

皇后大道的商店前挂着长长的条幅,这些长幅就像是一面面彩旗,是中国公司的标志。大道上的店铺几乎都属于中国人,往往是一个有长辫子的老板,与一个没有那么长辫子的助手,一起坐在桌子后面为客人服务。商场有许多象牙雕刻,各种绿玉石(翡翠)原件,这些是中国人的最爱(大多数中国女人都戴有翡翠耳环,男人有时也会有玉镯)。广州来的丝绸刺绣,还有为数不少的瓷器,以及黄金白银制品,后者对于游客来说是惊喜。中国工艺之美最近才开始发展起来,中国人喜欢使用欧洲生产的珠宝首饰,喜欢具有古老手艺的贵金属餐具。它们既有典型的欧洲式样,也有在欧洲样式基础上,又加上中国味道的,这便有了一种异国风情。他们把自己表现成为知道如何混合欧洲与中国风格的,并具备良好品位的鉴赏家。看起来好像从这混合物中,真的出现了新的想法。这些黄金白银制品特别有趣,因为,在欧洲文化影响下,这是当代中国艺术活生生的例子,或许"艺术"一词多多少少有些言过其实,中国手工业者是否真的具有艺术品位,人们还是有疑问的。或许应该如之前说的一样,只能说他们的品位已经不错了,不过最后这可能也不大正确。中国艺术创造的鼎盛时代,其实早已经过去久远了,现在主要都是模仿而已。可能这些黄金白银制品只是复制某些图案,这可能跟仿冒有关(不过话说回来,这必须要由中国人来加以制造),人们总是有同样的模仿,而不会去超越特定的风格。这些金银制品大部分都有个中国字"福"或者"寿",领带的别针、袖扣、女士的皮带扣和耳环等上面都有(这让我想到,中国人不是以艺术的想法把中国字放上去的,这些字意味着幸运以及长寿。但这些线条围绕着充满美感的中国字,对于我们来说只有图案艺术上的意义)。此外中国龙常常是摄影架、汤匙上的装饰,也有一个飞鸟,总是大展翅膀,有着转伸向外面的脖子。

  无论是否属于"艺术",作为处理这些素材的中国工匠,他们的技术是无法被超越的。这些经由数百代手艺祖传下来的工匠,他们手指之精巧让人难以望其项背。如果有任何材料落在中国工匠的手中,不管是木材、金属或是纸张,他们都会让它突然取得不同寻常的可塑性与柔性(特别是中国人的包装物品,一下子什么突出的棱角都没了,圆滚滚的被包裹着)。所有这些金银制品伴着特别干净利落、精致的包装,金属可以被很小一部分地利用,但是你可以想象金银充满了整个复杂的中国,如此美妙的制品却惊人地廉价。

  人们几乎只付出了金价银价,就可以获得这些艺术品,从这儿你可以看得出中国人是诚实的商人。而让人无法理解的是,这些中国珠宝商的产品,还没有出口到欧洲。假如可以卖到法国或德国,我们的女士们一定会趋之若鹜。在香港的欧洲小姐们,她们的沙龙桌上到处都是这种东西。欧洲金银制品的关税是如此之高,而买进价格是如此之低(如果你直接跟手工业者购买,而不是跟香港或上海的商人买,还不知道要低多少),这一定是个很好的生意。或许可以建议给那些德国商人。

踏入皇后大道的商店是相当危险的,所有东西都是如此的便宜,你会在很短时间内花掉很多钱。这里商店的门都是敞开着的,只要你想,就可以任意来来去去。第一次中国商人主动协助你时,会让你搞不清楚状况,但他会马上发现你想要的是什么,然后他扛着仓库里的所有东西呈现给你。隐藏的货柜被打开,华丽的东西出现了,接着他会用"属于"来讲一个相当长的故事,尽可能地用亲切与谄媚,围绕着洋泾浜英语①的关键词滔滔不绝。同样他会想知道客人从哪里来:"德国?""哦!前几天有个 Plince Henly……"(众所皆知中国人无法发 R 的音),而 Plince Henry 在德国是"第二号人物"海因里希亲王,"第一号人物"当然是皇帝,所以他的兄弟是"第二号人物"。你走出去,他就追到街上,他手上有个中国的瓷茶壶,尽管你完全没有体验到他的生活,你完全不需要一个茶壶……

特别奇怪的是,你会快速地习惯中国人,这倒不是因为被中国人围绕着,而是长时间被他们服务着(一个久远的记忆告诉我,有种存在叫作"帮佣",不过我好久没有看过了),开始你会以外貌来区分中国人,接着你会从中找到聪明、勇敢、勤劳、富有同情心的面孔。

中国人做服务业是无法被超越的。他们一窝蜂地拥向旅馆,在房间以及餐厅毫无声音地走来走去。他们知道每一个客人的个

---

① 洋泾浜英语,被归类为皮钦语的一种,"Chinese Pidgin English"是洋泾浜英语的正式说法,因 Pidgin 发音与 Pigeon 相同,所以被不谙英语者误译为白鸽英语。另外由于中文谐音,偶会看到洋泾帮、洋经帮、洋径滨等写法。

性,知道客人不同的生活习惯,并且会很快用他们得体的举止让客人感动。每天早上,我的茶几上都会有经过精心挑选的、我最爱吃的水果。第一个帮我倒茶的服务生,知道到底该丢进去多少糖(到底多少就不透露了);第二个服务生帮我在面包上抹牛油;第三个服务生为我端上点的菜品。他们都以数字编好号,因为中国人在点菜时,记数字会比记菜名还快。与此同时我没有多说什么,只是简单地在菜单上指出菜名的号码。我吃完最后一口,服务生就会马上过来递上火柴(质量低劣的日本火柴),因为这些中国人很清楚,我在英国旅馆有个不好的习惯,那就是要在餐厅点支烟抽。我为房间服务生的真诚感到惊讶,每天晚上我会把我的手表放在桌前,每天早上他都会把手表带给我,小心翼翼地擦拭着它,十分谨慎地捧在手里,生怕这表会受到伤害。有一天我坐着工作,房间的服务生与从洗衣店出来的手表一起出现了。"先生,请清点一下数目!"服务员这么说。我想着:"老天啊,"回答说:"我没有时间。""不!"他回答,我必须要清点数目。我们就开始数,这件事其实不大合理,因为少了两个,服务生猛烈地摇头。在客房外面中国服务生的工作间里,服务生们正在召开"战争"会议。最后他把我的那份报告放在手上,是用黑色墨水写中国字的细长宣纸。他其实把我的衣服写了下来,我却没有。根据他的列表显示,我有两对手环不见了。一个中国洗衣工被带去祷告,下一夜这两个手环就回来了。有严格数目的洗衣服务总是忠实地提供,虽然有时候你会拿到不属于自己的衣服。所以,有一天我们坐在"卢金斯兰"别墅的时候,有两位先生彼此穿着对方的背心。

"卢金斯兰"别墅位于香港山顶,属于之前提到的美最时洋行经理豪布特先生所有。我们在温暖的夜晚坐着轿子上去,穿过黑暗的小巷,热带花朵在浓雾中呼吸着。接着有群嘈杂的中国人下山,一个印度警员站在路上沉默地看守着,手中还握着卡宾枪。苦力踏在地上的脚步很低沉,黑暗中轿子来来往往川流不息。美最时洋行经理豪布特先生在门口迎候着,他引导我们走入门廊。"卢金斯兰"别墅山下是海港,数以百计的中国戎客船①灯火通明。你远远地看着这异国的世界,像是一个节庆的日子一样。山顶的右边升起了满月,厚重的乌云以闪电般的速度追逐着她。

餐桌上点缀着真正的新鲜花朵,中国的餐厅领班身穿黑色上衣,他悄无声息地掌管着一切,静静地履行着他的职责。在他的领导下服务生开始上菜,首先开始喝冰镇的香槟,接着是一个短暂的休息,然后宴会继续进行。慢慢地桌上开始堆满绿色的菜肴和莱茵河的高脚酒杯,杯子开始有序地分发。在桌旁一位大客户耳语着:"领班!开一瓶不来梅的罗恩塔勒!"此刻如此庄严,主人站起身来,拿着酒杯简洁有力地说:"敬所爱的人!"

---

① 戎客船之名来自西洋,十六、十七世纪,欧人来到东方,看到前所未见的东方帆船,问其名,记其音,称之 Jong、Jung、Junk 等数种称法。日本明治维新后,闻 Junk 之名,译成戎客船,中国人看到之后,也跟着说戎客。这里应当指独桅纵帆船,又称卡特帆船、短桅帆船、快艇式帆船,是一种小型帆船,只有一根桅杆,一般有船首斜桅,带一个或两个船首帆。

第七章　往广东与沙面的珠江上

一八九八年五月十八日

广东—沙面

戎客船—珠江上的德雷福斯事件—船上的瘟疫—岸边风光—珠江河口—中国当铺—斗蟋蟀—鱼雷站的指挥官—黄埔—河上的城市—花艇—欧洲租界沙面—普鲁士蚊子

蒸汽船"汉口"号即将启航前往广东，出发前最后一次钟声敲响了，一些迟来的中国人匆匆忙忙地踏上甲板。惹人注意的是，有个人手上提着个檀木箱子，看起来像是小孩的棺材。接着与岸边连结的梯板上升，蒸汽船汽笛啸叫，慢慢地驶离了香港码头，驶过了香港岛的海湾。早晨八点钟刚刚过，香港海湾已经到处都是要上工的戎客船了，他们挂着黄色的大垫帆，帆布上还有很多的补丁。这类风帆是如此有特色，有难以描述的形状，它似乎是方形的，但有一侧是直的，另外一侧是弯曲的。弯的这侧顶部很短，底部则很长，就像弹力过度的皮肤，又跟蝙蝠的翅膀极为相似。

我看到在这些船上，一般都是一个家庭管着一艘船。一个女人在较高的那侧掌舵，让船只按照她的目标前进，女人与她的女儿面对面坐着，她用手固定着摇橹把舵转给女儿，女儿再把舵推回去，小船就这样移动着。坐在后面的是这一家的父亲，抑或是一个很老的祖父，驾着另外一个舵加以控制。帆船让人想到几个世纪以前的海洋风光，在这儿中世纪的画面依然活生生地展现在眼前，那美丽的帆船正与蒸汽船一同航行。

这些中小型船肯定有想成为现代大船的野心,他们也想要把自己的船改造成蒸汽船。蒸汽船又有什么不同呢?你可以说就是那个两侧的轮子,所以,这些人就在自己黄色的船上安装桨轮,上面有十到二十个苦力踏着驱动。有了这个轮子还不能构成蒸汽船,必须还要有一个烟囱,所以,他们也在船上装了烟囱。当他们在港口出航时,就烧着纸张祈祷神明,因此,也会有烟从上面的管子冒出来。你会在靠近广东的河上,看到许多这种"中国式的蒸汽船",我必须承认我只看到有轮子的,烟囱的事情只是听说而已。当然,这一切只适用于小的中国船运公司,中国的大商人则是坐在欧洲的蒸汽船上,自己即是这蒸汽船的主人。这些往返于广东与香港的蒸汽船,大部分都是属于一家中国公司的。

中国人在许多帆船上还画了眼睛,"没有眼睛,不能看见",他们这样说着。很显然,让帆船能够"看见"也是相当重要的事情。值得注意的是,这里的蒸汽船也适用这个习俗。在"汉口"号强有力的轮罩上,两边各画一个"睁大的眼睛"。"汉口"号是一艘美丽白色的蒸汽船,是根据密西西比河①的样式建造的,主要运送商品以及中国旅客,空间大到可以容纳所有。头等舱装潢得非常漂亮,但是,没有人购买头等舱位,大部分都是空的。我是唯一的欧洲乘客。我们有一千两百多名中国乘客在船上,搭载两千人也是时有所闻的,老船长更是有载过三千人的纪录。船长是一个身材高大且有灰色胡子的人,当然,他是一个英国人,多年来他存在的方式,就是往返于广东与香港之间。他在中国的人海中显得相当孤独。

"你不会想家吗?"我这样问。

---

① 密西西比河,位于北美洲中南部,是北美最大的水系,流域面积约为 300 万平方公里。它也是北美最长的河流,源头在美国明尼苏达州西北部海拔 446 米的艾塔斯卡湖,流经中央大平原,向南注入墨西哥湾。最长支流密苏里河的源头雷德罗克湖,全长 3767 千米,文中密西西比河的模式,意指船的空间比较大。

"当然!"他说,"我很想家,但我必须待在这里。"

他这样说着却毫无怨气,而是温柔地听天由命。他曾经奋力打拼过,命运却在这儿安插了他,在广东与香港之间往返。他提升到船长的职位并开始独自跑船了,不过他也知道其实什么用都没有,什么也没有提升起来。你会在他身上看到一种不再对生命有什么要求的宁静,他也不会想到让别人可怜他。

"其实,开始这儿也不单调,"他说,"但是到最后单调无处不在。"

其实人生都是如此单调。他通过这样的想法却找到了宁静。在世界任何一条河上,无论通往何方,你的航行都是一样的。他在孤独之中忘记了世界如此丰富多彩,而且不再想念。我们在外面世界的生活,基本上就是单调无趣的。也许他说得对!总有许多人做着重复的事情,而他的任务就是每天重复掌舵,这就是他航行在世界上的哲学。他自己处理方舵与汽笛,当你看到他高大的身影独自伫立在空荡荡的甲板上,你会感觉到他身边所围绕着的孤独。虽然如此,他却依然亲切优雅,在孤独中依然保有他那绅士的风度。

我们一起吃早餐,他看起来也会说些漂亮的法文,很快我们的话题就转到德雷福斯与左拉的话题上。船长的消息真是相当地灵通,在珠江、在遥远的中国,还能够讨论德雷福斯事件①,真是令人惊讶!

买办,这个船上本地的老板,传来一个不幸的消息。发生什么事了?哦,没什么,有一个中国乘客在甲板上死掉了。一个中国人的死亡不太会让人注意,特别是在现在这个瘟疫期间,广东这儿每天大约有两百人死亡,香港大约一半多一点(虽然英国官方正式报告只承认有二十到三十人)。这里快速的诊断流程已经足够了,只有瘟疫才会如此致命且快速。这个穷人把一篮子的花朵带到船上,他累了,他病了,他

---

① 德雷福斯事件,或称德雷福斯丑闻、德雷福斯冤案,是十九世纪末发生在法国的一起政治事件,事件起于阿尔弗雷德·德雷福斯,一名法国犹太裔军官被误判为叛国,被革职并处终身流放,法国右翼势力乘机掀起反犹浪潮。法国社会因此爆发严重的冲突和争议。此后经过重审以及政治环境的变化,事件终于一九〇六年七月十二日获得平反,德雷福斯也成为国家的英雄。

与其他中国人不断争吵,因为,那些人不准许他在角落中休息。

最后,他还是在一个角落里安定下来。他把花篮放在那里,悲伤地沉默着,突然他全身开始抽搐,大叫几声且呻吟几次后,就变得非常安静了,他的头靠在花篮上一动也不动,因此,中国乘客就把买办给叫了过来。

船长希望能亲眼看到具体情况,于是,我们一起走到甲板上。头等舱几乎没有中国人,很窄的走廊通往下面,这使得紧急状况时很容易加以防卫。海盗仍然在中国的河流上猖獗,一般而言他们只会接近戎客船,不过,也有海盗伪装成大蒸汽船上的乘客,偷偷地杀掉船长与乘客,抢夺财物的情形,因此,现在所有蒸汽船都带着武器航行。我们通过了狭窄的长廊,来到了买办的头等舱。有位精心打扮的中国商人坐在长条椅子上读报纸,一张狭窄且细长的纸张上面,密密麻麻地印着象形文字(看来中国的记者同行们也不缺报道素材)。一个楼梯通往下层船舱,这里充满了拥挤的中国旅客与货物。货物是由大筐内堆放的蔬菜和水果组成的,还有一些在大缸里游泳的鱼类,水龙头不断供应着淡水。中国乘客坐在旁边的甲板上,他们一起玩着黑色长石的骨牌(麻将),其他人则玩着有多米诺骨牌图样的纸牌(桥牌),他们玩得是相当安静,你听不到一点儿声音。他们没有眼神交流,每个人都沉浸在游戏之中。整个船都烧着小酒精灯,这是鸦片吸食前的准备工作,有些吸食者已经在吸食时睡着了,脸上有着妖娆的表情。

有一个大嗓门的人喊叫着,有点像是中国版的推销员,到处分派一张黄色的传单,一个商铺开业了,你可以在那儿买到生姜、甘蔗以及小圆蛋糕,每个东西都是五块钱。有个木头板子上面写着中国字的"五",中国的现金是穿孔的铜钱,每十个铜钱为一分钱。

跨过一条路,在一个侧面的走廊、非常接近玩牌以及菜市场的人群旁,躺着的死者近到你会被他绊到。那儿已经被清空了。他的脸庞是灰色的,几乎就是黑色(毫无疑问是瘟疫造成的),眼睛向上睁得大大的。谁能对一个死去的可怜的中国人的眼睛视而不见呢?瘟疫非常具有传染性,而且是通过触摸传播。年轻的克劳福德(Herr Crawford)先生是香港最负盛名的克劳福德家族①的后代,他也因为鼠疫死了。病因应该是他触摸了被瘟疫感染的棺材。我们只要跟鼠疫尸体有接触,那可就完了。接着买办又回来宣布:一位中国女士生病了,她看起来相当糟糕,但是在船到广东之前,她都只能这样等待着。这个中国妇女在被隔开的房间里住着,就躺在地板上,船上开始有各种八卦流传着。一些人站在里面好奇地透过船舱窗望向外面,在中国头等舱里有一个梳着辫子的年轻人,一只手托着盘子,另一只手拿着写着字的纸张,大声地说着许多话,难道这是个说明会?不,这是一个为逝去的人购买棺材的募捐,那些旁边观望的人无一例外,默默地把银圆与纸钞放在盘子上。对于这样短暂的河流之旅而言,似乎死的人有点多。让我们再看看别的吧!

蒸汽船在开往香港的海湾时,会经过海上许多的岛屿,"汉口"号通过多山且狭窄的水道逆流而上。右边有个小小的戎客船港口,一个位于水旁的中国木屋村,它们之间有港务长驻的欧洲风格的房子。一座小山丘上矗立着一位中国女神,她是为航行提供指引的妈祖,人们到处都带着她以及祭品,并且,主持她的礼仪祭祀,因为她可以驱除瘟疫,不过这次鼠疫她没有做什么事情。

第一座宝塔清晰可见,并且光滑亮丽朴实,远方你可以看见她的方尖碑,之后,你会看到另外一座宝塔,看起来像是工厂的烟囱。这趟航行漫长,要经过许多岛屿,通过时而狭窄时而开阔的水域。山丘穿着单薄的绿色,之间有许多褐色的礁石,大海即将到尽头,我们正在慢慢地接近河口,右边是低矮的丘陵,拥有驼峰的形状。这个地方所能看到的都是相当具有中国特色。丘陵被小径切开,这些小径交叉横跨着,这些

---

① 克劳福德(Crawford),连卡佛是一间港资的英式百货公司,以售卖高级欧洲时装精品著称。创建于1850年,连卡佛拥有八间专门店和一间网上商铺,客人服务区面积共有超过55万尺,当中包括三间香港专门店、两间北京专门店、一间上海专门店、一家成都专门店及两间香港的连卡佛家居及时尚生活店,专门卖名牌设计师的家具和家庭装饰品。

路看起来像是当敌人从一边出现时,另一边的居民可以快速离开。岩石上雕刻着几个洞,山的顶部是黑色的小屋,在这些小屋中有大炮,克虏伯①大炮及阿姆斯特朗炮②,只是没有人看见真的大炮,但至少有人如此声称。可以确定的是,中国政府某一天有了钱,会用钱来买这些大炮。黑色的小屋一直驻守在那里,这些官员或许一直扣着经费,希望这些黑色小屋就足以吓退敌人。如果这些对黑色小屋的期望被证实是不切实际的,那么他们可以再去购买大炮。除了一些黑色的小屋,山顶上也安插着许多信号站。山上还有让人无法理解的城墙,半圆锯齿的形状,只有超过半人的高度,像鸡冠一样放在山顶。墙从底部开始绵延到山峰,再延伸到另外一边去,在这墙的背后寻找掩蔽是不可能的,为什么不把墙修到跟人一样高呢?这看起来是某种精明的狡猾。因为墙很矮,它是无法提供对士兵保护的,低墙遇到的敌人火力会比高墙来得少,所以,这儿没有一个地方可以看见士兵的踪影,他们会闪现在这矮墙附近的某处,因为,在防御工事上住宿显然是不安全的,特别是被敌人炮火轰击的时候。

珠江的河口被中国人称作虎门③,意味着是老虎的口。葡萄牙人把它翻译成 Bocca Tigris,英国水手认为没有必要用两个字指称这条河的河口,所以简称为 Bogue。水面绵延四面八方,像海一样宽广,左边有隆起的丘陵与山脉,右边也有五六座山相连接,山与山之间只有短短

---

① 克虏伯家族的奠基人叫阿尔弗雷德·克虏伯(1812—1886)。克虏伯家族一直是德意志军国主义的柱石,受到国家最高当局的垂青,恪守时间、遵从纪律、执行命令是这个家族的传统。他们生产的大炮曾使俾斯麦在 19 世纪中叶先后战胜了奥地利和法国,这就是克虏伯大炮。此外克虏伯还生产战车。是 19 到 20 世纪德国工业界的一个显赫的家族,其家族企业克虏伯公司是德国最大的以钢铁业为主的重工业公司。
② 阿姆斯特朗炮或阿姆斯特朗大炮,阿姆斯特朗线膛后装炮〔阿姆斯特朗的步枪布瑞奇装载机〕,是出现在 19 世纪中期的后膛火炮。该大炮特点是,从火炮后方装弹、大炮管内有膛线、使用炮弹为圆筒状而非圆球状,此三项特点一直沿用至今,英国律师威廉·阿姆斯特朗在 1854 年发明了这项武器。
③ 虎门是一个位于珠三角的狭长的海峡,处于珠江的南中国海附近的狮子洋与伶仃洋交界处。虎门东侧是穿鼻和亚娘鞋(威远),西侧是大角头。1997 年香港回归,跨越虎门的虎门大桥建成。

的间隔,在这些山的后面则有更高的山,因为云雾阴霾的原因而模糊不清。河水到目前为止还都是亮绿色的,现在开始渐渐地变成褐色。我们航行在一条到广东之前都会变得越来越黄的河川里。这样的颜色也可能让人想到老虎。河流的宽度大概是莱茵河的两倍,河岸两边多是平坦的土地。但是,远处绵延着的中等高度的山丘,几乎全部都是光秃秃的。这些岸边的低地宽广得无人能看到尽头。在河流旁边是美丽、清新、明亮的绿色稻田,在一线白水之间田野中有狭窄的渠道,这些渠道、这些水面以及潮湿的绿意,不能不让人想起荷兰。这里如果没有山做背景的话,你会以为你是走在莫迪克①的水边,整个田野都有高耸的芭蕉树,宽大的叶子随着从河面而来的风摆动着。农民七七八八散落在田野间,他们戴着宽边的草帽,把后面的辫子缠绕起来,像是都市里的苦力一样。如果是做粗工的,这种打扮在中国相当常见(因为这个发型从后面看,苦力像是个老太太)。这里到处都是低矮的果树,生长的几乎都是甜橘。它的皮是如此的粗厚,以至于你只能切开后吃它。这里也有一种水果叫山竹,跟苹果一样大,在那又黑又硬的果皮中,有着白色多汁的美味果肉。最特别的是荔枝,它的外皮像是不成熟的草莓,里面也可以找到白色的、围绕着褐色果核的果肉。所有热带水果中最为可口的就是荔枝了。

本地人口众多,放眼望去村庄位于河口旁边,平整的农田不断绵延到每座山下。据去村庄传教的传教士说,这里大约有二十万零六百六十位居民。在低矮的黄色农舍间,矗立着奇特的建筑,由灰砖砌成,平屋顶、小窗户②,它们有直角四边的形状,这些砖造的盒子有塔的高度。有许多建筑是当铺。在中国,除了寺庙与佛塔,规模堪比纪念碑的建筑就是它了。这些当铺如此之大,让人以为所有村庄的居民都习惯把他们的东西拿去典当,因此,这里也出现了信用生活。这也意味着这些典

---

① 莫迪克(Moerdijk),荷兰的一个市镇和城市,位于荷兰南部荷兰水道上,在行政区划上属于北布拉班特省。
② 指广东开平碉楼。

当机构,可以作为非质押品的存库。这样的房子也可以用作储存货物的仓库。

村庄点缀在河流之间,船经过时可以看到贴满红色纸张的墙壁,以及白色的公司牌板,这看起来就像是客栈。河岸右边的村庄有斗蟋蟀。在广东以及整个邻近地区,这可是个全民运动。蟋蟀被放在玻璃底下,观众们围绕着它,全神贯注地从头看到尾,据说赌注很大,每一方都以热烈的欢呼为自己的冠军呐喊。河上船只不停地在上下游来来去去,风在它们的帆上轻轻吹拂着。航行中这些船显得很轻盈,主桅杆上飘扬着一面旗帜,白色的背景上有一个红色的三角形,红幡不停地拍打在桅杆上。有些船只因载着稻草显得沉重,以至于看起来像快要沉下去了,这些稻草是为了水牛食用的,这个地方靠水牛拉犁拉车。

载着盐的船只则是以更深的吃水线、更宽的外形,明显区别于上述船只。它们不能随意停留在广东,而是要在城市前面卸货,那里有插着白色旗帜的海关大楼,标示着这里是盐务专员的办事处。中国官方几乎垄断了盐的买卖,为了要监控这个独占的重要物资,盐官成为城市中的第三大官员,地位仅在太守与鞑靼将军之后。有一个桅杆上插着黄龙旗的白色鱼雷艇全力驶向下游,它是否真的携带鱼雷相当令人怀疑。在珠江上一共有十一艘在德国埃尔宾①建造的中国鱼雷艇。鱼雷艇的码头位于黄埔,指挥官是一个退休的德国水手,人们称他为勇敢的大雄蜂。每周一他拿到他的薪资时,就会去广东把钱存在欧洲的银行。我是在与朋友共进早餐的时候与他见的面。他坐在那儿摸着他那灰色的胡子,要求说一个笑话,但是,指挥官却摇摇头说:笑话要强而有力,不然就不是笑话!因为,他自己觉得这个很好笑,但缺乏力道没有人能说,这也就不是笑话了。

黄埔位于珠江的左岸。在河水与山丘之间有着陡峭棕色屋顶的房

---

① 埃尔宾(Elbing),又称埃尔布隆格,原德国波罗的海沿岸城市,二战后划归波兰,位于波兰北部的一个城市,属埃尔布隆格县管辖,自1999年起,埃尔布隆格属瓦尔米亚—马祖里省管辖。

子,这些房屋在河边排成一排,组成细长的建筑群,相当惊人,它们一个接着一个,由庭院间隔所分开,很快就指向了衙门①,这是中国的官方机构。一座高大的城墙围绕着它,靠近河的那一侧画着一只灰色的龙,这代表着是官方的建筑。我们面前出现的是中国皇家航海以及外国科学院,这间大学里的花卉相当美丽,目前,学校却只有六位学生,他们领有全额奖学金。关于师资阵容,则是由一位英国的数学教授单独构成。从一个很高的木造的房子里,从开放的屋顶中传出铜锣声,那里是剧院。剧院一整天都会有表演,门的一侧是敞开的,里面的观众坐在长凳上伸着他们的脖子。黄埔背后的山丘布满了石头,这是本地中国居民堆放在坟墓上的石头,一些有钱人埋葬的古墓立有石碑,形状让人联想到办公椅,事实上他要表达的是马蹄的形状,这对中国人而言有吉祥的意义。问题是为什么死者还需要一种为他带来幸运的符号呢?显然在中国,马蹄形符号也可用到来世。中国人偏好在半山腰上埋葬逝去的人,因为,邪灵上不去山顶,它不喜欢登山,而且,上面更接近天空,离众神又近了一点。

　　短暂地在黄埔停留后,"汉口"号蒸汽船继续航行。一座宝塔耸立在河边,这是到目前为止我们看到过最大的,大约有十层楼高,每一层都有绿色的棚盖,鸟类从空中为它带来的植物种子,已经在废墟与破墙中生根发芽了。在更上游的地方有两座堡垒,看起来更像是荷兰的奶酪。那儿还有古老的大炮,从远方看起来已经生锈了。河岸的风光越来越翠绿,土地肥沃。村庄一个接着一个路过,这一次在河流前有许多桅杆,透过桅杆能看到两个教堂的尖顶。蒸汽船放慢了它的航速,在它轮子转动的水面上,漂浮着两个红色的浮标以及镀金的灯笼,船只的数量开始越来越多拥挤到港口,并且几乎填满了整个河口。有一大群人的噪音在里面,我们一定是到达广州了。但是,广州的城市在哪里呢?城市是在河岸、在陆上的,我们一开始还看不到。有一些不雅观的小房

---

① 书中广泛使用了 Yamen 一词。

子沿着河岸建造,这些房子大部分都是木头造的。房子后面有五六个商铺,接着是一个天主教的教堂,凭着白色的墙壁与众不同,它的哥特式塔楼,尖顶已经离河岸很远,延伸到中国的天空之中,一些商铺与一座大教堂,这就是中国著名城市广州给我的第一印象。

但是,正如我之前所说的,城市沿着河到处蔓延,数以千计的居民住在船里。这些船屋或舢板根据街道排列,它们都有一个大圆顶,就像是躺着的一只大鼓。两边则是开放的,大鼓内则是一个家庭的生活空间,从里面照亮的是彩色天花板以及锡制的神龛。许多船静止在那儿不动,也有许多船只在移动,这些人开着自己的家四处流动,寻找他们日用的食粮。掌舵的大部分都是女人,穿着水手衣服的强悍女人,不过也有年轻的女孩,腼腆害羞的年轻女孩。某些舢板还有木造的阳台,上面有栽着鲜花的花盆,这些船只彼此交错,拥挤地簇拥着蒸汽船。"汉口"号巨大白色的船身,高过这些小黄船许多。

这些花船相当安静,只有在黄昏时分才充满活力,同样的情形也适用于街道上。你可以在船顶的雕刻上看出区别来,圆形船顶的雕刻显然是名字。有些浮动的船只有一两层楼高,有彩色玻璃窗和丰富的镀金雕刻。中国的洋泾浜英语中"花"表示装潢装饰的意思,花船可能就是意味着有装饰的船只,不过,也有可能名字来自花姑娘,她们在这些船只中绽放着。顺带一提的是,这些花船不是你以为的那个样子,首先,它们只是浮动的餐厅,也是男人们聚会的场所。这里是俱乐部或是赌场,女孩儿们则进行桌边服务以及音乐表演。如果一个中国人要邀请欧洲朋友吃晚饭的话,邀请他们去花船是一个不错的主意。如果客人就住在河边,那里也是花船航道的话,花船就会划到他的家门口来。

舢板纷纷围绕在"汉口"号船前,每艘船都会把一对中国人接上岸。水上的竞争是相当的激烈,这些中国人几乎要从船舱的窗户跳出去,他们的行李会被丢到小船上,那可是用飞的方式过去的,没有什么时间可以指挥这整件事。蒸汽船的船桥降低到着陆的阶段,我这个时候才可以下船了。走入一大群黄色面孔的人群中,这本身也许就是个冒险吧。没有人是白色的面孔,也没有像欧洲房子的住宅。这时我的救星来了:广东美最时洋行德国老板米歇尔(Herr Melchers)先生,他给我派来了一个轿子和一位苦力,我可以把行李托付给他,安心地进入这个城市。抬轿的人把轿子双肩扛起,以快速的步伐沿着河堤行走,这是一条肮脏、充满人群和噪音的街道。我们走到街道前面一点时,转向另外一个街通向一个航道,这里也是一个小舢板接一个小舢板。在河道上有一座桥,轿夫要爬几个阶梯,桥被铁门锁起来,铁门旁有一个小侧门,这个是为中国人开着的,但是如果有欧洲人来,戴着夏季斗笠的守门人就会特别地把大门打开。中国士兵在桥上有检查站,一个开放的木制挡板木墙,木墙上挂着五颜六色的图画。士兵们光着头赤着脚,官服是无袖的蓝色印花上衣,上面还有红布缝的花纹,这些时常见于中国人的长袍。

在桥的另一端就是沙面了,是广州的欧洲租界,这里是另外一个世界。街道两边都是很宽的绿色草坪,大道旁边有树。高大的政府大楼坐落在另一侧,街道上几乎没有行人。公鸡在绿地上加添了田园情怀,树木之间栖息着鸟类,一个打开窗户的房屋中传来了钢琴的声音。你身处在平安与宁静之中,让人恍惚的是:旁边就是中国一座百万人口的大城,和这里的距离只有一条河道宽。

桥梁所穿过的河道是在一八五九年远征时,英法政府共同出资建造的,用以配合建造人工岛——沙面。现在大约有四百多个外国商人住在这里,他们和睦相处、互相沟通交流,并且还组建小区俱乐部。沙面还有自己的议会和自己的警察。除非证明自己有事情要办,不然,没有中国人可以进到沙面来,中国人也不准移居到欧洲人的居住区。"在这儿我可以让所有的衣柜以及橱柜开着。"一个沙面岛上的居民如此说,"在很多德国城市都做不到这样。"

从长远来看,生活在沙面实在是太安静了,许多勇敢、善良的人住在那里,有名的米歇尔先生就是其中的一个,他的热情好客就是最好的例子。在德国领事柯纳粕博士(Dr. Knappa)与他精明小巧的太太那里,你可以找到美好的德国式家庭生活。在沙面停留这几天的生活,有你只能在想象中才能达到的舒适。住在那里的欧洲人很少,彼此聊天互动着,渐渐地就会彼此熟识,而且,他们之间很快就没有什么新鲜事儿好说了。他们会彼此邀请吃晚餐,也会相约一起打网球。围绕着沙面岛沿着珠江河岸散步,每天的大事情就是早上从香港来的蒸汽船带来的报纸。这个广州珠江上的沙面岛,远远离开了外面的世界。

到了晚上,萤火虫会在草地上发光。这里晚上也会有蚊子,如果没有吸到欧洲人新鲜的血液,蚊子是无法满足的。它们总是在晚上知道哪里有蚊帐的缝隙,当你要躺下睡觉时,就会招来一个蚊群,你可以动手消灭它几只,可是,马上你就会寡不敌众。不过到了早上,蚊子们在蚊帐中吃饱喝足后,难以从墙面上移动,这时你就可以报复了,其中,最让人烦恼的就是黑白蚊,因为颜色的关系,被这里的人们称为普鲁士蚊。飞蚁也同样会让你筋疲力尽,虽然不咬人,但是,它们知道如何让你不舒服,成打地飞到你的汤里面。它们最爱的佳肴是木头,飞蚁可以把房子厚重的木头阳台吃穿,让木头阳台摇摇欲坠,当它们吃完了所有可以吃的木材后,它们还会不耻于吃点铁当作点心。不过,所有灾难中最糟糕的还是炎热,冬季虽然有些凉爽,但是春季与夏季却让人不适,晚上跟白天一样的热,夜晚也不会带来凉爽。有些沙面的居民看起来很累,像生着病,是因为人们总是徒劳无功地不断与炎热做斗争。

下午六点整,长号响彻天空,在长久的音符后有清脆的射击声。这些军事射击的声音,是由桥上的中国士兵发出的。不过,现在它只是以此来提醒要把大门给关起来,等到第二天早上五点,大门会再次开启,自然也有号角声和射击声来提醒人们……

黑夜中我坐在窗户旁,可以默默地看着河道。对岸的房子灯火通明,晚上的河面染上了红色。这些勤奋的人们仍然在工作,敲击的声音响亮地传来。人们快速地沿着房屋行走,经过灯前时,会对陌生的脸庞瞥上一眼。船在黑水上静静停泊着,不断地被浪涛拍打,恶灵大概是被吓坏了,要是在夜晚行路,瘟疫则会在黑暗中鬼鬼祟祟地潜伏着。在我睡眠中听见了一个清脆漫长的锣声,这表示着中国的守夜人正在看守中。我在半睡半醒之间,大概来到了一个梦幻的世界。

第八章 广 东

一八九八年五月二十三日
广州

这个城市没有太阳—街头印象—商场生活—商号招牌的森林—商场生活—丝绸和刺绣—所有类型的商号—布商—药商—棺材制造商—纸张商人—银行家—黑木和象牙雕刻—道路号志和道路交通噪声—人民和外国人儿子阿坤—雨天—天后庙—孔庙—奉献与鼓伴奏—五百罗汉的神殿—马可·波罗也是神—和尚—法兰克福和广州—恐惧的神庙—占卜者—在考场—水表—总督的名字—刑场—在宝塔之上—在鞑靼城市①—法院开庭审理—酷刑

我在广州停留的这些天,天空永远都是阴暗的。广州的街道比世界上其他任何城市的街道都要狭窄,如果有两个轿子狭路相逢,那么就会是一个漫长而艰难的故事;如果有两个苦力因为草笠碰到彼此,那么就要有一个人把帽子脱下腾出空间。城市街道的两侧都相当拥挤,这就使得白天的热气不会进到城市来。大部分街道的房屋都会有天窗,它们由穿孔的竹子做成,所以热气可以阻挡在外。但是日照也一样会被遮住,当你从沙面跨越桥梁进入广州时,你感觉是从白天进入黄昏。似乎几个世纪以来这座城市看起来都没有阳光,人们就这样祖祖辈辈

---

① 鞑靼,狭义是蒙古语族中一个部落的名称演化,即:塔塔尔部落。鞑靼人系中国古代文献对中国北方游牧民族及中亚、北亚、东欧蒙古族群的统称,鞑靼城是指满族军队和居民集中居住的城区。

住在这昏暗中。

这些房子都很低,不会超过两个楼层高,很多都只有一层,却很宽很深。墙面由灰色的砖头和一层白色的泥浆线条构成。店铺一个接着一个,工坊也是一个接着一个,这些店铺与工坊相连,使得你几乎看不到房子的墙壁。难道这座城市就没有人居住吗?还是这里只是人们工作的地方?每个商店都有自己的行号和招牌悬挂于门口,不过由于街道太过狭窄,所有的招牌都只能悬挂在街道中间。中国商号招牌形成的丛林就是这个样子,漆着金色的汉字,涂着缤纷的色彩,蓝色、黑色、红色、绿色。这是一幅丰富多彩的图画,是中国南方热闹城市的写照。

广州靠近沙面的地方,有几个罕见的英文招牌。这里几乎没有街道没有商家,少数例外的地方灰墙又会出现了。这里显然是私人的住宅,大门通通敞开着,迎面放一个屏风,以阻止人们窥探。雕刻丰富多彩的黑木屏风,让人对这个家具齐全的住处有了许多的想象。不过这些东方风格的房子,里面都会有人守卫,就像是保守秘密一样。外面看起来只有光滑的墙壁和大门。

离这里很远的地方是商店,人们在此逛街、购物。这些商店一律没有大门,还单单少了前面的墙壁。大商店有挑高的天花板。整条街都是这样的大商店,有些商家的装潢相当华丽。房子中间的天花板上有个镀金的梁柱,从墙边一直延伸到地表,梁柱上雕着各种图案(巴洛克式的动物或花草图案以及花纹)闪闪发亮,上面高高地安置着家庭的神灵。装饰华丽的楼梯通往楼上。如果没有这种华丽的设施,商店看起来相当干净,让人愉悦。在靠近街道的玻璃橱窗里,展示着商家经营的精品,这之后是一张桌子,旁边坐着店经理和他的伙计。

我一走进商店,所有人都对我笑,并向我致意!他们觉得我累时,就会递个椅子。"要喝茶吗?"我要开口说话之前,就有个仆人端着小茶杯出现了。我要告诉他们我来自哪里。大家很喜欢我,因为我有一个圆滚滚的身材,根据中国人的想法,胖子一定是个有钱人。接着他们就开始尽其所能地展示商品,毫不疲惫地向我展示我可能喜欢的东西。

有时候,我会上楼到楼上的房间转转,玻璃橱柜把最好的东西都保护得好好的,这真是难以抗拒的购买诱惑。有时候我就空着手走了,什么都没有买,他们也不会有人面露不悦,更没有人说出难听的话。告别也跟问候一样的友善,戴着小圆帽的商店老板,和蔼地伸出手微笑着,所有伙计也都笑着。

广州贸易的主要产品是丝绸,也就是中国的刺绣丝绸。这里丝绸店是最豪华的,原料都放在木抽屉里,上面有纸标签标示着;刺绣则是存放在纸箱里。这些原料竟然超级便宜,买整整24尺丝绸,才花掉30美元(约60马克)。令人惊讶的是,刺绣也是同样价格低廉,现代刺绣反而比旧的更贵,这个可以解释为:大多数情况下,所谓的"古刺绣"不是古董,而是磨损或是弄脏的新作品。丝绸店主宰了整个广东,它们的色彩耀眼夺目,时常还有那种闪着钢铁光泽的蓝色,这些你在其他地方是看不到的。花卉图案相当精妙、优雅,忠实地反映出人们对自然的观察。特别是竹子,它的瘦长让人想起四叶草①的茎。动物图案则大多为栩栩如生的鸟类,蝴蝶的色彩惊人的华丽,骄傲地停留在花朵上。鱼以自由的方式游着,不过,接着总是会有龙,这让人难以忍受的龙呀!想必就是中国美术学院发明的吧。

离我购买丝绸的商家不远,可以看到正在工作的织布匠。在小小的一层楼中安置着许多织布机,并排紧挨着。每台织布机前都有个半裸的男子,在用色彩明亮的丝线织布。他既是艺术家又是勤劳的手工业者。如同中国大多数情形一样,艺术还没有从织布匠制作的美丽物品和他们精湛的手艺中独立出来,这就是目前中国艺术取得的伟大成就。为了让这些所费不赀的丝绸刺绣出现,没有什么比这些贫穷的工人和笨拙、古老、嘎嘎作响的木织机来得更重要了。行业协会和类似的商店,尽可能地聚集在一起。织布机设在房子内,确保劳动者是安全

---

① 四叶草,传说中幸运草的四片叶子所代表的意思,有以下两种讲法:第一片叶子代表希望(hope)、第二片叶子表示信心(faith)、第三片叶子是爱情(love),而多出来的第四片叶子则是幸运(luck)的象征,这种说法与基督教的望德、信德和爱德思想相配。

的。几乎每条街都有各自的特色,商号招牌是一个巨大的鞋子,在一个胡同里坐着鞋匠;另一条则是裁缝师的巷子;女装也有专门的一条巷子。一条街上的商店卖薄印花平布,不过产品来自德国。钟表匠也有自己的一条街,油灯商、电灯商也是如此。医院在中国也是种商业,它一定是很不错的生意。许多街道只有中药铺,药品装在许多大木箱和锡罐里,当然,越有用价钱就越高。中国医生跟药剂师很类似。这里还有很穷的医生,他们无法负担店铺的费用,只能在露天执业,在街角支个摊位招揽生意。特别是街头的牙医,摊位有一串串拔出来的牙齿。一般而言,内外科医生都要到处巡回行医,他们在摊位摆放各种膏药。一个很大的铁制青蛙似乎表示着青蛙药①功效神奇。众所周知,青蛙药可以医治所有的疾病,不过不能在病入膏肓的阶段使用。

商业活动产生的热闹生活也主宰着有许多棺材的巷弄,这儿的世界为了工作而快乐着。瘟疫带来的生意也不错,槌子敲击着,锯子吱嘎吱嘎,油漆的气味到处弥漫。这里有最常见的中国棺材,大约是中空的树干刨成卷曲的形状,然后,涂上黑色的油漆。这里整个街道都是木制的招牌,标示着谁家中有人死亡了都可以找他们。但是,他们不能只靠埋葬死人过活,所以婚庆用品也是这里的生意之一。在纸上画上或在丝绸上刺上吉祥的图案,这些象征家庭和睦的图像,难道就可以用来支付房租吗?如果你带来想要结婚的朋友,这些图案就意味着:你们如画中一样百年好合,子嗣兴旺,你的妻子貌美如花。这些婚姻图像所呈现的理想家庭是:小孩数量夸张,后代越多代表着家庭的幸福越能达到顶峰。

广州是一个由钱堆出来的商业城市,不想跟世俗生活在一起的人,可以选择跟众神生活在一起。不少商人致力于拯救灵魂的工作,他们有一系列的产品,可以让人在天上过得更舒服。这里的香铺卖香和金

---

① 青蛙药,其实是蟾蜍。蟾蜍的药性大致以强心利尿为主,治诸种慢性循环障碍之水肿、静脉瘀血、浮肿及其他热性病伴有心脏衰弱主用之。蟾蜍又称解毒药,治风火痈毒、疔肿、发背、痔瘘、恶疮、血毒症,外用能消肿毒、起阳痿、牙龈出血或龋齿痛。

纸,用于烧给心中的神明;还有专门卖烟火爆竹的商店,可以用来驱除邪灵。

纸品店里中国的宣纸成堆成捆地堆到天花板上,其他地方则有卖黑色的中国墨,这墨可以在水中溶解,变成写字的墨水。在商店云集的街头聚集着艺术家,他们在宣纸上作画,整个分工相当聪明,一个人画衣服,一个人画脸及手,这样一天就会有好几幅画生产出来。中国的司法偏好酷刑与惩罚,这种题材的画其实是一个系列,位置与地点大概都是相同的。这些画家相当有天分,他们能够给被酷刑折磨的人配上对应的表情。不过有一个被腰斩的人,表情看起来有点惊讶。

茶馆中有相当丰富多样的茶可以供你选择。茶叶是装在一个大铁罐子里,跟我们的咖啡是一样的,或者说我们的商人采用了中国人的方法。没有哪条街上是没有茶馆的,茶馆对我们来说也相当熟悉,它就是个没有女服务生的咖啡馆,不过喝的是茶不是咖啡罢了。茶馆的营业时间一般是从中午十二点开始,人们陆续地聚集在一起,就像是巴黎的下午五点钟,大家聚着喝苦艾酒(用苦艾、茴香制成的酒精饮料,在十九世纪的法国相当流行),吃着甜点一样。不同的是这里还有弹拨乐和鼓槌作响的打击乐。再往下走就是银行街了,这里的商店终于有了门,看来多担心点儿安全总不会是坏事儿。在一个圆桌旁坐着银行家和他的簿记员,一大堆的银圆堆积在他们面前。他们用一个小锤子检查硬币的成分,很小的秤放在两个人中间。算盘珠子不停地滚动,心算看来在中国并不盛行。每个中国商人都有一个算盘,放在他们的柜台下面,只要有简单的加法出现时,他们就会拿出来使用。这个仪器连复杂的运算都可以闪电般地算出来(五位数字的乘法)。算盘大概是从中国传给我们欧洲人的吧。

在黑木街上,所有的木制品都要上漆并且抛光。黑木在自然的状态下其实是红色的,必须通过加工上漆才变成黑色。工匠使用各种工具让黑木成型,精湛地雕刻出底座,制造成各式家具。在中国你可以看到许多黑木四方凳,它们排在墙壁边儿上,就像是教堂里圣歌队的椅子。每两个凳子之间隔着一个小桌子,不过看起来它更像是没有靠背的椅子。黑木加工也是广东的重要产业之一,另一个重要产业是象牙雕刻。工匠们可以用象牙雕出最美丽的花朵。雕刻师会把一朵花卡在榫里,在他的工作台与工具之间,当他挥舞着刻刀雕刻时,总是看着活生生的花朵作为"模特",自然形态让他们的雕刻能够达到出神入化的境界。这些勤奋的工匠不自觉地认识到,艺术要在生活中不断地学习,然而,他们似乎没有人会想到,其实,人也可以根据自然的样子雕刻出来。

人形神像也是工匠雕刻出来的,但是样子看起来相当古怪,中国工匠歪曲真实图像的想象力,在此得到了淋漓尽致的发挥。这是几个世纪以来传统所要求的,特殊功法与对应的脸部表情的复制之作。有一种叫镜奁的盒子,里面装着照片、镜子等等,盒子的盖子上有花卉装饰,还有一种流行的艺术装饰,就是彼此穿在一起的四五个孔球。西洋棋是由红白象牙雕刻出来的,国王看起来是个昏昏欲睡的皇帝,在中国代表着权力和威严,城堡则由大象代表着,小卒是个带战戟的小人儿。

与象牙雕刻街相邻的是银器街,它们的产品之前已经提到。中国有种叫翠鸟的鸟类,它的蓝色羽毛被切成细小的颗粒,用黏着剂镶嵌在银首饰中,看起来像是马赛克。这些广东大量生产的翠鸟饰品,羽毛很快就会掉出来,而且这样的状况相当普遍。瓷器店则非常无趣,除了大量粗制滥造的东西之外乏善可陈。

每条街都有自己的大门,晚上大门关闭,街道就会隔绝起来。大门是没有房子高的方形石门,风化的灰色石头安插在街道的中间,赋予了这座城市年代的沧桑。石头上半部分是直的,所以不能叫牌楼。色彩艳丽的浮雕轮廓分明,场景大多是神明和历史上的英雄人物。有时顶端还长满了青苔和杂草,有时候还会有绿色的炮口,似乎没有这绿色的炮口,就没有人知道炮弹是从哪里射进来的。

在石门牌坊的旁边,神明也有位子。每条街都有自己的神明,这些神明被称作街头之神!他们可真是有趣,都有着历经风霜的外表,显然这是自然风化来的。神明几百年来在这条街上走来走去,有时候两个神明彼此相邻,倒像是酒馆的好兄弟。他们的位子是放在地上的香炉,人们可以在炉子里插香,雨天也没有防雨棚,大风也直接横扫着他们。看起来他们不需要防雨防风,在屋檐底下也未必觉得不舒服。

街道铺有长方形的花岗岩石板,在这深不见底的城市里藏污纳垢。行走在大街上味道很臭,你感觉可能找不到比这儿更脏乱的去处了,但事实上,广州还被认为是中国最干净的城市之一,尽管到处都有从房子里丢出来的垃圾,碎玻璃碴和废弃物也随处可见,街道的清洁只在于把这些垃圾集中堆成个小山。卖吃食的地方更加糟糕,中国人在吃的地方累积了最多的脏乱,每个摊子都挂着生肉,下面则有剥了皮的美味——猫和狗的身体,这些佳肴制造了难以形容的气味。在中国的厨房,蒸笼会制造一大堆蒸汽,但他们完全没想到气味也会随着蒸汽飘散,一定会有人闻到。如果有生活过得比较好的中国人经过,他们就不得不把鼻子捏住。鱼类可能会比肉类稍好一点,它们暂时还活生生地游荡在注了水的大桶里。

许多人来去匆匆。这里没有车子,狭窄的街道熙熙攘攘,声音完全都是人声,到处都有喊叫。苦力拉着竹子编成的推车,简短地叫喊着:"小心!"他们也会在移动时哼着调子,这是两个音调的曲子:一个苦力唱第一个音"嘿",另一个唱第二个音"哈","嘿—哈!"他们背的东西越重,跑得就越快。他们担着一公担的硬币盒子仍然会健步如飞。轿夫则不停地喊着:"小心!小心!"如果轿子上坐着个大人物,比如蓝色轿子一定是中国官员的,搬运工就不会有足够的空间飞奔。他们匆忙中总是很小心谨慎,特别是不要碰到蓝色的官员轿子。有时候,你穿着白色西装会意外被水泼到,这会儿你会感到非常不舒服,因为水真的很脏很臭!

虽然暴徒在全世界到处都是,但外国人仍然可以冒险进入黑暗的小巷中,因为这里的人民很善良,也很友好(虽然他们会被仇外情绪煽动)。偶尔,你会被人从后面叫住,有时是讨好有时不是,不过听起来都一样,因为我无法理解中文。有时候,你会遇到把烟雾吐向你的人,不知道他这样做是要吞云吐雾,还是想表达某种情感。最麻烦的是乞丐,尤其是麻风乞丐,他们不会放过任何一个人,他们伸出骨瘦如柴的四肢乞讨。盲人不会乞讨,由于没有人引导他们,他们只会拿着棍子点路,沿着房屋靠边行走。有时你会看到一长串肩搭肩的人龙,像是在卢浮宫看到的勃鲁盖尔①画的圣经盲人图。

当你走进一家店铺,外面都是想要看你的好奇的人,在寺庙,也会有五十到一百个人跟在你后面。这时候,建议你不要马上就把手表或是钱包抓紧。我面带微笑看着他们,他们好奇地看着我,这件事相当安静。我发现他们这些人很有趣,当然他们也一定觉得我很有趣,因为我没有长辫子的头。我是个没有眯眯眼的怪物,他们这样想着且笑着。我其实在想:你们认为你们很好看吗?那你们可就错了!然后,他们继续笑着,我们就这样气氛融洽地交流,我让他们感觉到我的服装有所不同,他们鉴定着"红毛子"穿的奇怪质料。有一次我经过一个房子,突然,有个坐在外面的年轻人大叫:爸爸,你看那个外国人!我的意思是我对那个中国年轻人而言,就像是德国年轻人看待中国人一样。一般而言,一个欧洲人经过广东的街道,会比一个中国人经过人口众多的欧洲城市更安静且不会引人注意。

工坊的房子里传来棒槌的敲击声,丝绸机轰轰隆隆地响着。一个老人走在街上,用两个木板敲着说着,他邀请人参加抽奖;一个老爷爷叫卖着他篮子里的香蕉;有一个吹着长笛的算命仙人,知道接下来几年会发生什么事,吹长笛是为了引起人们的注意,他好拉住注意的人算命。一个书贩要求路人看看他的红色小书,上面记载着膏药的做法;也有些曲集,上面有音符与歌词,全部都只要花一点点的钱。一个雕刻师

---

① 勃鲁盖尔(约1525—1569),16世纪荷兰地区最伟大的画家。一生以农村生活作为艺术创作题材,人们称他为"农民的勃鲁盖尔"。他善于思想,天生幽默,喜爱夸张的艺术造型,因此人们又赠给他一个外号叫"滑稽的勃鲁盖尔"。他继承了博斯的艺术风格,又被誉为"新博斯"。他是欧洲美术史上第一位"农民画家"。彼得·勃鲁盖尔是自扬·凡·爱克开始的荷兰画派的最后一位巨匠。

把自己的摊位摆了出来,匆忙地准备好每个要刻的字母,准备要给观光客刻字。角落里一个小女孩安静地坐着,似乎刚刚受到了惊吓,她出售着刺绣的钱包。在长袍下束紧身体的中国人像是个秘密警察,把闹事者带走,囚犯被束缚的双手背在身后,一名捕快走在后面握着他的辫子。警察还迅速地推搡着犯人。四名护送员戴着官府的徽章。警察的制服与士兵类似,由一个无袖的红布衣缝上蓝色布的图案组成。这些警察在街道的尽头走来走去,偶尔在工坊或是水桶里洗洗自己的赤脚。

在纵横交错的迷宫里独自行走,你在语言不通的情况下,问路问事儿是不可能的。阿坤是带我游览广州的导游,他的父亲就是当地有名的导游。他是一个很优秀的男人,穿着一身细灰袍。他习惯在吃东西时把嘴巴捂住,似乎表明这样他就是个绅士了。有一天,雨整整下了一个晚上,雨水稀里哗啦地从屋顶流下来,雨水溅到轿子棚顶淋到我的脸。苦力们穿着黄色秸秆编织的雨衣,看起来好像是野人。人行道上汇合的溪流与小溪,与栅栏中流出去的雨水,汇集成美丽宽广的湖泊。(就在今天我拿到了我的雨伞,来自一位美丽的巴黎园丁。这雨伞的脾气也阴晴不定,不过我决定要努力把它撑开!)

我们在一个像是街道入口的地方停住,不!这里不是街道,这里是神庙,属于天后(Himmelkönigin〔Tien-hau〕)的神庙。不过要说的是,这里也有费用,而且卖着我到目前为止认为最不体面的东西!进入街口一瞬间就能看到神庙,接着继续沿着街道向前走,一个大的寺庙在不远处耸立着。它大概是坐落在道路中间,周围的神明都有一排排属于自己的商店。天后庙里有个彩色玻璃的煤油大吊灯从上面垂下来,这时,你会想到嘉年华摊位上的装饰。左边可以看到玻璃柜的房间,里面有祭祀仪式用的器皿。"银的!"阿坤发誓道。我发誓说:"这是锡的!"玻璃柜子固定在天花板下,天花板上有彩绘的戏剧场面。我们欧洲人会把明星演员的照片挂在橱窗展示,不过这里的祭祀更进一步,他们用这些图画装饰神庙,虽然,这可能不是个正确的做法,不过令人惊讶的是,中国也可以找到神职人员与剧场的关联。其实,这种想法在古老的年代便存在于所有欧洲民族之中。这个庞大的寺庙也叫孔庙,位于一个开放的广场上,或者说你必须要在入门前,经过一大片开放的空间。大门之上由瓷器装饰着,是丰富多彩的中国饰品,可惜入口是如此之小,小到让神庙难以称之为"庞大"。神庙的入口不比镶嵌点缀在附近的其他房子高大。

走进孔庙,里面的光线相当昏暗,感觉再也没有比这更昏暗的了,几乎四分之三接近全黑。你先看到的是一个柜台,拜神需要的纸张都在此贩卖。你身处黑暗之中,必须要摸索着前进,这里其实是一个祭坛,但是里边却没有神像。孔夫子(约公元前551年到公元前479年)只想成为一个教师,而不想要他的画像今天被当作神明。(他有许多很特别的想法,例如:我不要求爱你的仇敌,因为,那样还有什么留给朋友呢?①)祭坛上有三个带金字的木板,红色的是孔子的名字及称号,两个绿色的是他弟子的名字及称号。你可以在这个空间里向各种中国神明祈求你的愿望实现。人们带着自己的关切来祈求神明,不过,神明可能睡着了或是心不在焉,所以,你就要敲锣打鼓地把他们唤醒。当人们想让神明听到自己要说的话时,他就会到负责聆听的人那儿,那人站在柜台旁,墙上悬挂着锣鼓。

一个形貌不佳的中国女人走了进来,她穿着罩衫及黑色的男式裤子。这裤子看起来像是油布,所有广东人都在穿,不知道是由什么布料做成的。她跪在稻草铺就的地上,头叩在地板上,然后拿起桌面上一个装着许多木棍的容器,低头摇动,让里面的木棍嘎嘎作响;接着她拿出一条放在桌子上,在桌子上会有一张纸,标着与木棍相同的号码。纸张上记载着神明的预言。这个小女子如此坚定地相信,神明是至高无上的存在,并且会关心她的未来!

右边是一个开放的庭院,墙壁上有石刻以及浮雕图案,一侧浮雕展

---

① 原文应为"或曰:以德报怨,何如?"子曰:"何以报德? 以直报怨,以德报德"。

现的是个富有的家族,另一侧则是一只想要往外看的小鹿,有个恶龙在上面看着它。其他还有一些戏剧性的场面。低矮的庭院墙壁上三角梅①攀缘而上。这里被瓷器装饰所覆盖着,还有一些陶瓷上画着女性的脸,她们仿佛好奇地望着院子。侧室中坐着许多红色的小神像,据说他们都是不同的生肖神,每个年纪都有自己的守护神。我想知道是哪位神负责三十到四十岁之间的,这个比较接近我的岁数。是个长着长长的黑胡子的男人,盘着腿,三十岁上下的年纪,看起来倒不怎么严肃。我并不打算为他上香,就如同我之前计划的一样,你怎么能够信任一个与自己几乎同龄的人或是神呢?三十岁上下的年纪怎么会给人以可靠的印象呢?在中国寺庙里是看不到神职人员的,不过有一个寺庙守卫,他饥渴地伸手向我要饮料钱。

五百罗汉神庙②是佛教庙宇,五百个神明都是由漆着金黄色的铜铸造的,在墙壁前面长长地排列着。你可以仔细数数看,刚好有五百个,一个不多一个不少。这些神明是胖乎乎的小孩,每一个都笑脸迎人。

有一个神明左右各有一张脸,似乎是杂耍之神。另外一个戴着水手帽的,代表着意大利人马可·波罗,不知为何,一个著名的威尼斯水手也变成了佛教中的神明,这是难以理解和想象的。但这就是航海带来的东西。另外一个有水手帽的人不是马可·波罗,而是另外一个欧洲人。

传说中世纪时,有一个印度贸易公司在广东,某一天,被煽动的暴徒破坏了这些贸易站点,杀了外国商人以及他们的女人和孩子。有一

---

① 三角梅,是光叶子花和叶子花的别称,别名有:九重葛、三叶梅、毛宝巾、簕杜鹃、三角花、叶子花、叶子梅、纸花、宝巾花、南美紫茉莉等,为常绿攀缘状灌木。
② 华林寺前身是"西来庵",传说达摩遵从师父训谕,西来弘化禅宗妙旨,并于梁武帝普通年间从海上到达广州城外的珠江北岸(今下九路),"结草为庵",潜心苦修。顺治十二年(1655)首建大雄宝殿,次建楼阁,改"西来庵"为"华林寺"。华林寺的面积有3万平方米,由罗汉堂、舍利塔、达摩堂等建筑群组成。五百罗汉堂内,除供奉三宝佛外,还陈列着神态各异的泥塑五百罗汉像,其中有一尊意大利旅行家马可·波罗的木雕像。

位欧洲少年被忠心的中国仆人救出,在广东乡村长大,后来又回到了这个城市。他没能回到祖国,因为思乡之情英年早逝。中国人把这个结局看成是对故土之爱的典范,觉得有必要把他放在众神之中,借此,他不会被任何事情干扰。遗憾的是,这位因思乡而死去的少年,本该在返乡的时候体现其航海天赋。殿堂五百罗汉静静地坐着,打着各种手势,有些显得非常激动,比手画脚地不知所为。

我们通过后门进入一个私密处,这是我要拜访的神职人员的私人住宅。寺庙的神职人员都很友好,个个是和蔼可亲的绅士。他们以中国的方式迎接我们,双手合十在胸前上下摆动,笑着说拜访对于他们来说是一个相当大的荣誉,他们解释说,寺院规定僧侣要剃发,所以他们没有辫子。因此,对于欧洲人而言就没有那么奇怪了。他们穿着灰色的神职人员的连身袍子,你会感觉到他们比其他那些待在家中的中国人更有尊严。

先是茶被端上来,接着是谈话,渐渐地,神职人员的学徒们也好奇地过来凑热闹。这些年轻人保持合理的距离,认真听着新鲜的事情,我从哪里来,要到哪里去,诸如这些问题开始了,伴随着所有的友好与好客的特质——如同我之前听说的一样。我对他们说我是从法兰克福来的,这让他们非常惊异,因为他们听导游说我是一个德国人。我解释说法兰克福属于德国,就像是广东属于中国一样。他们问:"法兰克福比广东漂亮吗?""这取决于品位。"我说,"如果我是中国人,我可能比较喜欢住在广东,不过我从年少时,就已经习惯居住在法兰克福这样的城市了。""法兰克福是不是也在河边?"我说:"喔!对呀,在美因河旁!所以,那儿被称之为美因河畔的法兰克福!"他们问:"是不是跟珠江一样,也有条流向大海的河呢?"我回答说:"不!没有直接流入,美因河流到了莱茵河。"很抱歉,我必须要承认这个事实,虽然,我顾及了所有体面与礼貌,但是,在这些祭司的眼中,法兰克福的河流只是另外一条河流的分支,然后才流入大海,这好像是对法兰克福名誉的损害。

问答的环节大约持续了三十多分钟,他们想要用一些特别的东西让我记忆深刻——一个虔诚的人做到了！他神秘地消失了一会儿,然后,过了一段时间才回来,手上拿着五百罗汉寺庙里的雪茄。我感激且客气地拒绝他,其实,我的拒绝是骗他的。不过,他知道如何安慰自己,他把烟放在自己嘴上,熟练地在一个神圣的灯上点着,然后往神龛的方向吐烟。

在恐惧的神庙(Der Tempel)你可以看到人间的罪人在地狱里是被如何惩罚的。围绕着庭院有栩栩如生的彩绘木雕人物,展现着一幕幕恐怖的场景。桌子后面坐着阴间的法官,由绿色的恶魔执行判决,罪该万死的人在油锅里煮沸;另一个则是夹在两个木板中间被锯着;还有一个跪在丧钟之下,被两个地狱仆役挥舞着大槌敲击致死;第四个是躺在地上被痛殴,两个可怜的罪人畏缩相邻;刽子手挥舞他的大刀,要让他们的人头落地;有个致命的恶作剧,就是把嘴巴翻到后面去。如同所有的神庙,这里也有医药之神,墙上贴着一些纸张,确认哪些人已经在他护佑下痊愈。

在恐惧神殿的前庭有许多桌子,坐着算命仙人。"我想知道我的未来。"我在一个桌子前的长凳上坐下来,那是给客户用的凳子。一堆人围观过来,算命大仙从阿坤那里知道了我的一些个人资料。他把眼镜向上推了推,然后就开始进行述说。他对我说了许多好话,不过只与未来相关,凭阿坤告诉他的现有信息,他说我未来"注定会是一个伟大的商人。或者是一个伟大的官员",这真是挺不错的,我可以对此满怀希望。其实,我希望这个算命大仙也同时说我"毫无疑问是一位有钱人",可惜……

在考试院①前的广场上,有几只猪在那儿放养着,似乎在表明,猪也可以是学富五车的。通过了一个带木造双翼的宽门后,我们来到了

---

① 据考证,这里说的考试院其实是贡院,叫万木草堂,旧址位于中国广州市中山四路长兴里3号,为三间三进、两天井、硬山顶的青砖祠堂式建筑,面积663平方米。始建于清朝嘉庆九年,原是广东省邱氏子弟到省城应试的居住处,原名邱氏书室,故附近街坊俗称其邱家祠。1891年康有为租借部分居舍作为讲学堂,宣传改良思想。这里也成为了戊戌变法策源地。

第一个院落。在中国,没有两三个庭院的话,就不算是官方建筑了。考试院的侧壁有一个灰色的龙在云中玩耍,这个图画表明我们正在政府的所有地上;第二个庭院里长满了绿色的杂草,中间有一条石头铺就的路面。入口处左右两边各有狭长的大厅,一前一后可能各有三十公尺,由砖和棕色的瓦顶建成。从庭院中心可以看到的侧壁中,有中国文字的数字,换句话说,这是大厅的编号。每个大厅都有许多分支,全部加起来大概五千,但这可不是养猪的猪舍,虽然,房间的脏乱会让人如此以为。但其实这是考生的隔间,没有窗户没有前面的墙壁,一个小隔间刚好可以摆上一张小桌,人考试时可以坐在里面,但要躺下却是不可能的。不过,考生要日日夜夜待在这里,只要考试开始他就会被关起来,隔间会被门梁关起来,然后,这些不幸的学生就得在牢笼中引经据典。他必须在隔间中吃和睡,在考试完成前不能放出来。他参加考试就是谋求在国家机关任职,他就是想要得到一个官差的位子。

从最了解中国诗词智慧的考生中选出人才,让这些最有教养的人来治理国家,其实,以这种方式选拔公务人员是一个非常好的想法。但是,实际上考试已经陈旧迂腐(如其他地方一样),这里还创造了一批学者无产阶级,他们要长年累月地等待考试,已经成了国家不稳定的因素。如果中国万一被欧洲统治,那这些准备国家考试的考生将会是最难解决的问题。有人说,中国的商人宁愿马上被欧洲政府统治,这会让运输安全获得保障——商人通常都不是爱国者,他们为什么要爱一个什么都不能为他做的国家呢?他们觉得自己是城市的市民,哪儿有自己的利益,他就会在哪里存在。但是浩大的中华帝国,已经把他居住的城市完全包覆其中,他们也无能为力。

考试委员会是北京任命的,许多年来这些典试委员以严格、正义闻名。曾经有位中国皇帝想要测试他们对考生是否真的公平,所以,他伪装成考生把自己关在隔间里,以普通考生的身份进行了整场考试,最后以优异的成绩通过了考试,而且,没有让委员会发现他是谁。(这些委员会的先生们,难道没有一丝怀疑吗?这个通过令人怀疑。)不过,现在的考试是在衰退当中,就如同其他事情一样。这些考生不能把书带进隔间,他们会先被搜身以避免违反规定。监考警察在庭院的走廊上走来走去,阻止考生互相交谈。考试过程被相当严正地看待,可惜,结果却不是这样,家庭地位以及侍从关系会起到相当关键的作用,因为考试的结果会证明:大富大贵的人家,总比穷人家更通晓经典……

  街道外有个通往高处小屋的阶梯,当你爬上去,向下望着广州这座城市,满眼都是密密麻麻的屋顶和几近没有缝隙的空间,街道都是勉强才可以看到。所有屋顶都有用竹子做的幕棚,这应该是为了通风吧。高处小屋旁有个鞋匠在缝鞋子,同时保护着水钟①。水钟大概有好几百岁了。阶梯上有四个水桶,一个接一个,相互用管子连接,早上六点时,最上面的桶装得最满。水在精确测量的时间中,每隔一小时通过四个水桶,在每个小时刚到时,最下面的水桶的水会高到让一个漂浮在桶上垂直的铜棒突起,黄铜棒移动代表着一小时。

  我们经过一个广场,瞥了一眼画着战斗人物的门②,细长的屋顶下挂着晃来晃去的灯笼,两个石狮子卧在门前。他们以中国人的笑脸迎人,这狮子都有个爪子抓着球。有彩绘人物的大门通往总督衙门。在中国,狮子是具有象征意义的动物,它们代表着吉祥,可以镇宅保家,辟邪去病,尽管被雕得小巧怪诞,但也代表着威严与权力。

  通过几条街道后,房子间出现了一个空隙。在光秃秃的墙壁之间,我们转弯走过一长串没有被开垦过的土地。因为下雨地面潮湿,我们涉足在黄色的泥汤里,来到一个土楼的后面,然后看到了陶艺家的作品。房门前坐着两个年轻女子,她们对我们以微笑表示欢迎。各种垃圾被堆放在墙边,更远的地方有三个木头十字架黑黑脏脏地靠在墙上。还有三个十字架?是的!这三个是刽子手用的。这里十字架只是个行刑的工具而已,刽子手们会把它们插在黄色的泥土中,然后把受刑人绑

---

① 水钟又称刻漏、漏壶,是一种古代的计时器。英国人推测漏壶可能从美索不达米亚传入中国,时间可能早在公元前二世纪汉朝。广州水钟目前陈列在中国历史博物馆。
② 应该是门神尉迟恭和秦琼。

在上面,用小刀割皮肤行刑。①

　　这些十字架只有在特殊的情况下才会使用,显然这个工作干起来太费时,中国刽子手还有很多事要做。就在我们站立的地方,两天前就有二十一个人被处决。现在,我们来到了广东的法院,刽子手的家就住在附近,两位年轻女子是他的家属,她们呼唤着他,请他不要去得太久。一个戴着斗笠的细瘦苦力,蹦蹦跳跳地来到广场,也带来刽子手的剑:一把有着木制把手、短而宽的屠刀,收在帆布制的剑鞘中。这刽子手现在就站在我们旁边,他把剑从鞘中取出来,向我们展示他如何进行工作,手势清楚得不能再清楚了:刑犯跪在面前—砍下他的头—再往下补一刀—刑犯整个横倒! 他边说边比画,还边眯着眼睛看我们是否害怕。啊! 广东的刽子手……

　　我们今天离开了城市,沿着山腰上一条狭窄的、犹如阿尔卑斯山径般的小路,爬上了一个青翠的山丘。这条路穿过经雨水润湿的草地,走起来地势相当陡峭。山顶上矗立着五层宝塔②。这并不是一般柱状的塔,而是一栋极宽的红房子,有着卷曲飞扬的中国屋顶和大梁端部的楼层(阁楼)。这里过去曾是一座庙,现今被用作兵营。

　　我们爬上木楼梯,这楼梯每一阶都很高,我感觉腿都有脱臼的危险,但阿坤并不担心,也不停下来,直到我们爬到了五楼。整座建筑空荡荡,只有四座彩绘的、约五个楼梯高的神祇居住其中。他们成双成对、彼此相对,似乎在跳着四人舞。高塔上的守卫与他的儿子出现了,带我们走上木板阳台,沿着各楼层行走。桌子上盖着桌巾,只是看上去极可能自孔子时代就没有洗过,隐隐约约可见早期白色的痕迹。

　　茶拿来了! 阿坤带来的早餐包袱显示,我们沙面的主人给我们带来了无微不至的关怀,主人已经将我们回广州的路线规划好了。透过

---

① 应该是指凌迟刑。
② 镇海楼,原名望海楼,俗称五层楼,是一座位于中国广东省广州市越秀区越秀山小蟠龙冈上的古建筑。始建于明洪武十三年(1380),是广州城市标志之一,全国重点文物保护单位,广州博物馆所在。

密封的绿色瓶颈,莫泽尔①葡萄酒诱人地摇晃着;打开包袱的时候,来自阿尔萨斯②、柯尔特的苏打水跃然出现在眼前。阿坤解释说:苏打水是对抗鼠疫最好的产品。他把水放在莫泽尔葡萄酒旁。为了监控我们吃饭,宝塔的守卫和他的儿子在阳台的门口站立着。

我们正下方就是广州城,右方是看不见的城市边际,云雾已经在城市白天结束前开始浮现,半圆的城市外缘穿过广袤的平原,画出适合形成边界河流的弧线。城郭是狭稠的人群和无数的家园。除此之外,广东像任何一个使用棕色瓦片屋顶的城市,但这么看上去似乎不像是在中国。

宝塔旁正是环绕整个广东的城墙,由灰灰矮矮的旧石头建成的圆形城垛,从墙上可以眺望满是坟墓的绿色山丘,有两个掘墓人正在斜坡上挖坑,棺材就躺在他们旁边。送葬者一路陪伴死者,吹拉弹唱到其山谷中的家,回家的路上还可以听到弦乐的刺耳声音,他们故意让音乐停留到最后,以此让死者在墓中不虞陪伴匮乏。我们从宝塔所在的山上下来,经过鞑靼城回到了广州。鞑靼城低矮的屋子都在笔直的街道上,并且都相当均匀地由石头建成。你可以注意到房屋如军队般严整,所有房子都上了黑白两色。必要时这些房子甚至可以作为普鲁士王室的哨站(Schilderhäuser)③。鞑靼城居住的主要是满族军队及其家属,他们与其他广东居民大不相同,从中我们亦可以明白,满族其实与汉族并不是一样的。

最后,我要去法院观察法庭及其审判方式。如其他机构一样,法庭为一官方"衙门",外头斜斜倚靠着红色的木板,上面以金色的中国字

---

① 莫泽尔河是莱茵河在德国境内第二大支流,仅次于阿勒河,也是仅次于莱茵河的德国第二大航运河流。这里为著名的葡萄酒产区。
② 阿尔萨斯是法国东部的一个地区,也是法国的一个旧大区,以莱茵河南北分开成两个部分:北部的下莱茵省和南部的上莱茵省。古代是法兰克王国的一部分,作为哈布斯堡家族的发源地,在17世纪以前归属神圣罗马帝国,三十年战争后根据《威斯特伐利亚和约》割让给法国。
③ 一个哨站是木制的移动式庇护所,原作者在此处挑选了错误的术语。

刻有适用于法庭中所使用的称呼。我们必须穿越庭院，绕过建筑往里走。庭院里面颇为肮脏，其中，还有许多小贩和摊位，工匠正在那儿完成他们一天的工作。没有人质问我们要去哪里，也没人看守大门。

我们来到了法院开庭用的开放式大厅，前方地板上停着一些法官们乘坐的绿色轿子。有一个法官正准备爬入他的轿子，这也就代表他的案子正在审判的过程中。中国的司法始于举报处罚，如果后来发现被告其实无罪，这样的惊喜其实会让人更加快乐。有个被告正在被绳索整个捆绑起来，双脚也被绑住，膝盖几乎要碰到他的下巴，一根粗竹竿穿过他的膝盖下方，一根粗竹竿则被推到双脚上方，两根竹竿左右两端都有一片木板，被告就这样被悬吊在其中。这个可是要被绞死的人，四肢扭曲与硬竹对身体部位造成的压力，肯定会对被告形成压制并引起钻心的疼痛，只见汗水大滴大滴地由他脸部滑下，加重了他的刑具重量。他不停地、徒劳地寻找较能忍受的姿势，他咆哮、抱怨、尽可能地伸出被捆绑的双手，恳求人们放过他。

在远处的背景中，法官坐在一张红布覆盖的桌子旁。他缓慢地挥动他的扇子，光洁的面容并不安详（当你不被悬吊在刑具中时，保持冷静可以说是很容易的）。他不急不忙地推动鼻梁上的大眼镜，并且开始阅读手中的文件。被行刑的人尖叫着，哀求立即被处决。法官以温柔的声音询问被告："是否愿意供出你的同谋？"一位有粗红鼻子的法庭官员在法官及被告间来回走动，不停地敲扇传话。"我会供出所有人的名字！"被告怒吼着。法官要求："放开他，他会供认的！"法庭的官兵急忙跑过来，他们身穿黄色的长袍，戴着漏斗形状的帽子，扎着红色束腰带。这看起来是个可疑的家伙。他拖动着刑具，连人一起被拖到后面，官兵将他打倒在地，他因痛楚而休克，背已显然无法再挺直。

就在同一个大厅里，第二个法官也正在审案。他在听着那个跪拜着、头抵着地的证人的陈述。然后，另一个被告便再度被传唤，他应该是刚从隔壁的牢房里出来，看起来饿得很惨。通常牢狱并不会提供食物，如果犯人身无分文，便会被饿到只剩骨头。被告的颈部环绕着生锈的链条,法院官兵借此将犯人拉到法庭上。他跪下并再度高声呼喊自己无辜,他将被教导如何才是真正的无辜。法官为了自由讨论案件,往往不在庭上。如果需要一个蜡印,法院官兵便会扑向被捆绑的人,替他按上蜡印。两人抓住他的手臂,第三个人揪他的辫子,第四人在他身后使用分叉的竹板,狠狠鞭打他赤裸的肩膀。鲜血立即从竹板打中的地方涌出,被打的人则小声地哽咽,每一下都会被大声地计数,直到第十下法官才宣令停止。被告仍然坚持他是个好人并且没有偷窃,法官立刻下令第二遍板打,于是竹板再次击打已是血迹斑斑的地方,被告呻吟得更加大声。审讯以这种方式持续进行着,当竹板不足以逼被告招供时,墙上其他刑鞫的工具就可以发挥作用:用来掌嘴的皮革裁片,用以夹手夹脚的木块等等。阿坤将这些东西从墙上取下,并向我详细解释着。这些刑具似乎是为了公众警诫之目的挂在墙上的,任何人都可以去碰它。

此外,还有一个人正在被刑鞫。他跪着,背紧紧压着一根棍子,棍子深切至肉,他双手手臂往背后被水平拉长,并拴在棍子那里。他的肌腱和四肢都被挤压折叠,所有的手指都穿过适当连接的绳索,脚趾也一样被用力拉开。谁也不知道,他如此不舒服地在那里跪了多久。被捆绑及扭转的四肢应该早就坏死了,他面目惨灰、双眼紧闭,只有胸口仍在安静地上下移动表明他还活着。刑鞫并不是以置人于死地的方式而设计,否则,岂有展示和警诫效果可言呢?

监牢位于同一间房子,这里也允许人随意进出。犯人没有遮蔽的场所,这实在是不可思议。不过犯人似乎也没有感到不舒服,他们在监牢中庭四处走动,当他们抖动身上的锁链,通常是代表着他们需要小解了。

法官并非没有尊严地坐在桌子后面,他的举止表现了中国礼教的威严和良好的教养,这样,他们至少可以稍微从法庭上痛苦的印象中解放出来。人们倾向于认为法官是公正的,同时,这些有威严的法官也是可以被游说的,那些准备好价码的人,总是有办法来扭转僵局。

在广州,你能认识并了解一个尊重许多关系、拥有许多能工巧匠及商业精英的民族。所有与中国有业务往来的欧洲人,皆赞扬中国商人的诚信与可靠。但是,今天在我眼前发生的这些事,又让野蛮行为在法庭上表露无遗。

第九章　王道台①的招待会，广东总督②的秘书

一八九八年五月二十四日

广东

广东总督本人是一位老先生(老先生现在已经过世了，而他的继任者是李鸿章)。他是一位非常虚弱、脑袋也不再灵光的先生，当他去沙面欧洲租界进行公务访问时(由一百五十个护卫陪伴，装备着木制的战戟，他们的到来使沙面充满了可怕的噪音)，有时候会为突然忘记什么而惊讶，他会突然停止谈话并问："我到底在哪里啊？"……

这对于德国领事柯纳粕博士来说可是非同小可，要跟这位白发苍苍的虚弱老者，协调海因里希亲王的外交访问，难度可想而知。所有的事情都因为双方的意愿错位和费用问题而陷入迷茫。之前早已在谈判时谈妥的细节，总督大人在拜访的当天，突然派信使给德国领事送信，说他不想在接见海因里希亲王的招待会上穿他的官服刺绣袍子。领事

---

① 王存善(1849—1916)，字子展，浙江杭州人，清末政府官员、藏书家。光绪十五年(1889)，担任清朝广州府南海县知县，王存善是著名的贪官。他善于理财，担任海口厘金局总办期间，利用职务之便获得数百万资产，大量购买房产，被称为"王半城"。1899年3月，广东补用道王存善被两广总督谭钟麟委派到香港勘探新界。1899年3月19日，王存善与骆克签订《香港英新租界合同》。1900年移居上海，获盛宣怀赏识，加入招商局。1907年至1908年任招商局总理，以后历任邮传部会办、总稽核，招商局董事等职，清朝灭亡后王存善仍然拒绝剪辫，其子王克敏专长财务，1945年因汉奸罪被捕死于狱中。

② 此处应为两广总督，应是作者不了解情况所致。指谭钟麟(1822—1905)，字文卿，原名谭二监，中国湖南茶陵人，清朝末年政治人物，中华民国政治家谭延闿之父。曾任两广总督，任内镇压了杨衢云、孙中山领导的第一次广州起义，下令当时的南海县知县审理陆皓东等革命党人的革命事实。

不接受这样的要求,按常理来说,德国皇帝的兄弟不应当被中国当局以随便的形式招待,总督老先生应该穿他的官服刺绣袍子。

这次拜访最后以相当完美的方式进行,海因里希亲王进入了黄色的轿子,这是只有皇帝和皇子才有的资格(道台级以上的公务员轿子是蓝色的,之后官阶的则是绿色)。从分隔广州及沙面的大桥开始,一直到总督官邸都有士兵驻守。在士兵背后,在如此狭窄的街道上,有数以千计的乡民,他们对黄色轿子如此敬畏,鸦雀无声地肃立两旁,一直到总督衙门,人龙都是一片死寂无声。

全世界都知道,总督在广东其实是有名无权的,他不引导政府具体施政,事实上的行政首长和真正的领导者是王道台。王道台这个层级大约相当于我们的秘书长,他是广东总督的秘书以厘金①局长之名管理税收的官员。以《天津条约》为基础的海关,被罗伯特·赫尔特(Robert Hart)②先生和他的欧洲官员所拥护,但是,由于北京中央政府的否认,事实上已经逐渐背离了条约,产生了中国第二个海关——厘金局:由地方机关收取厘金。厘金局只针对海关通过的进口货物,当货物从港口再次运往内陆时才收取。广东的厘金局就设在海关局旁边,当货物抵达港口通过海关时,厘金局就会出现,并以地方政府之名要求纳税。厘金是欧洲强权与中国政府之间产生无止尽冲突的原因,就在今天,中德之间再次为厘金问题发生了争端。

王道台同时也掌管着广东这个重要的厘金局,此外,他作为总督的秘书,也负责本省的外交事务。他被认为是一个有影响力的、最聪明的中国官员,在他八年多的公职生涯中,他成为当地相当富有的人。他非常憎恨外国人,因此,外国商人很难跟他打交道,他给法国的南中国扩张政策造成了很大的麻烦。德国领事柯纳粕博士以其独特的方式对待地方当局,与王道台以最好的步调并肩而行。正如我之前所说,我们广

---

① 厘金,从清朝太平天国之乱开始至1931年废止的一种商业税,因初定税率为一厘,"百分之一"为一厘,故名厘金。又称厘捐、厘金税。
② 此为德语音译,英语译为罗伯特·赫尔特。

东的德国领事是德国外交部门在东亚最优秀的官员,他对于中国的事务了如指掌,在南中国的德语圈中,大家都认为他是胶澳总督的不二人选(此时柯纳粕博士已经升任上海的总领事)。另一个出色的中国通则是德国领事的个人翻译郎(Herr Lange)先生,他曾经是一个军官,因为膝盖受伤必须退伍,而后他在中国的炮兵学校服务。他在广东住过许多年,他不住在欧洲人的居住地,而是住在广州本地人的居住区。他生活在中国人之间,可以说流利的中文,你会讶异于他用最不可思议的语言来进行如此轻松的写意化表达。许多住在这里多年的欧洲商人,早就放弃了中文学习。

昨天上午领事拜访了王道台,郎先生顺便谈到有个学富五车的德国人,为中国写了洋洋几大册的书籍,希望能够跟中国高级官员聊聊。王道台则问道:"他是否需要招待?"很快传来的答复是:王道台明天十一点半会在厘金局等待这个外国人。

在十一点半之前,我们就早早做好了准备。迎接我们的场面真是令人印象深刻:前面走的是领事馆的中国职员,穿着白色的公服,戴着帽子,帽子像是个上翘的漏斗,上面垂着一束红色细簇头;后面是郎先生,他作为领事的翻译坐在蓝色的轿子里,由四位穿着白色袍子的苦力抬着,袍子后面有金色的中国字"德意志帝国领事馆",头上也戴着漏斗帽子以及红色细簇头,与中国公务员一样相当不自然;之后,则是我坐着的由三位苦力抬着的绿色轿子。乘坐绿色轿子是领事的中国秘书决定的。几台轿子穿越了连接沙面与广东的桥梁,有十个中国士兵以可怕的噪音以及号角守夜,为了要关上大门以整齐的步伐行进,守夜的指挥官以他的光头对蓝色轿子敬礼,在打开门后看了一眼队伍,看门人立刻放我们进去。

厘金衙门离沙面连结广东的桥不远,衙门内外都和其他官署一样,从街道上看去有两个很大的木栅门,上面漆着比真人还要大的英雄人物①。木门是开放的,门内有两个不怎么干净的庭院,形形色色的人在

---

① 指门神。

里面四处张望,他们没有打算要跟官员与公署打交道。你可以在这里找到手工匠,他们就在此执业。有个理发师的店面就在衙门口,看来他不会为没有客人发愁。穿过院子,参观过其中所有的建筑物后,你会来到官员真正的办公室:一个大厅或者说是一个开放的大房间,通往最后的一个庭院完全开放,没有任何门,因此,办公室是完全无法关闭的。街上的人只要有兴趣的话谁都可以踏入衙门来,所以,有大量好奇的路人听众聚集在最后的庭院,看着官员们在办公室里的一举一动——最重要的事情都以这样的方式,被带进带出敞开的大门。结果是,中国政府隐藏的计划,会在签署三十分钟后全部曝光!每个人都可以不用支付这个或那个衙门口的窃听费用,就能够知道许多国家机密。只有在北京的政府机关,才会设置层层的厚墙避免被窃听,这样的做法只是让刺探北京的国家机密,要比刺探其他地方的机密多花一点钱罢了。基于好奇心跑进衙门的乡民,不可避免地会在政府办公时形成一条人形长廊,这些乡民被欧洲人称之为"衙役"(Yamen-Läufer)。在我们与道台谈话之时,这样的衙门跑者、官员、簿记员以及苦力,来了非常多。他们站满了整个庭院,站在所有的门口前,望着窗外沉默而认真地听着,我们的谈话内容一个字也没有错过。

  厘金局的办公室位于最后一个庭院最里面的一个大厅,这里面简单且不脏乱。中间有个棕色抛光的木桌,桌子旁有许多椅子。后墙上有个祖先的牌位,这是在中国的住所、商店和办公处都不可或缺的。红色的背景下刻着金色的神圣文字,在牌位前有四个不可或缺的锡罐(非常高的官方用的罐子,因为道台是个大官),中间的两个用于插香,旁边的两个则用于插花。房间里也没有什么家具,侧边墙壁有一个很大的圆形挂钟,有悬挂在天花板上的煤气灯。除此之外,你也不会讶异于这里也有欧洲文化的元素。不过,当你发现在灯台之下固定着一个小灯泡,还有连到白炽灯的电线,就真的会觉得难以相信:在广东厘金官员的衙门中竟然还会有电力。事实上,广东的确有个电力照明的中国公司,白炽灯与电线在本城的许多商店和工厂已经使用,不过白天道台的办公室是半暗的,因为这里没有窗户,只有走廊,通往狭窄、阽暗的庭院。

我们到达衙门的大门,随着众人一起进入,名片发送给衙役后(有人帮我为这次中国之旅制作了名片),我们就在牌楼下坐在苦力抬着的轿子上,等待是否愿意被拜访的答复。过了没多久,衙门的官员出来答复:"进来吧,道台不在这里。不过随时都有可能回来。"翻译的蓝色轿子被带入到第二个庭院,绿色的轿子则留在第一个庭院。我们刚一下轿子,就看到道台的蓝色轿子抵达了。经过自我介绍以及问好后,道台以中国人的方式向我们问好。他弯腰两个手掌合在一起,然后,两只手快速地上下移动,透过很大的手臂行礼动作,道台邀请我们来到他的办公室。我们请他走在前面,他无论如何都不要。到办公室后又再一次地问好,接着我们就坐在圆桌旁。道台的背靠着入口,右边是我,左边是德国领事馆的中国秘书,对面则是领事馆的翻译郎先生。

我们才刚刚坐定,就有茶杯端了上来。由于这些上来的茶,我们又再一次在椅子上互相请安问好。然后,我们沉默地坐着,道台从抽屉里拿出了一个很大的眼镜,放在鼻梁上,很明显是为了要在谈话时便于观看。于是,谈话就开始了。

王道台是一位非常高大的男子,相当挺拔并且手势优雅,他这种气度在中国人之间很少见到。他五官相当明显,有个突出的鼻子,中国人之间也是很少见到——通常中国人的鼻子都是又软又扁。他有张削瘦的脸,有着宽大的嘴唇(缺了一个牙齿,牙齿不大好)和锐利的眼神,这一切都证明他有着充沛的精力。他说话声音洪亮,甚至还有点太大声——男人低沉的嗓音容易让人产生信赖。一开始谈话时我们相敬如宾,但是,慢慢地,他展现出了南方人的热情,伴随着手势,他迅速地表达丰富的内容。王道台手上有个圆圆的稻草盒,上面有个小小的刺绣,在整个谈话的过程中,盒子在他手上一直不停地转来转去。他左手大拇指上戴着一个巨大的、漂亮的、精细的翡翠扳指。他穿着淡蓝色的锦缎长袍马褂,其中交织着淡蓝色的小花朵图案线条。他充满善意微笑着鞠躬。当你对他说几句奉承话的时候,他如果不了解你的意思,会再次礼貌地跟你确认,接着他会对这个由翻译所转达的赞美哈哈大笑(这看起来像是中国式的幽默)。这里面也用到一些机智妙语,他听到时当然也会哈哈大笑。王道台显得相当自信。

首先,我当然是感谢捧场的听众,并对道台让我拜访成行表达感激。他鞠躬并且微笑说:"乐意之至。"接着我说我想要知道到底欧洲列强与中国政府的关系是什么样的?道台不想马上表达以免犯错,他小心翼翼地回应道:"你在欧洲,应该比我更了解!"我仍然坚持我的提问。我说:"我们在欧洲的观点是我们欧洲人的观点,但是,我很想知道中国人自己的观点,我们欧洲人迫切地想知道。您是一位如此深富学养的中国人,像道台您这样有修养的中国人(他挥了挥手,鞠躬,微笑),对于目前发生在自己国家的事情,有什么样的看法呢?"

对于我眼中这个代表中国知识分子的角色,看起来道台是相当满意。接着他说道:"所有现在发生的事情,其实在欧洲都被夸大了许多。你们觉得欧洲取得了割让的土地,这是中国的一个失败,不过这样的失败其实并不正确,中国人并没有割让土地,我们只是把土地出租给你们。现在,欧洲主权所涉及的土地还都依然属于我们中国。欧洲列强对于中国来说只是一个过客,事实上,就如同广州的沙面一样,新的国外属地只是很小的一部分。中国实在太大了,如此广大的领土,割几块给你们欧洲人,根本就是无关痛痒的。"

我继续问道:"但是,如果欧洲人想持续扩张,慢慢取得更多的中国领土呢?"道台做出个顽皮的笑脸:"我们会对所有欧洲列强的要求都同意!"他回答道,"而且坦率地说,每个欧洲列强都会对我们有不同的要求,这对于我们来说那是再好不过的了。如果这样的话你们每个列强都会彼此相邻,扩大的时候你们就不可能不相互碰到一起。中国对抗你们欧洲人扩张的最好方式,就是让列强之间互相嫉妒,并且让你们相互监视彼此,以防止对方继续扩张过大。"

王道台接着开始用茶杯跟我们做生动的展示:"这第一个杯是俄

国,第二个杯是英国,第三个杯是德国,第四个杯是法国。"他形象地说着,"列强们就这样环绕在中国四周,就像是茶杯环绕着桌子一样,对桌子来说杯子实在相当小。但是,如果茶杯会扩大的话,它们就无可避免地会撞在一起。"接着道台把代表英国的茶杯推到代表俄国茶杯的面前,他因为当当作响的碰撞笑着,并且,透过眼镜片强力地看着我们。他似乎在一个个读着我们每一个人脸上的表情,他要看看我们是什么反应。

我接着进一步询问:道台对法国的看法如何?因为我听说法国与广东政府间有一些摩擦。看来这是王道台最爱的话题,他非常希望吐露他的心声。他说道:"法国野心勃勃地想要在南中国不断地扩张,事实上,他们这样做最后会让英国忌妒。最近,有个法国的索赔成立了,这应该是真的,因为,北京总理衙门那儿的消息已经下来了,如果这跟广东政府有关,那么法国拿到的不会是最少的。我们在不久的未来,也不指望中央政府会加以保护。广东地方政府不想为法国在其势力范围获取新的土地或租界做出贡献。"

道台接着开始抱怨法国传教士的行为非常奇怪,虽然,道台没有直接说出传教士行动的背后是否有法国政府,但中国人民对于法国传教士的出现非常恼怒,最强而有力的证据是,有个法国传教士在十四天前遇害。显然,王道台此时没有说出他的全部心声,事实上,如同我从其他地方听到的,广东政府与法国之间有着持续不断的冲突,中国地方当局在这样的争端中以相当强硬的方式响应法国代表的投诉。最近有几个总督签名,并且由王道台亲自起草的书信如此写着:"若您的主教不冷静下来,我们会很担心他是想要回巴黎去了。"

德国柏林来的新教传教士,与法国天主教相比要低调很多,不过,大致来说,广东的欧洲人对于宣教成果并不感到振奋。如果有个中国人信奉基督教,往往不是出于宗教上的动机,而是想要获得物质上的利益,这就使得双方一开始相互之间就不信任。中国人改信的理由通常是:由于中国法律的不健全,许多大型企业的中国商人都想要争取与欧洲人联盟,或是干脆做其代理人。因为,这对他们来说可以受到欧洲外交条约的保护。如果没有别的方法获得这些保护,那么他们就会改信基督教。这样传教士就会要求领事馆保护他们的教友,欧洲领事馆必须为传教士刚拉来的弟兄提供一切协助,并且善意地相信这是保护新皈依的基督徒。想要得到欧洲人的保护,这种商业上的投机之举,事实上只是中国人的精明之处。

(作者再版发行时补注:你可以参考1900年7月,义和团在列强军队攻占天津后发出的布告:现在国家有更大的灾害降临,洋鬼子通过传教士把许多中国人转换成基督教与天主教徒。这些教会毫无原则、诡计多端,这些二毛子专行压迫与腐败,甘愿为得到洋人的好处当代理人,甚至成为他们的奴隶。

1900年8月6日,柏林《新闻汇报》(Berliner Generalanzeiger)提到:李鸿章也说过类似的话,他在1900年7月被一个广东的德国记者问到义和团时,说:首先,对抗的是改信基督教的中国人。这些皈依者通过皈依拿到许多好处:他们被传教士保护,并且通过其中也被外国列强保护。他们利用这个优势对其他人肆无忌惮。这些针对皈依者的怨气越来越多,现在,这个仇恨爆发出来了。义和团始终就是针对中国的基督徒,而且自然而然地针对保护他们的传教士,因为,到最后,传教士自己也是被各国政府所保护。这些外国代表发现,最后,义和团针对所有洋人。李鸿章强调:我确信,宣教对于中国人与外国人之间的关系始终是个危险,也几乎是所有骚乱的源头。

中国村庄的私人冲突已经爆发过好几次了。一方是天主教徒〔主要是法国人〕,通过传教士及其背后的领事馆要求维护自身利益;另一方则是新教徒〔主要是德国人〕,他们一直硬碰硬。现在,天主教传教士去法国领事馆告状,抱怨受到基督徒的迫害;而新教传教士则去德国领事馆告状,结果村庄中两派传教士的不和,就变成了德国与法国领事馆之间的外交事件。双方官员在事情发生后,因为不了解情况拒绝解释,这就使得这些法国传教士对国家报告说:法国领事馆不打算维护法国利益,德国领事馆却是热衷于保护自身的权益。德国传教士却对德国领事馆不能保护他们心生抱怨,他们把法国人的方式当成自己的榜样。

关于传教士的事情可谓罄竹难书,你看不出来用武力把一群已经浸淫在儒释道中的人改信基督教的必要性何在?有个在广东的人跟我说,他听到一次传教士与中国知识分子的对话。中国人对传教士说:"你们到底在这里要什么?我熟读你们的《圣经》,它包含了所有孔夫子教导过我们的观点。你们的宗教就像我们的一样,都是劝人为善;不过,我们孔夫子比你们基督教主还早了五百年……"台奥多尔·冯塔纳①也说过不中听的话:当我读到有传教士又被杀害时,我会为这帮家伙感到可怜;但是,原则上我并不同情他们。我觉得一个鞋匠的儿子,想要让四万万中国人改信基督教,这是相当的自以为是……)

让我们把话题拉回到王道台吧。当我让他把对法国的看法倾诉完后,我问他:"那德国的状况又是如何呢?"他回答得很简洁:"中德关系相当友好,德国在中国有自己的利益,而且,不是像其他的列强一样,你们是以友好的方式考虑自己的要求。""那日本呢?"我问,"中国会忍辱负重默不作声吗?有没有可能会有报复?"这时,道台显得有点尴尬。他沉思了一下,接着公开地说:"现在中国的军事力量是严重落后,我们还无法对日本展开报复之战。不过等二十年或三十年后,我们再来看看吧!"

"我现在知道,中国的高官对于中国与欧洲之间的关系是怎么想

---

① 台奥多尔·冯塔纳(Theodor Fontane,1819—1898),德国批判现实主义小说家、诗人。他1819年出生于胡格诺教徒家庭,6岁成为药店学徒,20岁写出处女作,在莱比锡进修。他参加了1848年的革命事件,1849年从药店辞职成为全职作家。代表作有《沙赫·封·乌特诺夫》(1883)、《艾菲·布里斯特》(1895)和《燕妮·特赖贝尔夫人》(1892)等。他被认为是19世纪最重要的德语作家之一。

了,我很高兴听到许多您的原创见解,以及你们的智慧!(王道台微笑,点头)最后一个问题:我想要知道中国普通大众是如何看待中国与欧洲关系的?"

王道台看起来相当吃惊,甚至,他没有理解我的意思,又让翻译重新说了一遍。然后他思考良久,最后回答道:"中国大众对于最近的事件所知甚少,并且没有很多机会对公共生活的议题形成意见。不过,大众有什么想法也是多余的,官员们有意见就够了。官员做事,人民听从!"

当我最后听到如此饶富意义的治理国家的理术后,我的最后一个问题似乎已经有了答案。我想要从座位上起身,这似乎是拜访结束的征兆。只是我们拜访开始时的茶杯还动也不动地放着,茶被装在瓷杯里,杯子在金属碟子上,每个杯子都有一个倒置的陶瓷碟子盖着,这样茶一直到访问结束都是温的。当然,这里面没有加糖或是牛奶,位于茶杯底的茶叶是浅绿色的,清新芬芳,虽然有一点儿苦味。把盖着茶叶的杯盖稍微打开,我一点一点啜饮着,这样就不会让茶叶跑到嘴巴里去了。

我们同一时间喝茶,也在同一时间喝完;我们同时从座位上起身,接着就是鞠躬,微笑,中国式的握手。王道台陪我们来到大门口,我们陆续都上了各自的轿子。道台来到每个轿子前面,对着我们一一挥手;接着他和所有人一起站在庭院中,跟着我们的轿子一直到把我们送出大门口。

我们没有回头。想必他还在那里,一直对着我们挥手。

第十章　从香港到上海

一八九八年六月一日
在"鲤鱼门"号船上

告别广东的隆隆声—"鲤鱼门"号—茶花女①的竞争—欧洲强权下的中国—沙龙聚会—忧郁的黄海—对雾的恐惧—扬子江中—吴淞的车站—拆毁的铁路—英国检疫医生—三名犯罪嫌疑人—伤心的夜晚—船上哗变—上海浦江饭店

慢慢地我们驶出了香港的港口，同一时间，所有港口的军舰都在鸣放礼炮，这显然不是为了我们，而是为了维多利亚女王。今天是维多利亚女王的生日。一艘美丽的灰色的日本巡洋舰，也停泊在香港的港湾。它也生怕自己做得不够好，不断地用所有的大炮对着天空吐出红色的火焰。这隆隆雷声般的炮声，好像也是在庆祝女王的生日吧？难道矮小的黄色日本人也是欧洲人？此时轰轰声达到最高点，最后天空中充斥着噼里啪啦的响声。

"鲤鱼门"号驶出港口，很快转向峡湾一条水路，我们就进入了通往山丘与岛屿间的公海海面。水路的一部分被中国人称作"鲤鱼门"，这也是本艘船名字的由来。船首写的是英文 Lyemoon。"鲤鱼门"号是由德国汉堡的禅臣洋行卖给中国的沿岸轮船，禅臣洋行的老板就是有名的西伯老先生。他很早以前就来到了中国，那时候，他用帆船航行了

---

① 《茶花女》是法国作家小仲马最著名的小说之一，于1848年出版。小说讲述了一个青年人与巴黎上流社会一位交际花曲折凄婉的爱情故事。

八个月,满世界旅行;当他回到欧洲时,已经感觉不太习惯欧洲了,他非常想念中国。

"鲤鱼门"号是一艘漂亮的、中等大小的船只,在纽卡斯尔①建成。美国人在美西战争时期,想把它当成香港与马尼拉之间的调度船,但是,由于禅臣公司并不想卖掉"鲤鱼门"号,现在则用麦克—库洛奇号替代了。"鲤鱼门"号船长是海曼(Herr Heuermann)先生,他是一个温暖的荷尔斯坦②人。他驾驶的船平静又安全地往来于广东、上海和香港之间,穿越过中国海岸的峡湾和岛屿。他对这个危险水道了如指掌,从来没有需要过一次领航员。他只有一个忠实的水手,也是第一舵手。他的第一机师来自德国哈瑙③,机械师很想从我这边知道家乡哈瑙和法兰克福那里现在的消息。

头等舱的人并不是很多,有一个在中国海关工作的资深官员。他是一个出生在东部德累斯顿④的老人,他在中国实在是太久了,以至于他自己都不敢相信,现在他甚至连德文一个字都听不懂了。他跟一个中国女人结了婚,他的太太也在船上,穿着中国式的服装:黑色的上衣、

---

① 纽卡斯尔(Newcastle upon Tyne),英格兰东北部的港口城市,英格兰八大核心城市之一,全称"泰恩河畔纽卡斯尔"。位于泰恩河下游北岸,东距北海 13 公里,1080 年因建新城堡而得名,人口 29.5 万(2017),面积 112 平方公里。十六世纪后为英国主要的煤港,1882 年建市,海运和重工业,造船和修船中心之一,还有钢铁、炼焦、机械、电器仪表、化学和食品加工等工业,也是铁路、公路枢纽。
② 荷尔斯坦现叫石勒苏益格—荷尔斯泰因(德语:Schleswig-Holstein;丹麦语 Slesvig-Holsten;低地德语:Sleswig-Holsteen;北弗里斯兰语:Slaswik-Holstiinj),是德国 16 个州中最北面的一个州。这个州是在第二次世界大战后设立的,其州府为基尔。它面积 15,761.4 平方公里,是德国非城市州中第二小的(仅大于萨尔)。荷尔斯坦与石勒苏益格,原为两个独立的大公国后来合并在一起,其北邻丹麦,南接德国的汉堡市、梅克伦堡—前波美拉尼亚和下萨克森三州。历史上石勒苏益格—荷尔斯坦这个名字包括更大的区域,包括今天的石勒苏益格—荷尔斯坦和丹麦的南部。
③ 哈瑙是德国黑森州的城市,位于莱茵河与美因河流域,金齐希河汇入美因河的交汇处。哈瑙是格林兄弟的故乡,被称为"格林兄弟之城"。雅各布·格林和威廉·格林分别于 1785 年、1786 年出生在哈瑙,他们的另一个弟弟、画家路德维希·格林也于 1790 年出生在哈瑙。
④ 德累斯顿,德国萨克森州的首府,东部重要的文化、政治和经济中心。位于德国的中部靠近东边,易北河谷地,南面离捷克边界 30 公里,距捷克首都布拉格 150 公里,北面距首都柏林 200 公里,离萨克森州另一个大城市莱比锡 100 公里。

黑色的裤子，当然她的手上也戴着玉镯。她很得体地拒绝下去跟乘客及机组成员一起吃午餐，她总是待在自己的舱内和孩子们一起吃饭。他们有两个年龄很小的小女孩，她们的脸很黄也很圆，超级害羞。

还有一个美国女子也在船上，要从香港前往上海。她并不是直接来自美国。在东亚待过的人不用解释都知道，一个举目无亲的单身美国女子，从香港到上海会去做什么——茶花女也没有缺席中国与列强的交往，她们几乎全部都来自美国。值得注意的是，这里几乎没有看到过一个这样的欧洲女人！美国女人似乎垄断了这里的整个生意。这门生意可是相当的辛苦，在巴黎，有许多这样年轻勤奋的女性。但是，没有一个人可以像艾米莉安·德·阿朗松①或是安莉·德·波吉②那样闻名。这些茶花女的事业相当匆促短暂，美国女人其实很容易被对手击败。但因为缺乏强有力的竞争，她们只需要漂漂亮亮地坐着，即使年轻时候的光辉早就过去了，即使有了中国女人加入，她们还是可以持续生存下去。然而，假如有一群巴黎女人坐船来到香港或上海，那美国女子独占鳌头的日子就会走到尽头。巴黎女人到来的这一天或之后的几天，或许商家都会停下手上的生意，欧洲人在中国的商业活动，极可能要经历短暂的停摆。

除此之外，"鲤鱼门"号整艘船的乘客都是中国人，全部船员也都是中国人。在欧洲船长的指挥下，中国船员把他们的辫子缠在头上，戴上黑色的鸭舌帽。你可以在许多商船上看到，中国船员是一群沉默严谨的人。他们相当可靠！他们每天在船上洗洗刷刷，让船只闪闪发亮。当船需要升帆时，他们会以迅雷不及掩耳的速度展开船帆，每个人都坚

---

① 艾米莉安·德·阿朗松（Émilienne d'Alençon, 1870—1945），法国一位舞蹈演员和妓女。曾参与许多事务，包括与实业家 Étienne Balsan 的事务。1895 年，她与骑师珀西·伍德兰（Percy Woodland）结婚，在 1906 年离开了舞台投资赛马。1931 年因吸毒和赌博而失去财富。于 1945 年 2 月 14 日在摩纳哥去世，被安葬在巴黎巴蒂尼奥勒斯公墓。
② 莉安·德·波吉（Liane de Pougy, 1869—1950），法国最红的交际花，她一点风尘味都没有。一般认为，玛丽就是普鲁斯特的《让·桑德伊》中出现的年轻女孩玛丽·考斯彻夫的灵感源泉。马拉美为她写诗，左拉的《娜娜》以她为原型，马奈的情人和模特，那幅著名的"酒吧"中间那个女侍就是她。

守在自己的岗位上。每个人都站在正确的位置，没有混乱也没有噪音，他们有着机械般的精密配合。没有比他们更好的水手了，他们充满了热情，也充满了对自己技术的热爱。尽管他们中间有些人早先开过海盗船，但这样的经历对一个好水手似乎更是不错的锤炼。

中国舵手的位子是在舰桥上。他把帽子插在脖子后面，饱经风霜的脸上，那双精明透着力量的眼睛安静地看着前方。没有任何一个字比船长决定船舰航行的英语命令来得更大声。那个中国人就站在那里，像是从船中长出来的一样，从容不迫地左右旋转着船舵，像是他自己就是船舵的一部分。德国船长让中国船员掌舵，中国船员利用手中的舵导航，就像现在的中国，几乎所有事情都是欧洲人发声，然后，中国人提供机械的力量加以实现。当这些中国人的力量服从于欧洲上级的观点时，这些力量才会更加有智慧并发挥出来。中国人的可用性似乎是无限的，如果有人能认真指导、督促他们，中国人可以做任何事情。即使没有指令，他们也可以通过模仿，试图不断学习着。奇怪的是，他们习惯于屈从，中国人似乎很满意作为输出的人力，他们完全没有像日本人那种想要成为指导力量的野心！现在看来，他们似乎除了服从、顺应欧洲人以外，没有别的要求。人民根本没有完全的独立自主性，正因为如此，中国现在处于欧洲的主宰之下，这是现今一个难以改变的现象。但是，你无法想象，由欧洲领导的中国的未来，将会是如何……

"鲤鱼门"号上有一百二十位中国乘客前往上海，他们坐在头等舱和经济舱之间的房间里，整日都在圆桌前面玩牌。当然，也有一些文学爱好者，他们躺在干净漂亮的红色地毯上，头下枕着陶瓷枕头，埋首于图书之中。他们对周边的牌局完全视而不见，我们由此可以知道，这些图书中的爱情或者强盗故事，肯定是相当引人入胜。然而，那些不把阅读作为消遣的中国人，不读这些，而更关注报上的时事。这里有一位韩国人赢得了船上中国人的敬重，他穿着白色丝袍，行走有力威严。他没有中国人的长辫子，用一种假发的方式梳理着头发，戴着有透明黑纱的宽边帽，不过黑纱只在头部的上面边缘，紧密连接到头的顶部。

有位中国老厨师，在大家吃饭时急急忙忙地过来。这些玩牌的人马上都站了起来，然后，主动让给他一个位子。接着桌子就摆好了：每个人都有一双黑色的、带有银饰的筷子，他们用瓷器做的汤匙喝汤，没有自己的盘子，这就意味着食物统一装在二三个碗中，所有人都可以用自己的筷子和汤匙，在这些共享的碗中夹来夹去、舀来舀去。然后，每个人都有一碗饭，他们把饭碗端在嘴前，用筷子叭啦叭啦地进食，动作如此之快，以至于你只是看着这些操作细节，都会头晕目眩感到疲倦……

不过，我们却是在一个小餐厅中吃饭。这是一个很安静的小沙龙俱乐部。一个中国海关的官员，一个德国记者和一个美丽的美国伴游小姐，整个气氛看起来不大协调。我们彼此坐得这么近，但彼此的生活却隔得那么远！船外是阴阴的黄昏，就像是十一月的天空一样。谈天气也是有一搭没一搭的，只是在两三个话题上打转，然后沉闷的气氛就笼罩了整个房间。忧愁从灰色的海上升起，寂寞穿过开敞的大门；忧愁就坐在桌子旁，寂寞主宰了每一个人的对话。每个人都阴郁地相互看着。"有趣！"船长打破了寂寞，他要求服务生播放音乐。服务生把放在镜子前的八音盒拿过来，轻轻地转了一下，像是在清嗓子，接着响起了《在美丽的莱茵河》。除此之外，还可以演奏《嗨，嗨，万岁！》。不过，你只需要稍稍单击它的按钮，它又重新播放了《在美丽的莱茵河》。稍等了一下，看看没有人对这歌曲有反应，然后，又开始播放新的曲子。外面夜已经是漆黑了，海面黑暗且安静，中国的大海有着自然的宁静，但是，与八音盒播放出来的《在美丽的莱茵河》的曲调却不怎么合拍……

我们在从香港到上海的三天旅途中，很少看到蓝色的天空和蓝色的海洋。有时候，你会在左边看到一连串狭窄的海岸线；有时候，你也会看到一些山峰完全被云雾笼罩着，你无法看清它的真面目。夜幕降临，只有岸边的灯塔偶尔闪烁着。香港特有的炎热只停留在了第一天，第二天开始，空气就变得凉爽了。现在，我们最要担心的就是雾了，雾是温暖与寒冷的分界线。

这三天,船长和长官们的座右铭是:"只要没有大雾,就一切顺利!"然而,第三天开始就有大雾了。雾会突然在明亮的天空和阳光中出现,在岛屿的右边开始酝酿且蒸蒸上腾,雨云会在岛屿的山峰顶端出现,很快地,山峰就看不到了,只剩下黑色的线条以及灰色的轮廓。前面及左侧则已经有了海上的雾气,就像是窗帘一样顶着海浪上上下下。借此,雾保持着半透明,云是白色多过灰色,你可以从远处看得到。最糟糕的是,所到的区域内视线都被云雾吞没,你所看到的眼前的白雾可能是雾,也很可能是山丘或是另外一艘船,因此,我们不可能再继续航行了!短促不断的钟声响起,伴随着每个机房的信号,这意味着"鲤鱼门"号轮船需要抛锚了!轮船下的海水激起了沸腾的白色浪花,然后,就归于平静。接着水手们下锚,船上钟声当当响起。汽笛的声音是让船在云雾中可供辨识,让别的船可以注意到这里停着一艘庞然大物。

雾通常会持续一整天,也有可能两天或是三天。这轻盈的雾重重地弥漫在空中,如果没有风带走它,它会一直停留在海面上动也不动。我们就这样停了一个多小时,之后,左边出现了海岸。船长搓着手说:"如果我能看到陆地的影子,我早就摸索着往上海进发了。"机房的时钟再一次敲击着,船两旁的水开始哗哗沸腾,我们再次启航了!

忽然间,原本处于云雾中的"鲤鱼门"号出现在了扬子江①的入口,似乎是一瞬间,我们就航行到了内河入口。这里,外观看起来没有什么区别,水还是昨天那样的灰,只是加了那么一点点黄(船长说像豌豆汤),但面积却是宽广无垠,恐怕只是制作地图的人的一个错误念头,才误把这里的海称作"江"的吧!

无数的中国渔船在水面上,它们的帆与珠江上的帆不太一样,是相

---

① 扬子江是长江从南京以下至入海口的下游河段的旧称,流经江苏省、上海市。扬子江因古有扬子津渡口而得名。由于来华的西方传教士最先接触的是扬子江这段长江,听到的是"扬子江"这名称,因此,西方把中国长江通称为"扬子江"。

当简单的四角形,而且大多数是灰色的,不是跟南方一样一律是黄色。每艘船的前面有块红色,这可能跟某种海神有关,或者是代表着某种运气,否则,通常都要彩绘得相当华丽。这里的船没有广东人认为的,船要有两只眼睛以便"看路"。有时候,那些眼睛是很大的金鱼眼,向大海凝视着,好像不花什么力气就能够看到一切。飘在桅杆上的是五颜六色的锦旗,许许多多的戎客船停泊着,远方看像一个个盖满大海的黑点。戎客船渔网撒下去,两根竹竿固定住。水面上每一艘船的后面都是突起的。

  蒸汽船小心翼翼地穿越这些渔船。当一艘戎客船张帆前进时,发现必须要为一艘大的船让路,他要小心翼翼地穿过水道并要安静地保持航向,船长则痛快地拉响汽笛。中国的船工相信,经过蒸汽船象征着福气。船长再一次拉响汽笛,表达出短而有力的信息:愿全中国的航海人都能得到幸福。

  狭窄的绿色线条出现在广大的水域中,他们慢慢地越来越接近。岸上零星的树木已经变得可见,然后,大海再一次地扩张。右边可以看到黄色的水面,就在不远处闪闪发光,水面的光泽与夕阳一起流动。在那只有光线与水的地方,陆地之中出现了扬子江。扬子江是通往大海前最后的支流,我们的左边黄浦江的支流是个强大的水流,但岸边看起来却不大。两岸有绵延不断的湖泊,吴淞口是最大的海岸一角。这是块绿色的土地,绿地之下则是中国人设立的堤防以及护坡。

  这些工事显然已经饱经风雨,就在两个月以前,吴淞口作为对外贸易的口岸,已经开放给欧洲人做生意。一个红色的建筑升起,一个小巧温馨的红房子在岸边,当你看着它时,你发现它没有展示出什么特别的样子。但是,你应该感到知足的是,这栋红房子即是吴淞口的火车站,很快,这里将会沿着河岸再一次铺设铁轨,吴淞口将会被呼啸而过的火车震动着。火车会唤醒这沉睡千年的土地,通过火车排出的白色蒸汽,新世纪将会出现在扬子江的河口上。

今天,吴淞口到上海的旧火车已经停运了。七十年代中国政府从英国企业家手上买回了这条铁路,付完了赎金、合约到期后,清政府拆毁了这条吴淞铁路。他们动用了数以千计的中国劳工,把铁轨拆下来装上货车。清政府要把这些建设铁路用的材料运到停靠在吴淞口的船只上,然后,再把这些材料运往台湾。传说要在台湾修建新的铁路,事实上,这些货物运到了台湾以后,就被抛在荒凉的海岸边。愚蠢的政府就这样把他们憎恨的铁路"杀死"抛弃到台湾荒岛上。

如果讲起清政府与吴淞铁路①之间的斗争,可怜的中国人民啊,清政府竟然相信人是可以"杀死"铁路的!但是,他们没有想到的是,铁路一死,二十年后,又以全新的生命苏醒。铁路倘若在那座岛屿上(台湾)复活,是比较安全的,但现在他又回来了,他又怒吼着回来了。清政府在城墙之后感到自己不再安全,他们甚至放弃了海岸的防御工事,然后逃之夭夭。

现在,有一艘大型的邮政船停泊在吴淞口前,一艘蒸汽船把乘客和船上的货物陆续卸下,以便让它们更深入内陆。吴淞口未来很可能就是上海的港口,未来二者的关系可能会像是汉堡②和库克斯港③之间的关系。"鲤鱼门"号吃水较浅,由吴淞口进入黄浦江,前往上海。就好比是由汉堡港通往库克斯港!看到黄浦江,让人想起了易北河,岸边都

---

① 吴淞铁路是一条于19世纪70年代修建的连接上海至吴淞的铁路,亦是中国境内出现的第一条近代化铁路和第一条办理客运营业的铁路。1876年由英国商人集资未经批准建造。由于清朝政府反对修建铁路,最后英国商人和清朝官员达成协议,清政府以二十八万五千两白银购回铁路,分一年半,三期付清,付清之前铁路继续营业。1877年10月20日,中国赎路款项按时付清,吴淞铁路于当天下午2时被正式收回。铁路移交清政府后,路轨即被拆除。至12月18日,铁路路轨全部拆除。路轨及机车、车辆被运往台湾,准备在当地修建铁路。然而台湾铁路并未使用这批建材,设备在台湾港岸边地荒废。
② 汉堡,全称为汉堡汉萨利伯维尔,是位于德国北部的一个港口城市。汉堡拥有近189万人口,是仅次于柏林的德国第二大城市,欧盟第八大城市。
③ 库克斯港(Cuxhaven),库克斯港市是德国下萨克森州的城市,库克斯港县的首府,位于易北河汇入北海的入海口。库克斯港市有一座重要的渔业港口,汉堡市和北海—波罗的海运河过往船只的登记检查站,旅游业也是该市的重要经济产业。库克斯港市在1937年前属于汉堡市,库克斯港市西北面的北海中的Neuwerk岛现今仍属于汉堡市。

是绿色的,只是缺少布兰科内瑟①的山丘。稍后,当你看到上海的房子蜿蜒到黄浦江时,你也会想到内阿尔斯特湖②。不过正如我所说,我们还没有到上海,也没那么容易就能进入——难道只是需要再进入另外一条河吗?当然,往上游航行是对的,但是如果河流的上游有障碍呢?

  黄浦江两岸是翠绿的田园风光,岸边的草地与田野交相辉映,黄色的秸秆挂满了金色的果实。这里的人民辛勤地劳作着,长了角的水牛在草地上吃草,清爽的北风拂过河流,吹起鲜草的气味。你再看陆地上,有小小的绿草土丘,这些都是中国式的坟墓,亡者往往来自城市,一运出来就埋葬于此。没有棺材会露在地上,中国人喜欢入土为安,把自己埋葬在农田中,似乎他们想要当农民犁田时,一同跟着种子再次从地上长出来。这难道就是来生吗?

  工厂的烟囱冒出的烟出现在了地平线上,这些都是城市的象征,跟法兰克福、慕尼黑、维也纳如出一辙。烟囱伫立在那里就显示着可爱的城市一定就在不远处!你在遥远的亚洲看到这些,让你有了一种家乡的感觉。如果所有的事物都与欧洲一样,那你在上海更会感觉像是在家。这里有从邮局发出来的信件,从出发以来你就期待已久的。所以,快快来到上海吧!只要天色允许。

  岸边有两个覆盖着的船只定锚在那里,上面有一面脏脏的旗帜,这些老旧的船只原来就是疾病检疫站。"鲤鱼门"号升起了黄旗,等待医生登船检查。

  由于中国南方的瘟疫,每艘由香港前往上海的船只,都必须要经过医生的检查。我们这趟船上没有人生病,因此,现在安静祥和。哪位医

---

① 布兰科内瑟(Blankenese)是一片富人住宅区,这里的砖木结构住宅和战前的别墅很有名,这些建筑许多都位于阶梯区两侧,拾级而上,可以到达苏尔伯格山山顶,山巅的餐厅可俯瞰易北河。

② 内阿尔斯特湖(Binnenalster)是德国汉堡市内的两个人工湖之一,注入易北河。面积$0.2km^2$,深约$2m$,"内"字是指位于汉堡旧城墙以内,阿尔斯特湖就是位于城墙以内的部分,旧城墙已不存在,改为伦巴第桥和肯尼迪桥,阿尔斯特娱乐节是一年一度,9月的第一个周末在湖边举行。

生会上船来呢？这里有英国医生,也有法国医生,法国医生值班的时间比较少。接着从上海来了一个汽艇,带着个医生过来了。船长把手放在眼睛上方看着汽艇:"他有个宽毡帽,是英国人!"

毫无疑问,法国医生要来的话,我们运气会更好一些!可惜,今天他没有时间。英国医生做每件事都十分仔细,他花了整整一个小时搜寻所有船中的房间,努力要寻找出瘟疫和细菌——只有烟囱他是不能进去的,为此,他表现得相当遗憾。所有中国人的行李都需要被带出房间,有个人带了好几筐马铃薯。"你从哪里来的?"医生问。"广东!"旅客答道。"嗯哼!"医生说着就把马铃薯丢到河里去了。

这位旅客以中国式的泰然处之忍受着。勤劳的中国人民永不休息,他看着他的马铃薯在下面游泳,他一声也不会吭!或者他说了句"maski!"这是个无法翻译的字。或许,是来自于葡萄牙文(有些人觉得来自印度)。中国人几乎在所有的事情上,面对每个命令及每个命运都没有杂音,世界上没有比中国更温顺的民族了。但是,现在他们慢慢地变强了,那就让他变强吧!他们经历过沉重的压迫与苦难,他们从不会与命运争执。为什么?好像每个人都能够承受,他们忍受要忍受的;当不再忍受时,他们会耸耸肩说"maski!"然后,继续忍受着。东亚的欧洲人现在也像中国人一样使用"maski!"可能他们一开始是从中国人那里学到的,但是,要确定这个词是什么意思相当困难。一般而言,它是一个舒缓用词,是用来帮助当生命遇到困难时,人们可以想到的补偿。当有些东西在你的心中滋生时,你就会说"maski!"把它丢掉罢了;当你对某件事情受够了的时候,你就会说"maski!"就好像可以把它给遮挡过去……"maski!"一个神奇的词!

另外一个中国人的香蕉也被医生拿走了。中国乘客几乎每个人都随身携带着口粮,像是生怕香港到上海之间的旅程会爆发饥荒一样。所有的蔬果都被丢掉或是被带到医生的汽艇上,等下就要带到岸上被烧毁。接下来就好似盛大游行一般,全部旅客下船,医生站在头等舱跟经济舱之间的空间,让中国旅客一个个站成一排,一个一个地经过他。

有些人有尊严地阔步向前,也有人以扭捏的姿态走过,更多的人却是速速地通过,以表达完全不想在医生前面多停留一秒的意愿。有位父亲牵着他孩子的手,许多人手提行李不能携带烟斗,就会把烟斗插在头顶。这金属的头部形成了一个复杂的装置,这会被认为是武器吗?那个韩国人是最后出列的,他冷静地戴着一顶黑帽子,上面还画着只鸟,挂着一副眼镜。

英国医生眼神锐利地看着每个人。大部分的人手臂都要抬起,因为,医生觉得腋下是滋生细菌的地方。他抓住三个人的手,翻过来翻过去地看。他把小玻璃温度计放在他们嘴里,这些人马上就开始含着,似乎把这当成是香烟一样。测量显示这三个人在发烧,在一百二十个中国人中间,有三个人发烧也是很正常的,但是,医生脸上露出了一个耐人寻味的表情,他吐了吐舌头,有两个人的舌头被定住了。很显然,我们船有两个中国人被确诊了,我们"鲤鱼门"号是被感染的船!

医生完成了这一切措施,在离开前往上海的航程中,他一句话也没有多说。第二天早上他一定会回来,而且,到那时疑似感染者就会被关在房间里,所有人都不得上岸。急救站也在他的船上,就靠在我们船的旁边,有十几个人荷枪实弹守卫着,有权对任何想要游上岸的人士开枪射击,不过我们也不想下水游泳。

这真是一团糟!船长看着英国医生的汽艇。现在,离上海还有一段距离,船有许多的蒸汽向上冒着,这小汽船像是要让大船"鲤鱼门"号服从它一样。船长默默看了医生一段时间,内心一定花了不少时间诅咒他,但是,谁也不敢违逆他,只好说"maski!"然后,开始准备船上的鸡尾酒。

如果医生检查进展顺利的话,我们或许在河上待三天后就可以进入上海了,但是,如果这三个中国人中有一个生病了,那我们在河上至少要十天起算。三个发烧的中国人被关入服务生的房间里,然后,为了保险起见又在门上加了门闩。幸运的是瘟疫无法靠肉眼发现,否则,这些医师的安排肯定不会有误。有个人坐在行李箱上,似乎是为自己把脉。我们在上层的甲板上来回走,这是一个忧郁的夜晚。现在,我们必须待在这里等候,这艘船是我们跟瘟疫都想逃出去的牢笼!不过我们也只能来到栏杆前往下看,看着远处上海工厂烟囱的方向。这真是难以忍受啊,血液在太阳穴中沸腾着。但愿明天不要让那个英国人再来检查我们,因为,谁知道明天我们谁还会发烧呢?

美国女郎发誓道,她要把那个医生关在玻璃柜子里!但是,一般而言把东西放在玻璃柜子里是要保护他的,所以,她的这个愿望在船上没有引起什么共鸣。整个船舱充满了难闻的气味,船上所有人已经变得太过紧张,躺在小床上人们甚至会窒息而死。睡觉已经不需要考虑了,绝望的眼睑因为疲累而下垂,内心深处有个恶魔在哭喊:十天!十天!然后,心脏扑通扑通地跳着。不,绝不可能忍受这种状态十天!嗨,到底这服务生船舱内的三个中国人,有没有真发烧啊?这个问题决定了明天我们是否可以上岸。其实,这也算是个相当独特的风险,当你一个人清醒地躺着,关心的是三个中国人的健康。

"鲤鱼门"号的船舱窗前经过了几艘戎客船,有着黑色的帆以及神出鬼没的船身,它们似乎是要在晚上捕鱼。还有一艘蒸汽船嘎嘎作响地驶过,青蛙在水中呱呱叫着,更确切地说它们不是呱呱地叫,而是吱吱嘎嘎地叫,好像是一个没有调整好的大时钟。最后,一道早晨的微光终于穿过窗口进来,天亮了!

早晨,英国医生姗姗来迟,当然,急的是我们而不是他。十一点钟他来到船上,我们把三个中国人交给他。现在,由于骚动及监禁,他们当然还是发烧的,这太可怕了!第三个人的舌头还是被拉着,英国医生深锁眉头说:我们必须要用硫黄熏他,然后,他才能回到上海去。我们只能继续等待着。

又是几个小时过去了,一个医务人员带着熏香锅和消毒的硫黄出现了。所有的中国人都必须从客舱内出来,要按照英国医生的指示,整天待在甲板上。接着锅子开始加热,硫黄虽然不会燃烧,但是,它会发出难闻的气味。硫黄燃烧散发的烟雾,瞬间充斥在整个船上,开始在中间甲板,然后移到饭厅,接着到上层甲板。你可以看着手表,对着整个消毒过程。隔离区的人们相互分散得越远越好,这一天似乎没有一个结局。如果时光可以飞逝那还会好一点儿,因为,真是再也无法忍受下去了。分分秒秒就这样悄悄地过着,人们沉重且犹豫不决,毫无欢欣之情,好像不知道该走动还是该待着。即使是习惯顺服的中国人,这时也开始显露出不耐烦的脸色。

下午,事情变得更加糟糕。船长坐在上层的甲板上,独自一人阅读着报纸。这船上只有几份报纸,其中一份是英国的《体育报》。在这三天的航行中,船长早就把讯息读完了。在检疫期间没有什么比阅读更好打发时间了,所以,他又把报纸拿出来读了一次。他是我们所有人中最沉着平静的。

突然,从船的后面传来了叫喊声,接着传来重击声。第二大副报告说:"船长船长,中国人打破门了!""鲤鱼门"号的老大把雪茄放好,把帽子对准前额,对他的大丹犬"酒神"吹着口哨,然后,他下到了下层甲板。有宁波人在船上,他们有些人是水手,也曾经是海盗,非常勇猛。他们穿着黑色的衣服,加上黝黑的面孔,真像是小说里的海盗。那三个被医生隔离的中国人,其中之一就是他们的成员。他们之前头都是好好的,现在都已经打破了。船长站在后面,隔着愤怒的群众双手交叉,大丹犬"酒神"坐在他旁边,露出龇牙咧嘴的凶相。

"我们要进入客舱!"宁波人喊叫着。中国的买办翻译及时传达着讯息。买办翻译穿着绵帛服装,在人们平时的印象中,他是可以轻易化解这种冲突的,但是在这一刻,他看起来似乎有点垂头丧气。他的嘴唇已经发白了。

"我们要吃饭!"闹事者喊叫着。

"给他们饭吧!"买办翻译着船长的命令。

"我们不要饭,我们要吃鸡鸭!"许多人这样回答。

"这段时间只能吃饭。"船长极力安抚着,"鸡鸭一小时后就到了。"

这群人终于满意了,在翻译的带领下解散。

"我很快就给你们鸡鸭。"船长说道,然后对两名中国水手眨眨眼,并且对他们轻声说了些话。水手们马上跑到上层甲板,开始在缆绳前挥舞信号旗。他们露出了精明的脸孔,似乎对他们做的事情乐在其中。船长接着过来,再次点燃刚刚出去时收好的雪茄,然后开始盘算着时间。

"我还可以挡住这些流氓一小时,最多也就这样了!接着我必须要发出信号。"我问:"什么信号?"船长指向两名拿着信号旗的水手:

"舰上叛变!"

这一个小时过得很快,没有人想多说话。船长又一次拿起他的报纸,船上变得异乎寻常的安静,这是风雨到来前的宁静。海关官员有个古老的望远镜,可以把东西放大好几倍,他用望远镜望向上海,两名水手准备完毕,利落地完成了信号。

"现在时间要到了。"船长说。

海关官员放下了他的望远镜,用手帕慢慢清洁着镜片,接着又放回到眼前,向上海方向望去,并且坚定地宣布:"医生的船来了!"

医生爬上了舷梯。"医生,"船长说,"现在宁波人在船上造反了,如果今天晚上不能上岸的话,我不能保证接下来会发生什么事情。""嗯……"医生进入船的房间嗅了嗅,确定船舱是否已经熏完。他让自己的鼻子充满了硫黄,眼睛也被熏得直流眼泪,他看起来相当满意。接着中国人还是被要求列队,有些人再一次得到可以含着的玻璃温度计。接着他让那三个关起来的中国人到自己的船上,以便到检疫站做进一步的观察。他坐在那儿用半小时写检疫报告,然后,我们的船可以走了……

"启动蒸汽机!"第一机师欢欣地对整个船舰宣告。他的妻子正在上海苦苦地等着他。中国人全部都挤到栏杆前面,挥舞着双手及手帕对三名中国人告别。他们被医生带到汽艇上。一个中国女人点燃了两支香,放在船的边缘,然后插到水里。船长到了舰桥上,他的机轮开始工作了,但是,船还是没有动。船长对一个人大发雷霆。你不知道他究竟咒骂了几次,才让这艘"叛逆的船"开始转弯。

接着我们开始慢慢地接近河流,天色已经渐渐地黑暗下来,岸边工厂的窗户透露出一点光线。在许多船之间有条狭窄的水道,必须是有经验的水手才能看出间隙,才能保证船可以毫无闪失地穿过。现在,许多建筑矗立在水域旁,许多房子以半圆围着面向河流——上海真是一座大城市啊!灯塔上打出了两声时钟,树木之间有弧光灯闪亮着。经过一个长长的转弯,一个艰辛的转弯后,我们的船终于到了上海的港口。

"再见,船长!"

"别那么快,我先开我的香槟,我们终于可以用上了!"

玻璃杯碰在一起:"船长万岁!"

然后,我们迅速地上岸了。这里看起来真的很漂亮,凉爽的空气,宽阔的马路以及真马拉的马车。我再一次听到了欧洲文化的噪音:马蹄声以及轮子声是多么地美妙!

浦江饭店这时刚好是晚餐时间。在灯火通明的饭厅内,坐着身穿低胸礼服,金发碧眼的英国女人,白色的肩膀上闪耀着钻石,淡淡的香粉味在房间中飘着。人们进行着热烈的对话,没有哪个位子是空的。在桌子后面还有一个魔术师,他今天晚上要在剧院中表演让一个女人消失,以你从没见过的方式见证世界的奇迹!魔术师的上衣雪白发亮,桌子旁则是男士的大礼服……

不!这不是幻觉,看这五颜六色的纽扣。毫无怀疑地,我们又"回到"了欧洲!

第十一章　上　海

一八九八年六月四日

上海

罗伯特·舒曼①在中国—年轻的英格兰—订婚树—年轻的德国—外滩—气候和建筑—亚洲的巨额资金—海关局的骑士城堡—海因里希·帕克斯爵士—独轮车的驾驶室—中国自行车手—报纸—在南京路—如何在中国理发—上海糕点店—货币比率—英租界—警察—一个不会有人被关起来的城市—租界—造访活动—英国殖民者—法租界—领事馆正等待城市—沙龙—德国驻上海总领事—美国—虹口—中国木雕—体育和思乡之情—持家之法—芝加哥亚洲

　　午后,位于上海公共花园的城市乐团正在演奏着。这些乐师来自菲律宾,那里的人们具备相当好的音乐天赋,可以说是独步亚洲,但是,他们却没有什么自己的乐器。这些在上海城市里的音乐家,也有许多来自马来西亚,或者是他们的混血后代。他们有着各种有趣的面孔。一个吹着低音号的乐手戴着眼镜,这样的小家伙可以吹那么大的乐器,还是挺让人吃惊的。他的西班牙白帽子有点儿脏,蓝色的制服袍绣着黑色的阿拉伯花纹,制服袍和阿拉伯花纹随着他的四肢不停地摆动着。

---

① 罗伯特·亚历山大·舒曼,德国作曲家,浪漫主义音乐成熟时期代表人物之一。舒曼生性热情、感情丰沛,富有民主主义思想。夫人克拉拉是著名钢琴家。作曲家勃拉姆斯曾受其提携。

这些人演奏得都不差,每天刊载在《北华捷报》(North-China Herald)①上的节目单,都会有法国和意大利的曲子。不过他们没有演奏瓦格纳②的,最多演奏到德国的舒曼。在《童年即景》③的声响中漫步在黄浦江岸边并不是件坏事。中国的发展难以停止,这里已经有了《童年即景》,很快你也会在这里听到《纽伦堡歌手序曲》。城市乐团落座在公共花园的草地上,那里有一个崭新漂亮的音乐演奏台,一个德国人指导他们。现在德国人不在现场,另外一个人拿着指挥棒指挥着,当演奏到真正困难的段落时,指挥就不再只是指挥了,而是拿起长笛带领大家一起演奏。

　　在接近乐队的河边,坐着许多中国保姆。她们穿着蓝白色的衣服,彼此愉快地交谈着。对于托付给她们的小朋友,她们是如此漫不经心——看来东西方的保姆都是一样的。小男孩儿们在四周玩耍,在草坪上不停地跑来跑去,小女孩们则带着娃娃漫步在草地上。中国的"阿嬷"④只会说些洋泾浜英语,而这也是小孩第一个学到的语言。在一栋德国人的房子中,有一个小女孩坐在桌前,跟我说天花板垂下来的风扇。"这是风扇,船长!"一个船东的女儿称一个陌生男子为船长,这是很自然的事情,因为,如果他们不是跟着爸爸的船一起航行过,那这些陌生男子还会干什么呢?

---

① 又名《华北先驱周报》或《先锋报》。上海第一家英文报纸,1850 年由英国拍卖行商人在上海租界创办。
② 瓦格纳(德语:Wilhelm Richard Wagner,1813—1883),德国作曲家、剧作家,以其歌剧闻名。理查德·瓦格纳不同于其他的歌剧作者,他不但作曲,还自己编写歌剧剧本。他是德国歌剧史上一位举足轻重的人物。前面承接莫扎特的歌剧传统,后面开启了后浪漫主义歌剧作曲潮流,理查德·施特劳斯紧随其后。同时,因为他在政治、宗教方面思想的复杂性,成为欧洲音乐史上最具争议的人物。
③ 童年即景(德语:Kinderszenen),Opus15,是德国作曲家罗伯特·舒曼创作的一部钢琴套曲,由十三首曲目组成,写于 1838 年,在这项工作中舒曼提供了他成年后的童年回忆,舒曼原本写了 30 首曲目,最后选择了 13 首作为套曲最终版本。
④ 阿嬷,闽南语、客家话、潮州话、粤语等方言中表示祖母或者外祖母的意思,闽北语、福州话、闽东话等仅表示祖母,在浙江台州方言中称呼伯伯的老婆阿嬷,属于拟亲属的称呼之一,用来称呼没有血缘关系的年长妇女,表示尊敬。

儿童们穿着讲究的白衣服,可恶的蚊子却在孩子们露出来的小手臂与大腿上,贪婪地寻找着年轻的新鲜血液。这些半黄半白的混血儿,都是欧洲与中国的混血(这里欧洲人与中国人通婚相当普遍),他们现在丰衣足食、相当满足。女孩儿就像小淑女,戴着白色鸵鸟毛的草帽,帽子几乎跟她本人一样大。这些英国、德国及法国之间的混血儿,一半像欧洲人一半又不像。在中国,你要想找到可以与之结婚的欧洲人,只有葡萄牙人的数量是最多的。现在,他们已经完全与本地人打成一片,他们的中文口语时常混杂着葡萄牙语而不是相反。你必须要待得够久才会有机会看到白一点儿的葡萄牙人,在这里,白皮肤的葡萄牙人实在是不多呀。

这些小淑女也是在音乐会开始时就到场了,比较大一点儿的女孩需要接受辅导,在第一场音乐会结束后她们才会进来。这些十三到十七岁之间的女孩儿大都是英国人。英国年轻的女孩子像往常一样地可爱。她们有精致的短裙,黑色的袜子,修长的身材,青春焕发的脸庞。这些英国少女在上海的气候中生长很快,她们的美貌光芒四射,但是,这不会持续得太久,因为,她们成熟得也是很快。她们三三两两地走在碎石路上,手挽着手肩并着肩,热切地讨论着无疑是相当重要的事情。她们的眼睛绽放出漂亮的光彩,传达到每一个仰慕者那里,他们可能在远处,或者是在附近,或是在左,或是在右。我们欧洲春天的花朵,就这样绽放在这片黄色的土地上。当然,只能是远观!而聪明的人应当会避免对这些在上海的英国少女冒出愚蠢的想法来。聪明的人仅限于倾听内心的声音,而不会放任自己做出愚蠢的事情来。

这些少女在玩乐中长大,已经习惯于生活在这里(东亚的巴黎——上海),她们每个人的家庭条件都是很好的,她们都有自己的中国仆人,不会为了生活而苦恼,所以,这些女孩子不觉得有必要学习。如果谁想要找个会操持家务的女人,他可不能与这类在上海的女孩子结婚。同样,那些把女性美德当成首要之事的人,在东亚的巴黎——上海,他也会把欧洲的传统理念坚持得很好。上海有钱的欧洲人并不多,他们一旦把钱赚够了,就回到欧洲的家乡去了,那些想要在上海女孩中寻找伴侣的人,最后,只会想要有一个好女人就好了。不过这里的结婚潮总是一阵一阵的,现在的上海则让人只顾着咳嗽流鼻涕。大概在五年前,有棵树开花了,树的花粉弥漫在空气当中,跑进肺里造成人们呼吸道不顺。五年前,你不会找到一个想要结婚的人,这可能也得怪这树还在开花。不过,最好人们还是不要解开这个植物学之谜,如果真有这种树的话,想必欧洲那些不得不嫁出女儿的妈妈们,一定会快快地把它引进到欧洲去。

就如他们所说,在上海的德国少女与英国女孩子相比,会更懂得持家过日子。她们在魅力、学识以及年龄上都会胜过英国女孩子。不过,在公共花园里,你通常只看到英国人,只有到了每个周五的下午,有个德国家庭的六个女儿才会经过,去牧师那儿上历史课。如果你想要看到她们回来,你必须要在五点时找到一个观察点,然后,坐在浦江饭店前面等待,这是有一点点麻烦的。这时,我就坐在公共花园的草地上,当城市乐队进行演奏时,可以观察到美丽的少女们走过。

美丽的姑娘们坐在铁制的花园椅上,眼睛一眨一眨地灵动着。一位美国军舰上的军官因他的猎装让人印象深刻,虽然他的制服并不怎么吸引人,但是,他的出现显示了上海是一个包容的城市。这里的市民像儿女一样生活在自己家中,花园的喷泉在阳光的照射下泛着银光,空中的乌鸦飞来飞去地叫着,像是对上海的生活表达不满,不过这里实在是没有什么好不满的。

城市小花园被安置在黄浦江中,每一寸土地都位于河水之上,河流环绕并灌溉着这片土地,其实,它曾经也是河流的一部分,千百年来上游泥沙的冲积汇聚成陆地,现在,它将其据为己有,并置身在宽广巨大的湖泊——这可能是世界上最美丽的城市,或者说这里是上海最美丽的水上风光。整座城市围绕在河水的岸边,形成半个圆或者是四分之一圆的形状。河岸左边是气势宏伟的德国驻上海总领事馆,这是上海最美丽的建筑之一,位于宽阔导入水道的分流旁,也是大型船只出入港口的地方。这些大船快速地驶过花园,当你看到这些蒸汽船时,会以为它就要碰到树梢了。其他城市的天鹅都会养在池塘里,上海的池塘里则养着无数的大型蒸汽船。

公共花园后开始的上海外滩,名称来自英文的"Bund",是上海最宽的大道,甚至比巴黎的道路还要宽,只有一侧并排站立着各式房屋,另外一侧则是流淌着的江水(黄浦江)。穿过绿地,这座城市的风景就展现在眼前。沿着外滩的河流停泊着许多蒸汽船,密密麻麻的塔桅伸展到半空中,江岸就这样在船舰和房屋中延伸着。这里的街道有着独特的魅力,一侧是在不断地运动与变化,像是一座会游泳的房屋,加热它的锅炉然后航向大海,然后,马上就有一个新的接替它的位子。江边是种有绿色草皮的道路,接着有树木掩映的人行步道,树木生长得很快,甚至就要遮天,然后,就是专有的自行车道,跟人行的道路一样宽,房屋旁又是人行道和一行树,这就是宽阔的一条四线道路。

在欧洲城市有这样的大道时,肯定是通往宫殿或是某位元帅的办公大楼。骄傲的东方商业城市上海,建造了这条富丽堂皇的大道,通往自己的商行。这些商行看起来就像是一个个漂亮的宫殿,上海的建筑师们相当熟悉意大利文艺复兴时期的作品。当你要在上海盖些不同凡响的建筑时,这里会有来自全世界建筑师的模板,但是,由于气候的缘故,建筑师不会盲目地去复制建筑摹本。气候是建筑师最好的朋友,当建筑师向气候寻求建议时,它永远不会缺少新的主意。

在上海盖建筑物时你不能忘记,这里夏天相当炎热!混搭着意大利文艺复兴时期的风格,结合中国炎热的气候,这样就产生了上海风格。这里的热气使得房屋的通风设计变得必不可少,房间与房间之间要能排出热风,因此,门廊就要在开放的大厅或在窗户前面扩展。前房是让太阳照射进来的地方,同时,要排除由街道产生的热气。外部大厅采用的是文艺复兴式的柱子,这些柱子可不是随便使用的,尽管没有什么东西比这柱子更没用了;然而随着时代的变化,柱子不再跟结构协调,往往只能作为门面起装饰作用,但是,这里的柱子却是有用的,其作用专属于整栋房子。中国特色的灰砖以单调沉闷的方式组装房屋和墙壁，为了让灰色活灵活现，建筑师又混入了红砖和红砂，屋顶原则上也是红色的。灰色有种温暖的南方色调，红色在太阳下显得明亮，通过红色及灰色这些上海建筑的特色，让你有种半熟悉的异国风格的印象——一个在亚洲土地上建造起来的欧洲城市。

外滩上的大部分机构都是银行，你无法相信，这些欧洲银行在东方上海变得多么巨大。亚洲的金融资本已经如此庞大，外滩有着下列世界著名的银行：德华银行（Deutsch-Asiatisch），华俄道胜银行（Russisch-chinesische），大清银行（Kaiserlich-chinesische），印度澳洲中国银行（Indisch-australisch-chinesische），香港上海汇丰银行（Hongkong-Shanghai）以及横滨银行（Yokohama）……这个清单远远没有列完。上海还没有证券交易所，不过商人们每天中午十二点会在位于外滩的上海英国俱乐部里会面。不知不觉地，上海外滩十二点的鸡尾酒俱乐部已经成了上海的证券交易所。

这里最雄伟的建筑就是中国海关大楼，与其他商号建筑比起来，海关大楼在外滩显得异常突出。海关是所有商号的主宰者，坐落在红色的中世纪城堡之中。海关把自己当作上海的主人。这里有个巨大的时钟，有人说这是一间大教堂，它指导着城市居民的起居时间。海关大楼高塔上的海关大钟，声调像是英国圣乔治大教堂①的时钟，大钟随着时间永不停歇地走着。

有一个白色的、拥有许多柱子、带有阳台的建筑物脱颖而出，这里就是共济会（Freimaurerloge）②之家。在外滩的入口处，公共花园的对

---

① 圣乔治礼拜堂是英国温莎城堡的皇家礼拜堂，亦是颁发嘉德勋章的教堂。虽然圣乔治堂是皇家教堂，但圣乔治礼拜堂每天都会向公众开放，可容纳约800人。圣乔治堂仍然是一个活跃的礼拜堂。每天至少有三堂崇拜，而牧师在每堂崇拜都会为英女王和嘉德勋章骑士团队祈祷。

② 共济会，亦称美生会、规矩会、福利美森会，是源于英国的一类兄弟会组织，其最早可以追溯到十四世纪末的石匠行业协会，石匠工会为争取石匠的权益付出了努力，并逐步规范了石匠行业与政府和客户的关系。现存仍公开活动的共济会里面最早的是1717年成立的英格兰总会所，旗下还分英格兰、爱尔兰及苏格兰三大分会。

面,绿色草坪的一边,隐匿于街道之中,是占地广阔的英国领事馆。"这里我当家!"英国人如此说着。"我看到了!"俄国人如此回答。在外滩中央,矗立着一个巨大的旗杆,上面有红白蓝三色旗帜在空中飘扬,那是宽大低矮的俄国领事馆。你在上海仔细观察会注意到,第一个把手伸向中国的是俄国,俄国的影响力在中国随处可见。上海有俄国领事馆,俄国邮局,俄国银行,有写着俄国文字的商店,还有戴着俄式白帽的俄国人。他们彼此交谈时常常说:"尼奇瓦!"("不客气""没关系"的意思。)

在外滩中间靠近岸边一处,有一个巨大的海因里希·斯密·巴夏礼爵士(Sir Harry Smith Parkes)①的雕像。如同碑文中所记载,他是在中国的外国居民,创建了今天的上海租界,雕像是为了纪念他。底座上还有中国字的碑文。海因里希爵士在中国十三年,开始只是一个口译,后来,成为英国的驻中国大使。作为后世外交官的榜样,他的外交成就被铭刻在青铜上。外交事务有世俗的限制,这些限制往往出现在政治上,因此,在上海曾有一个不朽的外交大使,这是一个相当重要的提醒。

上海外滩的周边充满了生机,碎石铺就的人行步道让上海的居民过得相当好!欧洲人在上海是很少走路的,他们都是坐人力车。这是一种用人脚驱动的车子,你一坐进去人力车工人就会代替你走路。人力车在外滩的所有道路上奔驰,一趟旅程只花五分钱,如果你想要慷慨点儿的话,就给十分钱。这是一种很便利的交通方式,但它还不是最便宜的。这些以出卖自己的苦力蹬出租车的人,觉得自己是第一流等级,还有第二流的。节俭的中国人觉得五分钱太贵,人力车在他们眼中太过豪华,他们在想:"还有什么东西可以开发?"……除了人力车之外就是手推车了。"手推车?""对,好主意!"于是中国人坐在手推车上,一

---

① 海因里希·斯密·巴夏礼爵士(1828—1885),19世纪英国外交家,主要在中国与日本工作,巴夏礼为上海最初的英国领事,上海租界创立者。巴夏礼雕像1890年8月建成,原坐落于今南京东路外滩,抗日战争上海沦陷后,铜像被日军撤除,1984年在河滨公园发现铜像底座,现藏于上海历史文物陈列馆。

种很普通的独轮车,像是运送砖块的那种,车轮左边坐着一个中国人,车轮右边也坐着一个中国人,后面的苦力推着这活生生的"货物",嘎吱作响地穿越城市。由于车轮没有上油,嘎嘎作响的声音相当可怕。一次手推车之旅只要花上三文中国钱,每十文钱等于一分钱。

在人力车与手推车之间,上海还有城市马车,一匹马或是两匹马拉的车。车头前面坐了一个姿态端端正正,无可挑剔的中国驾驶员——马夫!他戴着小小的马毛热带帽,形状跟漏斗有点相似,穿着长及膝盖的工作服,颜色用来表明他是属于哪一家公司的。在他的旁边还有个衣着类似,没那么无可挑剔也没那么端正的中国服务员。尊严的标志在手臂上,靠近一根绑住马尾鬃的杆子,借此防止马鬃飞扬。他的辫子长长地垂下来,马车行驶快速,坐在里面的小姐们撑开自己的阳伞,摇摇晃晃地移动着。其中,不乏欧洲职业妇女,她们会自己在黄色的马车中拉起缰绳,中国的仆人就在女主人旁边。他们似乎相当满意这样的"世界秩序",让欧洲小姐们来为中国人驾车。

有钱的中国人也会有自己的车,大部分都是老旧的四轮马车,就像是二手的婚礼马车一样。这里有个车夫叫"约翰中国仔"(John Chinamann),他蹲在地上,眼镜架在鼻子上,通过镜片的折射看着外面的世界。以中国人的观点来说,这是个有教养的人,不应出现如此行为。他的后面是一个小巧的马鞭,旁边有两个支架固定着。车子在狭窄的街道上嘈杂地奔驰着,中国夫妻就这样晚上坐着马车去戏院看戏。马夫几乎要让行进的马匹站起来,马鞭跳跃着鞭打着马匹,车上的男主人穿着宽大的丝质长袍,也随着跳动着并发出很大的噪音。女主人或者说只是今晚的女主人,紧跟在后面,她穿着名贵的丝绸,领子直到耳后,装扮美艳,费力地以小脚平衡着车上的踏板。同样在周日的午后,上海优雅的静安寺路上,中国的马车几乎跟欧洲人一样的多。你在上海外滩看到的中国脚踏车骑士,穿着优雅的丝服稳妥地坐在自行车上。他时而转动龙头以便让颈背的扇子露出来。当你看到自行车上的中国人,你会开始想象中国一定会是一个在世界文明史上有着一席之地的国家。

外滩的大部分属于英国租界,其范围在外滩的后面继续延伸着。英国租界的左边是美租界(如果你面对河流的方向),右边则是法国的租界。法租界再往右则是中国人居住的城市,不过,中国城也从城墙中交叉着渗透到欧洲城市。所有从外滩放射出去的道路,一开始都是欧洲式的漂亮,最后则变成了中国式的混乱。这些道路都是根据中国大城市来命名的:北京路和福州路这里是中京剧院以及娱乐场所的所在;广东路这里是德国俱乐部,有一个巨大而又实用的建筑;九江路是中国的北方日报社(North-China Daily News)①和上海其他报社所在地,故称报纸街;此外还有河南路等等。南京路是上海的主要干道,中国珠宝商店与欧洲商店彼此相邻,这里还有一个很大的批发市场叫卢浮宫(Lourre)②!在这儿你可以找到各种女装箱包鞋子,还有网球装以及悬挂在橱窗中的球拍,此外,这里还有雕刻装饰,表现的是英国军队的英勇行为。如果你想要理发的话,这里有英国的"上海修饰俱乐部"(Toilet-Club)和法国的"巴黎沙龙"(Parisian Saloon)。后者是一位马赛人开的。这位优秀的法国年轻人在上海整整待了二十年,但是这不足以改变他典型的地中海口音。他平日里个性非常温和,只有在讲到政治的时候,才会偶尔变得很疯狂,所以,不建议你在他用肥皂的时候开始讲有关政治的话题。他服务的客人有意大利人和日本人。所有欧洲人在中国开的理发店,一般都会有日本店员。日本人的手法非常轻盈,他手下的剃刀触感像是用手触摸一样。在中国不是坐着理发,人们习惯于躺着!你坐在理发椅子上,双脚跨在凳子之上,接着理发师会转动轮轴让你往后倒,开始你会有点儿惊心动魄,不过这个运动很健康,可以增强你的勇气!

---

① 晚清似无此报社。
② 卢浮宫,正式名称为卢浮博物馆,位于法国巴黎市中心的塞纳河边,原是法国的王宫,现在是一所博物馆,常年展出的展品数量达3.5万件,包括雕塑、绘画、美术工艺及古代东方、古代埃及和古希腊罗马等7个门类,主要收藏1860年以前的艺术作品与考古文物。

"巴黎沙龙"中有法国报纸,名字叫作《中国之声》(L'Echo de Chi-na)。上面没有从法国巴黎传来的新闻,除了上海报纸的英文版内容外,其实它什么都没有!不过它的编辑风格相当强烈,它要求的是一种美学,所以《中国之声》不是徒有其名的。日本的文化部部长禁止在橱窗内展示裸露画面,《中国之声》当然不会轻易放过他们,他们这样写道:

"Le nu estl'essencemême de l"art. Autant le public estvitedégoüté desoevresd'artistes, qui cherchentrenommée et profit dans d'indécentes productions, autantl'âme se sent transportée a la vue de cessuperbes manifestationsdu géniehumaincherchant dans le nu chaste et absolu l'expressionde sessentiments."

大意是:"裸体是艺术的本质!当公众很快厌恶那些在不雅的作品中寻求成名和获利的艺术家的作品时,看到这些精湛的表现形式,人们的灵魂就会被转移。天才的人在贞洁和绝对的裸体中,寻求着他对情感的表达。"这个宣言构句优美,强而有力。

当然,南京路上也有钢琴店,在一个橱窗中还展示有法国的玩具。在菲律宾香烟店里,你可以买到便宜得离谱的菲律宾雪茄。这里的商品琳琅满目、应有尽有。接着巨大的石造建筑没有了,木制的低矮房子开始出现,店铺悬挂着长长的布条。欧洲人的南京路穿过来,就到了中国人的南京路,宽度没有像其他中国城那样狭窄,而是保持着欧洲人南京路的宽敞。

千万不要忘记,南京路上有一家糕点店,这可是上海唯一的糕点店。他的蛋糕必须被绿色的罩子盖着,以确保远离贪婪的苍蝇。因此,会有个意想不到的灯光效果,没有什么把蛋糕围绕在神秘的绿色光芒下来得更加崇高的事情了!你坐在安静的、诗情画意的角落,心脏扑通扑通地跳着,庆祝自己第一次远离欧洲后,看到第一块巧克力蛋糕。然后,中国的服务员出现了。她会给你冰激凌菜单,提示你:无论如何都不赊账!当然不!难道这里还会有人为了吃冰激凌而借贷吗?

中国是很少使用现金付钱的(少数的例外是冰激凌)。在旅馆、俱乐部、会所、理发店,以及一些"女士服务"场所,欧洲人付现金都是第一要务。但在这里使用的都是"代币"①。这些"代币"写着使用目的,还有名字与住址的卡片,大部分人都没有把钱带在身上的习惯,口袋中没有沉甸甸的银子或铜钱。"代币"就不一样了,跟纸币一样没有重量,带了像没带一样。中国的货币状况我前所未闻,在香港,人们拿的是香港上海银行的百元钞票。你在香港的上海银行把一百元纸币存进去,到了上海,只会兑现给你九十五元——银行连自己发行的钞票都不信任。不过,真正的理由在其他方面。在英国殖民地香港,银圆是官方通行货币,在上海虽然银圆也流通,却是中国的货币,中国的货币是以银两为单位。为什么银圆不能流通呢?理由很简单,银两是"不存在"的货币,几乎没有人看到过谁身上有重重的银子带在身上。一两银子原则上只代表二点八马克,银行以银两换算银圆(以一种只有他们知道的秘密方式),将香港的100元换算成上海的95元,这样的货币换算情形在上海到天津,天津到北京等地通行,以至于如果你要到中国各地去旅行,你需要在行李箱里塞满银圆。到了各地,你还要先换好银圆、银两。中国人与欧洲人之间的交易当然是用银两的,五十两银子是一颗长得像鞋子一样的金属块,中国人称之为"元宝"。

似乎没有什么办法可以建立起一个共同的货币系统。然而,我必须要指出的是,上海是一个安全与秩序堪称模范的城市,在这里生活的人连门窗都不关,橱柜和抽屉也不上锁,因为没有什么贵重的东西需要关闭你的橱柜门。警察由欧洲人和中国人共同组成,当然要有黄色的斗笠帽和一件深蓝色的制服。此外,还有高大的印度警察,他们是印度的锡克教徒,你可以在街角看到他们的身影:穿着黄色卡其布制服,头顶红头巾,黑色的胡子,坚定不移、严肃沉默。有时候,锡克教徒坐在马

---

① 应是指规元,只作记账之用,并无实银。

背上,作为骑警挂着大刀巡逻。警察们也配备有短棍,棍子所触之处恶念寸草不留。中国人对他们相当敬重,如果他们做了亏心事,会希望警察不在附近。

不过,整个警方是要保护欧洲人的,欧洲人是警察在上海的主人,他们当然不会对自己主人说什么。在俱乐部度过快乐而漫长的夜晚后,人们常会在街上制造许多丑闻,这比你自己能在上海所忍受的还多。不过,如果只是欧洲人的丑闻的话,锡克人就会安静且严肃地待在街角。如果他发现夜间的流荡者要努力抱他大腿的话,他会把他抓在自己的手臂下,询问他父亲叫什么以及门牌号码,然后叫来一辆人力车,把他丢进车里送走。他会写下人力车的号码,如果路上出事的话,他也好分清责任。

所以,欧洲人似乎是活在没有警察的地方,更糟糕的是,他们住在一个公开的、毫无掩饰的国度。欧洲人在这座城市里生活得很好,他们的秘密就在于各国都不把陆海将军任命为总督,甚至,没有一个轻骑兵上校进行邮政服务。欧洲市民们自我组织、自治运作之好,让上海成为东方的租界典范和殖民地模范。

商人们把城市组织得像是一间大型银行,股东就是纳税的市民,这里每一年选举一次任期的董事,被称为城市议会。董事会任命自己的成员为银行经理人,也就是主席,作为小区总长或是市长,市议会必须每年对纳税情况作公民报告,就像是董事会需要提交年度计划给股东大会一样。在中国别的城市,如果市民对政府有所不满,原则上政府会把市民丢到监狱里面去,但如果这件事发生在上海,市民们就会把政府推翻,然后重新选举、另立一个政府。就在几年前,上海负责交通的苦力们发起了起义,原因是市议会(Municipal Council)要增加对他们的税收,政府就要向他们征收更多税金。中国的苦力开始在城市郊区暴动,后来逐步威胁到了欧洲小区,这时城市的议会害怕了,他们被迫取消了计划好的增税。市民们对此结果还是相当不满,最后就把市议会给解散了,然后,又选出了一个新的议会。不过,为了要镇压这些市民起义,政府就得想办法武装组织起军队。

上海的商人们不打算使用军事手段解决问题,他们觉得如果有必要,他们会拿起枪支捍卫自己,这样欧洲商人们就组成了一个志愿军。五家公司组成了一个英国步枪旅,还有一个轻骑兵连和一队炮兵以及一个分队的工兵,由上海德国公司的老板来指挥。第一分队是在德国服过兵役的人,第二分队则是没有服役经验的年轻人。德国军队是上海小小军队的核心,所有军事上的权威都优先给他们,而不是那些英国的志愿者。因为这些人对制服与纪律还没有那么快的适应,海因里希亲王注意到了这支军队,对他们在操场上的表现感到相当惊讶,他把写有自己名字的肩章借出去,把这个军团命名为"海因里希亲王军团"。这些德国志愿军冬天穿着深色的布料制服,几乎和在德国的步兵一样;夏天他们穿着卡其布制服,这是热带军队的标志(一九〇〇年夏天,德国往中国派出远征军,也是发给每个人卡其布制服)。

整个上海欧洲志愿军的指挥权,无论是英国人的还是德国人的,都归在一位英国现役军官麾下。如果欧洲志愿军在前线出现时,这个英国军官会用德语给这些德国部队下达特别命令。同样,法国人也在上海组成了自己的志愿军,不过他们不与英德志愿军一起行动。

上海城市的租界包括英租界以及美租界,因此,英语在整个城市的管理中通用(议会中有几个德国代表)。上海在今日所代表的是一座美丽的城市,拥有杰出的公共机构,这实际是英国人的杰作。我们在国内的行为举止像个英国人,这已经成为一种流行风尚——你不能否认英国人有某种殖民的天分。不过,还要再仔细看看这个殖民天分是什么?每当英国人离开欧洲时,他们总是想要尝试创造出一个新的、远距离的欧洲——这个殖民地的天分通常都是成功的。

如果你想要了解英国人在上海到底做出了什么样的成绩,你只需要向法租界那边望一眼,看看法国人都做了什么就知道了!法租界虽然与英租界紧紧相连,但是,政治上却是一个独立的区域,以一个小运河作为边界,就出现了一座完全不同凡响的新城市。这里有城市议会和自己的局处、自己的领事馆。当你坐着人力车沿着外滩走,苦力会停在通往法国城的桥梁前面,因为,在没有得到法国当局允许的情况下,即便有入口也不准通行入内,这在行政管理上是被禁止的。在这种情况下,你要了解一件非常可笑的事情,那就是你不能进入到刻着"自由、平等、博爱"的桥梁上去,这完全是一种讽刺的笑话!

桥梁的彼岸继续延伸到外滩,不过,现在这里被称作是法国区,这里种的都是来自法国的梧桐树,电气弧光灯排列在碎石路中间的交通岛上,就像是巴黎大道一样。法国区警察穿的衣服,就像是法国的消防队员一样,戴着白色的热带帽,上面围绕着三色装饰。房子旁有白色的柱状物,上面用红字写着"消防栓",与巴黎的一个样。这些消防栓是否能在火灾发生时有用,还是一个难以回答的问题(跟在巴黎一样)。在七月十四日的夜晚——我们知道这一天是法兰西共和国的国庆节,法国区被照得灯火通明。街上挂着灯笼花环,与沙皇访问巴黎期间挂的一样。

在黄浦江旁创立一个小巴黎,这个任务相当诱人但难以实现。在美丽的英国城市旁边,应当也有个美丽的法国城市,法国人这么想,也试图这么做,不过,这里其实只有几座漂亮的大房子而已,当中最富丽堂皇的还是德国总领事馆。因为殖民地兴盛的首要条件是,要把上级政府机关照顾得好好的,只要领事馆先有个跟自己层级相称的房子,那么整座城市只要围绕着它的标准开始组织,你就可以知道这座城市大概是属于何种等级的了。

一个优雅灰白的建筑及凉廊,热天时可以阻绝阳光,一个巨大的黄金的 R.F[①] 字母雕刻在山墙上闪耀着,另一个黄金 R.F 则在侧墙闪耀着。领事馆的房子必须要与其层级相称,法国领事馆也这样矗立于城市之中。但在城市的不远处,还有中国人的一席之地,在这些有着法国地名的街道上,有中国人建造的简陋低矮的木屋。他们在里面做着生

---

① 法语法兰西共和国的缩写。

意,受第三共和国法兰西的保护。

在领事馆的街上继续行走,你可以找到漂亮的白色市政厅,这是市议会所在地。前院有普罗德①的铜像。这大概是法国人定居的全部迹象,除此之外,法租界只是中国城市与市政厅接壤的一部分而已,不过这里每件东西都被赋予了漂亮的名字。鹅卵石铺成的中国街道,叫蒙托邦②大街或是派利考大街;这里有许多咖啡馆,就像是在法国巴黎一样,还有一条理查德③大道。这里连街道死角都跟巴黎一样,但那些受到过塞纳—马恩省河④畔的风光影响,或是能对其施加影响的法国人,在经过兔子胡同的桥时,也很难忽略桥上面的中国式大门。

法国的移民并不多,他们大部分都住在英国租界。那些想要拜访法国家庭的人,可以去找中俄道胜银行的董事威尔荣先生(Herr Wehrung),或是丝绸大盘商布荣纳特先生。你会发现,法国人的热情好客在这里依然保持良好。有一个纯正的巴黎人住在上海,她是出版商奥伦多夫的侄女,嫁给了一个法兰克福人阿德勒先生(Herr Adler)——颇负盛名的英国公司泰和洋行的老板。阿德勒太太的沙龙里有本城最好的社交聚会,也有非常好的音乐会。一位曼妙的女子坐在钢琴前面演奏着贝多芬的《奏鸣曲》,这在中国可是很难遇到的。法国总领事贝

---

① 普罗德(Auguste Léopold Protet,1808—1862),法国海军少将。1862年5月17日,在第二次鸦片战争后参与清朝"借师助剿",清政府为他建立普罗德祠,现为南桥天主堂,在南桥镇新建西路22—24号。在普罗德被太平天国军的流弹杀死后,法国军队竟然将附近一个中国村庄里的三千多名男女老幼全部屠杀作为报复。上海法租界曾有他的纪念铜像,现已拆除不存。
② 蒙托邦,法国西南部城市,奥克西塔尼大区塔恩—加龙省的一个市镇,也是该省的省会和人口最多的城市,下辖蒙托邦区,其市镇面积为135.17平方公里。2017年1月1日时人口数量为60,810人,在全法排名第92位,是原南部比利牛斯大区范围内的第二大城市,仅次于图卢兹。
③ 理查德·莫里斯·亨特(Richard Morris Hunt,1827—1895)是19世纪美国一位建筑师,也是建筑学史上最著名的建筑师之一。他的著名作品包括大都会艺术博物馆和第五大道的其他一些建筑。自由女神像的基座也是他设计的。此外,他也是美国建筑师学会和城市艺术协会的创始人。
④ 塞纳河是流经巴黎市中心的法国第二大河,全长780公里,流域面积7.8万平方公里。位于巴黎的塞纳河沿岸地区于1991年被联合国教科文组织列为世界文化遗产。

札雷子爵（Vicomte de Bezaure），有着熟人公认的高尚情操，他对各国人能在上海和平共处有着伟大的贡献。

提到法国总领事，就不能不提到德国总领事施图贝尔博士（Dr. Stuebell）。简单来说，他是一个迷人的绅士，有着愤世嫉俗的世界公民的心灵，他知道如何跟巴黎人说话，同时，也确保代表德国的利益，他做的事情让柏林方面十二分满意。（施图贝尔博士已经离开了上海的总领事职位，有一段时间他去做了智利的德国大使，然后，他接受了柏林德国殖民地办公室主任的职务，现在，这位杰出人物正在庙堂高位之上。）

美租界没有什么好说的了，那里叫作虹口区，沿着大港延伸，基本上是在上海的港口区，那里有水手酒吧，商店里卖着航海设备。还有一些航海国的领事馆，如瑞典、挪威、丹麦等等，主要街道被称作百老汇，相当宽大，但是，房子看起来却穷酸难看。你去那边只是因为那里有中国的木雕商店，由黄木雕刻成的各种中国造型及场景，你可以在那边的大街上、河上、房子里，甚至法院，所有的地方看到这些雕刻。这些木雕展现的都是勇敢的现实主义者，人物形象生动逼真。有时候还可以看到一些小幽默，这些艺术品和艺术家，可以说是中国少数几个把人物做对了的。但是，中国人不懂得这些作品的价值，虽然他们以昂贵的原料制作。他们认为，与其雕刻拉人力车的苦力，或是船中的渔夫和渔网，不如雕刻有绿色眼睛的蓝龙——中国大众对龙始终有比较高的敬意。当然，这是中国人之外的观点，这些喜爱做大众喜欢的、绿色眼睛蓝龙的工匠，总要比那些关注社会生活百态而不关心龙的人，更容易获得成功！

如果不把葡萄牙人和他们的混血后代算在内的话，上海的欧洲人不会超过三千人。这些人拥有一座巨大的城市，拥有房间宽阔的空间，可以愉快地工作、尽情地娱乐。这些是城市蓬勃发展的重要条件，即使不是全部活力的体现，至少也填补了上海半个生命。精神世界的指引在这个社会中难以找到。这些人持续不断地彼此相互邀请，他们要在这些时间内做些熟悉的事情。这里没什么剧院,只有一间戏院的建筑;这里没有什么歌剧院,因为可能的观众实在是太少了。可让你惊讶的是,这类表演艺术的事业可以在其他地方展开,这里有许多很棒的业余表演艺术家,虽然不常见到,但是确实不错。

谁对宗教事务有浓厚的兴趣?在上海这方面大概可说是处于流亡之中,所以你必须要学会入境随俗,在这里做不到按自己的习惯行事。据一位住在这里很长一段时间的先生说,你把精神上的寄托转交给物理性的活动代替,就一定要找到这个替代品。如果你的需求实在太高,对于现在的水平不是很满意,那么就只有一个方案:你必须要创造新的需要,而且,还要没有那么高尚。那些不想要活得有灵性的人,尝试找出自己身体上的力量;那些对于灵性没有迫切感的人,必须要努力唤醒音乐才能。这可能也就解释了,不只在上海,在所有欧洲人的殖民地中,大家都对运动有着高度的热衷。运动是用来忘记欧洲的最好手段。

所以在上海的所有人都在玩草地网球,单单英国人在静安寺路盖的乡村网球俱乐部就多达十二个,南京路还有不亚于这个数量的赛马场。这些都归属于一个网球俱乐部,简单来说,这都是由一位德国女士创建的。广场上,年轻男士打着马球,骑着长鬃毛的中小型马,他们包着头,像满洲蒙古人。在上海有很多人喜欢骑马,骑马出行比轨道电车还要贵一点儿。每个小康家庭都有自己的轿子,有些家庭甚至有两台,一个是女主人的,一个是男主人的。

欧洲人的家务支出如之前所说,一般都是由他们的中国仆人去操心!女主人只要提供大概的方向,像是内阁首脑之于各部会一样,不过这个比喻也不大恰当,因为,内阁中所有重要的工作都是由部会执行而不是内阁首脑。事实上,所有的家务都是由中国仆人管理,若女主人事必躬亲,家务管理得就会更好。有位先生娶了位年轻的太太,一个月了,他也不知道怎么把家具摆好(这似乎是太太要操心的事情),中国仆人说,太太的父亲过世了……中国仆人习惯于跟自己服侍的主人相处,也都特别忠实。尽管他们不懂灵活变通,但他们是相当诚实的,你可以完全依靠他们,他们从主人那儿偷东西的事情很少发生。不过,允许他们提高购买商品的价格,给他们一点点利润还是比较安全的。你可以把它算成持家费用的一点附加,这根据中国的观点,不是"偷"而是"挤",挤出来是被允许的。中国人的逻辑是,偷窃是把别人的东西拿走,而你把买的东西稍稍提高点价钱,没有拿走东西,这不能叫"偷"。有一位欧洲太太发现,自己一位中国仆人把假酒的价钱报得非常高,她就把他找来问话,中国仆人不认为这有什么问题。他说如果你愿意,我可以把酒的价钱写给你,可是,每瓶酒到底值多少钱,不关你的事!

中国仆人们有时也会创造出奇迹,似乎没有什么事情能难得倒他们。晚上六点,有位中国厨师得到指示,马上要为五位客人准备晚餐。于是,他可以去邻居的中国厨房借烤面包,到另外一个人家去借蔬菜,然后,再去问另外一个人要干酪①。同样,厨具上中国仆人也会彼此支持,有一次一位女士被别人邀请去吃饭,发现餐桌上竟然是自家的厨具。

今日的上海已经是东方一个巨大的城市了,但还只是开始,中国依然在持续不断地发展中。时间似乎相当紧迫,这块土地到处都需要生力军,中国自然会逐渐茁壮地成长,如同欧洲以外其他新兴的强权一样。不过,还不能确定的是,现在到处都在建设的铁路,是否能够帮助中国实现现代化?许多迹象显示,最后的胜利都会属于新势力的一方,接着便会开始大幅度进步,以数十年时间的努力来弥补数千年的差距,接着上海就会成为百万人口的大城,就像美国的芝加哥一样。

---

① 奶酪,又名干酪,音译芝士、干酪、吉士,是多种乳制奶酪的通称,有各式各样的味道、口感和形式。奶酪以奶类为原料,含有丰富的蛋白质和脂质,乳源包括家牛、水牛、家山羊或绵羊等。

第十二章　拜会上海蔡道台[①]

一八九八年六月十日

上海

蔡先生是一个非常有现代观的人,这也许跟他在马德里生活过有很大的关系。他在马德里中国大使馆担任使馆秘书若干年,尽管马德里并非世界强权的中心,但对中国来说,西班牙先进,中国与其相比还是有不小的差距。蔡先生以一个积极的进步主义者的姿态回到中国,目前是上海地区的实际掌权者。他一直对外宣称自己是外国人真正的朋友。

上海是中国的领土,欧洲人在这里的分公司只是"上海租界地"罢了。但倘若上海的道台以他的职权介入到欧洲事务中,哪怕只是一丁点儿的小事,结果都会十分棘手,这一点他自己也十分清楚。他管辖的范围只是中国一个省的居民。中国和欧洲总算还有相投的共同利益,欧洲人时不时就得仰赖从蔡道台身上得到好处,这就意味着欧洲人只有对蔡道台有所求时,才会把他当成真正的朋友!他在欧洲的经历可以帮助他精准地掌控答应欧洲人要求的背后,需要付出什么样的代价,而且,还必须小心翼翼地不能把这事儿说漏嘴。像他这样一个思想进

[①] 蔡钧,江西人,清朝政治人物,曾经出使日本。蔡钧曾于1897年接替刘麟祥任苏松太道道员一职,1899年由李光久接任。苏松太道,中后期依其驻地又俗称为上海道,全称"分巡苏松太常等地兵备道",为清朝江苏省下属的道级行政区之一,辖管苏州府、松江府和太仓直隶州,顺治年间驻地为太仓,康熙时期驻地为苏州,雍正之后驻地为松江府下辖的上海县。1901年7月4日,蔡钧被任命为大清出使日本国钦差大臣。1901年11月27日到任。1901年12月7日代表清朝向日本递交国书。1903年被免职。1903年10月15日离任。

步的官员,是北京政府在上海为官者中最强硬的。你可想而知,现在的欧洲外交使节,会充满哀愁地怀念上一任道台。① 因为与前任道台打交道,肯定要比跟这位从西班牙回来的、宣称自己是外国人真正朋友的官员,容易得太多了。尽管如此,蔡道台表面上的工夫还是依然做得十分完美,举手投足间都展现了十足的绅士气度。他非常清楚在欧洲大陆的大城市里要如何生活,于是如法炮制到上海来,他时常举办下午五点钟的茶会,广邀来自欧洲的重要人士及他们的夫人参加。所以,我很快就收到了以精美石版印刷的卡片——会面的请求这么快被回复,我其实并不感到惊讶。卡片上面写道:

  上海蔡道台很荣幸地能在周四(六月九日)下午五时二刻,
    于静安寺路63号 恭候 先生的光临!

  静安寺路相当于法国巴黎的布洛涅大道②,道路两旁树木林立,宛如这座城市的一块翡翠镶嵌于此。这里欧洲式花园一座又一座,都是富有的欧洲居民的乡村别墅。蔡道台的私人寓所也是这上流别墅区里的一座,尽管他在上海的老城区还有一处官邸。但是,那里他只是偶尔出现一下,只是方便和他的下属见面;如果不是有什么特别的事情,他是绝对不会在那里久留的。道台一旦结束公务活动,他的马儿就会拉着华丽的座车,带着他穿越过熙熙攘攘的中国居民区,远离尘嚣回到他那绿意盎然、与世隔绝的静安寺路高级住宅里。

  蔡道台的别墅在一间英式乡村俱乐部的正对面,花园入口处的左右两边各有一个军事岗棚(军用站哨的木屋)。我们的马车刚一驶入,军人就站出来行礼。今天是蔡道台接见宾客的日子,所以,花园里停满了各式各样富丽的马车。蔡道台所住的地方比起衙门来毫不逊色。这是一栋带有瑞士风格的别墅楼房,外观金碧辉煌,每一层楼都带有木造

---

① 指刘麟祥,湖南湘乡人,一八九七年卸任,并由蔡钧接任。
② 布洛涅大道,巴黎一条主要街道,以法国北部城市布洛涅命名,布洛涅是上法兰西大区,加来海峡省边的一个市镇,同时也是该省的一个副省会,下辖滨海布洛涅区,滨海布洛涅位于加来海峡省西部,大西洋海滨,是一个区域性的中心城市和交通枢纽。

的阳台,建造得相当华贵。别墅外头倚着几根杆子,上头架着红板子,镶金的字体在板子上标示出蔡道台的官衔,公告着他的所有功绩。这样的公告十之八九和衙门脱不了关系。

我们踏上了三层厚厚的台阶,看到门厅就在不远处,一位身着官服的人朝我们走来。他一身华丽的棕红色丝质长袍(我想专业术语应该是"跳蚤色"吧?),头上戴着中国式的夏季官帽,貌似一个倒置扁平的喇叭,上头的一小束马毛并非直立而是平躺着。他是蔡道台的第一秘书,将在我们的会面中担任翻译。他十分热情地以法文向我打招呼:"先生,幸会,您好吗?"他以欧洲式的见面礼节与我握手,然后,带我到左边的等候室。此刻,还有一对来自英国的客人,他们正在里面拜会道台。

"等等就轮到您了!"道台的秘书说道。

蔡道台这座富丽堂皇的住所里,最引人注意的就是屋里屋外都被打理得洁净无瑕。我们想象一下,一个省的最高行政官员蔡道台的住所,怎么可能在可怕的、脏乱的居民环境中呢?蔡道台私宅的会客厅里面有着非常华丽的中式装潢,墙上挂着一个大钟,几张宽大的椅子围成一圈,中间立着一张小桌子。家具皆是来自广州、镶嵌着珍珠云母的黑木家具,其中,最杰出的布置莫过于两面大立镜,面对面地伫立在等候室的最里头。镜子的边框也是由黑木制成,镶入的珍珠则摆放成花朵的图形。每一张椅子的前侧都放着一个蓝白色矮瓷的痰盂,雪白的墙上挂着横长的壁画,壁画的原料则是泛着金光的纸。有一面墙挂满了花鸟图,还有一面墙则挂着同样以金纸为底的书法字画,内容似乎是智慧格言或经典佳句。房间的后面有一个平台,上方放了两个价值不菲的中式大花瓶。在花瓶一旁较高的地方,还有一个红宝石精雕而成的节杖①,被妥善地保存在玻璃箱里。这个中式装潢还包括两具生了锈的铁制战斧,旁边还由磨砂的玻璃罩保护着。当然,除此之外,还少不

---

① 古代的使臣出入关门皆有象征意义的凭证或信物,即符节;它们多用竹或木制成。汉时中国派往匈奴去的使臣所持的节杖皆以竹为杆,上缀牦牛尾毛。

了欧式的时钟,一座看似平凡的摆钟,那种在法国小旅舍房间的壁炉上经常会看到的款式。

这时,门上的帷帘开始有了动静,一个身穿棕红色丝质长袍,戴着喇叭帽的官员走了进来,身后还跟着第二个官员,他们同样身着长袍、头戴有马毛的官帽。

"道台来了!"这两个人中,不是道台的那个人边走边解释着。

很特别的是,蔡先生不是以中国式的拱手作揖的方式来问候我,而是以欧洲人的方式重重地握了握我的手。毋庸置疑,这真是再欧式不过了!这让你感觉到,西方国家在中国如果需要获得协助,完全可以仰赖蔡先生。蔡道台身材圆润肥胖,有着一张红润、没有蓄胡、有如主教般的脸庞。他鼓着嘴唇,时不时地瞄一下旁边那个长着小眼睛的官员。这位官员的帽子上别样地戴有明亮的玛瑙纽扣。这个玛瑙纽扣象征着他的地位和尊严。他的大拇指几乎要被他戴着的玛瑙戒指给遮住,长袍的中间束了一条宽皮带,宽大的皮带扣是用红宝石制成的。蔡先生说起话来声音洪亮,脸上时不时地带着微笑,看起来为人非常客气。

我们选择在墙边的椅子上坐下来,接着身着制服的仆人们陆续出现了。其中有几位长得十分高大健壮,他们谦卑地端上茶杯,上头还有陶瓷制的盖碗儿罩着。

我先请翻译官为这么友善的接见表达我对道台诚挚的谢意!翻译似乎没有完全听懂我的意思。这个优秀的男人虽然说得一口法文,却对我的德国话一知半解。但是,还好他能说流利的中文。

"我非常高兴能被您接见。"我接着说,"尤其是当我得知,蔡道台是中国众多高阶官员中,最跟得上时代的官员之一。"我赞扬着。

翻译官转达了我的意思,这一刻蔡道台似乎非常满意,突然从座椅上站了起来,又好像是突然想起了什么:"在这个房间里您所看到的正是中国风格。"他说道,"您到前面来!"我说:"好极了!"看来他这是要让我参观他的私人住所。显然,他要在我面前展现出最现代、最摩登的一面。

蔡道台走在前面,指了指前方的路,我们陆续越过了前厅,来到了铺有木质地板的院子。院子被建筑物包围着。这里建筑的每一层楼,都有木质长廊。院子右后方是道台的私人住所,装潢风格有巨大的转变,不得不让人为之惊讶!我们来到了一个宽阔的客厅,这里的装饰完全没有中国风:极其高贵的欧式安乐椅,明亮随性风格的长沙发在这个客厅随处可见。客厅墙上挂着依据名画雕制出来的英式铜版雕刻,内容多是羊群或是野牛。电灯就挂在铁杆儿上,在众多的家具中屹立不摇,这就是所谓的"客厅里的信号塔"吧。房间里没有任何东西是中式的,就连蔡道台与他的翻译官本人也一样。看到他们以一身中式官袍坐在法式的安乐椅上,举手投足像优雅的欧洲人,这种感觉实在奇妙。

过了一会儿,我们就看到了家仆们满场飞的情形。其中一位把我们方才在等候室用的茶杯拿了过来,另一位马上在瓷茶壶里泡上新的茶,第三位仆人则负责递上砂糖及牛奶。在中国的私宅里竟然可以喝到加了糖和牛奶的茶!这已经不是什么进不进步了,而是完完全全的"革命成功"。接着一位仆人又送了糕点进来,另一位则拿着银制的托盘出现,托盘上放着马尼拉雪茄和埃及的香烟。除此之外,还有一幕令人惊艳之处:由于我们用法文交谈,蔡道台特别让人送上来自法国,亦是恶名远播的法国烟丝。在巴黎街头绝对没有人愿意把这种烟拿在手上,但是,在这里不管你愿意不愿意,怎么也得点上一支迎合一下,因为道台不断示意要我试试,不过,我还真不知道这玩意儿要怎么抽。终于等到一切都准备就绪了,其中一位仆人手里又拿着一个银盘,上头放着三个形状特殊的高脚玻璃杯,然后,这个时候当然不能错过的是香槟瓶塞砰地一下打开的声音(这就跟在欧洲一模一样了!),接着玻璃杯便被斟满了起泡的香槟。这真是一个决定性的瞬间,如果此时此刻我还有一丝怀疑——蔡道台是不是所有官员里最现代化的,那可以说我真是瞎了眼,忘恩负义。

会谈开始了,由于铁路议题在我规划的议程之中,我就先问了这个问题。道台一听到"铁路"这个词,马上就兴奋起来,这似乎又把他拉回到了那段曾经在马德里生活的记忆之中。他微笑着边听着边点头,帽子上的玛瑙纽扣也跟着晃动,由此看来,他对这个"铁路"议题是多么友善。

"现在到处都在修建铁路!"他告诉我,"很快地,整个中国都要有铁路了。"

"中国政府要全部由自己建造吗?"我问。

"当然!中国政府要自己建造需要的铁路。"道台回答。

"但是,这个建设过程需要耗费许多金钱,中国政府在经济上是否可以承担?"

"中国政府会让外国人把钱送来!"蔡道台没有丝毫犹豫地回答。

"这真是个不错的主意啊!"我不敢说出来,但是,我心中暗想:希望真能让外国公司有机会参与这个铁路的计划,这样德国也能够分到一杯羹。

道台似乎不想让我的希望破灭,但是,他也不想把话说得太好听,所以,他尽力地做概述:"所有的事情都是船到桥头自然直。"他亲切地解释道,"就让我们先有足够的钱再说吧。"

我接着问:"铁路可以为一个国家带来进步,如果中国建设铁路,会不会也进行国家改革呢?"道台似乎听懂了我提到的"改革"一词,而且,此时我又特别振奋起精神加了两个字——"许多",许多改革!"会有许多改革吗?中国最后会不会变成像日本那样,一夜之间转变成和很多欧洲机构合作的国家?"

"中国现阶段的改革,已经是快得不能再快了!"蔡道台斩钉截铁地说,"我们在国内有一股强而有力的维新势力,他们整天提醒我们,如果不进行改革,国家就会有更多的动荡。"

"那会对什么先进行改革呢?"我问。

"最急迫的莫过于军事改革,我们必须要有一支能作战的军队。"道台回答说。

"所以,中国是想着要发动战争吗?"我问。

蔡道台绞尽脑汁地想对我的假定提出抗议,他以长篇大论用许多理由来解释,然而,一旁的翻译官却是一派轻松地转达。道台再一次重申:中国不是一个好战的国家。当然,在某些省份的洋人是很不安分的,尤其是东洋的日本人,我们忘不了过去他们的突袭行动,但是,中国政府还是要坚持拥有绝对的和平思想。

"那么我可以大胆地假设,中国和德国的关系必定是很友好的吗?"我问。

"尽管有胶州事件的发生。"翻译官面带微笑地帮我接话,他明白我意指的是什么,道台特别要求翻译把方才的话重复一遍,然后,他即刻陷入沉思,最后,他用了一个官方的说法:"占领胶州这件事,德国人做得很好!"他说,"不然,胶州也一定会被俄罗斯人夺过去。"

我可以感觉得到,蔡道台似乎并不怎么喜欢俄罗斯人,我想那还是少提为妙吧!

我接着说:"德国人并没有征服者般的民族性格,德国的海军舰队只是需要一个驻地,他们对胶州已经很满意了。然而,俄罗斯人是天生的冷血,他们大举入侵了中国的满洲地区,为什么北京政府能够容忍俄罗斯人这样的所作所为呢?"

蔡道台仔细听着,那双机灵的眼睛不时地闪耀着,很明显他是很想表达出一些意见,但是,他又不想在俄罗斯问题上妥协,因此,他的回答有些避重就轻:"慈禧太后想要跟这个世界和平共处,所以,她才会对你们的每一个要求做到有求必应。"

我想外交使节们如果想要对北京有所需求的话,肯定会牢牢地记清楚这句话。

蔡道台还给了我一些在外交政策上的建言,并且希望我能够通过媒体转达:"我们和大英帝国相处得是最友好的。"

会谈中,一直不断有新马车来到院子,仆人们也不断递了一张又一张的名片进来,道台也必须时不时地看向窗外,给予宾客们一个注目的礼节。他结束了短暂的应酬,嘴里还塞满了蛋糕,然后,走到我这儿坐下来。我说:"您今天这么忙,我不方便打扰您太久。"我举起香槟敬酒,示意我马上要离开了。其实,我应该举起茶杯才对,但是,如果这样的话,我就没有机会喝香槟了!这可真是来自法国品牌的香槟啊!这个时候无论如何我都只好把茶晾在一边儿。

　　蔡道台说什么都要继续挽留我,因为他还是担心我可能对他针对军事改革的评论有所误解,会将中国认定为是一个好战的国家。他想用哲学的观点再次清楚地解释整件事,并且,他把翻译官也叫了过来。可惜,翻译官的哲学造诣并非想象中的那么好。在这个情况下,我了解到,蔡道台的理念就是,希望世界上所有的民族尽一切所能地相互维护和平。我也赞成他的说法。道台十分热情地再次和我握了握手,并且,他一直陪我走到大门口,告诉我,他非常开心能够认识我。这时,他似乎又想到了什么,让翻译官一定要转告我:"战争是必须要受到谴责的!"道台说,"因为,有很多人因为战争而失去了生命,人类当然都是想活着,这意愿胜过死亡。"

　　蔡道台是一个很和善的好人,他说的是对的!人活着总比死亡好,因此,和平绝对胜于战争,"宁为活犬,不为死狮!"诗人海涅①曾经也是这样说的,道台所言与之相去不远。毫无疑问的是,蔡道台这个中国重要的地方官员,的确是充满了和平的世界观。

---

① 克里斯蒂安·约翰·海因里希·海涅,出生时用名哈里·海涅,19世纪最重要的德国诗人和新闻工作者之一。海涅既是浪漫主义诗人,也是浪漫主义的超越者。他使日常语言诗意化,将报刊上的文艺专栏和游记提升为一种艺术形式,赋予了德语一种罕为人知的风格上的轻松与优雅。他晚年提出了一个与众不同的观念,即:"宁为活狗,莫为死狮"。他在一首诗中写道:"上界最苦的农奴,也强似冥河的阎罗。"有人说,这是海涅及时行乐观念的表露。古人所谓"生年不满百,常怀千岁忧;昼短苦夜长,何不秉烛游"。暮年的海涅失去了享受生命的能力,51岁的时候,他患了脊髓病瘫痪。一张铺有6层垫子的床,成了他永无宁日的"坟墓"。此后,他又活了8年,这大约只能算作是贪恋生命,或曰"苟延残喘"。

第十三章　中国夜生活

一八九八年六月二十七日

上海

鸦片馆—茶馆—咖啡馆—音乐会—戏院

上海的黄昏时分,鸦片馆已经是门庭若市了,这个时刻也是在东方梦之国度——上海旅游的最佳时间段。如果再晚点儿,等你回过神儿的时候,就已经是大半夜了。鸦片给人们带来的快乐感消退之后,这个城市的夜晚就是一片黑幕,将真实的世界遮盖在下面了。第二天,当人们从睡梦中一觉醒来,痛苦还在原处,并没有改变,那些本来就令人痛苦的事其实并没有因为吸食鸦片而消失,一味地想通过鸦片逃避现实只是徒然。在鸦片馆就暂且忘却那些人间烦恼吧,后悔,那是天亮了以后的事。

从大马路上进入到鸦片馆的入口很窄,你一不留神,就会走过了头,即使是那些已经来过几回的人,也要花点儿时间才能再找到入口。我们走进来看到了鸦片馆的前庭,这里就像是中国庙宇的前庭一样,只不过是再加上了一个酒吧,里头强烈闪烁的灯光,通过烟雾给人留下深刻的印象。庭院里的小道两旁满是摊贩,他们叫卖着鸦片和各式烟斗,除了黑檀木制作的,也有用金属锡制作的,还有用象牙做材质刻上图案的。此外,这里还贩卖衣裳和首饰,一旁有个流动的书报摊,那里陈列着书贩的书册。

鸦片馆就是最后头的那一整栋房子,刚刚经过的庭院还能感觉得到夜晚的清新,抬头看天空笼罩下的星光闪耀着。可是一到这馆里面,尽管所有的门窗都是敞开的,还是感觉到空气既厚重又沉闷,一抹淡淡的烟味散满整个空间,到处都是点燃的煤气火焰,使得整个空间热气腾腾。吸烟房的天花板很高,墙壁被熏得黑压压的,房间四周十分脏乱。这个现象可以说与中国人的生活习惯密不可分,也使得才建造几年的新房子看起来格外老旧,与我们在欧洲看到的,那些人们常光顾的小酒馆相似。此刻,鸦片馆里挤满了吸烟的人,烟气弥漫,嘈杂的谈话声嗡嗡地响起,让人误以为自己身在吵闹的啤酒馆。

门口的左边有一个柜台,看起来应该是作为吧台使用的。一个个架子上挂满了柠檬气泡水,吧台后方的地上还放有很多双耳瓶,是鸦片的储放处。双耳瓶里装满了水,鸦片就保存在这水里。卖给客人的鸦片是以少量分装的,放在一个个约莫有拇指大小,由犀牛角制成的小圆桶里。分装好的小圆桶整齐地排列在小橱柜上,满满地摆放着,直到柜框边。在上盖子之前,还得先把小圆桶里棕色闪亮的鸦片涂平。这样一个小圆桶要价四十分钱,这个价钱比某些人一天的工资都多。鸦片的费用包含了抽鸦片和睡觉场所的使用费,烟馆里边还提供茶水。茶是可以免费索取的,你可以想象茶的成本在中国有多低!

一般来消费的民众都在一楼,社会上流阶层的人则是在二楼,通往二楼要经由一道点缀着黄金色饰品的楼梯,楼梯上每个台阶都还嵌入黄铜鱼装饰。如果不是那么脏的话,这儿看起来还是很美的。楼上也有个小吧台和许多精致的犀牛角圆桶,还有一个大盆子用来清理烟斗。从大盆里散发出来的一股气味悬浮在空气中,这是一股不同寻常的味道,绝对不是什么香水之类的气味。

烟馆的二楼被隔成了许多个小包厢,围绕着中间的楼梯分布着。这里所有的门都是敞开的,人们可以绕着楼梯转圈走,走过一个又一个包厢。墙边上有几个低矮的平台,要比椅子矮一点,总是三四个连在一起,大概就像桌子一般宽。这平台自成一个小角落,由黑檀木制成且有着精美雕刻的柱脚及边框。后边的墙上立着一个背架,由闪亮的宝石或镶嵌画连接着。有几个包厢的中间就单纯只摆了一面镜子,中国人很喜欢照镜子,认为它是奢侈装潢中的第一要件。对于那些吸食鸦片的人来说,这些黑檀木平台就像是自己的床一样,不过,因为位置很小无法让人完全伸直腿,所以他们必须得弯曲着身子躺在那儿。大部分都是两个人躺在一个台上,一个人躺左边,另一个人躺右边,一个人抽着鸦片,另一个人也抽着。

这里的人们不单单只是为了鸦片而来,如果仅仅为了吸鸦片的话,那么他们大可待在自己的家里抽就好了,其实,主要还是为了社交。就像是喝啤酒一样,一个人在家里也可以喝,但还是会有很多人去酒馆。啤酒就是要等到大家在一起高谈阔论时,到了一个振奋人心的情绪时刻喝起来才痛快,人们才会感觉到它有一股特殊的风味。中国人的生活里也少不了闲聊,他们聊天的时候声音总是特别大;有时候,他们甚至在街上就开始叫嚷起来,让人以为他们好像是吵起来似的,其实他们是友善地提高着嗓子说话;有时还会习惯性地从后面用手臂搭着你的肩膀。鸦片也是这样一个道理,人们在一起闲聊时也赋予了其特殊的香味。每一家鸦片馆里也都会有自己的常客,他们总是四五个人蹲在一个平台处,开始评论起每天身边发生的大小事情。如果有客人只身一人来到鸦片馆,没有朋友相伴,就可以请人叫个姑娘来,只要负责坐在一旁陪他聊天打发时间,一直等到他睡着就可以了。有时可以看到一些娼妓在一楼徘徊,她们像是丧家犬一样游荡着。这些女子一般身着男士的西装,没有腰身的黑色长罩衫以及宽版的黑裤——中国女人尽其所能地掩盖自己身体的曲线,就连上海的娼妓也不例外。

在所有的鸦片贮藏室里都点着酒精灯,鸦片就是在酒精灯上产生的,整个准备的过程很冗长,不过也正是借由附庸风雅的制作过程,平凡享乐才有了几分优雅,才让人为之着迷。首先,用一根长针从犀牛角小圆桶中提取出一滴鸦片,接着把这支针放到酒精灯的火焰上烧,可以听到针头上的鸦片嘶嘶作响、逐渐起泡,最后变成一团绵软黏稠好似封蜡般的结晶体。这时就要用手指细细搓揉它,接着再把针浸到圆桶中、放入火焰中,接着继续搓揉,就这样一直重复着同样的步骤,直到最后产生出一个小小的鸦片丸。这个时候客人就可拿起烟斗,其形状大小好似一只单簧管,只有一个简单的洞口没有喷嘴,烟斗并不是在尾端的下头而是在旁边,就像是土耳其的烟斗一样。鸦片丸放入烟斗里后要以手指重重一压,然后,再用针刺一下让空气进入其中,最后,客人只要把烟斗放入嘴中,将鸦片丸放到酒精灯上烧,就可以开始吸食鸦片了。一丝淡淡的棕色烟圈就在眼前。这些动作都是半躺着进行的,头下还可以垫着一块棕色的皮墩,以便在吸食过程中随时能进入美梦中。

　　他们真的会因此而做梦吗?还是睡个觉忘却了烦恼罢了?这个问题我曾经询问了很多人,得到的答案却不尽相同。从中国人身上似乎找不到什么线索,因为,每一份罪恶都伴随着一定程度的羞耻,人们羞于启齿告诉别人,这其中的吸引力究竟在哪儿。其实有些人根本就睡不着,他们一抽就抽个五六管,然后慢慢起身回家。习惯抽鸦片愈久的人,就需要抽愈多管的鸦片,才能使自己进入麻痹的状态。这儿很少能看见熟睡的人,大部分人不是躺卧在床上,就是与人喝茶或闲聊。有些睡着了的人看起来就像具尸体,脸色苍白、脸颊塌陷、嘴巴微张,上唇的下部还可见到牙齿外露;另外也有一些人自由自在地睡在一旁,脸上充满奇怪的情欲表情。有人认为吸了鸦片之后,就一定是沉迷于酒色之中;也有的人则认为,只是单纯地享受生命的短暂中止,让他们有那么一瞬间就像死了一样。只要确定吸食之后还会醒过来,那么这种短暂的死亡,也确实可能是一种享受。但是,并不是所有的中国人都吸食鸦片,那些不吸食鸦片的人是用藐视的眼光看待这些吸食者的,那种感觉就像是我们在欧洲看待酒鬼一样!欧洲人很少愿意尝试吸食鸦片,他们不认为这会是一种享受。那些吸食过鸦片的欧洲人中,有的斩钉截铁地说:一点感觉都没有!另外,也有人说吸食后再恢复意识,就像是宿醉了一样可怕,也有极少部分的人说,吸食后的感觉就像是来到了天堂。我想比起天堂而言,宿醉应该更接近事实吧……

　　福州路是中国人在上海找乐子的地方,这里可以找得到中国人心之所往的娱乐场所,比如鸦片、音乐、戏剧、女人等等。福州路的名声可以说响遍全中国,就好比德国汉堡市郊圣保利区①或者维也纳的普拉特公园②。为了寻找住在福州路的高级娼妓寻欢,中国人甚至不惜从很远处而来,并且乐此不疲。这些上流的烟花女子对欧洲人可谓是视若无睹,一旦被人看见她们跟这些欧洲来的陌生人打交道,她们就不仅仅是名声不保,还会失去那些富有的中国客源。在福州路的烟花女子不下五十人,就遍布在马柏福住宅区里。她们在那个小区里都有自己华丽的住宅,通常还有作风严谨的老妇,用犀利的眼神看守着那个地方。你在路上看不到关于这个神秘世外桃源的路标,但它就是活生生地存在在那儿。有时候,你可以看到一台有着胶皮轮的高贵马车,街灯的光影照射着马车穿越人潮,一个戴着厚重犀牛角材质眼镜的男人,蹲坐在里头的蓝丝质长板凳上。马车刚一停住,戴眼镜的男子就一溜烟地闪进一户人家。门口看起来又小又窄,十分不起眼,不禁让人假想在这扇门后,肯定还有许多不为人知的秘密。还好这条街离饭馆很远,避开了嘈杂的人声,多少提升了住家的质量。很多不清楚这里秘密的人,稍不留意也就轻易地走过去了。

上海街道左右两边茶馆林立,在底楼都可以看见营业的商家。一般在中国各地的城镇,所有大小商店都是有营业时间的,他们在日出时开门,日落时歇业,到了夜晚,城市的城门也会立刻关闭。不过,上海这儿的商家是可以通宵营业的,街道上店铺仓库里的灯光亮着,里头摆了存放酒的厚双耳瓶、蒲扇、鸦片烟斗及一些衣裳。在某间小店铺里有个口若悬河的店员,他正在努力拍卖着几件旧衣裳。他把衣服一件件打开来,让光线照亮衣裳的每一处,以他三寸不烂之舌的功力,一一列举

---

① 德国汉堡圣保利红灯区的主干道,Reeperbahn 热闹的酒吧和夜店,吸引了众多派对爱好者。主干道之外,Schmidts Tivoli 和 Operettenhaus 等剧院时常上演歌舞表演和音乐剧。附近的 Karolinenviertel 街区以引领潮流的本地时装精品店和时髦咖啡馆闻名,圣保利码头遍布各式鱼餐厅,提供观光游船之旅。
② 普拉特公园(Wiener Prater)是位于奥地利维也纳的一座公园,占地面积为 6 平方公里。该公园主体区域位于维也纳的第二区利奥波德城。

着这些衣裳的优点，接着举起板子拍板决定出价高者得标。街上人来人往、车水马龙，路上尽是些留着长辫子的人，他们挥舞着扇子闲聊着。因为这里天气热的关系，很多人都穿着白色的长罩衫，每隔几步路就有个警察哨站，到处都可看见印度锡克教徒和警察。福州路一带是不平静的地方——在上海无论哪儿有民众作乐，哪儿就能看得到警察上工。人群中时时刻刻可以看到，苦力抬着轿子从中间将人群分散开，轿子上那道薄幕帷落下，轿子里面昏昏暗暗的，隐约可以从影子中看出是一位姑娘，旁边还立着一把曼陀铃①。歌女们就是这样坐着轿子，来到一家又一家的茶馆，用中式的英文来说她们就是"唱歌女孩"（原文为Sing—Song—Girls）。

"唱歌"（Sing—Song）的意思就是歌声，正是因为在剧院里有歌唱表演，这个字也可以代表任何跟剧院表演有关的事物。所谓的洋泾浜英语只有千把个字，所以，很难将每个字形容得很贴切。当有一个字被发现可以用来形容某个特定概念的时候，这个字也会广泛用来形容所有跟它相关的事情。洋泾浜英语就是这样一种前所未闻的抽象语言，例如：不管究竟有没有歌唱节目，"唱歌房子"就是指剧院。话说有一天，我为了找博物馆走遍了整个上海。据我所知上海有一条博物馆街，然而特别之处在于，在这条以博物馆命名的街道上，我怎么都找不着博物馆。我想尽办法让拉黄包车的苦力了解我在找什么，可惜，他百思不得其解，一直摇头。突然间，他脑子里好似闪过一道光，他说出"唱歌！"然后，就把车拉到了一间房子前面。房间里摆满了动物模型，是上海博物馆正在陈列的物品。由于人到了剧院里为的是观赏表演，所以"唱歌"一词就可以用来代表所有可以被观赏的事物。好比一间画廊，绝对跟歌唱毫无关系，它也可以被归在"唱歌"的概念中，由此可知跟艺术有关的也都可以包括在内（比如 Tailor 一字不仅是裁缝师，也可以代表工匠，眼镜制造者也可以是"眼睛裁缝师"。Boy 同时也代表着

---

① 曼陀铃，拨弦乐器，由欧洲意大利文艺复兴时期的琵琶家族鲁特琴演变而来，一般有钢弦四对，按小提琴音高定音，用拨子弹奏，这里指的是中国的琵琶。

孩子的意思,但是,如果孩子是个女的又怎么办呢?答案真的再简单不过了,就是"womanboy")。

在福州路上理所当然的只会听到中文,无论你走到哪儿都是被这个奇怪的语言包围着,虽然这个语言富含元音,但是,它听起来还是不大悦耳。在欧洲的语言里,一个句子的尾端语调都是下降的,但中文就好比在唱歌,偏偏是以上升的语调做结尾。高低语调在中文里扮演着极为重要的角色,同样一个字会因为语调上升或下降,有着天差地别的语义。

上海福州路上一间间的茶馆,就像是一个大集团似的,每一间茶馆都是一栋有着四层楼高的建筑。这里好几层楼高的茶馆随处可见,像极了欧洲的啤酒馆。这些店面虽然都是用木头建造的,修建的过程也是轻而易举,但是,这里的地价可是寸土寸金的,每公顷土地要价一千八百两银子。这里很多的茶馆都是欧洲人经营,或者有欧洲人投资,他们看准了这个不得了的商机,期待从中获取利润。

尽管上海的地价如此昂贵,但是,茶馆的用地可是一点都不精简。街上有一条走廊通往宽广的中庭,看似是绕着这座建筑物建的,每一层楼沿着与中庭平行的方向,都可以看见画廊中的陈列,每个角落甚至到屋顶都挂着大红灯笼,这样的场景真是具有特别的东方之美。这里面间间屋子生气勃勃,楼上楼下都是熙熙攘攘的人群,可以感觉得到随着人群的流动,有上千个脚步在同时移动,使得整座建筑物都在轻微地摇晃。

福州路里面是各类人群:吸食鸦片的人沿着墙边儿躺着,桌边儿坐满了高谈阔论喝茶的人。有一个理发师说,他今天有个中国客人来洗头,他将他的辫子解开,好让他的头发垂放下来直到地板上,然后,将他的头浸到大盆里,大盆被放在客人的椅子后,用一个架子固定好。茶馆里的墙用许多长窄的布告条覆盖住,布告条上印满色彩缤纷的文字,就像是某些公司商号的招牌一样。这时候可以看得出来,中国的文字不是由左到右横着书写,而是由上到下竖着书写,如果剧院里的演员要表演读一封信,你可以清楚地看到他的动作,他的头是由上到下地移动,不像我们是从左到右转动。这些贴在茶馆墙上的各色布告条,大多抄录一些古典书籍中的名言佳句,或是道德教化类的警世格言,就如同在欧洲的酒馆里,有时亦会在墙上看到各式各样的诗句。比如说马丁·路德①的名言:"哪个傻瓜不爱美酒、女人及歌唱,那他这一生就是白活了!"这样的智慧警语。有趣的是,中国的店家,一头在墙上悬挂着禁欲的标语,另一头却肆无忌惮地贩卖鸦片给客人。

就在隔壁的房间里,一群人刚刚吃过晚饭,餐桌上杯餐狼藉地摆放着大小的汤钵、茶杯及食盆,可以想见这一顿饭吃了多少道菜。这些男人明显地是喝了太多的米酒,脸色红通通的在划着酒拳。这让我想起了意大利的猜拳,那些平常沉闷庄重的中国人,这个时候也展现出了难得的激动情绪。我们还没有完全走进这个房间,就听到他们有人说"洋鬼子",接着通通转过头去背对着我们,摆明了是在告诉我们:我们的存在对他们而言只是空气。

旁边有一个餐桌上坐了一位老妇人和三个年轻的女孩,俨然就是母羊领着三只小羊来放风吃草的。同样,在这儿我们也没带给人什么好印象,那位老妇人欢欣鼓舞地朝我们笑了笑,其中两个女孩儿也是显露出同样的表情,只有最年轻那位女孩突然愤怒地跳了起来,将她的头埋至老妇人(嗯,就称她是保姆好了)的身后,时不时通过手臂跟身体之间的空隙偷偷瞄我们,她想看看我们到底走了没有。这三个小女孩的衣着,亦是像极了男人:四四方方剪裁的暗色丝质长袍,边上还有着彩色的刺绣,就她们的发型来看,应该是广东人。

广东可以说是中国的爱之城,因为,许多女孩都是来自那里。当然啦,没有人可以确定我们在上海或中国其他地方所遇到的女子,是否都

---

① 马丁·路德,德意志神学家、哲学家,原为神圣罗马帝国教会司铎兼神学教授,于十六世纪初发动了德意志宗教改革,最终是全欧洲的宗教改革,促成基督新教的兴起。马丁·路德强烈质疑圣座关于借金钱换取上帝赦罪的教导。1517年马丁·路德在维滕贝格诸圣堂门前贴出了《关于赎罪券效能的辩论》,提出讨论教会腐败问题。

是真的来自广东。她们的外表特征就如我方才所说的发型。在中国，每一个大城市的女人，几乎都有她们独树一格的发型。但是，由于广东女人是出了名的受男人喜爱，我们便可以假设许多来自其他地方的女人，一定也想顶着和广东女人一样的时髦发型，这样她就可以在追求爱情的时候，马上可以让人有先入为主的好印象。毫无疑问的是，上海几乎每个女人头上都顶着广东流行的发型：额头前的刘海永远是梳烫得卷卷的，像极了欧洲富人的贵宾犬。顺带一提的是，这种刘海造型是近十年才开始流行的，而且，还是从欧洲那边儿流传过来的。在乌木般的黑发上抹上发蜡，平整地梳齐，然后在最后头再打一个结。中国女人的头发看起来十分厚重饱满，无论是把头发松开来或是扎成辫子，都很美。只不过在这个国家，男人要比女人先扎上辫子，通常女人还会在右耳边上别上发饰。穷苦人家的女孩可能只是别上一朵白花，富人情妇的花朵就可能是珍珠制成的，一旁还有珍珠串点缀着。

中国人的身材大多相当娇小，但是，还是有一部分男人是高大威武的。一般的平民女子很少裹小脚。至于他们特有的五官相貌，我们还需要一段时间来适应。如果以欧洲人的审美观作为基准，很难对中国人扁平光滑的鼻子，找出什么可以赞美的词句。他们嘴巴的形状非常精致，嘴唇里是洁白无瑕的牙齿，眼睛看起来似乎没有眼睑，但是有的时候却又深邃地闪烁着。至于黄色的皮肤看起来也还过得去，有些中国女子有着偏乳白色的南方肤色，还没有像安达卢西亚①或威尼斯的女人的皮肤显得黄。然而，有些笨拙的女人全然不懂得，她们可以将自身这份柔和的气质很好地用在自己的腮帮子上，令人不敢领教的是，红色白色乱涂一通，这样化出来的妆简直是一塌糊涂。她们不是将自己的脸涂得惨白，就是涂得莫名其妙的大朱红，更夸张的是，还在下唇的中间特别地点上一个小红斑，这般妆容简直是毁了一个人的美。最后，

---

① 安达卢西亚（Andalucía）是组成西班牙的17个自治区之一，下辖阿尔梅里亚、加的斯、科尔多瓦、格拉纳达、韦尔瓦、哈恩、马拉加和塞维利亚8省，是西班牙人口最多以及面积第二大的自治区。首府位于塞维利亚。

每个女人都呈现出一模一样的特质:都有着相同的陶瓷般的脸。

在欧洲,每个女人都有一套属于自己的装扮方法,她们会让自己变得独一无二;而在整个中国,好像只有一种被认定为美丽的标准。女人们就是想方设法盲目地遵从这套标准,因此,她们失去了自己本身的特质和美丽。这也就可以说明,为何来自东亚的画家,总是可以用极少的笔画就可以把女人勾勒得惟妙惟肖了。在他们的画作里,妇女多半是同样的一张脸,因为,她们每一个人都是追求同样一种妆容,所以,永远都是那张重复的脸在画面上出现。例如:日本画家笔下的女人,只是以衣裳的颜色来做区分。穷人家的女子却是幸运的,因为她们没钱买化妆品,所以,才能意外地让人看到她美丽的脸庞。更直接的说法是,一张美丽的脸是经由柔和的表情、线条、青春生气、泰然自若或她的平静温和所展现出来的。

这里的人们几乎不曾有机会看到女孩儿们举止粗野,或是出现一些疯狂的行为,通常她们只是害羞地坐在一旁,希望能引起某个人的注意。就连上海大街上的娼妓,在茶馆里寻找客人时,也是中规中矩、展现出道德与礼仪的。中国女子普遍被认为是忠贞优秀的,这也许可以解释为什么一个欧洲人会愿意跟他的中国情妇结婚。如果这个欧洲人有一天不幸破产了,他的中国妻子也会想尽办法,努力去赚钱来养活这个家。

她们顶着拙劣的妆容,却身穿色彩鲜明华丽的丝质衣裳,这就是中国歌女的打扮。她们大多数来自苏州。这个城市在中国爱情中的地位,可以说是仅仅次于广东的。如果说广东女人的特色是柔情以及爱的艺术,那么苏州女人的特色就是以美丽闻名。假如维纳斯①女神是个中国人,那么她必定是一个苏州姑娘。这些歌女们虽然来自不远的

---

① 维纳斯(Venus),罗马神话中美的女神,十二神之一,对应希腊神话中的爱神阿芙洛蒂忒,因为与阿芙洛蒂忒对应,维纳斯也成了美与爱的女神,小爱神丘比特是她的儿子,拉丁语的"金星"和"星期五"等词都来源于此,维纳斯出现在诸多文学作品和西方油画里,影响力最大的是1820年在爱琴海山洞中发现的维纳斯雕像。

苏州,但除了拥有外表的魅力之外,她们还需要有特殊的才华,才能用歌唱来掳获人心。

福州路上大部分的茶馆都会有个歌厅专门举行音乐会,抑或说是品茶演唱会吧,因为在中国喝茶的风气盛过喝咖啡。歌厅里的窗户都是敞开着的,街道的另一边差不多规模的茶馆里,也会有同样的一个歌厅。当人们悠闲地进入这家歌厅,完全感受不到中间还隔了一条街,这两个歌厅就像合而为一。你可以感受到在这个天大地大的国家里,当人们一眼望去,晚间的娱乐活动仿佛塑造出了一个灯火通明、满是人烟、宽广无比的平原。天花板上吊着带有蓝色电光的弧光灯,很多观众都坐在桌边宽长的凳子上,是特别舒适的感觉。当有别的人也坐过来时,他们就会开始找话题聊天。只要有新的客人一到,扎着辫子的侍者就会立刻奉茶,在朱红色的茶杯中可以清晰地看见焖煮过的茶草植物。这时,只见侍者身手敏捷地将热水从锡壶倒入茶杯,然后再用黄铜茶杯托将茶杯盖上,如果你把茶喝完了,就得自己倒了。接着就看见侍者提着一篮子蒸过的毛巾走过来。中国人如果同处一个闷热的店里,通常会用毛巾擦擦脸,好让自己能够凉快凉快。这毛巾可是比空气还烫,但是用过之后,再接触到空气你就会觉得凉快许多,这个方法也许应该在欧洲试一试。不过问题是这个毛巾是否够干净呢?人们一定会有这样的疑虑,因为,中国是个节俭的民族,愈多客人共享一条毛巾,店家就愈可以少购买几条节省成本。我们无从得知手里拿到的毛巾是否就是先前有人已经用过了的,所以,最好的方法就是我主动放弃这道凉快的方法。

观众厅里座无虚席,满满地都是中国人。其中女人要坐在上头较疏远的楼座上,最上等的座位就在正厅的后方,用薄薄的铁丝网区隔开来。在舞台的正中间吊着弧光电灯,其上前方有些许的装饰物,有两只面面相觑蓝光乍现的龙。这时,上面的楼座都已坐满了各色男女,他们正俯视着下方期待着。这里的舞台上是没有布幕的,背景装置也是寥寥可数,唯一可以称得上是舞台流动背景的就是一个用红巾盖着、像凉亭一样的东西,它一般伫立在节目主角的身后。有些场景中主角们也会坐在里面,有时也会被移开被另一个布景所取代。舞台的工作人员都是些小伙子,就像那些平常在餐厅酒吧里当侍者的人一样。当表演开始的时候他们就坐在一旁待命,如果舞台背景需要更动,他们就赶紧在表演的中途迅速换上布景,然后,再度安静地坐下来,等待下一个指令的到来。有时候,也会看到一些跟表演完全不相干的人悄悄地出现在台上,甚至,还有些小孩子就在演员的身边玩起他们的游戏来了,这和中古世纪泰晤士河①畔的剧院情况很接近,那里演出的是大文豪莎士比亚的剧作。中国剧场里的情景也常让人想起莎士比亚的舞台。每一幕的时间都很短,布景不断地在变换,装潢基本上不换,因为也没有什么可换的。不断更换的是戏服,从这儿的演出可以看到,真正讲求奢侈的便是戏服。它们大多是非常闪耀夺目的,主角们以华丽的丝绣戏袍登场,配角们则是身穿简单的丝织衣裳。特别炫彩美丽的是戏中女人的服装。这里值得一提的是,所有女人的角色都是由男人来演出的,因为在中国人传统的思想里,女人在舞台上出现是极度不体面的事情。中国剧院里也有那些连最不受拘束的皇家歌舞厅也想用布幕急速遮掩的秘密。现在,只要有女人出现在上海某个剧场表演,当地的警察局就会收到民众寄来的愤怒的检举信,要求他们遏止这种伤风败俗的情况再度出现。

剧场演出的大部分作品,都是明朝著名的英雄事迹(十四至十七世纪),因为与当今朝代有关的表演都是被严格禁止的。这些表演的戏服非常符合史实,不过,舞台后方的墙上竟然还有一挂钟,仿佛是在告知观众,每一件在舞台上发生的英雄事迹的确切发生时间。这不禁让人十分敬佩观众的想象力,他们没有忘记那些年代久远的故事,虽然

---

① 泰晤士河是位于南英格兰的一条河流,全长346公里,流经英格兰的三个郡,为英格兰最长之河流、英国第二长河,次于354公里的塞文河,也是全世界水面交通最繁忙的都市河流和伦敦地标之一。在泰晤士流域形成了许多英格兰城市,除去伦敦之外,还有牛津、雷丁和温莎等。

置身在今日的时间里。

　　舞台的左后方(以观众的视角)有一幕帘,上场的演员们从这里出场,舞台右后方的幕帘则是退场的地方。只有喜剧演员才会以自然的声音演出,庄重的戏剧表演通常要求演员要以高分贝的方式来演出(后来我在北京期间,每天看到有演员在城墙的角落里,练习这样高分贝的发声方式)。每个戏剧性高潮或是具有重要意义的台词一出现,就会伴随着激烈的敲锣声,演员想要带出一个庞大的戏剧效果时,敲锣提醒更是必要的。在欧洲,锣是放在画廊里展示的,我们那儿的戏院主要是靠职业的鼓乐团来达到戏剧效果,不过,没有中国式的敲锣来得有效。世界著名的女演员莎拉·伯尔尼哈特①女士,可以考虑在"茶花女"临死的那一刻,每一个眼神的转变都用敲锣来陪衬。

　　在演出同一出戏时,舞台上的次要角色即使不太重要,也都不能轻易离开舞台,每一个步伐都是经过精心设计的。一个伟大的战争英雄出场了,一出场就上演了一场闹剧,这是我无法形容的。他像只猫似的蹑手蹑脚前进,突然间又挺起身子来,像只狮子般令人生畏。在他的背后插了两支羽毛,直直地向外伸展,就连羽毛也表现出战斗般的沸腾气势。最终,英雄来到一个斜坡上。这时,他小心翼翼地站到一个地方,上头的灯光能够清楚地照在他闪耀的战袍上,这和我们欧洲戏剧里的骑士《罗恩格林》②一样,当他乘坐的天鹅贡多拉③出场的时候,正好站在舞台聚光灯效果最好的地方,好让自己的装备能够光芒四射。

　　皇帝出场了,所有的人立刻下跪叩拜。他身穿绣有花朵的黑色丝

---

① 莎拉·伯尔尼哈特(Sarah Bernhardt,1844—1923)是一位19世纪和20世纪初法国舞台剧和电影女演员。正如罗伯特·戈特利在《莎拉》中所说的那样,她被认为是"世界上最著名的女演员",以及是圣女贞德之后最有名的法国女人。

② 《罗恩格林》是德国作曲家瓦格纳创作的一部三幕浪漫主义歌剧,脚本由作曲家本人编写,虽然剧中有历史成分,但其性质属于童话歌剧,歌剧灵感来源于中世纪沃尔夫拉姆·冯·埃森巴赫的诗篇《提特雷尔》和《帕西法尔》,瓦格纳在其遗作《帕西法尔》中再次采用了这两个诗篇中的故事。

③ 贡多拉,又译刚多拉、共渡乐,是意大利威尼斯特有的和最具代表性的传统划船,船身全漆黑色,由一船夫站在船尾划动。几世纪以来,贡多拉是威尼斯境内主要的交通工具。

质皇袍,蓄有长长的胡须。对于那些没有胡须的中国人而言,这是一个充满男性魅力及尊严的崇高象征。这个时候就连一直坐在凉亭里、背上插满旗子的将军,也不得不赶紧让座给皇帝。皇帝进到亭子里坐下之后,将军就坐在他的一旁,脸上表情立刻变得慈眉善目。随行的侍从们都配有长矛和旗帜,这些人开始走动起来,间接带出临场的戏剧效果。下一秒突然就看到这个战争英雄和某人开始了一场激昂的格斗,全部的人都倒在地上,舞台上场面变得非常混乱,这时,只听见锣声无止无尽地响着,亭子也被一些密谋造反的官员及他们的支持者占领了。皇帝早就先行离开不见人影,演员暗色的穿着衬托出他们的不怀好意,再加上各个面目狰狞的表演,更让人知道这些人的危险性。

整场戏下来可以说是精彩万分,角色之间的对话十分精当,手势也相当形象生动。演得最好的演员是来自天津的。福州路旁的小巷里有一间剧院,来自天津的剧团还在那里演喜剧,内容是某个法官在进行审判,里头有个戴着喇叭帽、帽子上还别有一束羽毛的官员,正处于一个不知如何是好的状态中。一名年轻的女子虽然不愿连累他,但在法官面前她实在是非常害怕,说起话来也支吾不清。这个戴着官帽的人便走到她身边,轻轻耳语告诉她该说些什么,但是,这个女子实在是太害怕了,语无伦次地说了相反的话。她知道自己说错了话,于是,便在慌了手脚的情况下号啕大哭。这幕法庭的审判戏表演得非常有趣,那个扮演官员的喜剧演员开了许多玩笑,还讲了许多笑话,逗得台下的观众不时哄堂大笑,笑声甚至都没有停止过①。台下观众刺耳的口哨声与叫喊声,实在是大到不能再大了。通常,这种尖叫般的口哨声,在中国的戏院里就代表了掌声与高潮。

如果你想到后台去看看,就需要穿过舞台帷幕。那儿有一个又窄又长的房间,里头挤满了各色人等,大部分人都半裸着身子,露出他们明显的肌肉线条。在一旁的长木桌那儿,坐着马上要上场、正在涂腮红

---

① 应是指丑角的插科打诨。

的演员,其他人则开始准备穿上戏装。就在舞台入口处的旁边,还有一张摆满刀剑道具的桌子,其中,有一具是真的用沉重的钢铁制成的,而更多是以硬纸板儿做出来的。入口处的另一边可以看到剧院的理发师,他正在给一个年轻的男子理发。这个年轻的男子有自己的桌子,上头立着一个特殊的镜子,这一定是最受欢迎的演员才有的待遇。他也有可能是导演,因为他的镜子旁边有一个分成一格格的小架子,男子在每一个格子里放进一个象牙制的板子,上头有演出人员的名字。就在理发师为他梳理头发时,他同时也一边照着镜子一边自己上妆,化妆品的瓶盖有着法文字样——从法国豪特维拉(巴黎的一所歌剧院)的店铺运送过来的化妆品。这个化妆品也让最受欢迎的第一主角展现出他十足的魅力。

在这空气浑浊的剧院里,台下观众聚精会神,吞云吐雾地看着,身着戏袍、戴着假胡子的演员们,正在一旁忙碌地四处走动着。他们等待着上台的指令,舞台装饰不时地在墙上闪耀着。在这里你可以感受得到欧洲剧院里那种气氛!

第十四章　关于中国铁路

一八九八年六月十七日
上海

（一）中国的铁路与德国的疏失

来自于对立世界的两个人，在七年前有了第一次接触，中国铁路的产生，就与这一次会面有关。而在可预见的未来的几十年里，铁路也许真的就将要绕着整个中国跑了，这对处于发展期间的中国，绝对是个最乐见的结果。

一八九一年，德国建筑师锡乐巴①先生，被委任替湖广总督张之洞②的府里做庭园设计，当时，他就住在长江汉口对面的武昌。锡乐巴先生是当年建造科隆车站③的建筑师之一，这个车站也是他在德国最

---

① 锡乐巴（Hildebrandt），1891年来华，最早服务于德国驻京使馆。1892年起为张之洞效力，参与修建大冶铁路、汉阳铁厂等。后经张之洞推荐，被盛宣怀聘为中国铁路总公司参赞。1898年锡乐巴到山东主持胶济铁路的勘测和建设，1908年辞职回国。他主持胶济铁路的建设和运营，是他在华职业生涯中最重要的贡献，他为此收获了巨大的财富和荣耀。他获得张之洞等人的高度赞赏，但也遭到袁世凯等人的强烈反对。以锡乐巴为代表的西方工程师，在中国近代化进程和对华技术转移中扮演了双重角色，他们一方面推动了中国的近代化事业，另一方面也成为帝国主义扩张事业的实践者。
② 张之洞，字孝达，一字香涛，号香岩，又号壶公、无竞居士，晚年自号抱冰，人称"张香帅"，直隶天津南皮人，晚清重臣。道光十七年八月初三生于贵州。咸丰二年中顺天乡试解元，同治二年中进士第三名探花，据说是因为慈禧太后喜欢张之洞的文章，因此破例提拔，授翰林院编修。
③ 科隆火车总站旧称科隆中央火车站，起用于1859年12月5日，是德国西部城市科隆最重要的铁路枢纽，与位于市中心的科隆主教座堂相邻，凭借日均350000人次的旅客进出量和约1200班次的列车到发量，它成为德国铁路最繁忙的铁路车站之一，也是德铁车站及服务辖下最高级别的21座一等站之一。

为人熟知的代表作,每每人们要从法国入境德国时,当火车驶进科隆火车站,人们迎面就可以感受到德国的气势。科隆火车站就好比是一座大门,强而有力地伫立在德国的入口处,这恰恰代表了德国人的特色,既强势坚定又活力十足。张之洞认为,这位德国设计师既冷静聪明又谦虚诚恳。于是这个著名德国建筑师,受到了当今中国可以说是最具影响力的政治家的青睐。

其实,张之洞并非一开始就从政,他起初是位学者,据说最重要的作品就是完成了京师图书馆里的目录册——《书目答问》。这本目录册中收录了他针对每一本作品所写的短短几句话的概述。这些简短的总结在清楚度和准确度上,不亚于中国现代的文学作品。张之洞曾经担任过好几年北京国家考试委员会(Der Staatsprüfungskommission in Peking)的主席(内阁学士),不过一到了该全力向权力冲刺的年纪,他便想要离开这个纯学术性的职位,正式步入仕途,从此,他就向着成为国家最高官员的理想前进。这位湖广总督在朝廷里的名望相当高,他上朝呈报的内容承袭了他文学作品中一贯古典优雅、思路清晰的风格。这些优雅文风的报告也为他立下汗马功劳,因为他总是能呈现出最真实的内容,而不是说一些朝廷爱听的场面话。张之洞无疑是一名爱国者,并且,对当今执政的朝廷非常忠心,正因为如此,他不可能不利用他在中国的名望,去实现一些自己的抱负和规划。也就是说,只要张之洞愿意,就一定能够达到他的最高目标,而且,他的支持者和亲信,会因为他没有私心,没有为自己做打算,而替他感到无限惋惜。

李鸿章下台之后(一八九八年的夏天,李鸿章在总理衙门的职务遭到解除,明显是因为英国人认为他的态度比较亲俄。不过事隔不到一年,他又被任命担任两广总督),张之洞是众多高阶官员中,唯一有先进思想的,凭借西方国家的协助,极力想要重新建设中国的人。他自己就是一个以身作则的好例子。他在武昌经营着很多大型企业,其中有汉阳钢铁工业,汉阳枪炮工厂等实业。

当然,这也就意味着,他在这些企业上必须要投入非常多的成本。

"如果你也能有一条铁路的话,这对你的工业设备会非常有帮助。"有一天,锡乐巴先生对总督这么说。

"一条铁路?那是什么?"张之洞好奇地问。

于是,锡乐巴先生就向总督张之洞详细地解释了铁路究竟是个什么样的东西。总督认为他说得非常有道理,他甚至马上就想要建造一条铁路。"先从一条小铁路开始就行!"锡乐巴先生建议,就好比先做一个试用品,先看看实际上是怎么运作的,之后,再想办法大量引进到中国。

在张之洞的全力支持下,锡乐巴先生便先建了一条小铁路,这是除了那条从北京附近的天津开到满洲的铁路以外,现今中国唯一还在运行的铁路了。它的行驶路段有二十六公里,就在武昌、汉口附近。铁路一开始只是工业用途,到长江附近的山里挖掘铁矿,然后,用这段铁路将铁矿运到长江边的码头上,再用船运到总督在武昌的汉阳钢铁工厂里。实际上,铁路也是可以有客运功能的,不过,现在还没有可以让人乘坐的车厢,但这并不会成为运人的阻碍。因为中国人并不会要求替他们建造专用的车厢,只要能够让他们搭上火车,他们就会安静地坐在货车的车厢里,和钢铁混杂在一起也没关系。不过总督倒是有他自己专用的车厢。整个铁路系统的工作人员,全部都是由中国人组成的,柜台后方坐着中国收银员,负责卖票。看守室前方可以看到正在行礼的中国守卫,火车上站着中国驾驶员。他特意把辫子固定住,好让辫子不会在某个地方被勾住,接着,火车汽笛声响起,下一秒火车便已经在轨道上奔驰了。

这就是铁路!张之洞渐渐对它产生了浓厚的兴趣,并希望能建造更多。"究竟是不是没有办法,可以在中国到处建造铁路呢?"锡乐巴先生问道。"当然可以!"张之洞特别看重其在军事上的作用,将来如果需要把军队由各地派往首都,用铁路就会迅速并且容易很多。"从中国边境用铁路把军队运送到北京,需要多久的时间呢?"张之洞认真地问道。"只要一天时间!"锡乐巴先生回答。张之洞为之惊讶:"这可是当务之急！铁路是非造不可的！"锡乐巴先生也提起劲来，继续向张之洞详细解释，铁路可以为中国的经济带来的效益将会有哪些。

航运的扩张已经使得中国内陆省份变得非常贫穷，内地的货物经由小河流，然后沿着海岸线经过大海送到各地。而铁路的出现会将商务往来再度引领到陆地上，所有有铁路经过的省份，在不久的将来便可以看到经济富强、遍地开花的繁荣景象。张之洞愈来愈觉得铁路是个非建不可的工程，他立即向朝廷做了报告，同时，请锡乐巴先生设计一个草案。

一八九五年，锡乐巴先生开始设计规划中国的铁路网，如果把汉口设为中国铁路交会点的话，那么，就可以形成三条主要路线：第一条是从汉口向北直到北京；第二条是由汉口往南到南方商贸大城广东；第三条则是由汉口最大的贸易街往东，沿着长江经过南京到达上海。从那儿再过去一点儿就到了吴淞区，可以直接到达海边了。张之洞认为，向北连接汉口和北京的这条路线是最重要的一条，他决定立刻动工。锡乐巴先生带人测量了之后，就开始动工建造这条铁路。但是，没有想到的是，地势险峻让建造过程十分艰困。距离汉口不远处，铁路要穿越一个广阔的山谷，也几乎要被中国最大的河流长江全部掩盖住[①]，锡乐巴先生大胆地使用了高层建筑设计，解决了这个难题。

然而，现代文明的道路上总是布满荆棘，如果心有犹疑畏畏缩缩，你就什么都做不了。世界上没有一样东西像现代文明这么昂贵。现代文明能带来最为人熟知的益处便是商业，受益的人能够赚进大把大把的银子。张之洞之所以急切地想要兴建铁路，因为他心里非常明白，铁路最重要的本质不是火车，而是经济、是金钱、是安全。要从哪儿才能拿到这笔修铁路的费用呢？锡乐巴先生再次被张之洞召见，这位忠实的德国参谋毫无保留地向总督提出了四种能够在经济上帮助兴建铁路

---

① 作者不熟悉中国地理，认为附近的湖泊都是长江。

的办法：

第一，总督大人可以用他自己的经费来兴建铁路。

第二，总督大人可以呼吁中国的富人投资，也就是说中国可以自行发行铁路公债。

第三，总督大人可以向国外的富人求助，请求国外银行的贷款。

第四，总督大人可以将整个兴建工程委托给外国的公司来承办。

张之洞首先考虑了第一个方法。他知道，建造从汉口到北京这样长的一条铁路，不是他能够负担得了的；接着他又尝试第二个方法与第三个方法，但并不切合实际；最后不得已，他只能采取第四个办法，将工程委托给外国公司。

就在中国政府逐渐确定了这个方法之后，他们极力想要委托给德国公司。欧洲人会常常提到中国的开发计划，这时，德国就在中国的墙壁上挖了个小洞，他们想借此溜进中国内陆，这个小洞的名字就叫"胶州"。事实上，中国也有意将能进入这个国家的钥匙交给德国人，只是，德国人每一次都错过这样的机会。"你们对中国人是最友善的！"中国政府对德国人如此说道。"拜托你们帮我们个忙，帮我们建造铁路吧！"这次德国人说什么也不会再放过这个机会了。这样的机会可以说是来之不易的，很少有国家能够有这样的机会，想必德国也会因此受益不少。

张之洞解释说："我们非常信得过你们德国人，你们是有科学知识的民族，你们的官员都是有学识、有修养的人。他们工作小心谨慎，为人也十分正直合群。能够把事情交到你们手里，我们都很放心。"自从中国有了铁路问题的这几年，锡乐巴先生总是写成新闻报道寄回德国国内发表。他的报道不仅给德国政府，也给一般民众阅读，许多人在读了他的文章后，马上就会产生极高的兴致！但是，兴致过后就将文章搁弃在一旁。人们对他的成就赞誉有加，却从未想要真正地参与这个议题。锡乐巴先生并没有因此而放弃，他一而再再而三地写文章催促德国方面做出决定。有一天，答案终于随着信件准时到达了。信中提到：为了帮助中国实现修建铁路的计划，德国方面还需要尽快筹措资金。但是，之后收到的答复又只是反复重申：人们非常友善地看待这个计划，政府很友善、克虏伯公司也很友善，这儿的那儿的人都很友善，然而，只是大声说友善并不会让事情有所进展，光有德国的友善也没办法让中国兴建铁路，他们需要资金。既然德国没有办法为兴建计划提供任何资金，中国也只好转而向其他国家求助。

其他国家却不想让中国向更多的国家求助，因为他们都想抓住这个绝佳的机会。但是现阶段的中国铁路，绝大部分已经受到了德国的影响：首先，最初的铁路建造方案是由德国人起草的，铁路的路段也是由德国人实地测量的；其次，一部分的建造已经由德国人着手进行了，现在却要把铁路交到其他国家手里？然而，最终的结果还果然是交给了其他国家：汉口—北京的铁路由法国人和比利时人共同建造；汉口—广东的铁路美国人负责；汉口—上海的铁路交给了英国人。说到汉口—北京的铁路的特别之处，上海方面始终认为，法国人和比利时人的背后有俄罗斯人在撑腰。可以确定的是，俄罗斯的钦差大臣已经动用了自己在北京的关系，让法国人和比利时人能够获得这次的铁路工程，这比俄罗斯人对这条铁路一点也不感兴趣，更加引人注目。他们一开始似乎认为，如果自己争取这个工程，就有可能会影响到他们在中国北方的势力，如今，俄国人对这段铁路已经无须用提出异议的方式来表达自己的干预。我们还不能知道，俄罗斯人究竟有没有计划，将他们的影响力扩展至长江中部——那里正是英国人属意的地区，还是仅仅以法国的好友身份来提供协助罢了。

在这种情况下，最初那些负责准备工作的德国工程师们，自然而然地到处都受到排挤，中国政府只能用一种很客气的方式，让这些德国人能有一个台阶下。以锡乐巴先生为例，他被提名为中国铁路事务理事长。这个职位其实徒有虚名，实际上并没有什么跟铁路建设相关的权力。事务上，他只是作为中国铁路局总办盛先生①的参谋，锡乐巴先生现在居住在上海。（盛先生是在义和团起义时逐渐崭露头角的。那个时候，外界与所有的北京大臣断了联系，唯独盛先生可以接收到来自北京的消息。汇电到北京的线路也中断了，据说电线是被义和团的人给切断的，不过不论盛先生发出去的或是收到的电报，也是得经过这些电线的，所以，盛先生代为转达的信息是否为真，大家可以说都是心照不宣的。盛先生向这个世界传递了无数个美丽的谎言。也许还得归功于那个被切断了的电线，才能让他接到那些电报呢。）

锡乐巴先生这个职位只是有个头衔，实际上并没有什么跟铁路建设相关的权力。但是，谁也没有想到，就在这个时候，德国的资金又突如其来地出现了，几百几千万，要多少就有多少。德国现在也想参与兴建中国铁路，这固然是很好的事，但可惜他们出现的这个时间点，铁路已经被其他国家瓜分得所剩无几了。

不过，他们最终还是得到了一段，是汉口—吴淞—上海的铁路。与中国政府的全部协商已经结束，资金也已经全部到位，合约已经准备好，马上就要签署，这时候张之洞与德国企业协商，他们先兴建从上海到南京这段，如果这个路段修建得理想的话，他们就可以继续延长至汉口。之后，他们就可以得到更多路段。双方马上要签署合约之际，又意外杀出来了英国人，他们对此提出异议。英国大臣认为，整个长江地区都是英国人的势力范围，不能任由德国人建造一条铁路在他们的势力范围内通行。德国公使只有实时汇报，向柏林求助。然而，他得到柏林的指示却是：让德国银行竭尽所能地提供最大的协助，前提是无论如何

---

① 盛宣怀（1844—1916），其父盛康为清朝的官员，与李鸿章有私交。盛宣怀是六兄弟之长兄。1870年盛被李鸿章招为幕僚，受到李的赏识，盛替李经手洋务。甲午战争失利后，清政府"力行新政"的六大措施之一，决定修建铁路，成立中国铁路总公司，盛宣怀出任总办。清政府批准从国外融资2000万两白银，另从其他对外借款余额中投入1000万两，此外，国内融资1000万两。盛宣怀督办铁路总公司筑成铁路总计2254公里，占清政府筹资修铁路的近一半，先后向外商借款共计1.8亿余两。这里值得一提的是，盛宣怀家200多用人中曾出过两个名人，其中之一就是宋氏三姐妹的母亲倪桂珍，另一个则是张学良的岳母、赵四小姐（赵一荻）的生母吕葆贞。

都要避免这件事情影响到政治层面。如此一来,德国修建铁路的计划就完了,因为这件事的解决方案只能和政治扯上关系。当张之洞听到德国政府的决定时,哈哈笑着说:"我都没有想到,你们会让英国人踩在你们头上!"

德国和英国确实应该维系他们的友谊,两国需要和平共处,没有什么比挑拨两国关系更下流的了,然而,这却是某些德国政客和出版从业者最喜欢做的事。现今德国主流的政治圈明显地想尽办法跟英国重修旧好,因为几年前,两国关系曾一度降到冰点。但即便如此,德国也没有必要在英国面前放弃自己想做的事情,英国也不会为了这条从上海到汉口的铁路而向德国宣战。当然,中国政府对这里面的原因并不感兴趣,即使德国企业一定想知道这背后的原因是什么。不管德国企业愿意还是不愿意,还是要接受最后的结果,只是,这个结果相当令人遗憾和难过:英国政府最终从德国企业手上,抢下了中国这段最重要的铁路建造工程,并且,很快就委托给了英国企业。

显然,德国政府一开始是最有机会的,倘若主导修建由德国人帮助规划的,由北到南、从东至西贯穿全中国的铁路,这样德国就在中国占有了绝对的优势。但是,如今我们只能说,德国错失了这个难得的良机!眼下看,德国能够在中国胶州立足,就已经让我们十分满足了。德国有了这么严重的疏忽,将来毫无疑问会后悔不已。

造成这样的疏失,究竟是谁的过错呢?如果和德国贸易商说到这个话题,会听到他们谴责政府。如果去问那些政府官员,会听到他们说,除了柏林那些自以为是的财务官办事不力外,德国贸易商人也缺乏企业家精神,他们没有使用大规模资金的习惯。在这样互相抱怨的意见中,要做出判断是很困难的。这也许是政府的错误,也许是贸易商的错误,又也许是双方都有错。另一方面,我们在上海商业界也听到质疑的声浪,他们怀疑德国错失良机背后的代价是否真的有那么大。如果中国政府像分配租界地一样,也把部分铁路分给德国之外的企业家的话,那又能怎样呢?如果地方长官妨碍了铁路的营运,或者加重货运内陆关税的话，又会变成怎么样呢？只要政治情势一天不能稳定下来，就无法断言铁路事业一定有利可图。再者，德国还是可以通过胶州往山东的铁路，在货品运输交易上有收益。山东的铁路估计会与由北京往南走的北方铁路在某个地点交会，这时就可以拦截到来自北边的商品，并运往离那儿最近的海港——胶州。

这是非常有希望实现的，但是，德国企业家也有可能会因此亏损。无论如何都不会改变一个事实，那就是德国原本可以有机会建造中国最长的铁路，但折腾到最后却什么也没建成。

补　记

就在《法兰克福日报》披露上述内幕消息不久之后，德国国内就掀起了一些抗议的声浪。《科隆日报》发表了一篇明显是来自金融圈的文章，内容是说，德国的资本家指出，外界认为是他们的犹豫不决导致参与中国铁路建造机会的错失，这一说法完全是子虚乌有。报道中亦解释，北京—汉口这条铁路的修建工作，特别困难，并且要花费很高的成本，因为绝大部分工作是在黄土上进行。当时，我也收到了一封可信度极高的信，写信人就像北京的钦差大臣一样，对中德之间的政治非常熟悉，绝不会只是一知半解。他也否认德国政府在这件事情上有疏失。他说：从未在中国官方那里正式听到过，铁路兴建工程已经属意德国企业的消息。特别是说到上海—南京的铁路，他写道："修建工程的计划，并不是因为少了德国政府的支持，而是那些柏林的银行家，从一八九七年十一月开始，一直到一八九八年三月，都无法拿定主意来抓住这个机会。即使驻北京的大使一而再，再而三地催促，银行家们也不曾派出个像样的人到中国协商，这才会让这煮熟的鸭子给飞了。"信中的这个段落，不是在反驳我的断言，而是间接证实了，在上海—南京铁路这件事情上真的有疏失，但并不是德国政府造成的，而是德国的资本家自己造成的。然而我并不是要针对这件事情来做秋后算账，究竟是官方还是金融圈的错误决策造成的种种问题，不再讨论。我能了解到的是，各方人马都有自己的考虑。在上海为我提供消息的线报人员,也在这次的中国铁路事件中扮演了极为重要的角色。

顺带一提的是,中国的这个区域,现阶段情势瞬息万变。就在上述那段话在《法兰克福日报》发表之后不久,就又产生了一些新的变化。在竞争中国铁路一事上,德国在最后一刻终于还是出现在计划里了。有一个在中国积极建立亚洲银行的德国资本团体,向北京政府发出了新的建造铁路的许可申请,计划从长江边上的镇江出发,然后穿越整个山东省,最后到达首都北京旁的天津市。这项计划被众所皆知之后,英国随即又提出了抗议,宣称该铁路的前段会经过英国在长江的势力范围。德国派出驻华公使海靖先生(Herr Hegking)与英国政府进行沟通。在经过积极的外交协商后,双方达成了一致:镇江—北京的铁路将由德英两国共同建造完成。英国人负责镇江—山东的路段,德国人接着从山东一路建造到天津。这个解决方案以最好的方式调停了双方的冲突,同时,由政治层面来看,结果也有令人开心的地方,那便是德国和英国在中国境内的事务开始紧密地联结在一起了。

与英国纠纷一事得到圆满解决之后,接着就是争取从中国政府手上取得这段铁路的经营权,这可不是一件简单的差事。德国的竞争对手是一个美籍中国人容闳①博士,他自称代表着美国某个大财团。其他国家企图要建造铁路的人,都势必要开始钻研或找人测量铁路的路段,而容闳博士不喜欢在多余的形式上浪费时间,他明显地以中国人的方式来运行。他一介入就想尽办法找关系,贿赂了所有对这件事有影响的高阶官员,承诺给那些人巨额回扣,试想一下,这是多么妥当的办法啊!因为,众所皆知,承诺给官员回扣要比直接给现金要来得大方许多。至少,中国当局能够从容闳博士的承诺中看出,如果他果真

---

① 容闳(Yung Wing,1828—1912),本名达萌,号纯甫,广州府香山县南屏村(今珠海)人,他是中国近代史上首位留学美国的学生,亦为首名于耶鲁学院就读的中国人,后创设幼童赴美计划,世人称他为中国留学生先驱。1876 年,美国耶鲁大学授予容闳荣誉法学博士,以表扬他对于中国和美国之间文化交流的重大贡献。

有那么多资金的话,那回扣肯定是一大笔钱。由于铁路经营权一向是由资本最雄厚者取得,这情形对容闳博士就非常有利。没有想到的是秋天来了,清政府突然间爆发了戊戌政变,对此,我在之后的章节中还会有详细的描述。据猜测,容闳博士跟康有为那帮人走得很近,现在,康有为的几位朋友项上人头都已经不保的情况下,身为康有为好友之一的容闳博士,当然也不宜在北京久留了,最好的方法就是快点儿消失,毕竟要是人头都没了,铁路工程就更是不用想了。

竞争对手意外消失了,按说德国该立刻行动才对,不料这些金融家又开始犹豫了起来。这一次,他们看起来倒是有些道理,他们认为,中国现在的局势非常不稳定,几乎到了快要开始分崩离析的地步了。皇帝自己的皇位都摇摇欲坠,甚至极有可能皇位都保不住了,实在是非常不适合把资金引入到中国的事业里。中国铁路一事就这样再一次进入了暂时停摆的状态。很明显,在还没有一个稳固的政府出现之前,中国铁路的建设和经营权的归属问题,都不会继续进行。接下来极有可能会有一个新的中国政府出现,或者会由欧洲政府主宰!

(二)上海—吴淞铁路

一八九八年六月十八日

上海

再过几周,上海—吴淞铁路就要开通了(上海—吴淞铁路是于一八九八年九月开通的,直到现在仍在运转)。

这条铁路的功用是将上海与海洋联结起来,行驶时间大约需要半小时。吴淞将会是上海的海港,就好像不来梅①港距离不来梅市很近

---

① 不来梅(Bremen),德国最小的联邦州不来梅州的首府、德国第二大港口城市和第五大工业城市。不来梅的支柱性产业包括食品加工、航天航空、航运物流、汽车制造、贸易、新能源等行业。不来梅州由不来梅市和往北60千米以外的不来梅哈芬两个城市组成。

是一样的道理。

那些土地投资客们,早就把眼光放在吴淞好一阵子了。他们积极地购买规划中铁路两边的土地。在铁路的终点站,将会建设成一整座新的欧洲化的城市,中国人自己也想建造这样一座城市。从草图上看,这座城市的规模甚至会大过上海。不过,要用来兴建这座城市的土地已经没剩下多少了。最后,剩下的几块土地也都被日本公司看好,他们想尽办法要把它买下来。铁路附近的土地价格急速飞涨,当初,因为铁路建设征收土地时,一亩地才五两银子,现在,则跳到了五十两。第一批想要借着投机采购土地的人当然都是政府官员和他们背后的人,这些高阶官员想从中获取的利益估计有五百万银两之多。日本政府竭尽所能地希望在这一座新打造的城市里,能够获得一块属于日本公司的特别用地,得以将一座日本城市建设在中国沿岸。很显然,北京政府是绝对不会同意的,但是,过了没多久,政府这个态度却突然变得松动起来。忽然间,清政府对外国人变得相当友善,并且表示,新的城市必定是要对世界各国开放,所有的外国朋友都可以参与进来。

上海计划兴建一条环绕着整座城市,并且最后会一直连接到吴淞的铁路。同时,这条铁路还应从上海再到内陆,经过南京而继续开往汉口,就如同我前面提到的锡乐巴先生做的规划一样。其实,这部分铁路建设已经落到了英国人的手里。

这条小小的上海——吴淞之间的铁路工程,是年轻的锡乐巴先生设计的,他的哥哥就是一手打造科隆火车站的、德国著名建筑师大锡乐巴先生。他在总督张之洞身边工作多年之后,现在任职于中国的德国亚洲银行,并协助中国铁路计划方案的进行。小锡乐巴先生,也是一个很有来头的德国人,他侄子哈度·锡乐巴也一样出名(哈度是大锡乐巴的儿子,父子均为德国的传奇人物)。哈度先生刚刚参加完德国的国家考试就来了中国,如今已经在中国生活一年了。他穿着厚重的长筒靴和白色的轻骑兵夹克,每天穿梭于吴淞与上海之间。他脸上的伤疤多了几分战争感,据说是在击剑社团比赛时留下的。尽管如此,在上海和吴淞之间,我们还是从未见过如此俊美的"伤疤男子"。击剑让人受这么重的伤,一只大狗恐怕也会跑开。(这并非是俚语粗话,而是说如果一只狗看到击剑的场合,恐怕也会吓跑。)

小锡乐巴先生手底下还有几名年轻的德国工程师,当中有一人会说流利的中文,并且正在用当地人的话训斥着干活的铁路工。现场还有一位德国工头理查德先生(Herr Richter),是一位安静、谦虚、特别有能力的人。理查德先生一家人就住在吴淞火车站的大楼里,这里的风水好像不太好,女人们总是抱怨有受不了的神经疼痛,她们总是哀怨着一张脸。除此之外,这个小小的德国家庭倒是颇温馨的,从窗户向外望去便是黄浦江口,墙上的挂钟勤奋地发出嘀嗒嘀嗒的声响,桌上则有本乌兰德诗集①。

吴淞火车站大楼内,有一部分地上铺有红砖,还有一部分则由红棕色的木头铺成。它的山墙和木屋顶,让人想起瑞士的小木屋。入口处大厅的地上,铺有重重烧过的砖头,有时候,还可以在门上的木头里看到裂缝,把手则会在开门时有些轻微的晃动,这就是中国人建造的工程,他们在工作上并非精益求精,尤其是当他们的工钱是以天为单位来计算的时候。不过,大体上算是完工了,剩下的就是等着乘客上门了。火车站不仅应该有二等车厢候车室,还应有三等车厢,甚至一等车厢的候车室,但是,在这栋大楼里三者都包括了。此外,这里还有按规定需要设立的吧台,因为,有铁路的地方就要有饮品。入口处大厅的右方就是柜台,站台是被栏杆封锁住的,也就是说只要是到了站台处,就会立刻开始检票上车了,所以,一般在入口的地方就要多注意,因为一旦不小心让想坐霸王车的人进了站台上车,你就很难再把他从车上赶下来了。

---

① 路德维希·乌兰德(1787—1862),日耳曼语文学的奠基人之一,有《诗集》(1815)等。所写的叙事诗和抒情诗多采用历史传说,美化中世纪,同时,也反对当时的封建专制统治,具有民歌风格,如《歌手的诅咒》《诗集》等流传很广,晚年从事学术研究,著有关于德国和法国古代诗歌的论文。

车站大楼的后方,中国工人正忙着在地基的沙石上铺轨枕。全部钢轨都来自德国,由最新的普鲁士钢铁厂打造——这样的钢轨只能在德国制造,然后,再由比利时公司运送过来。德国公司原本是中国铁路建设原材料供应的首选,但他们把这看成了掠夺中国财富的绝佳时机,狮子大开口,让人根本没办法和他们做生意。此时,比利时的 JC 公司①(Firma Cockerill)主动提议要生产这些轨枕,尽管他们也得从德国买进原料,然后再用自己公司的机器来制造,但他们报的价格还是比德国工厂低许多。最后,比利时 JC 公司得到了这笔生意,德国工厂则什么都没得到,因为他们实在是太能漫天要价了。

在火车的转车盘上趴着一个中国人,他正在为转车盘涂灰色的颜料。一旁的工人正在挖一个小水池,他们站在水深及膝的脏水池里,徒手把泥土往外挖。在火车棚里的屋顶还吊着两根机器的烟囱,下面则停放着火车的钢铁车身。火车的动力源于具有六个马力的煤气马达。只见苦力推过来一台低矮的工作车,老实说这样将火车推过来推过去的,对铁路的影响力没什么太大帮助。火车只有既安全又快速地行驶着,他们才会认为铁路是一项非常理性的创造。不过,通过推,苦力和铁路之间慢慢地就产生了一种信任感,而苦力已经多少开始以同事的身份来看待这个被他们推来推去的钢铁火车了。

两辆火车已经安装完成,或者说几乎就快要完成了。它们一开始是好几百个机器零件,被装在好几百个箱子里,从美国运过来。是德国工头理查德将它们组装在一起的,这是一份很辛苦的工作,因为他手下只有几个中国工人可以支配,不过中国人是可以做任何事的。就像现在,铁路进到中国来了,中国人立刻就让你知道,他们也是能够建造火车的。在天津甚至已经有了一个中国的火车车厢工厂,专门替上海—吴淞铁路生产滚动器材。这两辆火车就被带到临时以席子搭建的工作棚里安置,它们被建造得非常细致,充满了动力,等到从席棚里放出来

---

① John Cockerill 于 1817 年在比利时 Seraingnr 成立,公司当时生产的主要是工业机械,蒸汽机,高炉鼓风机等,1835 年,公司生产比利时第一台蒸汽机车 Le Belge。

的时候,它们将会快乐地在中国的土地上行驶,人们将会看到它们在中国人面前奔跑。此刻,红绿色的身子让它散发出耀眼夺目的光芒——火车上半部是绿色下半部是红色。火车一旁坐着一个中国工人,一手提着颜料桶,另一只手拿着毛刷,慢慢地往那些已经是绿色,但还要更绿的地方涂上去,因为,这台刚出炉的火车很快就要在这个国家的土地上奔驰了,所以,不管颜料再怎么涂,都还感觉不够完美呢!

除此之外,整个铁路都是由中国工人建设而成的,他们既有技巧又非常能干,不过一定要有人在一旁盯着。一旦他们发现监管开始松懈了,就会躺在一旁偷懒睡觉。在铁路施工路段上,到处都可以看到中国军人手里拿着竹藤走来走去,防止轨道上的钉子或墙上的砖头被偷。除非军人自己心存歹念,想要把钉子从轨道上偷走,否则,这整套监督系统是非常优秀且万无一失的。

如果沿着铁路徒步从吴淞走到上海,大约需要三个小时,铁轨目前只铺到过了吴淞后十分钟路程的地方,再过去就只有石砾堆,不久之后,就会只有铁路的路基了。工程师们希望铁轨能在六周之后铺至上海,他们可是花了很多的工夫,好不容易才把铁轨从欧洲运过来。有一次,因为船就要搁浅了,不得已把一批铁轨丢入红海;还有一次,好不容易将铁轨运到吴淞了,卸货时铁轨的一小部分却掉入水中。现在,全部的铁轨总算是全员到齐,并且保持着良好的状态。用来协助铁路顺利通过河道需要架设的铁桥是从德国运来的,已经被架设完成,桥两边都有砖头支撑着。铁桥的旁边还看得到一座中国的古桥,河床里立着用石头堆砌而成的两根桥柱,桥柱上是一座由三块又长又窄的石头搭建成的小桥。石头呈现出经过岁月摧残后的铁灰色,每块石头上有不同的纹路及图案。它们虽然仅是松散的石子,但是却有如山水画般庄丽的构图——石头搭建成的桥蓬松精致,反观在一旁的新桥则显得既笨重又有棱有角得生硬。不过,它虽然没有山明水秀般的美感,却可以承载得住火车的重量,既然如此,又何必要求它的美呢?毕竟现在到了钢铁时代,这才是重点。

过了吴淞之后,铁路还会继续延长,经过几个小站。这些小站屋顶拱起的模样很有中国风的味道。然后,铁路开始进入平原,眼前的景色是一片绿意盎然,从左到右美不胜收。田地的中央有几棵树木,显然是没有被分配到什么好位置。人们没有想要利用这树木建造公园或林荫大道,进而才能充分勾勒出这个地方的风景,只是单纯地让树木自然生长,有时候不免在路中间会生成一座小森林,树木茂密地林立着,混在其中的杂草也长得老高。另外,还有竹丛亦挺着细长的枝干和翠绿的叶子,直立在一旁,四周的田地延绵不断,远方只见又是另一片森林。这儿的森林就这样在平原上平均分布着,不时地还可以看到独立生长的、这儿一棵那儿一棵的树,有时,还可以见到树木围着一座坟墓生长。

中国的乡村里到处都是坟墓。活着的人住在城市里,死去的人在世俗的角色结束后,也不会消失。他们会被搬出城市,散布到乡下每一个角落。中国的土地似乎有一半以上就像个大墓园,农夫要和死去的人争分土地,而且坟墓总是把最好的土地拿走。不像是在我们欧洲,人类死后能够拥有一个小墓地就已经满足了;为了不打扰到活人的安宁,欧洲墓地一定是被慎重地管理着。这里农地的中间立着成百上千个坟丘,它们就这样毫无章法地散布在平原上。手上拿着犁具的农夫都得绕过这些坟丘才能前进。有时候棺材就用简单的草席替代,直接放在农地里,有的木棺甚至还没有棺盖。中国的农业因为这些坟墓的存在究竟损失了多少土地,这恐怕是一个无法估计的数字。

就连现代铁路也要想办法通过这些满是坟墓的地区。偏偏中国人就是不答应,让这么一个外国来的"恶魔"通过。他们说:铁路会打扰他们祖先死后的安宁;他们的祖先更害怕火车会让他们下辈子的命运受到不好的影响。这些疑虑非常幸运地找到了解决的办法,那就是已经有了规划路线的铁路,虽然不能闪避这些先人,但是,这些先人倒是可以"避开"铁路。这整件事情能否顺利施行,势必要看有没有资金可以运用。如果可以给中国人一点适当的赔偿,他们就愿意把祖先的墓地让出来给铁路通过。如果这些人可以得到钱,他们也还是可以为铁路放弃他们祖先的权益的。他们可以把祖先从坟墓里挖出来放到车上,然后将他们载到一个没有铁路经过的地方下葬。如果用赔偿的方式没有办法解决的话,还是会有其他办法让他答应的,那就是在逼不得已的情况下,政府就会下令强制征收这些墓地。在铁路建造的成本当中,收购墓地的支出占了很大一部分。例如,北京—汉口铁路上墓地的平均价格是两个美元,上海附近的墓地由于占地多需求量大,所以价格一路急速高涨,现在一处坟墓的价格已经是一百五十美元起了。我倒是惊讶,投资客为何还没有发现这个商机呢?还是他们早就涉入其中,只是没有被人发现罢了?有一些人甚至还会把自己已经下葬的祖先,再租借给其他人去谈这个生意,用收取现金或是平分获利的方式。

在上海—吴淞铁路的中间有一块小墓地,主人是一位信奉新教的中国人,他可是让铁路公司吃足了苦头。他从早到晚都派人在铁路工地附近监视,铁路工人只要一靠近墓地,这些旁边看守的人就会发出可怕的噪音作为警告。铁路公司实在拿他没有办法,只好在这个地方绕了一个小道,为的就是要避开这座墓地。他们也曾经想把这个墓地买下来,不料主人开出了天价,铁路公司只好作罢。与这个人打交道就已经够难的了,如果他还是个新教徒的话,那可真是难上加难了。

如果不是这些墓地的话,这里看起来仿佛就像是德国。绿油油的草坪和广阔的田野会让人们自以为是身在德国。这里有蒸汽般的阳光穿越灰色的天空,阳光照射的大地如德国一样美丽。附近小溪经过的牧场也和德国十分类似,中国农村的生活就是在这样德式的风景中展开了,那些穿着蓝色长袍的农夫,正在广阔的田地上工作着。从远处望去和我们德国还真有几分神似!那些阳光晒出来的黄色脸庞,其实和欧洲的农民完全相同。他们每天做的事情也没有什么两样,这也说明了,世界各地的农夫基本上都是一样的。唯一比较奇特的是那些在田地上工作的水牛,它们头上长着又尖又弯的角,身体非常雄壮。如果从后方看其深棕色的皮肤,会让我联想到动物园里的犀牛或者河马等动物。有些中国水牛还是黑色的,眼神极为犀利凶狠,但是,在一天的工作结束之后,它们只是安静地把孩童载在背上,慢慢地一路走回家。在田地里工作时,它们极有耐心地拖着古老的木质犁具,被犁刀犁过的土壤是黑色且油腻的,撒下种子就会有丰收的成果。如果是种植稻米,农夫就会站在一个扁平的机器上犁田。

种子已经萌发的稻田,嫩苗覆盖在水里头,农夫要将那些浓密生长的幼苗自水里拔出,然后,再将其一根根地植入到一旁的稻田里。也就是说,这些整天站在水或沼泽里的人,他们都是得象皮病①的高危人群。这里除了稻米和谷物之外,一旁还有矮小的棉花灌木,在绿油油的田里开出白色的花朵,风一吹,棉絮就好似传送了一个问候,送到老朋友的家里。收捡下来的谷物会被扛回家。农民的肩膀上都有一根很粗的竹竿,竹竿的前后分别挂着谷物。女人们回家时肩上也是扛着工具,这些工具都有竹子做成的把手。在牧场上还可见到鸭群正被驱赶着,排成长长一列往小路前进。牧民就走在一旁队伍的中间,手里拿着细细的枝条在维持鸭群的秩序。前方不远处铁路的路基旁,可以看见一排低矮的农舍,还有一座乡间寺庙,众神立在寺庙的大厅里,上方靠一片遮雨棚挡着。一般神明的雕像都被漆成蓝色及红色——只有农神是以耀眼夺目的颜色塑造而成。

铁路的第一站就是江湾,江湾站已兴建完成。一旁的屋檐底下,有一幅描绘中国神明的奖章形画作。梁柱上山形墙的中心被涂有色彩,为画作上色的中国艺术家肯定是想着,要留下能让人联想到龙头的作品,因为龙在中国是吉祥的预兆,所以,中国铁路再怎么样也不会少了龙的出现。江湾站底下还有一些工程正在如火如荼地进行中,工头是一位非常有礼貌且博学多闻的人,他是一位中国的博士。

---

① 淋巴丝虫病是一种能够毁容的热带疾病,它又称作象皮病。蚊子把致病寄生虫从一位患者传给另一个人,从而导致这种疾病。目前的疗法可以杀死幼虫,但是对于成虫只有有限的效果,这意味着这些疗法可以防止这种疾病的传播,但是不能治愈已经携带这种寄生虫的患者的症状。这种寄生虫感染了发展中国家的1.2亿人。

下一站盖在射击场附近，那里可以看得到上海的水塔，以及这条铁路的终点站——市郊，刚好在美国居民区的交界处，离一些新盖好的华丽房子不远。

第十五章　在中国的德国军事教官

中国试图通过德籍军事教官的协助对国家军队进行改革,实际上这个愿望没办法达成,因为中国军队的基础条件太差。甚至可以说,中国根本就没有军队可言！中国不缺少军人,但是,他们从来就不是这个民族的精英分子。要把精英分子集结到一起,让他们能够服从于中央的权力,这个现象在中国是不存在的。中央权力和机构都只是形式上的,由中国清政府的衰败,使得所有的上下关系都变得十分松动,就连北京最高军事指挥单位也是如此——就算勉勉强强有了一支军队,这支军队也没有什么好指挥的。

中国的军力是由每个省的总督来支配的,如果哪一天某个总督突然心血来潮,对军事改革感兴趣了,并且他能够很理智地意识到,射箭和举重已经不再适用于军官考试的话,那么,他就会愿意让几百名他的士兵接受国外军事教官的操练,或者自己创办一所军事学校,让一些知识分子和士兵能够从欧洲军事教官那里,恶补一下如何赢得一场战斗的知识,这就是中国所谓的"军队改革"了。

这些尝试军事改革所用的方法,施行到最后都是徒劳而无功的。原因就在于,所有的方法,都没有解决好中央集权问题。中国年轻的皇帝也许已经意识到了这一点,于是,他决定要由他自己来重组军队(不过由于他在一八九八年秋天进行的一项大型改革,使他丢掉了皇位的事,这个愿望也没有达成)。这就证明中国清政府的集权实际上还是不够强大！他们根本无力对国家军事进行改革。如果皇帝这个时候突然想振作起来,他就要亲自对抗老旧难改的弊端,然而,消失的将不是这些弊端,而是这位年轻皇帝的皇位。

截止到目前,中国所有的军队改革还只是几个总督个别零散的实验,其中就包括李鸿章。他在被调任北京之前,曾经在天津担任总督几十年;另外一个就是先前提到过的张之洞,目前,他是居住在武昌的地方大员。如果说德国的军事教官对一些省的武装起到了作用的话,那铁定就是跟这个省的总督脱离不了关系。但是,也仅限于某个总督自己的部队,仅仅是展现一下总督个人的才能而已。在北京给予的权限里,即使是总督也没有充分的权力,虽然他们的改革已经展现出了军事训练获得的成果,但是,最终由于清政府的不理性,还是会将其毁于一旦。(最大的成果展现在一九〇〇年夏天,中国军人在天津之争的冲突中,充分展现了从欧洲军事教官那里学到的军事技能,以此来与欧洲军队进行对抗。)

我们倒不必将这件事看得太过哀伤,那些来到中国的德国军事教官,绝大多数不是出于对中国的责任,许多人仅仅是为了中国允诺的、非常诱人的高薪而来的!到目前为止,中国一直遵守着他们的承诺,每个月准时发放他们的报酬。这样一来,搞不好中国还吃亏了,因为这些招募来的有才能的军事教官,并不能随意指挥自己训练的军队。为了补偿这些军事教官对无法施展才华的失望,他们还要得到一些补偿金。尤其是那些跟随着长官来到中国的德国下级教官,由于置身于从来没有想过的物质环境中,他们的自尊心也有了些许的提升,逐渐地,他们不再把上级当上级了。双方发生纠纷时,德国总领事还得亲自从上海到南京进行调解。

我们几乎可以断定,德国的军事教官在中国这段时间的工作已经结束,虽然在南京、武昌及天津的军事学校里,还有几个在任教,但只是庞大德国军事教官体系中仅剩下的几块残砖破瓦而已。那些最后还愿意留下来继续待在中国的教官,早晚都得放弃他的职位,因为已经有人这么做了,他们积极地找了些生意来做,最后,有少数人成功地在欧洲—东亚贸易中占有了一席之地。这些以往为普鲁士军队传统左右的将领们,曾经藐视平民老百姓和商人,但在这个世界贸易的集散地里,这些旧观念已经消失得无影无踪了。上海虽然距离波茨坦①非常远,但是军队将领们的个性已经变得十分中立和自由了。他们甚至乐于在中国成为一介平民,他们或许希望,有一天东亚可以变成某些普鲁士军官的教化之地……

中国和德国之间最后一次大规模的军事教官合作,始于一八九五年,到一八九八年结束。但是,早在一八九三年,就有许多德国军事教官带着他们的下级来到中国,替中国政府训练军人。其中,最高位阶的是普鲁士的施坦尼斯坦(Reitzenstein)少校(这位施坦尼斯坦先生和另一位有名的马术专家,于一九〇〇年夏天跟着探险队伍来到中国的斯坦尼斯先生并非同一人)。施坦尼斯坦先生和其他军事教官的经历,我会在接下来的文章中进行报道。我于一八九八年的六月在上海与他相遇,那时候他正准备要返航回德国。

德国军事教官正式来到中国是从一八九五年开始的,他们参与了李鸿章在天津的军事改革。由于那里的某些地区已经被日本人占领,因此,他们决定暂时移师到上海,静观中国接下来的事态发展。不久后,他们就在南京见到了张之洞。那时候,张之洞在南京担任两江总督。有一天,在聊天的过程中,张之洞对施坦尼斯坦少校提到的军事改革十分振奋。他极力地游说施坦尼斯坦少校,让他留在南京一展才华。张之洞甚至要马上发电报给北京的皇帝,他希望施坦尼斯坦先生对中国新的军事机构的建设,提出一些最好的建议!他特别希望施坦尼斯坦先生能够解释为什么中国军队在李鸿章聘用德国军事教官的教导下,还是在甲午战争中失败。施坦尼斯坦先生回答说:"其实原因很简单,天津的军事教官只是负责训练,对部队没有直接的指挥权。甲午战

---

① 波茨坦(Potsdam)是德国勃兰登堡州的州府,其北部与柏林相邻。波茨坦坐落于哈弗尔河边,是柏林/勃兰登堡大都市区的一部分,它是勃兰登堡州人口最多的城市,也是该州的一个中心。波茨坦曾经是许多重要事件的发生地点。波茨坦之于德国正如温莎之于英国:其为普鲁士国王和德国皇帝的夏宫所在,直到1918年。

争中军队是由中国军官带领的,中国军官自身指挥能力不足,导致无法展现出军队的战斗力。如果中国军队想要在未来作战中实施正确的军事指令,就势必要把这些军事教官看成是部队的上级长官。"张之洞听完,对此说法表示完全可以理解,并且,爽快地答应了这个指挥权的提议。于是,施坦尼斯坦少校便来到了南京,担任张之洞军队的指挥将军,跟随他的其他德国教官以及下士,也都被赋予了不同的军衔。

中国的一个军团大致会有十万人,施坦尼斯坦少校提出异议:他没有办法一次训练十万人。于是,张之洞首先要求训练好自己的侍卫队。最后,他们之间达成了协议,施坦尼斯坦少校一开始先训练两千五百名士兵,这一批训练完成之后,再接着训练第二批两千到三千人的军队,依此类推,直到十万大军都训练完成。张之洞于是马上开始部署这两千五百人的侍卫队。

不过招募部署工作尚未开始,原本的总督刘坤一①又调回南京来了,张之洞则必须卸任两江总督,回到武昌自己原来的岗位上。刘坤一作为南京(江宁)的总督,来自湖南。传说湖南是中国最保守的地区,湖南人思想极为守旧,对新的事物和外国人都非常有敌意。举个例子来说,湖南省内有着丰富的煤矿区,但是,如果你要开采是完全不可能的,因为没有机器能进得去这个区域,最后,机器还会被他们损坏。湖南在中国就是这么封闭落后(现在的南京总督为刘坤一②。他是一个非常开明的人,在义和团起义时期并没有任何仇外情绪。他是提倡与欧洲各国和平相处的三个总督之一)。刘坤一刚上任南京总督,情况就完全地改变了,因为每个总督都会带着自己的官员上任,所有行政部

---

① 原著 Li-Hu。据考证 1896—1899 年两江总督位置空缺,书中所说 Li-Hu 应为刘坤一。
② 刘坤一(1830—1902),字岘庄,湖南新宁人,清末后期军事家,政治家,1855 年参加湘军与太平军作战,1864 年升江西巡抚,1874 年,调署两江总督,1875 年 9 月,授两广总督,次年兼南洋通商大臣。1891 年受命"帮办海军事务",再任两江总督,甲午战争中任湘军统帅指挥湘军出关与日军交战。1895 年强学会成立支持维新运动,他攻击康、梁变法,反对废黜光绪帝。八国联军侵华时期参与张之洞等东南督抚达成的"东南互保"协议。1901 年与张之洞连上三疏请求变法,提出兴学育才、整顿朝政、兼采西法等主张,称"江楚三折",多为清廷采纳。

门的官员一下子都换成了湖南人。他们都尽量给自己人找个舒服的闲差,同时,用尽可能的手段来阻碍军事教官执行任务。德国教官忍了很长一段时间后,终于在兴建房子一事上爆发了冲突。

当初,合约规定为每个军事教官都提供一栋房子,地点可以由军事教官自己选,可以盖在他们指定的地方。施坦尼斯坦少校催促总督府赶紧履行这个承诺,总督大人一开始总是找借口推迟,直到实在无法再拖延了,双方就约好去落实,打算一起去负责建造房子的人那里见面,共同选地点。到了约定好的这一天,施坦尼斯坦少校骑着马就出发了。他一如往常地没有携带任何武器,也没有任何随从。他独自一人,手里只拿着个马鞭,因为南京的日常生活如田园一般,只有猎山鸡时才会带着武器。

可是,当他快要接近目的地时,发现有一群人在那里,他心想这应该是建筑工人吧,所以,也没多注意,继续往前走。突然,他周围一下子又多了好几百人,其中一个人提着手里的缰绳,对着他咆哮:"这不是你该走的路!"施坦尼斯坦少校愣了一下,他在南京从来没有听到过这么不客气的话。当他回过神来,不甘示弱地举起马鞭,打算策马尽快离开,但那个人却紧紧地拉着他的马缰绳,似乎没有要放下的意思。于是,他立刻用鞭子抽了一下马,就在这一刻,有石子朝他脸上飞来。这帮人老早准备好了要攻击他。有一个高大粗壮的男子,手里挥着竹竿就向他的头打过来,他驾着马向这个人冲过去,将那人带倒在地之后,他赶紧冲出人群逃脱了。此时,他早已被乱石打得满脸是血。

施坦尼斯坦少校回到军营,军事教官们得知这个消息后非常气愤,全部都荷枪实弹,想去报复。他立刻打电话到上海领事馆,因为,德国军舰目前就停靠在上海,他请求德国从上海沿长江派一艘军舰过来支持。之后,他便前往总督府提出他的要求——事实可以证明,是总督从湖南带来的中国将军唆使当地民众故意攻击他。他请总督务必撤除这位将军的职位,严惩恶棍,赔偿所有的损失等等。

第二天,德国军舰就到达了南京,总督看到大炮已经瞄准南京了,态度才软了下来。他来了个一百八十度大转变,立刻同意德国军事教官的要求。为了不妨碍他们的教学工作,德国教官也主动放弃了赔偿,就这样这个城市又恢复了以往的平静。

此时,由张之洞发起的招募工作大抵已经结束,大约有三千人,他们要从军事基础学起。但是,这些新招募的学员,刚一开始就与总督带来的湖南籍士兵产生了嫌隙。因为湖南军队的官兵待遇很低、装备也很差,不像德国军事教官带领的部队,他们都有齐全的装备,收入也很好。而且总督一直在中间挑拨关系,制造仇恨,直到有一天,他明确地告诉这些德国军事教官,不可能把中国士兵的指挥权交给他们。总督任命自己为这些中国士兵的指挥官,这些德国军事教官只是负责训练指导罢了。施坦尼斯坦少校竭尽全力解释,这样做是违反合约的!双方早已约定好了,对训练的中国士兵,他有直接指挥的权力,并且,还拿出由皇帝亲自确认过的合约。南京总督一定是带着罪恶感和尊崇之心看这份公文的,但接着却说,他管理的省,他想怎么做就怎么做。这下子德国的军事教官们就开始罢工了,他们表示不再负责训练这批部队。这正中了总督下怀,他希望这些德国人赶快跟这些刚招募来的士兵断了关系。

士兵们就不同了,由于没有人管理,他们整天就游手好闲地在南京街上闲晃,逞威风,甚至起了邪恶的念头,干了许多坏事儿,一时间让南京社会动荡不安。总督一下子就慌了手脚,立刻写信给施坦尼斯坦少校,苦口婆心地请求他重新上任,并愿意交付指挥权。德国军事教官刚开始还是不肯,这让总督大人不安了好一段时间,后来,总督亲自过来发誓,不再干涉德国军事教官的任何事情。军事教官们这才愿意回来。

随着部队训练的不断进行,这支军队的战斗力已经获得很大的提升,于是总督自己的湖南军队内部就开始感到不安了。有一天,湖南士兵克制不了自己,在训练场上攻击德国下士教官,拿着战戟①朝他刺

---

① 战戟,武器名,戈和矛的合体,一种前端装有月牙状利刃的古代竿状兵器,通常装于竹柄或木柄。

去。显然,这是要把他置于死地。还好战戟没有刺到要害部位,经过抢救,他奇迹般地活下来了。

这下子南京又出现了两艘德国军舰。这位被突袭的下士教官,得到了两万五千马克的慰问金,并被立刻遣返回德国疗伤。施坦尼斯坦少校表示,他不想再待在南京了。最后,经过协商,所有德国军事教官带着两千五百名士兵,迁往长江口上的吴淞军营,在那里继续完成训练任务。

到吴淞军营后,德国军事教官全心全力地指导中国士兵,加上不再有任何外界阻挠,这支两千五百人的部队训练进展神速;而一旦有了正确的教导方式,中国人完全有当军人的潜质。这一点戈登①(Gordon)将军早在带领一支中国军队镇压太平天国时,就看出来了(太平天国之乱是当时已经没落的清朝宗亲八旗军队,与各地起义军之间的战争,在一八五一年至一八六四年间,死亡人数高达两千万人,是人类历史上最血腥残暴的战争之一)。经历这次战斗之后,若再有人请戈登将军指挥行动,他会提出要求:"我只要中国士兵!"为什么这个技巧高超、似乎什么都能学会的民族,不去建设自己的军事工业呢?为什么体力惊人并且不畏惧死亡的中国士兵,不能成为出类拔萃的英雄呢?现今,在中国当兵是被人瞧不起的,当兵基本上就和做苦力差不多。德国军事教官的一个重要任务,就是要将中国士兵从多年被蔑视的低迷情绪中解放出来,让他们不再承受社会的压力。军人的自尊心是纪律最好的基石。德国军事教官以职业的方式,通过训练唤起了这些士兵的自信心,这样一来,中国军人的面貌逐渐有了改观,价值感也日益体现。

施坦尼斯坦少校将他的小军团分成了两支战斗部队,都配有良好

---

① 查理·乔治·戈登(Charles George Gordon,1833—1885),英国工兵上将,被称为中国的戈登和喀土穆的戈登。他领导的军队有一定战术技巧,号称"常胜军"。1863年清政府与太平军作战,李鸿章请戈登的长枪队支持,戈登与清军合力攻下苏州,因反对杀降和李鸿章大吵一架,战后中国皇帝同治授予戈登中国军队最高的军阶戈登提督。

的德国武器。除此之外，他们还配备了两组大炮以及一个骑兵连，供他们指挥，目前，只是缺少一些马匹牲畜。这两支小军团都戴着绣有部队番号的肩章，制服是中式与欧式各半。军队当然也少不了军乐队，阅兵时队伍行进得十分完美。通过实地演练及战斗演练，中国军队几乎达到了普鲁士军队的最高标准。

吴淞兵营德国军事教官训练士兵的杰出表现，很快就在整个中国到处传开。政府许多高阶长官闻讯而来，都想亲眼看见这里新训士兵的风采，就连光绪皇帝的御医也慕名前来。施坦尼斯坦少校要风风光光地举办一场训练汇报表演。士兵们情绪高昂地走在阅兵队伍中，他们向官员们行军礼。等到实地演练的时候，现场更是鸦雀无声。这样的场面估计是前来观看的人一辈子都没有见过的。张之洞虽然远在湖北无法赶过来，但他满心祝福地发来了恭贺电报，各种荣誉和奖章也特地从北京送了过来。部队训练的表演还要再加演一场，这次整个上海租界里的人都受到邀请前来观看。英国人看了心里颇不是滋味："这支部队确实是行进得很好，但是，谁知道在紧急状况发生时，他们是否也能处变不惊、临危不乱呢？如果，他们对抗的人是自己的同胞，又会是什么状况呢？"一周之后，吴淞军营的士兵们就有了机会，他们用实际行动回答了这个疑虑。

长江上游附近有一处堡垒叫狮子林①炮台，中国的总 bang 将军和他的军队就驻扎在那里。德文里的"bang"字不是个适合将军的好名字②，至少在德文中是这个意思，不过这看来倒是很符合一个中国将领

---

① 清朝乾隆年间（1747 年）张金惠考中举人，是年被选派去福建为官。上任那天长江口突发大潮，长江口的石狮子被卷入长江不知所终。张金惠在福建福安县居官清正，刚正不阿，为民拥戴。卸任后回老家常吟诗作文，他在屋前屋后栽植了十三棵银杏和无数松柏翠竹。十三年后银杏松柏均长成，张金惠却一病不起。死后家属依其嘱咐将其亲手栽的银杏松柏翠竹移植于坟旁，遂称"狮子林"。道光六年（1826）后，狮子林成了指行长江口来往船只的标志。光绪十五年（1889），两江总督曾国藩在此修筑炮台称狮子林炮台。现在狮子林已划入宝钢厂区，原来的十三棵银杏在抗战时被日寇毁掉三棵，翠竹松柏同时被毁，余下近 250 年历史的十棵银杏，为国家二级古树名木，依旧苍劲，傲然见证宝钢的发展，几棵雌性银杏依然能结出银杏果！
② 这里应指职务"总兵"的意思，由于发音，作者误认为是姓氏。应为班广盛总兵。

的名字。这个总兵将军有非常多的优点,可惜胆子小了一点,尽管方圆百里之内都没有敌人的踪影,他居然还对自己的士兵心存畏惧。就在吴淞军营的阅兵大典结束之后,所有军队的事宜都必须依照德国的方式重新组织。这个总办将军也接到了命令,他需要让一部分士兵退役,剩余的人日后安排到德国军事教官那里学习。总兵将军承诺会给退役人员发放已积欠的四个月薪饷。他的部队觉得这是趁机敲诈将军的好机会,这在中国也是个习以为常的现象。于是,他们便声称还有六个月的薪饷没有发而不是四个月。将军说,他只能发四个月这么多,而且,现在也没有钱,已经到了崩溃的边缘。这些要退役的士兵便开始砸毁身旁的一切,还将这个将军抓了起来,胁持到囚禁叛乱者的北营里,并拿枪抵在他的胸前质问他:"现在觉得十个月的薪饷怎么样?"虽然还不能确定这些枪到底子弹是否上膛,但是,总兵将军已经吓得发抖了。他试着和这些暴徒讨价还价,几个回合下来,最后,他允诺支付七个月的薪饷才被释放。

施坦尼斯坦少校接到这个消息后,打电话询问总兵将军是否需要帮忙。得知将军已经答应七个月的薪饷,施坦尼斯坦少校认为总兵将军不应该做出这种承诺。将军反驳说,他虽然同意施坦尼斯坦少校的说法,但他充其量也只是个可怜弱小的角色,不答应他也无能为力。施坦尼斯坦少校说,总兵将军遇到这种情况,应该立刻寻求他的帮助。入夜之后,狮子林炮台再次动荡不安起来,隔天早上,内心害怕不已的总兵将军立刻打电话到吴淞请求协助。施坦尼斯坦少校出动了他的步兵枪炮部队,每个大炮带上可以击发三十次的炮弹。由于缺少马匹,军队就自己拖着大炮。到了狮子林炮台后,大炮马上对准了北军营入口,里头聚集了那群叛乱者。施坦尼斯坦少校和一支部队进入了北营。少校让他的军队在前方排成一列,敦促总兵将军的士兵们将手上的武器全都交出来。没想到他们不但没有任何动作,还龇牙咧嘴地嘲笑他们,这时,少校命令他的部队子弹全部上膛,一秒钟后子弹已经稳坐在枪支里等待射击了,就跟在军营练习时一模一样。接着少校再度转向叛乱者:

"那么现在呢?"他们哪里还敢不听话呀!只见枪支瞬间就堆成一堆了。有几个人被选为苦力,每人扛十把枪,从北营里运出来。过了不久,衙门郑重其事地开庭审理这个案件,总兵将军是罪魁祸首,当场被处决了。施坦尼斯坦少校带他的部队回到吴淞军营,让这些当苦力的士兵从崎岖不平的道路上把大炮拖回来。他们已经被重重地羞辱了一番,行进时尽管夜晚已经到来,但没有一个人再敢暴动了。

这支由德国军事教官训练出来的部队光荣地完成了任务,他们的英雄事迹光速般传遍了整个中国。但是,随着名声的到来也出现了一个无法摆脱的"同伴妒忌",中国将军特别担心自己的利益会受到德国军官的影响。为了招募新兵,中国的将军们会从清政府那里领到一大笔钱,这笔钱亦是他们最大的收入。因为,他是不是招募或者招募得很少,没有人审查,如此一来,他们便可以把这笔钱偷偷放进自己的口袋。如今德国人在,将军们纷纷意识到政府花钱募兵,总会有验收的那天,于是,他们就联合起来作势,要对抗这群来自德国的竞争对手。他们开始到处散布谣言,宣称中国士兵们该学的都已经学会了,是时候该由一个中国将领把军队从外国人手里拿回来了。然而,让人没有想到的是,中国将军的阴谋竟然真得逞了——德国军事教官被中国政府解雇。这次阴谋和前几次发生在欧洲的类似事件不同,并非由俄罗斯人在背后主导。

施坦尼斯坦少校要将他的部队移交给李将军,两个人就部队交接典礼的内容交涉了许久。施坦尼斯坦少校坚持部队要持续地、以欧洲的军事习惯继续训练下去,李将军本人要亲自到吴淞来交接,部队当天在练兵场上就位;典礼上,即将卸任的指挥官会最后一次下达"举枪致敬"的命令,接着新上任的指挥官要喊出"右肩扛枪"的指令,代表着他正式接下领导一职。但这个大典对于李将军来说,没有什么特殊的意义。

"我能就待在轿子里不出来吗?"李将军问道。

"当然不行!"施坦尼斯坦少校回答着他,"在轿子里你不能下'右肩扛枪'的指令。"

李将军只好叹了口气,答应骑着马出席大典。到了约定的部队移交的日期,部队从一大早就列队在练兵场上,但等到傍晚都未见李将军的身影。后来证实,当天早上李将军的确已经搭上了前往吴淞的船,不过一路上他看到一些征兆,使他认为当天是不吉利的日子,于是,他立刻下令返回。

但是,第二天的事情又有了转变。这天忽然下起了倾盆大雨。中国人对雨的恐惧可真是一个奇怪的现象。只要一下雨,原本城市大街小巷人挤人的景象就会瞬间消失,街上仿佛沙漠般荒凉。就连在上海拉着车的苦力们都害怕雨水滴在他们身上,硬是要撑着雨伞来工作。此时,吴淞的练兵场上,部队淋着大雨,等待这个李将军的到来,然而,还是久久没有半点动静。最后,终于出现了一支奇怪的队伍,十二位将旗举得老高的旗手,领着一支队伍到来了。旗上细数李将军的丰功伟业及头衔,接着就看到轿子一台接着一台,最后,终于有一匹马出现在视野里。两个马夫小心谨慎地驾驭着它,一个苦力正忙着替这匹骏马撑伞。紧接着看到马鞍上坐了一团红色不明物体,这个物体就是李将军本人,因为下雨的关系,他把自己包裹了起来。他躲在多得难以计数的雨伞雨衣里,最外层竟然还裹着几条红毛毯。李将军人还没出现在练兵场上,士兵们就听到他大声喊出了"右肩扛枪"的指令,施坦尼斯坦少校这时解释说,要等他先喊出"举枪致敬"的口号后,他才可以接着下令,到时候,要喊多久都随他意……

现在,这支部队跟着李将军驻扎在长江附近的江阴要塞,那些骑兵部队则被送到别的地方去了。但是,这些由李将军从吴淞带回来的士兵,由于管理不力,开始慢慢自行解散。李将军当然不会为了这支德国军事教官训练出来的部队做任何事。他唯一重视的是部队里的军乐队,最多一天甚至有十次,被他召唤到将军衙门里,只要他一声令下,军乐队就得开始演奏。尤其是在他接下部队的指挥权后,他还举办盛大宴会来大肆庆祝。李将军坐在两个大红蜡烛燃烧的大桌旁,身后某处还恰巧挂着一幅战神图,下面无数的人正点着卷好的纸烟。军乐队这时正演奏着乐曲《万岁!胜利者的桂冠》①以及《我是普鲁士人》。②

---

① 《万岁!胜利者的桂冠》是1871年到1918年间德意志帝国的非正式国歌,此歌曾为普鲁士国歌,旋律来自英国国歌《天佑吾王》,故此国歌并未在德国全境流行,如巴伐利亚及巴登符登堡并不接受这个国歌。
② 《我是普鲁士人》是普鲁士王国于1830年至1840年间的国歌,本为一首爱国歌曲,由德意志音乐家奥古斯特·耐塔特(1793—1861)作曲,德意志诗人伯尔尼哈德·提尔什(1793—1855)作词。这首歌的正式名称是《普鲁士之歌》,在普鲁士时期乃至德国统一后都非常著名,其衍生作品《我是德意志人》后来成为统一后德国国歌的备选方案之一。

第十六章　中国的报章媒体

一八九八年六月二十六日

上海

中国的报刊产业最早是欧洲人帮助建立起来的,如今,大部分的新闻媒体企业,依然有欧洲的资金参与其中。有一些报纸是由欧洲传教士撰写出版,但大部分的日报还是中国人自己来编辑。新闻业在中国的发展既飞快又强而有力,在一个人人都要当学者,并且人人想要发表意见的国家里,编辑可以说是随处可见。再者,一个带着热情阅读的民族,也会带来极好的报刊销售量。中国的文盲其实很少,就连最下阶的苦力也能读上一点。他们休息的时候总是聚集在一起,认得最多字的人读报纸,同时会教其他人认字,这也是为什么报纸会大受欢迎的原因。报纸在中国快速地扩散到各地,现在,已经像在欧洲一样随处可见。小贩、马夫、伙计们,都专心地阅读着各个报纸的头条。那些仕途上不得志的文人,会转而从事出版业。有的由于热爱而选择了新闻业,因为他们感受到了人民想要知道事情真相的强烈愿望。技术性的器材完全来自欧洲,排版工及打印工当然都是中国人。除了字母以外,还会用到印刷版,纸张用的则是中国所谓的一般米纸①。由于报纸是受欧洲国家影响才被传播到中国发展的,所以中国主要的报社,几乎都设在有外国租界的海港城市里。其中

---

① 米纸是刊物的主要纸品之一,非以米制成。而由"米"制成的纸通常用于包裹食品,除美化包装外亦可直接食用,亦称为米纸。相对于报纸纸品,印刷用米纸可以印出彩色图片,有光泽,细部清晰,不会化油墨。

每一个城市都有好几家当地的报纸。中国媒体对外国人基本上不是很友善的,即使是有欧洲资金投入的报纸杂志也一样,同样会发表与欧洲人为敌的文章和论调。看到欧洲人之间为了利益争夺而彼此憎恨的情形实在是十分有趣。除此之外,中国的新闻业跟我们欧洲那儿的报刊业,其实并没有什么两样。

上流的文学报纸、廉价的大众小报,以及主要以广告为主的报纸,在中国都经营得有声有色。中国商人很快就学会了如何利用广告,极度活跃的商务往来使得报纸的广告生意量大增。报纸中还经常可以看到各党各派的文章,不过一般的广告当然是"不分党派"的。中国记者经常会通过报纸对官员的所作所为进行严厉的批判,并且会发出最强烈的反对声浪。他们只有在提及皇帝及皇室家族时,语气才会带着崇高的敬意。当然,中国还没有媒体法,如果某个位高权重的官员对某份报纸不满意的话,他便可以下令禁止其出版,并强制编辑室关门。媒体所拥有的自由,就是记者想写什么就写什么,但是,官方也有禁止记者继续写文章的权力。国家的公权力,只要官员愿意,要怎么使用就怎么使用。他可以不需要一点理由,轻而易举地就把一个记者送进大牢。渐渐地,中国报业也有了一些门道,能避开当局这些飞扬跋扈的专制——他们会尽可能地以欧洲公司的名义来出版报纸,或者任意使用一个欧洲人的名字任主编。

一位旅居上海的英国记者不久前刚刚被出版社询问,是否愿意以一个月五十两银子的代价,挂名担任某份中国报纸的发行人。如果一份报纸能在某个欧洲人的庇护之下出版,那么政府就拿他们没有任何办法。天津有一份一向由中国人出版的报纸,对政府做出了十分严厉的批判后,政府便想要介入它的发行,却不料报纸已经落入日本人手中,这下子政府虽然已把对它严惩的手举得老高,但却无法做出惩罚的动作。报纸审查员这时已经有了报业变天的心理准备,这都是由于站在政府对立面的恶意报道导致的。政府官员希望得到皇帝的圣旨,把所有媒体出版业都归入到官员的管辖范围。顺带一提的是,政府的反对派们,已经有了许多可喜可贺的作为！例如，前阵子有一份上海报纸，是由一位年轻有为的知识分子编辑的，专门讨论政治形势，他大胆提出了中国如果废除皇帝制，以共和国的形式来取代，会不会更好这样的问题。

在上海，一共有五份中国报纸出版，还不包括那些微不足道的小报。其中，读者最多的是《时务日报》①（Sche-wu-sche-pau），它是由一个自称"中国每日进展"（Daily Chinese Progress，通常称为"强学会"）的联会所发行，其宗旨是对中国宣传外国的先进知识和消息。由于中国人的阅读习惯是由上到下，于是，报纸的格式也是又长又窄。一份《时务日报》大约是《法兰克福日报》②的两倍长，但是，只有它四分之三宽幅。《时务日报》每份报纸有八页，两页两页地接连刊在一起，最后一页的右上角是刊头（中国人有时候也会由后往前读）。报纸看起来就如同下图所示：

---

① 《时务日报》，戊戌变法维新的报纸，光绪二十四年（1898）闰三月十五日在上海创刊，早期主编为梁启超，发表的《变法通议》提出了"喉舌论"影响极大。由于张之洞阻挠，任命汪康年任总经理兼主编职务，这时汪梁之争加剧，梁启超愤然离职，汪康年另出《时务日报》记载中外大事，并革新版面，增加材料，分栏编辑，用两面印刷，开中国日报改进之先河，六月《时务日报》改为官报，七月《时务日报》改名《中外日报》，出版至宣统三年（1911）停刊。
② 《法兰克福日报》（Frankfurter Zeitung），德国一份已停刊的报纸，1856年创刊发行，存续时间至1943年，本书作者1898年作为《法兰克福日报》记者，第一次来中国采访，1928年底史沫特莱以《法兰克福日报》驻远东记者的身份进入中国活动。1933年9月，佐尔格以《法兰克福日报》记者的身份到日本东京活动，纳粹德国时期《法兰克福日报》是德国唯一不受纳粹完全控制的媒体，1943年8月在纳粹压力下停刊流亡。二战结束后1949年《法兰克福汇报》创刊，该报的部分工作人员多来自《法兰克福日报》，因而《法兰克福汇报》也自视为《法兰克福日报》的继任者。

中间的四个大字是报纸的名字"时务日报",其左右两行则分别印有日期,中国的日期在左边,西方的日期在右边,下面五行分别可以看到发行的工作日、报纸刊号以及订阅价格。在中国订阅报纸,每个月不会超过五分钱(大概相当于10个德国芬尼)。

报纸的第一页立刻就出现好几则广告,这样的做法完全是仿效英国。广告下方的中间部分,也被书商占据了版面。于是,编辑只能在这一页剩下的小小的版面发挥才智,其实用来写一篇社论都不够。社论涉及的范围通常都非常大,想必当它要对某些事情开始做出广泛的讨论时,还需要增加版面。中国的编辑总是以刊登与公共利益相关的文章作为第一优先。例如,一八九八年六月二十六日的《时务日报》便刊登了在河上船只首航时,官方制定的相关规章制度。另外,还会附上政府发出的公文,这在目前的中国相当地引人瞩目。某日,一个日本人向中国皇帝表达了他的建言。他在建言中写道:"欧洲势力正在有意分割中国,并且,将会危及清朝的存亡。日本在这个世纪里,甚至也遇到了相同的危机,后来之所以能够躲过一劫,就是因为接纳了欧洲的经济组织,并且以欧洲的方式来重组自己国家的军队。中国现在势必要学习日本,以避免日后的衰败。"这位日本作者还向中国皇帝提及历史,以及历史带来的启示,特别是瑞典国王卡尔七世①,当时欧洲列强也是有意要瓜分瑞典,不过,拜读过希腊哲学家普鲁塔克②著作,并且将亚历山大大帝③视为楷模的卡尔七世,却英勇地对抗他的敌人。接着日本人还提及了胶州,说道:"德国人如同天空中的闪电迅速到来,让我

---

① 卡尔七世(Karl Sverkersson;约1130—1167),全名为卡尔·斯渥克尔松,斯渥克尔王朝的瑞典国王,斯渥克尔王朝开创者斯渥克尔一世的儿子,卡尔·斯渥克尔松是第一位史载名叫卡尔的国王,但是,世人却以卡尔七世为称号。
② 普鲁塔克(Lucius Mestrius Plutarch,约公元46—120),生活于罗马时代的希腊作家,以《比较列传》一书留名后世,他的作品在文艺复兴时期大受欢迎,蒙田对他推崇备至,莎士比亚不少剧作都取材于他的记载。
③ 马其顿的亚历山大三世,世称亚历山大大帝(Alexander der Große),古希腊马其顿王国国王,是古希腊著名王室阿基德王朝成员,亚历山大出生于前356年的佩拉,在二十岁时从他的父王腓力二世手上继承了马其顿的王位,几乎他的统治期间,都在进行前无古人的大型军事征服活动。

们措手不及,甚至连捂住耳朵的时间都没有。"

在报纸的第二页,则公开了皇帝的圣旨,先前,已在北京的官方报纸里发表过,内容大致上仅是以任命官员为主,引起不了民众极大的兴趣。接着出现在报纸上的便是电报了。中国报纸用的并不是最原始的新闻(以后慢慢也会有的),所以,他们只能采取截取电报的方法,把来自英国和日本的电报在报纸上发表。其实,在欧洲也有一些小报,会以低廉的价格安插几个新闻人员,负责拦截别家报纸的第一手电报,然后再当作自己的电报来发行。中国的报纸在行事上要光明正大得多,他们虽然是在复制转发别人的新闻,但至少会在每个新闻的后面注明来源。电报的选择也说明了记者的眼光。例如,在六月二十六日的《时务日报》上,中国的读者可以对西班牙和美国在各个不同的战场有详细的了解。另外也可以知道,法国重要的政治家里博①先生并没有组阁成功,法国共和党的党主席反倒将这个机会交付给了萨里安②先生。

一般来说,接在电报新闻之后的应当是原本要提到的社论,其中六月二十六日的《时务日报》提出了防治饥荒的几个建议。数周以来,上海和长江流域的米价开始令人不安地飙涨,主要原因就是上海的蔡道台把米全部买断了,然后,他把米送往广东一带销售,这一笔"小买卖"可以帮这个官员赚进百万银两。不过已经有人开始议论纷纷,一个从北京来的调查委员会已经在前往上海的路上了,这对蔡道台来说将会是一个不太乐观的事情。只是,这百万银两早就被安全地汇到他在国外的银行去了。社论当中,编辑要想尽办法发挥他们的文学才能,把事情描绘得惟妙惟肖,因此,文章中尽引用一些名言,并且会用一种矫揉造作的风格来书写。

---

① 亚历山大-费历克斯-约瑟夫·里博(Alexandre-Félix-Joseph Ribot,1842—1923),法国第三共和国的政治家,曾四度出任法国总理。
② 费迪南德·萨里安(Sarrien),法国的政治人物,1840年10月15日出生于波旁朗西,逝世于1915年11月28日法国巴黎,政党:激进党。

社论之后则是被小心翼翼处理过的读者信箱专栏。每天都会有成千上万的读者来信，提出各种质疑。中国每个人都是非常勤奋好学的，而且，他们在很短的时间内就发现有问题，并向报社的编辑部寻求解答，以增广自身的见闻。在一八九八年六月二十六日的《时务日报》中，编辑部用了长篇大论回答某个读者的来信提问。读者在信中问道：英国军队中的军阶一共有几个？

接着还会有一些不是来自电报的国外新闻，这些简短的国外专栏被分散在好几个版面，每一个版面就以一个国家的名字当作标题。例如，在一八九八年六月二十六日的报纸上，在标题是"英国"的专栏底下，可以读到英国领事在韩国逝世的消息；在"美国"的专栏底下，可以知道美国新的驻北京公使，已经抵达了北京。国外专栏中，又以"日本"占了最大的版面。在国外专栏之后，就是国内专栏，内容包括了来自中国各地的新闻。

《时务日报》有来自全中国各大城市的第一手新闻，首先会被审阅的就是来自北京记者的新闻。他在一八九八年六月二十六日的报道中指出：皇帝的病情，终于出现了好转；过去几年许多地方的大使馆，都渐渐地有了新的外国公使出任；北京公使馆现在已经没有职缺；英国人已经驻扎在威海卫等。其他的国内新闻则分别来自南京、镇江、苏州、九江及汉口等地。大多数新闻都和米价有关，这似乎已经成为一个固定不变的主题。

报纸的最后一个部分就是地方新闻和一些地方性的私人公告。这些地方新闻的内容和世界各地大同小异（如事故、火灾以及市民的获奖公告等等），并且，依照辖区来分类（英国、法国、美国等租界地以及中国地方辖区）。地方私人公告，则是以过去几周不断出现的儿童偷窃案作为主题。一名父亲述说他被一个小孩打劫，接着形容打劫者的长相特征，另外，还祭出奖金要捉拿这窃贼。报纸的最后一页则又是被各式各样的商业广告给占据了。

像我之前所提到的，《时务日报》是比较严肃、文学性的报纸，在知识水平较高的市民中,有一定的阅报率。一般民众则是阅读黑白印刷、内容较客观的《新闻报》①,价格比《时务日报》便宜许多,并且上面的消息五花八门。

  当时,中国有绘画的报纸也已经出版了,最受欢迎的便是《申报》②,可以说是中国的八卦小报③(类似于德国于一八四八年至一九四四年间,出版的政治《嘲讽周报》④)。《申报》是以八开的大小来印制并装在绿色信封中的,每周出版一次。每份报纸约有十二至二十页的图画和几页文章,其中,图画是以手绘的方式清楚地画在宣纸上,内容描述了各种中国人的观点,以及欧洲人与中国人之间不同的见解。画报上的欧洲人通常戴着呆板的圆顶礼帽,就像人们在巴黎看见的那种款式。除了有时候眼睛会被画得有点歪斜以外,报上所呈现的都是他们非常真实的生活。

---

① 《新闻报》创刊于清光绪十九年正月初一(1893年2月17日),初期由中外商人合资兴办,共同组织公司经营,以英国人丹福士为总董,斐礼思为总理,中国人张叔和为主要出资创办人,蔡尔康为主笔。清光绪二十五年(1899)股权为美国人福开森购得,聘汪汉溪为总经理,汪去世后由其子汪伯奇继任,金煦生、李浩然等相继任总编辑。清光绪三十二年(1906)改组为有限公司,称美国公司,福开森任总董,朱葆三、何丹书、苏宝森等为华人董事;民国五年(1916)改称英国公司,报纸标榜"无党无偏""经济独立",实际上反对义和团运动和资产阶级民主革命运动。

② 《申报》原先全称《申江新报》,清同治十一年三月二十三日创刊于上海,创办人为英商安纳斯脱·美查。1877年5月,《申报》出版《寰瀛画报》共五卷,这是中国最早出现的画报。1884年5月8日创刊附属于《申报》的《点石斋画报》(旬刊)为中国最早的石印时事画报。1949年5月27日中国人民解放军占领上海后,因《申报》为国民党党产而宣布停刊。

③ 《点石斋画报》由《申报》馆申昌画室发售,画报为旬刊,每月逢初六、十六、廿六出版,每册八页九图,16开本,零售每册银五分,因由点石斋石印书局印刷,故得名为《点石斋画报》。这是中国近代最早、影响最大的一份新闻石印画报,由英国旅沪商人美查创办于1884年5月8日,1898年9月停刊。《点石斋画报》以图文并茂的形式"选择新闻中可嘉可惊之事,绘制成图,并附事略",生动形象地反映了晚清西学东渐背景下的中国社会环境全貌和西方奇闻趣事。

④ 《嘲讽周报》(politisch-satrische witzge Wochenzeitung)的名称取材自柏林的拟声词,意思是"东西跌落并崩溃而碎成碎片",是一本德文版的政治讽刺周刊,于1848年至1944年间出版,该杂志的标题如此受欢迎,以至于成为讽刺性的政治标语,尤其是在奥古斯特·贝贝尔(August Bebel)的讽刺下使用,来描述资产阶级社会的崩溃。

第十七章 长 江 上

一八九八年七月初

于"江福号"

启程—长江口—没有河岸的河—船上的小孩—传教士和他们的妻子—"江福号"（Kiangfoo）—中国商人击败欧洲商人—长江上的色彩变换—沿途风景—日落—镇江—一个只拥有一条街道的城市—城市夜景—南京—芜湖—耶稣会教士—宝塔—"孤儿"—九江—牯岭山区—炎热—武昌

午夜，凌晨一点钟，在铁链的当当作响声中，在苦力们大声的叫喊声中，我们从上海码头出发了。黄浦江岸边，上海船厂里刺眼的电灯光线从船舱的窗户照射进来，光线顺着墙壁蔓延，到最后消失无踪。汽笛声响起，水面上泛起了白色的浪花。每当机器需要换气时，船身都会剧烈地震动一下。

上海这座东方魅力之城，仿佛静静地躺在黑暗中沉睡着，黑夜里只剩下海关大楼塔楼上明亮的时钟，它像是这座城市唯一一个还醒着的主人。黄浦公园此刻好像是受到了冷落一般，白色的长椅上已经空无一人。就在几个小时前，还有几个小女孩相互挤着坐在上面，其中，有美丽动人的金发萝西、搭着马车去上学的埃达小姐，以及有着栗子色卷发和天使脸庞的税务官之女。她们已经很早就都回到家里了，现在，正在睡梦中与会把她们娶回城堡的王子们见面。海关大楼的塔楼上正敲响着最后一次的钟琴，钟琴上播放的歌曲四小节重复一次，就和英国威斯敏斯特①塔上播放的歌曲一样。钟琴声结束之后,便停歇一阵儿,过了一会儿,只见塔钟仿佛突然从睡梦中惊醒,提醒自己到了要敲钟报时的时候了。一个扎扎实实的一点钟响彻整个城市,接着整座城市就进入一片寂静,我们则迎来了夜晚的航程。

第二天早晨,我们的船只在这不平静的水面上行驶着。我们看不到长江的岸在哪里,从远处看见的土地仅呈现出一个暗色的线条。江面上没有浪花,既不像海又像是海,这和海上行船呈现出的效果一样。只不过这里的江水是棕色的,有时候甚至又带点红色的光泽。总而言之,这是一种很难想象又很少见到的颜色。天空的倒影就隆起在这红棕色的水平面上,白灰色的云朵相互推挤堆叠,难得有个缝隙才可以看得见美丽的天空蓝。这会是驶入浩瀚的长江一路会看到的景色吧!

除了江水和云雾之外,偶尔也可以看得到陆地。我们在船的右边看到了江岸,终于出现了江岸。就欧洲人对河流的定义而言,也许长江上的这个江岸还可以当作租界地使用呢。不过话又说回来,令人感兴趣的是,左边的河岸到底在哪里呢?到底有谁知道究竟有没有左岸呢?中国的长江如此之宽大,仿佛要把所有的土地都推挤掩盖掉似的。也许就是因为这样才让人找不到左岸吧?不对的,中国肯定有足够的地方可以容纳长江。如果你去测量长江水面的话,那么面积有多大呢?中国这块土地到底有多么庞大,才让他们视长江如同静脉;中国到底有多么无止无尽,才让他们把长江看作一条看不见江岸的河流罢了。

右边的河岸看起来翠绿翠绿的,灯芯草②在河畔长得老高,有时候,会有几个黄毛小孩在那儿追着玩,草都要高过他们的头了。那儿的草坪一直生长到江边,后方还有树木及矮树丛,附近还看得到低矮灰色的房子和黑色的屋顶。在一些牧场的下方,会出现较窄的河道,河岸十

---

① 威斯敏斯特(Westminster,又译西敏)是英国首都伦敦市中心内的一个区,威斯敏斯特宫、白金汉宫、威斯敏斯特修道院和威斯敏斯特大教堂都位于威斯敏斯特区,该区在政治上,威斯敏斯特一词常指位于威斯敏斯特宫中的英国国会。
② 灯芯草,又名圆蔺、水灯花、水灯芯、蔺草、灯草、龙须草、野席草、马棕根、野马棕,是灯芯草属多年生草本植物,分布于全球温暖地区,生长于海拔200—3,400米的地区。

分平整，仿佛水面上浮着一张薄树皮。有时航行到江口处会有一个小小的港口，那儿停了一些带着桅杆的帆船，也许他们正在等着时机离港。还有一些张着黑棕色帆布的小船，正迎着江面朝我们驶来。一天当中能遇到的船只不会多于二三十只。等到我们的船只离开小小的港口，船航行得再远一点时，无论是江面上或是陆地上，都再也看不到任何生命的踪迹了。此时，沉默支配着长江中的孤寂，我们能听得见的仅仅是江水拍打船首的声音。船员们拉长了叫喊声，因为他们丢下测量水深的铅块之后，得大声地喊出测量结果。

"江福号"（Kingfoo）本是一片寂静平和，船上载有一些小孩子，早在上海的时候，来自美国的传教士们就占用了所有的舱房给孩子们。他们到底带了几个小孩上船来？这个数量可能难以估计，不过，很明显的是数量一直在增加。在上海出发那晚还只有两个，到现在，我已经至少看到过六个了。我想，只有抵达终点时才能看清楚，到底船上有几个小孩。不过，传教士们生了这么多小孩，着实令人感到惊讶！他们可以说是尽其所能地繁衍着基督教徒。或许比起去改变一群中国人的信仰来发展基督教徒，远不如自己生出的小孩更直接而且更安全。一般说来，如果不和小孩儿同乘一艘船，乘客基本上对他们不会有什么意见，毕竟再怎么慈祥的父亲也会有严厉的一面。但不公平的是，这样的严厉也波及了其他乘客。孩子们的出现使得船上早就没有了安静的角落，他们的叫声充斥在船上各处，而且，似乎没有要停止的迹象。如果他们长时间尖叫，至少声音应该会变得沙哑，人们至少可以盼望能享受片刻的安静无声。不过，在孩子们的世界里似乎有一套特别的运作系统，他们一叫就是一小时，还不包括这中间短暂换气的时间。只要这个孩子的尖叫一结束，另一个孩子就接着开始，他们就是用这么诡计多端的方式，每天轮流地尖叫一个小时。因为，船上的小孩多到白天每个小时都有人尖叫，所以，我的痛苦也就始终没有终结的时候。即使是到了半夜，其中一个可爱的小孩儿突然醒了过来，也许是被白天叫得不够的思绪所困扰，于是他决定用尽所有肺部的力气，再一次叫个够！除此之外,还有一个特别可怕的小孩,当他开始尖叫时付出的代价还真是大,他需要一次惊动两个大人才能让他安静下来。一旁的中国保姆温柔地发出"哦哦"的声音来安抚,这个声音让孩子们听起来会觉得有被无视的感觉,于是,他就变本加厉地咆哮着。直到最后,连中国保姆都觉得有必要请一个小伙计来坐在一旁,帮忙拿着扇子扇风,等到这个小孩儿觉得够舒服了才会在保姆的怀里睡着。

也有稍微大点儿的孩子。有位年约五岁的小绅士,自己发明了恶作剧的方法,他从桌上偷偷拿走了汤匙后,开始敲打罗盘上的玻璃;另一个有着浅金色秀发的同龄小淑女,趁我在客厅里写作时,小心翼翼地突然从我的椅子后方出现,手指直接伸进墨水瓶里;甚至还有一位传教士的岳母,每天都想拿走我的铅笔,佯称这是她的……

如果传教士的妻子们一同坐在客厅里,吃午餐或晚餐时,会集体闭上眼睛一会儿。一开始,我还真有那种想跳起来,拿水往她们脸上泼的冲动,不过,还好这股冲动马上就被克制住了。因为,她们并不是因为昏厥而闭上眼睛,而是正在做一个简单的餐前祷告。传教士们一早出现来吃早餐的时候,穿着浅蓝色中式长袍当作睡裙。他们都是温和有礼貌的人,如果因为他们孩子的行为而埋怨、憎恨他们,那属实是不公平的——即使他们对自己孩子的行为的确负有责任。他们白天躺在甲板的躺椅上,阅读着刊物《西北基督教倡导者①》(Northwesten Christian Advocate)(头版就是关于美国军队与西班牙军队在亚洲马尼拉发生的一场海上战争,其中有关于美国海军特级上将杜威②的描述)。

船长是一个矮小的男人,来自美国,他头发斑白,五官非常细致,有

---

① 《西北基督教倡导者》,美国宗教期刊,由芝加哥卫理公会主教座堂西北教会编辑(1853—1929),美国芝加哥:Swormstedt & Poe 出版社出版。
② 乔治·杜威(George Dewey,1837—1917),美国海军特级上将,美西战争的海战明星,乔治·杜威参与的最著名的战役是美西战争中的马尼拉湾战役,1903 年,杜威被授予海军特级上将军衔,这是美国海军历史上最高等级的军衔,杜威也是迄今为止唯一获此殊荣的人,为纪念杜威的功勋,美国海军有多艘舰艇以其命名:杜威号浮船坞、杜威号驱逐舰(DD—349)、杜威号驱逐舰(DDG—45)、杜威号驱逐舰(DDG—105)。

着一双十分明亮的眼睛,所以,我们在餐桌上表现得很谦恭,并且深信,如果西班牙人在古巴,看到第一批来自美国的军人,他们一定会吓得赶紧跑。

"江福号"这艘汽轮船隶属于轮船招商局①,这也许是根据中国的某条河川命名的吧。它是一艘大型内河客船,如果你站在船的中间,就可以感受到,船身宽到几乎变成了圆形。船的下半部被漆成黄色,上半部则是白色,由水面向上数,"江福号"一共有两层,但是如果把最上层的航行驾驶舱和船长室也算进去的话,其实应该一共有三层楼高。最上面还有两个稍微向前倾斜的细细的黑色烟囱,烟囱的头部被漆成了黄色。这让我想起在军乐队里,经常会看到的一种乐器:双低音管。在这巨大的船的低音管中,燃烧的是日本的煤炭,在空气中吐出它那黑压压的气息。船的蹼轮②几乎快要跟船身一样高,在每个轮罩上都画有一只非常理智的眼睛,在这炙热的天气里,仿佛着火一般地凝视着。

船舱室内是非常宽敞的,床前还挂有蚊帐。餐厅在楼上,里头有八面半圆形的窗户,向着船前进的方向开启着。如此一来,船便可以靠着船身的移动让宜人的和风吹拂进来。每天餐厅供应的餐点都不差,桌上都有金黄色的香蕉和大坚果,坚果壳上竟还带有奇怪的花饰。这让人以为中式的自然风景也被带到这船上来了。轮船的甲板上保持得干净整洁,干净的程度让人很难想象这是一艘中国轮船。头等客舱的上层甲板铺的是铁皮地板,由木材及帆布搭建而成的双层棚子奋力地抵挡着夏季火热的阳光,只是成效不彰。头等客舱旁边的过道上有两个农民,身上还带着叽叽喳喳的黄鸟,旁边的凳子上还放了个装满金鱼的盆子。早晨,船上的猫一经过,便蹬着后脚挺起身子,想从金鱼盆里抢走今天的早餐。

---

① 后改为中国招商局,1872年成立,是晚清洋务运动时期,李鸿章督办的官商企业之一,招商局现为中国中央企业驻港大型企业集团、香港四大中资企业之一。
② 船的两侧或尾部,装有如车轮式桨叶的一种船,具有早期蒸汽船的风貌,曾一度被广泛使用,后来被螺旋桨船所代替。

"江福号"头等舱客满。房间大小跟货栈差不多的二等舱则载满了中国人。里头有高低床架子,就像是堆放毛巾的柜子一样。每个客房住了四个中国人,有的则硬是挤了六个人。空间狭窄得可怕,空气几乎快要令人窒息。在某几个角落里面,甚至还设有专门给抽鸦片人休息的床。中国邮政在船上设有一个美丽的木质邮筒,闪闪发亮的深棕漆色和金属盖子,以及黄铜刻成的中国文字构成的整体外表,带给人一种可以信任的踏实感。

船上头的烟囱前立了一根白色的杆子,顶端站着一只金色的老鹰,好比法国陆军雄壮威武的旗杆一样。不过,这里的老鹰可不是代表拿破仑,它是美国人的象征物,因为"江福号"是在纽约建造的,原本也属于一家美国公司所有,后来,它和这个公司的其他船只一起易主到了中国人手里。

中国的贸易发展逐渐兴盛是一个很特别的现象,在上海甚至人们可以听到关于这个时代发展现状的议论。中国商人在东亚地区逐渐取代了欧洲商人或美国商人的地位,现今,整个与中国内陆的商务往来已经完全落到了中国人的手上。欧洲人让他们的货品远渡重洋而来,接着中国人利用他们的销售管道,再把这些货物运往中国各地。在很多情况下,欧洲商人的定位好比是中国公司的一个代理人,有一天,中国公司也许会完全放弃这个中间人,自行与欧洲的生产商、供货商联络。正当清政府在欧洲战舰炮口的威胁下退让之际,商人则是静静地固守他们的优势位置。有时候,在欧洲商人不是很能驾驭中文或在不懂中国商贸关系的情况下,中国商人则会扮演中间采购者的角色。如果欧洲商人能从一笔生意中赚取一千两银子,那么可以断定,肯定会有另一个一千两甚至两千两的银子,跑到中国中间人的口袋里。

渐渐地,中国商人和欧洲商人之间展开了一场无声的角力,而且,一直以来欧洲商人都是位居下风的。中国人将欧洲人赶出自己的公司(就像中国人占领了一部分原本由美国人经营的长江航运权一样),甚至渗透进入欧洲企业。上海有一大块英国租界地,其中那些美不胜收的房子,现在都已经归中国人所有了。当然,这些中国商人的财产都是登记在一个欧洲人的户头下,以此避人耳目!那些杞人忧天的人认为,居住在东亚的欧洲人将来会反过来帮中国人做事(就像现在已经有一些欧洲官员在为中国海运企业家工作)。无论如何,在中国有一个很奇怪的现象,清政府不断地将中国的土地出让给外国人,与此同时,中国商人却利用他们自己的资金,一步步地将中国的土地再从外国人手中夺回来。庞大的资金能够翻转整个世界,能够赋予人类至高无上的权力,又甚至将欧洲人变得不幸。同时,它也将决定,在中国的土地上,中国人永远比欧洲人具有优先地位……

一路上,长江一直不断地变换着颜色,在灯光的照射下水面上也出现了奇特的映射。例如原本船身周围的水是棕色的,随着早晨前方升起的太阳于云层之后照射到水面上,会倒映出细细的粉色线条,这粉色光线与地平线平行。中午,江面又会变得金光闪闪,而到了下午,长江上面乌云密布,天空阴沉漆黑一片。如果你再仔细看看水流,还会隐约看见它的本色,是一种淡淡的浅黄。沿着船身还闪烁着一丝朱红的光泽,到最后愈往前颜色就会愈明亮,尤其是在中午,天空撑开之后,眼前便会呈现出一片亮眼的白光——在几乎白色的天空下,出现了一片洁白无瑕的水面。

刚刚开始航行的那几天,可能是由于船并没有在两个河岸的中间行驶的缘故,我几乎没有感觉到自己是在长江上航行。沿途左边的河岸是可以看得见的,它一直远在长江的正前方,就好像是要为船只指引方向一般,在远方横跨着江水平躺在大地上。所以,地平线永远是被陆地限制着,江水也永远整齐地在江面上延伸,我们仿佛航行在一个巨大的湖上。特别是当驶过了平坦的绿色河岸后,我们看到了远处山脉的景象,这不由得让我想起家乡巴伐利亚①的施塔恩贝格湖②。不过,正

---

① 巴伐利亚是德意志联邦共和国东南部的一个州,其面积位居德国第一、人口第二,首府位于慕尼黑。
② 施塔恩贝格湖(Starnberger See)位于德国巴伐利亚州首府慕尼黑市的西南面25千米处。它是继博登湖、米里茨湖、基姆湖和什未林湖后德国第五大湖。由于其平均深度之深,它成为德国蓄水量第二大的湖泊。它位于施塔恩贝格县境内,不属于任何镇。它是巴伐利亚州的资产。靠近其西岸,有一座湖中小岛,名曰"罗森岛"。

当阿尔卑斯山①的凉风,冷冷地拂过巴伐利亚大地和湖面的时候,我们在这里正受到无情烈焰的燃灼。天空和水仿佛同时释放出一股炎热,山脉就伫立在远方呆板地动也不动,独享它那一片清新的气息。

航行的第一天,堤岸附近已经出现过几处没有树木的丘陵,如同中国其他山脉一样。但是,因为这个炎炎的夏日,丘陵却呈现出一片绿意。有时候,丘陵地上那薄薄一层植被,会让我想到诺曼底区(Normandie)②海岸边的丘陵地,与这里一样裸露着红色的岩石,突兀地伫立在山冈上,偶尔可以看见类似阿尔卑斯山山脉上的巨石纹路。其中的绿意盎然,不时带来清新的空气,有时候,上面有一些石头长满了杂草,看起来就像一簇簇毛球。

第一天夜里,我在地平线看到了零星的几座山,这山呈现出别具一格的锯齿状。当太阳在这些山之间落下,那山顶的天空就填满了金色的光芒,这道金光也随着船的移动慢慢地散落在大地上。汽轮船随着河流向下航行,同时船身开始闪耀着金光,仿佛有人在船身上喷了金色的颜料似的。在两片云朵间还可以发现一小块蓝天,从夜晚的景色中照射进来。云朵本身形成很梦幻的灵巧形状,毫无疑问,在其中一座锯齿山前,看得到一条雾龙正盘绕在山里休憩着。金色日落的光影逐渐消散,直到夜晚,地平线还停留着一条黄色的纹路。汽轮船就朝着日落的方向前进,因为,扬子江江流的源头便来自中国的西部。傍晚时分前方一片明亮,后头的天空则十分黯淡。白色的云为了抵挡照射进来的光线,一朵朵巧妙地堆在一起。相较之下,汽轮船上现在显得平静了许多。白天就已经是非常寂静的河流了,到了夜晚这寂静显得更加沉默,唯一一只黑鸟从江滨振翅高飞,只见它在天空中翱翔盘旋着,仿佛这里

---

① 阿尔卑斯山(Alpen)是欧洲最高及横跨范围最广的山脉,它覆盖了意大利北部边界、法国东南部、瑞士、列支敦士登、奥地利、德国南部和斯洛文尼亚。它可以被细分为三个部分:从地中海到勃朗峰的西阿尔卑斯山,从瓦莱达奥斯塔到布伦纳山口的中阿尔卑斯山,从布伦纳山口到斯洛文尼亚的东阿尔卑斯山。

② 法国位于大西洋英吉利海峡的一个区,又译诺曼第或诺曼地。

的天空对它来说还不够宽敞,它还要寻找一个飞出这个世界的窗口。

接踵而至的是仅有一刻钟的美丽明朗的晚霞。天空此时几乎接纳了世上所有最纤柔的颜色,黄昏下的江水则呈现出特别的紫色调,一片无法用言语来形容的柔美明亮的光辉洒满大地。一名传教士此时正试着与神对话,没有比现在更适合的时刻了。他站在上层的舰桥上,举起手扶住汽轮船上的栏杆,摆出一个虔诚的姿势望着天空。他就这样站着有数个小时之久,仿佛天空就要下起神奇的阵雨,清凉的雨水流淌过他的脸庞。此时,在白色的老鹰杆子上升起了一个灯笼,焦黑的锅炉烟从烟囱中蹿出。黑烟就像一只阴沉的虫子,越过水面消失在大地上。就在远方山脉的后方,地平线忽然出现了闪电。有两个小孩,金发女孩和她的弟弟,肩并肩地坐在一张长椅上,好奇地数着空中闪电的次数。如果,突然来了一个很大的闪电,他们激动地拍起手:"哇!好大呀!"半圆的月亮悬挂在天空的正中间,月亮长长的脸颊和尖下巴,像极了一副日本人的面具。接着,只见一大片乌云过来,扩散蔓延到月亮上头,像蜘蛛正在伸长它的触手,月亮就身处在两只触手之间。天上的月亮一动不动,特别地安静,但是,水中的它却随着波面涌动上下起舞,又好像是一只被捕获了的小鱼儿。

夜晚降临前先是一片灰色,不过,外面还没有完全暗下来,仍然可以看得到河岸树木在水中的倒影。晚风徐徐地吹拂着脸颊,就在离船只很远的地方,天空与河流融合成了一片浅灰色的迷雾,岸边俊俏的山影映入水中,有时河岸上会闪过一道光。在前方靠近山顶处,有一个光点在不停地跳跃着,这肯定就是离镇江不远的佛教徒闭关修炼的金山洞①了。过了不久,江面上可以看见直线状的光线,这就宣告着一个城市的到来。

---

① 金山位于镇江市西北,高44米,周520米,原系江心岛,清道光年间始与长江南岸相连,依山建有金山寺,有"金山寺裹山"之说,慈寿塔矗立山顶是金山重要地标,寺内藏有苏东坡的玉带、周鼎、金山图和铜鼓,号称"金山四宝",上有洞穴四个:白龙洞,法海洞,仙人洞,朝阳洞,神话故事"白娘子水漫金山寺"和"梁红玉击鼓退金兵"的传说都是以这里为背景。

"江福号"停靠在一艘破旧的轮船旁。在这艘破旧的船上,每一层都载满了喧哗不已的中国人,从很远的地方就可以闻到旁边船舱里散发出来的味道,你若想上岸走走就必须得经过他们。我们下了船,河岸上有一条狭窄的路,路上出乎意料地满是障碍物,这让人寸步难行。还好前方有个正提着灯笼散步的人,不然,我很可能就要在这黑暗中扭伤脖子、摔断腿了。在进城之前的路上,有两个睡得四平八稳的乞丐。天气极其闷热,完全没有江面上晚风吹拂过的感觉,就连一点点船上那种微风都没有。

镇江市里只有一条街道,路上前前后后都十分曲折——我在中国还没有看到一条道路是可以完全直行到底的。据说这是希望夜晚中随着空气行进的鬼魂,不要成群结队地经过城市。夜晚,这个小城的街道上挤满了中国人,所有房舍的大门都是敞开的,商店及厂房都有燃烧的灯笼照亮着,灯笼杆长长的影子就映射在墙上。我们路上会经过一座桥,桥上有卖水果的小贩,竹篮里放的是满满的杏子,旁边的地上立着一个灯笼。晚上,你感觉不到城市的脏乱。就在这样一个夜晚,凭借着房子里照射出来的微微光线,徒步行走在一个默默无名的城市里,倒是有几分莫名的神秘。顺着街道走到了有个石头护墙阻挡的河岸,护墙那里聚集了一群人。人群中传出了一阵阵打鼓声,人们可能正在对长江里的水神许愿,鼓声便是要唤起水神的注意。

河岸的远处有一块属于欧洲的小租界地,灰色的房子看起来十分贫瘠。每一栋房子前都有栅栏将其与街道隔开,房子的中间就是出入的门口,门的上方则放着一个正在燃烧的灯笼。在房舍和河流间的空地上,还有几个石头做的、没有椅背的长椅。这里可以说是镇江市民日常活动的地方。现在,这里聚集了一些穿了白色夏衣的人,他们一边扇着手中的扇子,一边在那儿来回散步。在这个贫穷的地方,几乎看不到欧洲人。有两个人坐在石椅上乘凉。这时,在众多的中国人群当中,出现了唯一一个穿着欧洲服饰的女人,她身材纤细,脚步轻柔地在那里散步,偏偏看不到她的脸——她有可能长得很美。在这个似乎被世界遗忘的小城里,女人的青春也许很容易就凋谢,也许,在这样一个夜晚以轻盈的脚步独自散步,会是一个悲剧性的命运也说不定……

  镇江是通往中国北方、直达首都北京城的大运河的起点。第二天,天刚蒙蒙亮,"江福号"就快开到南京了。南京位于中国的内陆地区,从长江上向远处眺望,除了一座高高的,可能是某个庙宇的白色城墙,以及这个城市倚着的两座高山之外,几乎看不到其他任何东西。接近中午时分,我们到达了芜湖。我们的轮船行经一处欧式的房舍,它就伫立在长江旁的丘陵上,并且还有小花园围绕着它。那是新教传教士所盖的医院,很快的,在河边又看到另一间欧式房舍,房舍中间还有哥特式的圆花饰图案,这里便是耶稣会士们做礼拜的地方。这间哥特式的建筑物就是他们的大教堂。他们在芜湖还有一些其他的房子,以收取年租的方式分租给其他人。不过,如果耶稣会士是房子里的大家长,那么住在那里的人应该也不会太舒服才是,因为他们不喜欢房客在屋里修理东西,其实,他们定的房租也不便宜。

  芜湖没有欧洲专门的租界地,少数在这儿居住的欧洲人,只能和中国人在同一个区里生活。河岸边的房子都很低矮,其中,有一座高耸的宝塔十分明显,可能已经有几百年的历史了,墙上都有岁月精雕的灰色美丽纹理,颜色和莱茵河畔①的某些骑士城堡很类似。

  第二天下午,我们看见第一座山脉沿着河岸直直地延伸着。所有的山丘和小山都借由无数的山顶和山峰交错呈现出来,每一处峰顶都被分割成好几块。山坡顺着河流的方向向下延伸,可以看得到山脊隆起的纹路。这里有些山是灰色的,和另外一些山交叠之后,又会有一股绿色的气息出现。河流出口处的后方,有一个长相类似逗号的矮胖宝塔,当"江福号"轮船经过它的时候,我们可以看得出它的老迈,甚至渐

---

① 莱茵河(Rhein)发源于瑞士格劳宾登州的阿尔卑斯山区,流经列支敦士登、奥地利、德国和法国,最终于荷兰流入北海。莱茵河畔系指:德国莱茵兰—普法尔茨州和巴登—符腾堡州有同名的城市宾根,全名为莱茵河畔宾根。中世纪为美因茨大主教的直辖领地,两岸城堡林立景色优美,现在是德国著名的旅游胜地。

渐地就要化为瓦砾堆了。蓝色天空下阳光依然可以照进它的窗里,不过,它头顶上倒是有一顶奇特的假发,由各种杂草及碎石粒组成……

这一路上时不时都会看见宝塔。其实宝塔并没有什么建筑上的特色,它们不是圆形就是四方形,分好几层楼,但是,普遍都不是很高。当它孤单地伫立于河边,寂寞地守护自己的岗位时,包围它的是一股老化衰败以及要被遗弃的忧伤气息。到了夜晚,它依然被孤立于黑暗之中,住在里面的僧侣会在窗口放一盏灯,如此一来,那些已逝的灵魂从河上玩耍之后,需要再回到原来的墓地时,可以借这一点光明指引道路。

自从第一道山脉出现之后,延绵不断的小山便黯淡地在江岸伫立着。有时候,还会看到荒芜的山麓小丘偶尔出现在河流的边缘地带。在山脉与河流之间常常会出现宽广的绿色平原,这样的土地看起来十分肥沃。现在,河岸两边渐渐地互相靠拢,田地和草坪交互映入眼帘,原本有八英里宽的河床,到了这里也还有五六英里。长江在这里开始活跃起来,与江的宽大相比,江面上的船只显得特别渺小。现在,江面上的风帆都是白色的,白帆在浅黄色的船只上散发出友善的光芒。

田地一直向下延伸到长江深处,到处都可以看得见正在田里工作的农民。他们手里挥舞着镰刀,或领着拖着犁具的黑水牛。只要轮船经过的地方有任何风吹草动,收割的人都会立即停下动作,双手拄着镰刀注视着经过的大轮船。家畜在草地上吃草,母牛更是吃到靠近江边来了,拍打着尾巴表情惊讶地站在那里。水牛和马也都在牧场里。岸边的竹竿上晒着渔网,几个小村子就在岸上。低矮的房舍周围是黑色的泥墙,并且用棕色的稻草覆盖住。农舍前堆满了刚刚收割下来的谷粒,打谷的农民正在挥舞手上的木槌,孩子们追在受到惊吓的鸭群后面奔跑。在一旁的支流上看得到一个城市,在河流快要汇入大江处,有一座石桥连接了两个河岸。等到长江支流上偏远的乡村盖好了,他们就可以通过狭窄的水道与长江联结。这个夏日天空晴朗,万里无云,艳阳照在那些辛苦耕种的农民的脸上……

第三天早晨,轮船经过一处立在长江正中间的岩床,中国人称呼它为"孤儿"，因为它就这样形单影只地被遗忘在水中，光秃秃的岩面上还带了点朱红色，粗糙的石面上竟然有鸬鹚筑巢的痕迹。船只一经过就惊动了鸟儿，它们振翅拍打着岩石。岩床的另一边长满了树木及灌木丛。在一片绿意盎然之中，可以看见一间盖在坡上的寺庙，三个屋顶一层一层地向上堆在岩床险峻的地势上。这里的和尚不像他们的邻居鸬鹚一样有翅膀，但是，他们还是知道如何在这里安身立命。

中午时分，"江福号"到达了九江。我们下船刚刚上岸，一座宝塔就映入眼帘，这是到目前为止我看到过的最美丽的宝塔。它就这样优雅地高耸着，它的屋顶上生长着一棵树，树枝上还有鸟儿筑的巢。轮船接着便在下一个转角转弯，一转眼有城垛加冕的城墙就在我们眼前了。一路顺着江滨蔓延，这里和古城亚维农①顺着隆河②搭建而成的经典城墙有着异曲同工之妙。九江的灰色城墙不像其他城墙那么高，但是，这却不影响它神圣的地位。这城墙看起来非常秀丽，简直是墙艺出神入化的必选之地。在这个中世纪的历史建筑物的后面，竟然还能看得见几根电线杆。城墙与长江之间狭窄的空地上，还盖了一排排的棚子，一旁的城垛上挂满了等着晒干的蓝色中式衣裳。这个中国城市的右边有一处是欧洲的租界，它的前方有一栋占地宽大、属于法国天主教教会的建筑物③。它抢尽了九江的风头，以至于旁边的中国城市都给人一种只是附属品的印象。九江市基本上是非常宽容地对待这些传教士，他

---

① 亚维农，又译阿维尼翁，法国东南部城市，普罗旺斯—阿尔卑斯—蓝色海岸大区沃克吕兹省的一个市镇，也是该省的省会和人口最多的市镇，下辖阿维尼翁区，同时也是大阿维尼翁城市圈公共社区的中心市镇。
② 隆河，源于瑞士中南的阿尔卑斯山，流向西南偏西和西北，流程约 813 公里（505 英里），流向日内瓦湖，然后流入法国东部，于索恩河汇流，在阿尔勒，隆河分为大隆河与小隆河两支，形成三角洲，并继续向东流入地中海。
③ 1871 年，九江天主教转租九江英租界的滨江路和湓浦路地基，买下盖得洋行的堆栈房屋，兴建城外天主堂，1880 年 6 月 27 日始告竣工，历经十年。1863 年，天主教江西主教府由南昌迁至九江，城外天主堂建成后，特建主教楼，主教府便设在这里。于是这里变成为全省天主教的中枢机构，亦是赣北、鄂东地区天主教的中心教堂。城外天主堂为双塔哥特式建筑，砖石结构，占地千余平方米，由白振铎主教监建。礼拜堂为交叉拱券顶，内有圣台、读经台、洗礼台、烛台等，"文革"后，部分礼拜堂及双塔尖被拆除。

们想做什么就做什么,从建筑就可以看出,如果这两方有一方不够宽容的话,那一定不是九江市。

牯岭①山区昏沉的山崖地高耸在九江市的后方,浩大的群山屹立不倒,山峰消失在云朵之中。山脉显得阴沉,几近灰色,石头上的纹理在清新的空气中显得更加清晰可见。有些山峰是远超过六千英尺的。居住在长江附近的欧洲人,近几年养成了一到夏天便到牯岭山区健行的习惯。如果要跟乐团音乐会做比较的话,人们可能会大失所望,但山里有时候会有猎豹的活动可以参加。

在船上远望的九江市如此美不胜收,近看却和其他城市一样凄惨贫苦。我们刚刚下船,就有小贩飞奔过来,向我们叫卖一些简单的瓷器。河岸上一路上都有叫卖的商品摆放在地上。在这当中可以找得到算是珍宝的,那大概就属维克特·埃马努埃②、拿破仑三世③、加富尔④以及马志尼⑤的油画像了。这四个人在油画里,看起就像是有进取心的年轻人。这些艺术品为了落脚九江市而在一片漆黑的道路上沿路徘徊……

我们经过了两座门顶上长满苔藓的木制城门,进到市内看这座城市。九江市里有一条非常小、与长江平行的街道,就像是广东的某条街

---

① 牯岭,原称牯牛岭,位于九江市南郊庐山风景区的中心,是一座海拔1167米的公园式的美丽繁荣的独特的"云中山城",包括环绕牯岭的东谷和西谷。牯岭镇面积46.6平方公里,常住人口达1.3万,现为庐山风景名胜区管理局所在地。
② 维克特·埃马努埃(1759—1824),另译维克多·伊曼纽一世,萨伏依公爵和萨丁尼亚国王(1802年至1821年)。1819年成为詹姆斯王位继承人。
③ 拿破仑三世,即夏尔-路易-拿破仑·波拿巴或路易-拿破仑·波拿巴,出生时名为夏尔-路易·波拿巴,法兰西第二共和国唯一一位总统及法兰西第二帝国唯一一位皇帝,亦是拿破仑一世的侄子和继承人,亦是其妻约瑟芬皇后的外孙。他在1848年当选总统之后,在三年后发动了一次政变,获得成功。他随即在次年,亦即拿破仑一世登基第48周年称帝。
④ 加富尔(伯爵),卡米洛·奔索,是意大利政治家,意大利统一运动的领导人物。曾留学过英国,也于后来成立的意大利王国担任第一任首相。
⑤ 马志尼,意大利作家、政治家,意大利统一运动的重要人物。1830年加入秘密革命组织烧炭党,1831年他前往马赛,创立意大利青年党,此党的座右铭是"天主与人民",并提出"恢复古罗马光荣"的口号,基本信念是将意大利半岛上的数个国家统一成为单一的共和国,为真正自由的意大利奠基。

一样狭窄。不同的地方在于,这里没有华丽的小商店,不过工厂倒是一间挨着一间,可以看得见人们在里面勤奋地工作着。苦力以极快速的步伐拉着重物,一边大声叫喊着以便开路。有时他们也会抬着轿子经过。城里的房舍和铺路石子都很脏,衣衫褴褛的叫花子在街头流浪。其中,还有一些麻风病人,就在石子路上爬行,时不时地伸出骨瘦如柴的手臂乞讨。水果贩子带来了他们的水果篮,并拍打着用绳子串成一串串的铜钱。在一个铁匠工房的前面,正有一匹小马上脚掌。街道中间有两个慢步行走的法国修女,随着她们的每一个步伐,修女头罩上白色的羽毛好像在点头似的跟着移动。一个中国小孩跟在后面,谨慎地与她们保持着一段距离,手里还拿着两位女士的伞。在回江边的路上会经过几栋传教士会所,居民们希望在此地盖一座庄严的大教堂,铁锤敲敲打打的声音就从围着施工现场的高篱笆后传来。中国的水泥匠将红砖砌在一起,在他们熟练的巧手劳作下,一座哥特式的尖拱教堂就这样成形了。

  人们曾经在牯岭山区的一个洞穴里发现了几块用中国远古字体书写的牌子,据传孔子当年就是在这里做学问的,因为,九江市的气候实在是太热了。真没想到这位伟大的中国圣贤,竟然还有一个避暑的洞穴书房!这里的炎热的确是太可怕了,空气就像铅块一样的闷重,最后一股凉风的气息都已经消失得无影无踪,身子随便一动便是汗如雨下。黄昏时刻太阳红通通地滚烫着西沉到了暴风雨的云层中,仿佛重重的黑色云朵就要把它压毁掉,使其头破血流一般。闪电狂野地劈向地平线,偏偏暴风雨还没有来,这样的夜晚反而比白天更加炎热。这时,如果有人在船舱内睡觉的话,他也一定会突然醒过来,因为天热得都快让人换不过气来了。反正都是没法睡了,那就干脆到甲板上找张椅子坐下,准备迎接还要一阵子才会到来的早晨。

  第四天,接近十一点的时候,我们的轮船终于到达了目的地。长江看过去是那么的浩瀚无比,就像是陆地之中的海湾一样。大船停在船锚前的停泊地,其中有一艘灰色的日本巡洋舰、一艘英国的炮舰,还有一艘带着两个大烟囱、正要运送茶叶到敖德萨市①的俄国黑色海轮船。汉口这个产茶的大都会区，正好就在长江沿岸，树丛中有石板屋顶建造的欧式建筑，还有一些工厂的烟囱盖在中间。在这个城市的一边有一座丘陵隆起，光秃的山脊上有一座庙宇。这城里的一切都让人感觉十分友善，而且，城市是出人意料的庞大。在长江另一边的远方，是由房舍覆盖住的丘陵地，那里便是武昌。

武昌是中国最著名的总督张之洞居住和管理的地方。武昌的城墙就好比在绿色的丘陵地上插上一只暗色的梳子。在远处比一般房舍更高的地方，我们可以看到从总督棉纺厂②的烟囱里冒出来的烟。中午的日光，就这样灿烂地落在这远处的美景之中。不过，此刻阳光下的炙烈，仿佛要将长江里的水都要烤干了。

---

① 敖德萨位于黑海西北岸的港湾都市，是乌克兰重要的各种物资集散地及重要贸易港口，被誉为"黑海明珠"。它也是敖德萨州首府，人口超过100万，大多以俄语为母语。
② 疑为作者误记。当时张之洞在湖北有纺织四局，即织布局、纺纱局、缫丝局、制麻局。

第十八章 汉　口

一八九八年七月初

汉口

地狱入口—可怕的夜晚—俄属企业—印度人和哥萨克人—世界上最好的茶—茶砖—好客—自由的好学校—德属企业—一个没有居民的居住地—界碑—生产制造尖峰—意大利修女—比利时病患

　　汉口可以说是中国最炎热的城市。一个通晓中国各大城市天文地理的上海人说,全世界他最后一个想去的地方才是汉口。美国驻汉口公使先生还曾经含蓄地说,汉口附近必定有一个通往地狱的入口。无论如何,人们可以确定的是,在炎热的夏季来到汉口注定会是一件苦差事。

　　我们下了轮船,对汉口的第一印象并不差。虽然太阳灼热高悬,但其实这样的季节里,全中国都是一样的。汉口这座城市有着强烈的中国南方特征,有时候几乎会让我联想到意大利(我是说"几乎")。附近有一块英国租界,沿着长江边有一个联合会所,尽是富丽堂皇的欧式房子,而且,不比上海那些房子小。在某几个山形墙上,还刻有俄罗斯铭文。俄罗斯银行的砖瓦建筑绝对可以被视为这条滨江路上最具异域建筑风格的了。房舍前绵延着一片大草坪,高大粗壮的树木生长于此,全力将枝叶茂密的树冠伸展开来。长江岸边有铺满石子的人行步道,长椅在江岸上步行道旁随处可见……

　　这里不时有风吹过,虽然也是热的,但至少是风!而当夜晚来临,太阳西沉之时,就不是这么一回事了,空气会突然变得好似哪里的水龙头被拧得死紧或是完全凝结了一样地闷,就连白天很活跃的热风也在瞬间消失了,一点气息也感受不到。我们白天测到有一百华氏度(约37.8 摄氏度)的温度,这时下降到九十八华氏度,但体感会让人以为是一百零一华氏度呢!这就是汉口夜晚时的"凉意"。人们用质疑的眼神望着那些大树,没有一片叶子有动静,每个枝叶看起来就像是上了色的钢铁一般生硬。夜晚的天空就像是一座大钟,要将这片景色上的生气都覆盖掉,就连浩大无比的天空和强劲的江水,也无法带给我们一丝丝清新的气息。

气温终究还是可以忍受的,最难以忍受的是一片停滞的气氛。白天到处死气沉沉,到了晚上也是没有丝毫的改变,一点儿也不像我们那儿的美好夜晚,晚风轻拂过额头那般舒适。这里的白天好像把生命力都带走了一般,夜晚只剩下空虚寂寥。人们早就脱个精光躺在床上,即使如此,竟还可以感受到从自己身体里散发出来的热气,这种感觉着实令人毛骨悚然。人感觉像是被高烧缠绕着,就像穿着一身被下了毒的袍子一样睡着,直待早晨的来临。汉口的欧洲人会在家中的床上装一台吊扇,让其整夜不停地运转,大自然不允许的空气流通,电[①]可以给送来,夜晚也由此变得舒适。像我这种只是旅行经过的人,当然就没有这种享受了。过了一个失眠的夜晚后,我感觉全身虚弱又迟钝,只想借着白天的和风来让自己清醒。我口干舌燥,一直不断地想喝冰水,喝到连胃都抗议了,再也不容我多喝一口。这种口与胃之间可悲的不协调似乎没有调解的空间,双方各持己见互不相让。

第二个夜晚依然是一个不眠之夜,中间我一度因为过度疲惫而睡着了,不过一下子就又醒过来了,因为我的胸口就像是有块大石头压着,喘不过气来。最后我的身体就像病了好一阵子般虚弱,对周遭事物也漠不关心。夜晚时分我可以感觉到血液在睡眠中的跳动,脑袋中唯一敲打着的念头就是"冷却!冷却!再冷却!"接着我做了一个简短的

---

① 1861 年之后,英领事官邸开全武汉市的先河,先有了电灯。英国商人集资兴办的"汉口电灯公司",用火力发电,专供英租界。不久,俄、法、德、日租界相继供电。

噩梦,里头出现了一个美国领事,他告诉我:不必惊讶为何地狱里的温度会这么高,美国在这件事情上是绝对不会插手干预的。

这里顺带一提的是,有一位德国港务长现在正在汉口,他的说法要比梦中那位美国领事来得苛刻许多。他说:"如果恶魔在汉口待过一段时间后要回地狱,他可能要带件大衣回去。"

联合会所旁有一些小巷弄,可以通往里头的欧洲城市。英国领事馆就在其中的一条巷弄里,周围是一个很大的花园,里头的热带植物可以说是生长得满坑满谷。距离那儿不远的地方就是俄罗斯人的地盘,这一地区的房舍和英国租界地里的差不多,街道维持得很好。俄罗斯人聘用了许多哥萨克人①来加强他们的警力,军队在白色制服的衬托下看起来十分有气势,当然,其中一定也少不了俄式剪裁的军帽。在那条标配的橙色皮带上,还佩带着又长又重的军剑。英国租界地的警力大多是印度警员,他们其中一些人是骑着马巡逻的。据说俄方与英方的警员经常会因为意见不合而吵起来,或许这就是为未来的俄印大战揭开序幕。

按比例来说,俄国在汉口有为数不少的殖民地。他们生活得很封闭,极少和其他国家的人交谈和往来,因为他们不信任其他国家的人。他们组成了自己的小团体。就连跟他们较为友好的法国,俄国人也无意积极经营他们之间的友谊。本来法国领事看好了一块地,偏偏俄国领事认为,这块地可以使俄国的势力范围更加完整,于是不顾法国领事及盟国的抗议,俄国强行占领了这块土地。此后,法国领事对俄国人便没什么好感,有时候他甚至会称呼俄国人为"那群哥萨克人",偏偏哥萨克人是俄属的精英部队之一,所以,这个称呼对俄国人来说也是不痛不痒。如果说这群俄国人身上少了他们以往与人交际时候的优点的话,那么肯定是因为这里的人大多来自西伯利亚。这些有着亚洲血统

---

① 哥萨克是一群生活在东欧大草原的游牧民族,在历史上以骁勇善战和精湛的骑术著称,为支撑俄罗斯帝国于17世纪往东扩张的主要力量。移民中国的部分哥萨克被称为阿尔巴津人。

的俄罗斯人相较于欧洲人,就好比是乡下人跟城市居民之间的差别。

汉口的俄罗斯人几乎全都是茶商,茶叶生意几乎全在他们手里。英国人紧紧地跟在他们后面,但是,双方的差距仍然非常大。德国人几乎没有从事茶叶出口业务。据说世界上最好的茶就在长江的山谷里,尤其是九江一带的宁州和祁门。进入六月,正是采摘茶叶的好季节,那些要出口到欧洲的茶叶,都会被茶商就地采收后晒干。中国人不喜欢曝晒过后的茶叶,他们喜欢用水煮茶喝,就是用滚烫的热水浇在新鲜采收的叶子上。曝晒过的茶叶经过一到两次的过筛,再根据优良度来分装。连最后留下来的茶尘也有它的用处,商人们不会浪费这珍贵植株的尘粒。采收下来的茶会经轮船载运到汉口。茶园都是中国人的,外国人只准定居在通商口岸,没有权力在中国内陆地区收购地产,因此,欧洲商人便不能自己种植茶叶,而是一定得向中国人购买。汉口有很大的茶叶市场,一般光是六七月份的销售量就会高达几百万公斤。俄国有一些公司就在茶叶中介的采购者名单上,这些中介代理了几千公斤的茶叶,仅汉口一个城市就可以供应全俄罗斯的茶叶。俄罗斯没有茶树,他们喝到的所有茶都来自中国。

每到这个时节,整个汉口市的街道上到处都弥漫着茶的味道。到了下半年的时候,街道上的味道就都变成皮毛的了。汉口另一个热门贸易的商品是动物皮毛,当然,这就没有茶叶闻起来那么馨香了。俄罗斯一些军舰在长江的高水平面上一路行驶到汉口,自愿把茶运到海参崴或敖德萨。为了降低运送成本,他们会将一部分的茶,尤其是茶尘,压制成茶砖。俄国的公司几乎在汉口都有茶叶加工厂,这些工厂可以负责这些茶砖的加工。马克诺夫先生的帕切诺公司旗下拥有最大的茶厂,这位友善的老板完全不畏于在这样一个炎炎夏日,穿梭在滚烫的锅炉之中,就为了想向一位好学的陌生人展示他工厂里的设备。茶厂里头工作的中国人,大多都裸着身子,他们脸上的表情极其痛苦,这个哭脸不像是可以开玩笑的。他们会将装满茶尘的袋子在炉上摊开,上面则会放上一个漏斗,接着从下方会有蒸汽灌入袋子中。过了大约一分钟之后,这些茶会放到一个木制的容器中摇晃,经过三到四个小时之后,就变成了一块块又平又硬的黑色茶砖。购买这些茶砖的俄国农人们一定要用到刀具,只要用刀切下一小块就可以泡茶,好比我们这儿的农夫切下一小块香肠一样。其他的机器则是把茶压成块,就像巧克力块一样,吃的时候要折下来一小块。

一个想象力非常丰富的德国记者,最近写了一篇报道指出,在汉口一共有五十家德国公司,结果马上就有一家德国银行想立即在汉口设立分行。在他的文章里,没有电灯的汉口镇竟然也被他点亮了电灯,也许就是在这样的灯光之下,才被他看见了那些根本不存在的德国公司吧!不过,事实上,在汉口真的有四到五家德国公司的办公室,其中就有美最时洋行的中国代理。美最时洋行的老板是米歇劳先生(Herr Michelau),一个来自东普鲁士的铁汉。很显然,他轻易地就抵抗了这地狱般的鬼天气。如果有人能够很幸运地被这位老板赏识,想必待在汉口几天后,即使身体依然健康,他也一定会想要离开这座城市。

但生活的经验告诉我们,即使在条件最艰苦的地方,也不难找到优秀的人才。与恶劣的条件对抗的同时,我们常常会想着对别人好;当我们看到某些人过得比我们差的时候,我们的心里就会产生同情心(当别人生活得比我们好的时候,我们通常不能顺理成章地接受)。在东亚那些生活条件还不算太差的地方,人都是十分好客的,当然,这里指的是在东亚的欧洲人。我不知道这是不是我作为游客的一种幻觉,毕竟这些都是我在短时间停留中所获得的印象。在这里几乎可以感受到,欧洲人要比我们家乡那儿的好上许多。那些造成个性腐败的社会原因先不说,这里就当政治不存在,礼仪和其他的一些礼节在这里少之又少,拜占庭主义①则没有出现过,应该说这里也没有上级好让人恭

---

① 东亚的拜占庭主义以两条十字形抽血管为命脉。一条沿着蒙古帝国的大运河路线,从吴越通向内亚海洋的大都港、张家口港和上都港。另一条沿着鲜卑帝国的大运河路线,从吴越通向内亚海洋的长安港、灵州港和沙洲港。这两条道路在东亚的地位,相当于乌克兰—克里米亚—君士坦丁堡路线在西亚的地位。

顺,人们不被治理、限制或是强迫,每个人必须要自行发展。如果他变成了一个有才能的人,那么他的生活就会过得平顺。所以,你在这里可以看见不少安静、脚踏实地、单纯又热心的人,这也再度告诉我们:教育人类最好的学校便是自由。

汉口的德国领事馆就在美最时洋行旁边,德国新的领事已经在被派遣过来上任的路上。一位和蔼可亲的德国翻译员克林德先生,现在享有部分领事权力。克林德先生也是德国租界委员会的委员之一(克林德先生稍后调任至北京,协助外交公使卡特勒先生。克林德在一九〇〇年六月二十日前往北京总理衙门的路上遇刺,但他即使身受重伤,还是坚强地逃回到了德国公使馆)。

众所皆知,德国在中国有两大租界地,现在分别是天津和汉口。其中,汉口的租界就在英国租界对面,在离汉口很远的地方,或者说它就在长江河岸上,等待着汉口朝它走来,这一点也许某一天会实现,因为,在那个地方迟早会盖汉口—北京的火车站,到那时汉口也一定会往火车站的方向扩张。如果火车站真的就盖在附近,那么德国的租界地未来必定有一个很好的远景!但是,这个要等到火车站哪天真的完工了再说。截至目前,我们只看得到由德国建筑大师锡乐巴先生建造好的铁路路基,只有七英里。因为德国工程师被排挤的缘故,原本要由德国人来修的铁路,现在已经落入了法国人手里,合约也已经签完了。法国人现在可以开始修建铁路了,他们想要在上面花多少钱就花多少钱,当然,也得先看看他们到底有没有那么多资金可以用。简而言之,德国在汉口的租界地就在一个连车站都没出现的车站区,规划中经过这里的那条由法国人建设的铁路,也还是八字都没一撇。

局面到这个地步也就没有什么可说的了,但是,奇怪的是,不仅车站不在这个地区,就连车站地区本身也不是实际存在。德国租界地和其他国家租界地最大的不同,就在于居民数量太少。虽然,这里是一块德国租界地,但却没有德国人有兴趣要在此长居。德国商人必须要在他们做生意的地方居住,偏偏德国的租界地又离生意繁忙的市中心那么远,于是,他们当然没有理由要离开自己做生意的地方——英国租界地里那美丽大街上的舒适房子,而搬到城外这块蛮荒之地来。

德国租界地上最大的建筑就是围着德商瑞记洋行(Arnhold Kaxberg u. Comp.)①和水牛公园的那些木栅栏了。这块居住地上没有居民,水牛公园里面也没有水牛,人们只是想要在这里饲养水牛,然后,出口到俄国的海参崴。不过就在第一次运送水牛到俄国港口的过程中才发现,没有一只水牛可以活着到达海参崴,从此瑞记洋行就彻底打消了做这个生意的念头。

在这个情况下,汉口德国租界地最值得欣赏的景点,就剩下德国租界的界碑了。它高一米五,灰色的碑身上还刻有 D.N. 的字母,意味着这里是德国租界,当中还夹杂了几个中文字,可能是用当地的语言再把 D.N. 解释一下吧!能够在中国的腹地看见德国租界的界碑,这着实让人振奋。不过,要看到它并不是那么容易的事,你要花很久的时间才能找到它确切的位置。如果你起了一个大早要开始找它,同时也要做好可能在前一个晚上,界碑就被人偷走了的心理准备。对于一个吃苦耐劳、极其节省的中国家庭来说,一块石板也是有利可图的。再说了,有品位的中国主人或家庭主妇,也许可以把这块石碑拿来建房子,抑或布置家居也说不定……

如果这块象征德国的目标石碑现在还没有消失的话,也许应该用一个中式的棚子来把它盖住,这样就可以避开外界的注意。中国人住在草席搭建的棚子里,这个糟糕的居住环境,还得要适应长江水位的变化,水位变低时他们就得搬离长江近一点;水位变高时他们就要立刻搬到稍微远一点的河岸上。这些流动的住宅现在栖息在河岸

---

① 德商瑞记洋行是一家历史悠久的德国籍犹太人公司,为中国清末民初最著名的洋行之一。1854 年德籍犹太人安诺德兄弟和同母异父的卡贝尔格,在中国上海合资设立了德商瑞记洋行。随后在天津、汉口设立分行,在长沙、常德、沙市、宜昌、万县等地设立支行。主要从事军火、五金交电以及土产进出口贸易。

的高处,也覆盖了一部分德国的租界区。只见他们平静地坐在棚子前,抽着烟,吃着饭或是休息,赤裸的孩子则在有灰尘的土地上打滚。他们的家畜猪到处玩耍,黑色的大母猪领着刚刚出生还没长出毛的小猪,自由自在地在草皮上吃着主人留给它们的厨余。在一群猪中间有一位中国小伙子蹲在矮凳上,正将自己的灵魂沉浸在木笛的四声调中。这已经是在中国长江边上的德国租界里可以看到的最富饶的生活情景了。

据说这样的情况很快就会逐渐改善的,等到德国新领事正式上任之后,他应该就会迫不及待地想要给德国租界地一个新的样貌,例如街道至少要建好,居民数也要渐渐多起来,甚至还要在这里办一个社团,以联合有声望的德国企业〔德亚银行(Deutsch-Asiatische Bank)、瑞记洋行(Arnhold)、亚柏(Arberg & Comp)及美最时洋行(Melches & Comp)等〕。他们一定会尽全力,为德国在汉口的租界地建立一个符合德国名声的形象。

居住在汉口的意大利修女们有一座修道院,英文的名称是Daughters of charity,"慈善之女"。院里收留了许多中国女孩子,修道院将她们养到十八到二十岁,就可以让她们和欧洲传教士的中国学生们结婚。这些中国女孩会学习各式各样的手工针线活,尤其是她们用中国的丝绸制作出了最华丽精致的蕾丝。一般说来,中国的丝绸只是用来制作白蕾丝的材料,至于黑蕾丝则要用法国的绸缎来制作,因为黑色的中国丝绸不好,在制作过程中多半会变成棕色。

被欧洲女人视为珍宝的汉口蕾丝,就是在这间修道院里制作售卖的,尽管价钱已经非常可观,但是,还没有像在欧洲一样的昂贵。每当有人要买她们的蕾丝时,那些修女们就露出幸福的表情。她们乐在其中,把装满蕾丝的大箱子拖过来,把蕾丝领子放在自己瘦小的肩膀上,方便客人们挑选。哪一种蕾丝领子要搭配哪一种首饰。按说这些美如花朵的意大利修女,在汉口炎热的天气里都可能被烘干,但是,她们却依然可爱地绽放着。听到她们说意大利语的时候,你会感觉到有点儿心痛,因为这个昂贵的语调,会勾起你所有的消费欲望。你会想到皇宫里过的奢侈生活,你会想到收藏那些古老经典的画作,相较之下,这个被贫瘠笼罩的国家,仿佛已经被美丽遗弃了。

修道院长葆拉·维斯玛拉就像一位温柔的母亲,如果有人对她说了亲切友好的赞美的话,她就会立刻红着脸,把眼睛睁得老大。修道院当然是我们参观行程中不可或缺的地方,我们从磨坊开始,看到了面粉如何以中国人的方式被磨出来。接着到了堆放玉米粉的储藏室。厨房里一幅毫无价值的古意大利祭坛画(宗教画),被挂在光秃秃的墙壁上,成了现场唯一的装饰。最后,我们参观到了修女学习的教室。在这个宽敞的教室里,修道院的中国女孩儿们,正坐在低矮的长椅上使用着缝纫针。当我们走进来时,这些小女孩行着跪拜礼,并且异口同声地用中文对我们说:"早!"最小的女孩儿因为看到了我们几张陌生的欧洲脸庞,竟然被吓得哭了起来。每一间教室的墙上都挂有教宗的画像,教宗利奥八世①就这样用他那亲切仁慈的油画眼睛,注视着中小学女孩们学习缝纫。

这些意大利修女对此感到无比骄傲,如同她们为修道院的医院感到骄傲一样。我们对修道院光洁的手术台,以及为高级官员准备的富丽堂皇的病床赞赏不已。我们在这里还看到了一位比利时病患,起初大家不太愿意进到他的病房里去,参观者就站在门口处不动。修女说:"你们别站在那儿了,快进来就是了。"仿佛以为可以帮病人一个大忙似的,她小声道:"他病得很重!"病床上躺了一个可怜的欧洲男人,炙热的天气令他难受不已,床正上方的吊扇不断地吹着风为他纳凉。即便如此,他好像也感受不到一丝凉意,就连修女温柔地调整他枕头的时候,他都没有任何感觉,眼睛虽然是睁着的,却空洞地注视着远方。

"他只是一直嚷嚷着,他想要回家!"修女解释着。

---

① 利奥八世,意大利籍教皇(963—965年在位)。教宗约翰十二世,因行为不端和煽动以武力推翻神圣罗马帝国皇帝奥托一世而于963年被罗马主教会议废黜并驱逐。

他家里有凉快的森林和土地,也许还有一位母亲可以照顾他,和他一起对抗死亡。有些时候,还是只有自己的母亲能够真正帮助到自己。看到这位如果可以回家,可能还有机会被救活的可怜男子,令人十分难过!而他极有可能没有办法克服这遥远的距离,无法实现回家的愿望,对家乡及母亲的思念也是让他难逃死亡的原因之一吧……

第十九章 武 昌

一八九八年七月初

武昌

长江的危险之处—黄鹤楼—中国同业工会—总督张之洞—中国政府以及古典作品的知识—最诚实的中国政治家—一个小乡镇—建筑与文学—莲花—武昌的人力车—战事学校—德国军事教官—"倒数星期六"—长江上的啤酒汤—在先锋营—张彪将军[①]—即兴游行

武昌位于汉口的斜对面,长江强劲的江水将两座城市分开,坐汽船的话大约需要一到一个半小时。这是除了距离本身之外,还要加上与长江强劲的水流对抗所需要的时间。长江的水流表面上看似平静,但在几处宽敞的地方,有时候会有强劲盘绕的漩涡,将河流表面下的一股强大的力量带出来;一旦被这巨大的水流漩涡抓住,你就很难挣脱出来。据说长江吞噬掉的生命,比世界上其他的任何江水河川都来得多。前不久,一位意大利海军就从停留在汉口港的"马可波罗号"战舰上,不小心失足跌落长江,一分钟后救生艇已经准备好要救援,殊不知在这

---

① 张彪(1860—1927),清末武职官吏,字虎臣,山西榆次人,张之洞亲信,曾任湖北提督、陆军副都统,辛亥革命武昌起义时,率督署卫队与起义军顽抗,因力量不足而撤出武昌,过长江退至汉口刘家庙一带。陆军大臣荫昌及冯国璋率援军赶到,在刘家庙、大智门击退起义军,起义军退出汉口,守卫汉阳,张彪率部先行夺回龟山炮台,后同援军占领汉阳,起义军退回武昌。南北议和宣统退位后,张彪卸职赴日本,民国元年(1912)张彪回国寓居天津,在天津日本租界宫岛街(今和平区鞍山道59号)建张园,1924年孙中山偕夫人宋庆龄自上海北上曾下榻于此,1925年溥仪离京到津也曾在此居住,张彪曾被中华民国政府聘为高等顾问,授陆军中将衔,1927年在天津病逝。

短短的一分钟内,那位海军早就被急速汹涌的江水推到了好几百公尺远的地方,最后消失得无影无踪。

武昌有一排长长的低矮的房舍,现在迁到了长江岸边。江水旁有一条窄小的江滨步道,看起来像一个德国的联会。在这个中国城市听都没听说过的联会里,正在宣告张之洞总督即将来到武昌的消息。人们期待着他的到来会让这里治理得更加美好。总督张之洞是中国所有官员里思想最进步的,他将居住在这里并管理这个地区。河岸上的居民做的多半是和船有关的工作,街道的最后可以看到武昌的城门。岸上的人很多,把街道挤得水泄不通;岸旁可以看到工人正抡着斧头,大声敲击着木头以打造船只。另外还有一些人手里拿着竹竿子,试着把淹没在长江下的小船打捞出来……

长江远处下游的河岸上能够看到三个军营,军营里面住的是总督的军队。每一个军营都用围墙把四面严密围住,里面立着一根高高的木杆子,杆子顶端插着一面军队的旗帜,旗面是红底白字,写着指挥将军的名字。军营靠武昌市中心很近,营里的装备十分齐全,这支军队的指挥者是张彪将军。军营的不远处就是张之洞总督创办的棉纺工厂,烟囱正排放着浓浓的黑烟。此时,正是中午用餐时间,冗长的汽笛声宣告了午休时间的到来。

城市的正中间隆起了一片丘陵地,地势非常引人注目,一直延伸到长江岸边。丘陵地上盖了一座雄伟壮丽,四周都有阳台的房子,屋顶一层层如画般堆叠,有些则快要被树梢挡住了,前方从建筑的山形墙里可以看到闪耀的光芒。在山麓丘陵的最顶端有水的地面上,立着一块醒目的纪念碑,圆锥形,看起来像是可以支撑火把的烛台一般,后方有一座已经烧毁的宝塔遗迹。这个地方让人感觉特别神圣,当地人称呼它为"黄鹤楼"。传说有一位中国智者,驾着黄鹤飞达天际。我当然没有亲眼见过,故事是从可信度极高的友人那里听来的。但我不明白的是:为什么没有其他的圣贤也飞向天庭?或者,为什么没有其他人也驾着黄鹤这么好的工具飞行?这座已经被烧毁的宝塔,还有这个不确定是不是烛台的圆锥形纪念碑,都是人们笃信这个传说的纪念物。而在丘陵上远远望去,可以看到的那些房舍是同业联会的茶坊。

中国的商人和手工业者组成了所谓的同业联会(Innungen),这让我想起了我们那儿中世纪的联会。不过相较之下,中国同业联会对会员们制定了一些较严格的规则,一旦某样商品的价格被定好了,中国商人只能乖乖地遵守。除此之外,他们还有同乡会,常常会跟联会组织融合在一起,因为,来自同一个地方的人常常也做同样的生意。每个同业联会都会有一个联会的会所,"黄鹤楼"上的茶坊便属于当地最上流的联会所有。

然而,在这个区域江水太过强劲,不适合轮船行驶停靠。对面则是长江的分支汉江,依照汉口而命名的,江水在此混流。迎着水流而来的热风使得江面波涛高涨,就像大海的海浪般狂野。即使小轮船使尽全力与强劲的水流对抗,也只能以非常缓慢的速度前行,最起码也要半小时才能真正驶离这个角落。

对岸的左边便是张之洞的军事码头。这位偏好军事的总督大人,就如同欧洲的某些强权霸主一样,也是舰队的狂热者。由于这里没有海洋可用,张之洞就让他的船舰在河里游泳。他的主要军力是来自香港总督的游艇——那些用来打发时间的快艇,也就是说,张之洞从香港总督那里买来的快艇,现在就躺在武昌市的海军基地里,上头还挂着黄色的龙旗。备有炮台,等着迎战胆敢来犯的敌人。不过,这支舰队里还有第二艘船,要比第一艘小。至于它是否一开始就是以炮舰之姿来到这个世上,还是其实只是由一艘私人轮船改造为战舰的,那就不得而知了。

我们对这个两湖总督张之洞的特别之处已经略知一二了。先前我提到,他高尚的学术修养和笔下的文学风格亦是顶尖。他知道如何获取清政府当局的注意,于是有一次,对国家情势发表意见时,他在电报中引用古典文学中的一首诗来表达。他具有强烈的爱国情操,虽然他心知肚明,欧洲人在科学上占据优势,也认同中国人要向欧洲人学习,但他一点儿也不喜欢欧洲!

（就在前些日子,总督张之洞先生刚刚公开发表了一篇著作①,阐述了现阶段的中国应该优先做哪些事情。随后,英国伦敦的罗伯特·道格拉斯②教授,在《维也纳周报》的"时间"栏目上,针对张之洞的这篇文章做了相关报道。罗伯特·道格拉斯教授表达了如下看法:首先,张之洞主张要强化中国军队,因为军队之于国家就如同"气息之于身体"。其次,他又说道,中国如果有强大的军队,那么世界列强就会对中国心存畏惧,就会极力地想与中国搞好关系,如此一来,中国就可以掌握欧洲和亚洲的命脉。他还嘲讽了与中国相关的国际法,因为,国际法不允许中国规定自己的关税税率,也不允许外国人在法庭上出庭。他认为一支强大的军队可以挽救这样的不公不义,而一个开明的民族,也不会容许别人长期来误导他们,并且隐瞒所受到的耻辱。强化军队的下一步便是要研究欧洲人的科学技术。他提倡首先在国内广设学校,让人们在儒学的基础上,进一步学习科学及历史的知识。他还想到要全面支持报纸在中国各地的布局,同时也劝告读者,与其对于新闻来源的不足而愤怒,不如把力气花在修正自身的错误上。他谴责对于宗教不宽容的做法,并且主张除非基督教哪天想自己放弃,人民才需要走佛教及道教的路。"现在,"他说道,"基督教正逐渐兴盛,佛教及道教则在走下坡,其影响力已经无力维持。佛教早已过了历史高峰期,道教里又只认鬼不认神。"他接着表示,基督教也跟其他两个宗教一样,也会有走下坡路的那一天,没有必要去迫害那些基督教徒,他们又能做出什么伤天害理的事呢?）

---

① 指《劝学篇》。
② 罗伯特·道格拉斯爵士(Sir Robert Douglas,1838—1931),英国驻华外交官、汉学家,曾任剑桥大学国王学院的中文教授、大英博物馆东方书籍和文献管理员,19岁时被国王学院录取研习中文,翌年考取了驻华领事的资格,并于1858年来华,在英国驻华领事馆任汉语通事。道格拉斯爵士对中国文化有很深的研究,擅长传记写作,曾为《英国国家人物传记大辞典》撰写人物传记。其大部分著作都与中国有关,代表作有《李鸿章》《中国》《儒家与道家》《中国故事》《中国社会》《1506—1912年的欧洲与远东》等。

最近他出现在他创立的武昌武备学堂里,在学生面前演讲致辞时,他说道:学习外国的科学是当务之急,所以,学校聘用了好几个外国教师。由于师资费用十分昂贵,所以,勉励学生务必要珍惜,要把外国老师说的每一个字句都当作珍宝一样铭记在心。

张之洞最大的特点就在于做官一尘不染,行事缜密不露任何瑕疵。中国大多数政客,都是用欺骗或敲诈的手法治理地方,可以说,他是清政府的政治人物当中最诚实的一位。首先,清朝的政治人物多半要花费大量的金钱来得到官位,上任之后不仅没有合理的官饷回报,还要定期向北京缴纳一定金额的费用;由于任期只有短短的几年,他们就必须要在很短的时间里,想尽办法谋财图利,赚回他为获得官爵的投入,所以"敲诈"就成了他们官僚体系里的基本特点。在一个公务员的贪腐被认为是理所当然的国家特色里,像张之洞这样据说没有违法地挣过分文的官员,就格外得到人们的尊敬。当然,由于他过去曾经与许多大文豪相处,使得他变得更像是一位超脱现实的梦想家。更贴切的说法或许是,与诗人相处的愉悦进而化作了他非凡的气质。无论如何,不管是在中国抑或是其他的国家,诗人都是经济学最差的老师,收支平衡这门困难的赚钱艺术,是无法通过诗词欣赏来学习的,所以,外头难免有些针对张之洞的流言蜚语,说他根本不懂金钱的价值,他为了获得新鲜事物从来不计算开销。再者,他如果要买什么,往往直到最后才会问价钱,有时候连价钱都没问就买了。有人就是这么形容张之洞的:"如果明天全世界所有的钱都到了他手里,那么他后天就会有五美元的负债。"此外,也有人说,他某天到了一个地方去,如果他看上了一根拐杖,这时候他脑海中浮现的不是买下这根拐杖,而是立刻要盖一个生产拐杖的工厂。如果盖不成工厂,那他就会买下拐杖,但是,可不是十支或二十支,他一出手就是一百万支。

他在武昌对面的汉阳有钢铁厂,在武昌已经有了棉纺厂及丝织厂。这些在他心中很昂贵的工厂,都是直接设在他的衙门附近,从他总督府(外表看起来十分朴素的府宅)的窗户往外就能看到工厂的烟囱,他的这些企业具备获得经济繁荣的所有条件,但是,他们的经营方式还是有待改进的。毕竟这是一个书生出身的总督,他经营这些企业怎么能够繁荣呢?

另一方面,他有时候会脑洞大开,蹦出一些很特别的想法。中日大战期间(甲午战争),上海的一家德国公司突然收到了张之洞的电报,说他想买下三艘德国军舰,连带军舰上的德国海军,钱不是问题。这个提议相当诱人,德国公司非常惋惜,因为没办法做成这笔生意。同一时间,在北京的德国公使馆,也有官员听他说出了类似的话:"我们听说,你们的士兵是世界上最好的。"他说道,"难道不能向你们租用几十万大军吗?"以中国人的观点来说,士兵跟苦力没什么两样,士兵是可以用钱雇来保护自己的壮汉,所以,他们应该也已经有了心理预期,觉得有人会愿意将军队出租给有支付能力的人。还有一次,张之洞与同一家德国公司的代表见面时谈到,日本之所以会取胜,就是因为他们有一座结构极为特殊的大炮,随时可以被折叠好,放进一个小盒子里收纳。这家公司随即向总督展示了几组不一样的大炮,可惜,没有一款是张之洞想要的那种可以拆卸装在盒子里的。他至今仍在寻找那个可以折叠的大炮……

(张之洞是义和团运动时期的三大总督之一,两广总督李鸿章与南京两江总督刘坤一是另外的两个。相对于清政府仇视外国人的态度,李鸿章与刘坤一两人则有自己的主张,他们尝试与世界强权保持良好的关系。至于总督张之洞,则有人谣传,他的士兵已经拆除了面向汉口欧洲的租界地的那些大炮的全部炮栓装置,并且把炮栓全丢到长江里去了。)

武昌有二三十万居民(在中国永远无法准确获得城市里的居民数),因而给人造成了武昌比较安静的印象,街道虽然是很热闹的,但并不像其他城市那样,人群把路挤得水泄不通。只要路上稍微不挤,人们就会立刻有与其他地方不同的错觉。

武昌和中国的其他地方其实一样,少了一些有特点的建筑。相较于亚洲其他民族,中国人对建筑没有太大的需求。为什么会这样呢?建筑的热情是一种强大的个人情感的表达,也许是内心最强大的情感也说不定。人们的虔诚也会激发起内心的狂热,借由最大的力量展现出来,用一块块石头的堆砌来赞颂最深的信念。偏偏中国并非是有什么虔诚信仰的民族,那些文明之人是哲学家,大多数也是物质主义者,他们贪图金钱、地位与官位。寺庙是为中国社会中下层人士和女人等弱势人群修建的,这也是为什么中国的僧人很少受到重视,社会地位也比较低的缘故。如果说士兵是武器工业里的苦力的话,那么僧人就是迷信世界里的苦力。迄今为止,中国若是有建筑是因为虔诚而搭建的,也是基于国家利益原则所做出的决定,因为,中国人还是知道宗教作为国家统治工具的有利之处的。在这个所有事物自几百年来都一直枯燥单调,却又要求人们一成不变地去适应国家要求的国度,你如何要求社会进步呢?文学在中国人的精神生活层面中占据了绝对重要的地位。书本教条的执着已经将人心都石化了,这就牺牲了其他艺术的发展空间。那些习惯于书中的虚幻生活的人,早就已经没有能力感受现实的强大,特别是在建筑中所能展现出来的那种现实!

武昌就是缺少了一些有名的,或者说是可以变得有名的建筑。在衙门街前,中规中矩地立着两根木旗杆子,门口还蹲着两只非常格式化的狮子雕像。门扇上画着仿真大小的中国历史英雄人物,整体看起来就好像是在市集里只需花半个马克(军人只需花费一半)就可以得来的装扮。接着还有一座红色的寺庙,总督大人会定期来这里,向他的皇帝的先人磕头。我们对这里农民的印象在城墙外。一些农地和城墙之间还有莲花池,那些正在耕作的农民的身影一览无余。

莲花白色的色调像极了我们那里的生菜花,柔和的白色中透出微微的粉红,只有在轻俯下身子的时候,你才会闻到一股淡淡的芳香,因此,莲花也被中国的诗人称作"骄傲",就像是孤独地绽放着的高傲的灵魂,只在远处观望它的人,永远都不会知道莲花的香气。莲花开花的时间比较晚,它们将花苞闭锁了很长一段时间,等到白色的叶子凋谢后,那华丽金色的开放才闪耀在眼前。莲花的开花过程,让人深深体会到它的神秘感以及最后的争奇斗妍,这也是为什么在亚洲,莲花对众神和智者来说十分怡人。那绿意盎然的叶子又圆又大,盖住了大半个莲池,依稀才可以看得到叶下水波投射出来的光影,这似乎象征着花朵极力想要摆脱这个世界的心情。正当莲花违反生命的自然原则将自己闭锁的时候,它的叶子又开始萌芽,向往着新生。它的莲子是绿色的,形状就像是洒水壶的喷嘴,从喷嘴的洞中向上长出花丝。制作银器的工匠总是喜欢仿制它,如果要制作一些用来撒或摇的器具,一定会有这样的喷口造型。

  张之洞对改革的狂热,也逐渐蔓延到了他居住的武昌,在所有与往常一样肮脏的街道当中,总督大人特地开辟了一条狭窄的,但却一点儿也不脏的道路。这条道路完全是被精雕细琢出来的,人们只有行驶在这条道路上的时候,才能感觉到它真的干净与美丽。于是,总督立刻创造了几个乘车的机会。在武昌市面上只有五到六台人力车,大众乘坐的人力车对一个中国城市来说,就好比是我们那里的城市电车。武昌的人力车就只能在这唯一能行驶的街道上移动,苦力的步伐缓慢,仿佛是要诉说这个工作前所未有的艰难,初来乍到还需要一点儿时间来适应。某日,我搭乘人力车前往武备学堂,身旁是骑着马的德国军事教官福克斯少尉(Der Leutnant Fuchs)。途中他的马不知怎么害怕了起来,这可吓坏了拉人力车的苦力,他慌手慌脚之下连车带人翻了车,把我甩到路旁一条沟渠里,他自己也摔进沟渠里。如果我在德国出版社出版关于中国的旅游书,我绝不会建议他们给武昌的人力车一颗星的评价。

  武昌武备学堂是一栋宏观华丽的建筑,更为贴切的说法是,它是由好几栋华丽的建筑物接合在一起的,大多都有被庭院包围着的宽敞大厅。学校的后方还有一间供奉战神的庙宇。整间学校当然是用木材打造的,因为中国人如果想要建造什么建筑的话,一定首选木头当材质,由木材建造的建筑物,至少可以维持跟建造者本人生命一样长的时间。至于那些还没有出生的人,暂时不用为此烦恼。中国人喜欢用木头当建材,就能够说明为什么至今中国都少有一个建筑文物是千年流传下来的①。

整间武备学堂呈现出崭新的面貌,到处都还闻得到油漆的味道。除此之外,每间教室都出乎意料地整洁干净。只要一想到总督张之洞万一调任到其他省份,或是德国军事教官哪天要离开,这间学校会变得荒废的情景,就让人十分难过。其中,后者很有可能在不久的将来发生。清政府现在似乎有意要任命日本军官作为军事教官,因为日本人较为便宜,请一个欧洲军官的薪饷,够聘用十个日本教官。在武昌武备学堂里任教的德国军事教官,除了上面提到的福克斯(Fuchs)少尉以外,还有冯-史陶贺(Von Strauch)少尉,第三位是前德国军官贝恩史托夫(Graf Bernstorff)伯爵。他长时间致力于替张之洞培养一支骑兵部队,为此付出了许多心力。但是,至今仍未成功将中国骑兵扶到他们的坐骑上。贝恩史托夫伯爵周末要渡过长江到汉口,他要回到欧洲租界地去休息,忘却他的骑兵部队不会骑马的烦恼。他会时钟般地在每个星期六准时出现在汉口俱乐部里的酒吧喝酒,因此,人们给他取了个"倒数星期六"的绰号。

武备学堂有八十个学生,被分派到不同的排。各类课程在各个讲堂中进行,学生都有特定的学术修养,但是,这并不是什么实用的学前教育,因为教学必须还要从字母开始教起。德国教官上课的内容都需要先经翻译传达给学生,多亏德国教官的耐心和优秀的教学方法,才让教学产生了最好的效果。不过缺点还是有的,由于没有实际的士兵,这所军事学校的学生就不可能变成军官,如此一来,这个学校的意义就仅仅是帮助完成个人学习的意愿。尽管有薪饷可以领,但是,学生只是学生,还不是军人。如果,军事科学的教育只能让一个军事学校的学生纸上谈兵,把战场上血腥杀戮的军事战斗精神充满幻想地带入一群讲求和平的中国文人之中,那很难叫成功。不过,就现在所看到的场面,一

---

① 作者此说法明显不确切。

群学生坐在食堂里,大部分人的鼻梁上戴着大大的眼镜,他们心满意足地喝着热汤,完全没有给人以勇猛好战的印象。这群可怜弱小的小羊啊!在进入军事学校变成雄狮之前,究竟还要花多久的时间学习呀!

前普鲁士的先驱中尉霍夫曼(Pionierleutnant Hoffmann),替总督张之洞训练了一支两百五十人的先锋部队。少尉的家就在市中心,是一户中式房舍。建造房屋的木头被马虎地钉在一起,就好像是戏院里更换场景时,那些随时可以拆掉的布景一样!宽大却单薄的门扇面对着大街闭锁着,庭院的里头则有两块杂草丛生的荒芜草皮。马厩正对着房子,从房间的窗户往外看,能看得到马匹。门厅里倚着两只大红旗,是某位中国军官赠送给少尉的。每走一步,木质楼梯就会发出吱吱嘎嘎的响声,房间里的墙壁则光秃秃一片。当然,家里还有一位女主人,她力所能及地做好每一件家务事。家具的摆放井然有序,很有可能是从德国家里带过来的。墙上除了几幅画,还有各式各样的丝带以及花朵做成的装饰品。不过,德国年轻女子对这间单调不已的房子没有任何权力,家具的风格看起来也跟房间格格不入,看似根本就不属于这里一样。在画与女主人编织的丝带装饰品之间,家具呆板地凝视着这个房子。二楼有一个狭长的木造阳台,从那里望去可以看见外面一排排房屋的屋顶,直到呈现黄色的长江水面。

房子的主人霍夫曼少尉是一个友善的、高大的金发男子。他的夏衣上别有镀金的军事纽扣,上头还刻有中国龙的图案。女主人这时在牯岭山区享受夏日的清新。中国厨师任性地决定不开伙做饭,害得我们中午坐在餐桌上不知道能吃些什么。男主人一脸狐疑,但还是镇定地做出一道啤酒汤来,虽然汤是热的,但这顿饭吃得倒是很舒适。武昌是吃不到冰激凌的,至少在张之洞总督神圣、进步思想的统治下是吃不到的。

午饭过后,我们一同前往武昌先锋营,在路上我们遇到许多士兵,他们都把手贴在裤子缝线上行进着。他们的外套由白色的斜纹布制成,裤子是棕色的喇叭裤,被塞进黄色的短筒靴中,有点类似俄国步兵的裤子。这一身打扮让他们跟中国的"民夫"似乎没什么区别,唯一不同的特征便是头上的帽子。张之洞的先锋队夏天的时候都会戴欧式的圆草帽,到了冬天则换上深色的头巾帽,这和深蓝色的冬季制服搭配起来简直是美不胜收。先锋营门前有一个肩上扛着长枪的哨兵,正来回走动着值勤。就在我们抵达的这一刻,他马上立正且站得笔直。这天刚好是中国的节日,兵营里面正在进行庆祝活动,偏偏只有张彪将军还在值班,他要检查情况是否一切良好。后来,他看到我们到来,立刻展示出欧式礼节,我们握了握他强而有力的手。

张彪被外界称赞为一名优秀的男人。他是一位有思想、有灵魂的军人,总是神气地下命令,然后,像恶魔般彪悍地骑着战马。他既诚实又值得信赖,德国军事教官视他为最佳助手,大家都愿意与他结为真诚的朋友。这也算是德国军官们对他真诚的回报。

他那浅棕色的眼睛,在经过风吹日晒的棕色脸庞下显得格外有神。就在这样一个炎热的下午,我们认识了他有别于将军严肃的气质,不为人知的一面。他身上并没有戴任何勋章,一派轻松地穿着薄长袍。此刻,他和一个普通的中国人没有什么两样。当我们向他解释什么是《法兰克福日报》时,他手里扇着圆扇,微笑着。翻译把我的解释翻成中文讲给他听,我没能听懂半个字,但是,张彪热情地握了握我的手,仿佛有人对他说《法兰克福日报》是将军们最爱的报纸一样。据说张彪过去曾是总督的车夫,在一次暴动中他救了主人的生命,就被提拔为将军。这真是要比拿破仑的元帅晋升得还要快。不过,我们还是要说,一个车夫或将军的社会地位,在中国其实没有什么显著的区别。

过了营区门口,接着就看到一个大厅,这里被作为营区里的教室使用。柔和的光线通过彩色的玻璃窗,将整间宽敞的教室映照得明亮不已。里头的一切也都干净得发亮,一张张的小黑桌被整齐地排放成一列又一列,每一列桌子后则是一排椅子,大厅上的油灯就高高地挂在天花板上。墙上还贴有英文版的天文图及日本地图(后者极可能是因为要报复日本而贴上的)。在旁边的小桌上还放有一些测量的仪器,另一张桌子上则放有各式各样来自德国的文具用品,彩色铅笔旁还有彩色橡皮擦,用彩色铅笔写错的都可以用彩色橡皮擦再涂抹掉。能够在张之洞总督的军营里,和来自德国的学生时代的"老朋友们"一同庆祝,这样的重逢实在是令人惊喜!这些铅笔、橡皮擦漂洋过海来到中国,让中国的先锋营士兵做地势调查时使用,一定也是稀有的冒险旅程。顺便一提的是,武昌先锋营学生们做的地势调查非常优秀。教室的最后方有几个气压计,在这些气压计旁边的角落里还立着几根黑色的电线杆。

学生桌子的正前方矗立着一个小平台,是讲台。讲台的桌子上有特地为将军准备好的茶水。我们就坐在教室里头聊天,那张既大又尊贵,专为教师准备的黄色大椅,肯定是要由霍夫曼少尉来坐,张彪将军则坐在旁边的小椅子上。每次当张彪将军被称赞时,他总是不好意思地谦让,说这些德国军官才是应该被称赞的人。尤其是每当谈到功绩时,他总是要提到霍夫曼少尉(虽然这也是事实)。这时候来了一位扎了辫子、身着轻便服饰的少校,他迫不及待地想要认识我们。营区里到处都是士兵,有一些经过这里的好奇地往里头看。当有很多中国人在一起的时候,总免不了有噪音或是有闹哄哄的谈话,不过在这里却是一点噪音都没有。这般宁静可以让人充分意识到,营区里纪律严明。

我们就坐在教室里谈天论地,我还特别提到,不用操练列队了,来营上打扰已是万分抱歉。将军听了立刻大笑,并对一旁的少校说了什么,少校立刻站起来走了出去。过了不一会儿,就听见外头闷重的鼓声震耳欲聋,将军似乎想要展示什么,请我们跟着他走出去。外头的士兵正在营房门前,齐步向中庭的方向前进,身上的黑色皮带挂着两个弹药包和军刀。就连这样的行进也是一点儿噪音都没有,只有鼓乐声持续在空气中飞扬。我们接着参观了最好的士兵营房,这里看过去也是相当干净整洁。有一个士兵用一小块窗帘来布置他的床,上头还刻有俄文字样。天花板上晒着几只老旧靴子,窗台则放了两个小花瓶,用来插祭祖用的香。

这时少校出现在外头,他身上穿着阅兵裙,是一件由珠宝点缀、以金丝刺绣而成的深蓝色制服,袖口上还有一个小小的浅蓝色圆圈作为军阶标志。另一名军官还替他戴上配有军刀的皮带,皮带钩子还差点儿要钩不上,显然,张之洞可没有让他的士兵们挨饿。皮带扎紧以后,少校手握着镀金的刀柄,一个动作,大刀就嗖地从他的钢铁刀鞘中飞出来。少校觉得能在我们面前演练军队是他的一大荣幸。

在教室旁有一个宽敞的练兵场,我们就站在操场中间,将军趁机快速地点了一支烟。这时军队已经行进到练兵场里了,并且,是以一种阅兵的行进之姿进场的。这绝对不是在德国练兵场上看得到的情景。士兵们每一个步伐都刚劲有力,连地板都能感觉到在震动。长枪被整齐地扛在肩上,双手则以一种合上节拍的节奏来回摆动。这时少校走上前去,手里拿着他的佩剑,用中文下达命令:"向右转!""开步!"

这时,只见长长的队伍精确地分成好几个方队,齐刷刷朝我们走过来。在听到一声"停"的命令后,就在距离我们前方三步的位置,他们一动也不动地停了下来。接下来他们又自动排成两列很长的线形队伍,不禁让我想到学校里服役的那些人。他们当中还好没有高学历的,因为这些人通常会在最后一刻坏了队形。

现在就是展现士兵佩枪的时间了,队伍表现得就像台机器一样,待指令大声一下,他们手中的武器就当啷飞出又落下。我们通常只会看到军人的一只手及他手上的武器,接着会看他们表演上膛和射击。中国士兵展现出他们也能演练这项困难的艺术!其中不外乎是收紧小腹,抬头挺胸然后扛起枪支。一听到"上膛"的命令,整列队伍就上紧发条且屏住呼吸,一个肚子都看不到了。张之洞的先锋部队都可以作为德国部队的榜样了。

中国人是全世界手艺最好的民族,他们学会了所有的手工艺技术,运用军事武器也根本不成问题。没有任何操练是中国人学不会的,至于这是不是一项纯机械式的学习,则是另外一个问题。当然,学得很快的人也有可能忘得很快。中国人的模仿才能是如此出众,甚至到了青出于蓝胜于蓝的地步。如果哪天某个总督有心要拥有一支德国部队,刚好又可以聘用到有才能的教官的话,那么他就可以让一支中国人的部队被训练成像德国部队的样子,至少表面上看可以模仿得一模一样。他们模仿的功力强大到甚至连作战都会像德国一样厉害!(这点倒是还有待商榷。)我看了武昌这个小范围军事化的模样,再看看一点儿也不军事化的中国,忽然觉得张之洞就像是一个爱玩军人游戏的大孩子。

不过,武昌的先锋部队真的被训练得非常优秀。好在张彪将军有一天骑上骏马,变成第二个阿提拉①,把欧洲变成中国一个省的机会不大!欧洲人大可放心地与这位优秀的将军交往,在一起抽上几根他最喜爱的香烟,那时他还会变得更加谦虚呢。

---

① 阿提拉,又译亚提拉(Attila,406—453),古代欧亚大陆匈人最为人熟知的领袖,史学家称之为"上帝之鞭",曾多次率领大军入侵东罗马帝国及西罗马帝国,并对两国构成极大的威胁。他曾率领军队两次入侵巴尔干半岛,包围东罗马首都君士坦丁堡;亦曾远征至高卢的奥尔良地区,最后终于在沙隆战役被逼停止向西进军。

第二十章 胶州印象①

(一) 如何到达胶州

"亚潘拉德号"—人们在船上的食宿—装运货物—晕船的新特点—崂山和边界测量—胶州湾—灰色地带—胶州港—如何上岸—胶招与胶州—流动的道路以及摇摇欲坠的房屋—海滩旅舍—中国的苍蝇—"阿吉尔"旅舍—鸡还是只有鸡—猿猴的冒险

大约每间隔两个星期,"亚潘拉德号"就会载运邮件及旅客往返上海与胶州之间,通常是从上海的联合社团出发,沿着中国的海洋行驶。从美最时洋行公司大楼的阳台上,可以看得见有人正在向船挥舞着手绢。在德国总领事馆的阳台上也依稀可以见到一些穿着白色西装的身影。他们对于这艘驶向胶州的船似乎抱着友好的情感。

"亚潘拉德号"是一艘小型邮轮,很有可能是在海上航行的最小的船,其纤细黑色的钢铁船身上,耸立着一根瘦小的烟囱。船舱里非常狭窄,极不舒适,每每在经过舱室的时候,头都会不经意地撞到上门框,再加上门槛又特别高,因此,每个人几乎都有撞到头的可能。如果想要在

---

① 读者不要忘记,接下来的报道观察记录于一八九八年的夏天,即德国自一八九七年十一月占领胶州地区九个月后。在过去的两年里,一个德国城市在青岛湾形成了,胶州今日带给人的印象肯定不同于以往。

船上有个床铺睡觉,就必须得忍受空间的狭窄,想充分伸展四肢的机会都没有。不过这点小小的牺牲,恐怕是每个有爱国心的人都可以接受的。因为这趟旅途终点的美景,似乎正在向人们招手,"亚潘拉德"要带领人们进入德国的殖民地了,虽然我并不想这么说。当海面平静、天气好时,人们在床铺上连脱个靴子都没办法,最好的办法莫过于一开始就把靴子脱了赤脚上船。

说到船上的床铺,虽然比正常人的身高还要再短一点,但是,还是可以勉强接受的。乘客们可以百分之百地确定,他身体四分之三的部分还是可以躺下的。如果你被分配到上铺,还会惊奇地发现有一扇窗户。由于窗口的设计是内开的,人和窗户就难免会有一战,而输家往往是人,因为船舱窗户的本质就是既顽强又残暴,最好的方法就是与之达成和平协议,尽量将身段放低些,不要被共享这张床铺的窗户给妨碍到。这样人就得整夜都躺在同一边,连个翻身的位置都没有。

每间客舱的房里都有两张床。由于客舱的房间并不多,乘客通常都会是床铺数的两倍以上,所以,有一半以上的人要被迫睡在甲板或是餐厅的板凳上。餐厅的规模也非常小,到了吃饭的时间也无法一次容纳下所有的乘客。假如只有一半人有饭吃也很合理,谁让他们一定要在海上航行呢?他们也可以乖乖地待在地面上呀!这听来没有错,但却不人性化。人性化的结果就是因此得到一个调解方法,所有的乘客会被分成两批:午餐的第一次铃一响,第一批人就开始到餐厅里找个位子坐下开始吃饭;这时候第二批人在甲板上散步,假装不知道下面的人在做什么。等到午餐铃声第二次响起时,就换第二批人进去餐厅吃饭,这当中或许会有心怀不轨的人吃完第一回后,想再溜进第二批得到第二份膳食。所以,做餐点的人就非常聪明地考虑到了这一点,把口味做得让那些吃过第一次的人,不会有想再吃第二次的欲望。在黄色护墙板的衬托之下,这间小小的餐厅看起来格外亲切。墙上挂有德国画家轻描淡写的素描画作(德国插画家富兰克-布拉姆利),是一幅俾斯麦①的人头像,嘴里还叼着雪茄。餐厅甚至还有一套会话字典供人使用。字典是最新的版本,不过好像少了几册,可见,船上甚至没有足够的位置可以放下一套完整的字典。

驾驶台和甲板因为空间不够的关系被结合在一起,所以,就会看到掌舵的船员也在坐在甲板长椅上的乘客之间。为了让乘客有奢华的享受,船上还特意在消防桶两旁放上许多花盆,打造出一个小花园供人欣赏。

在中层甲板上还有一匹马,它有一个专属的小棚子,可惜棚子太矮,马的头都快高过棚子了。马在棚子里看起来特别的忧伤,好像是在诉说船上搭的棚子对它来说,不能算是个真正的归宿。除了这个活生生的货物之外,在上海的时候还载了好几个箱子,不用特别说明你也能知道,箱子里装的全是德国啤酒——除此之外,还有什么特别需要的东西会被运送到德国的殖民地去呢?和这么多的啤酒一起在海上航行还真让人安心,因为,万一"亚潘拉德号"搁浅在一个荒岛上,至少我们还不用担心会被渴死。另外,船上载的还有为数不少的信件袋,大多是从柏林发来的,袋上还有代表尊敬的红色印记。除此我们还运送了一些来自欧洲的缝纫机。由于舱位有限,这趟船只载了一部分,另一部分可能会在下趟邮轮中运过来。最后,还可以看到一张小心翼翼以帆布缝制而成的椅子,它并不是全新、尚未使用过的,因为四只脚中已经有一只不见了。

"亚潘拉德号"装载的货物很重,它们在船上井然有序地分布着,确保不会影响到船的滚转运行。虽说如果货物的摆放不是如此,船的航行也没有太大影响,因为这是"亚潘拉德号"的特色——在任何困难

---

① 俾斯麦(Bismarck),又称俾斯麦·申豪森公爵,俾斯麦亲王,劳恩堡公爵。出生于德国萨克森-安哈尔特州申豪森市,逝世于德国北部奥米勒。于1867年至1871年出任北德意志邦联宰相。1871年德意志帝国成立时成为德意志帝国首任宰相,直至1890年辞职告终。

下都可以顺利地滚转。当船一开动,它便开始运转,即使它靠岸停在了青岛湾,都还是在持续不断地运转着。所谓的滚转就是船只两侧边摇摆,而从下向上的起伏则被称作俯仰。如果因为"亚潘拉德号"在滚转,你就以为它会忘了俯仰的话,那你可就大错特错了。大多数的时候会两者一起运行,而这个功能可不是每艘船都会有的。一旦"亚潘拉德号"同时滚转和俯仰,人们就会感受到船身有如螺丝锥般地蠕动扭转着,这样的原地旋转很容易让人晕船。对那些时常晕船的人来说,这肯定是一种新的形式,一开始会把人胃里头装的食物全都抛向大海,接着(这就是最新奇的部分)就是连你的胃和你自己都想跳入大海里了。需要很长一段时间才能让你的胃打消这个不切实际的坠海念头。

夜深人静的时候,受不了船舱狭窄又闷热的人,会跑到甲板上找张椅子躺着入睡。不过就在人们睡着的时候,椅子却开始不安分守己了。它开始发出咯咯的声响,甚至开始动了起来,尝试着往海里去,撞到栏杆意识到这不可能之后,就决定在这甲板上绕起来,一开始它绕到消防桶那里,又突然对船舵感了兴趣。过一会儿,人的头就突然撞到了一个硬物,人就这样在半梦半醒之中惊醒,还听见了碰撞的声响。这张椅子就在它的夜游中来到了楼梯墙边,仿佛还在思考着要如何才能避免人头冲撞到墙上。这时船还持续滚转着,有时船侧都低到快跟海平面一样了。船长依普蓝先生是个中规中矩的人,但是这也改变不了"亚潘拉德号"是一艘可怜小船的事实。以德意志帝国所缴纳的津贴来说(如果我没记错的话,应该是一个月一万马克),它应该可以要求一艘更好的船,尤其货物和乘客搭船的费用已是非比寻常地高。(负责上海到胶州的船运公司杰柏森表示,目前已经有计划要为这个航线建造新的轮船。)

航行的第三天,我们已经可以看到陆地了,山的影子也显现在远方,不过要到达目的地还需要一段时间。几个小时之后再往外看时,右边就是崂山①,它已经不再是我们的殖民地了,据说那块土地上有富

---

① 崂山,古称劳山、牢山,位于中国青岛市、黄海之滨,是中国著名的旅游名山,被誉为"海上第一仙山",主峰巨峰(崂顶)海拔1132.7米,为山东省第三高峰。

裕、缴纳最多税的乡村。现在有几个德国的地质测量工程师,正和当地道台合作,把一艘起码配有四个烟囱的中国战舰运到青岛去。道台们很喜欢青岛德国军官食堂里所提供的气泡酒。德国的测量工程师技术高超,最后他们测量出德国殖民地的边界就在崂山的另一边。称呼这种工作的专业用语应是"边界测量"(边界测量目前已经结束,结果完全符合预期)。

崂山似乎也很想变成德国的山脉,它幻想自己是德国阿尔卑斯山的一部分,然后,在梦里自由游荡到中国落了脚。但是山上的树木显然没有跟过来,几百年来中国人跟树木之间一直持续苦战着,理所当然的,树木一直处于劣势。不过善良的人也许会觉得可惜,为什么现实情况不是反过来呢?……如果眼下要用一句话来概述中国的特性,那便是中国是一个充满光秃山脉的国家。崂山上从来没有树木生长,一直以来它就是一个巨大的岩石,走到近前它看起来比想象中还要高大许多,也多少会让人想起阿尔卑斯山的一隅,大概就像多洛米蒂山脉①或是蒂罗的岩海山脉吧(这里指阿尔卑斯山蒂罗尔白云岩)。它的山脊奇特地呈现高低不平的状态,也许用凌乱不堪来形容更恰当。当雨水从山顶流淌下来,空气中就弥漫着烟雾,一阵淡蓝的烟丝就穿梭在这山脉之中。

崂山一直在右边,此时,轮船要向左航行,驶向比较低的山脉方向。一个比较狭长的路线和地平线之间分出了分界线,在航行的途中会经过几个小岛,接着邮轮便不知不觉地驶进了青岛湾。人们可以看见青岛湾的尽头是陆地,但却不知道它是始于海里的哪个位置,其环绕着陆地的胳膊太短了,以至于只能接触到一点点的海洋,除此之外青岛湾是非常宽敞开阔的。

海岸的正后方就是陆地,地势平坦,缓缓地上扬。到处可以看得

---

① 多洛米蒂山是阿尔卑斯山的一部分,位于意大利东北部三个省,其70%地区位于贝卢诺省,其余位于波尔扎诺自治省和特伦托自治省。其西面延伸到阿迪杰河,东面为皮亚韦山谷,北面和南面分别为普斯特山谷和苏加纳山谷。

见这里一座丘陵，那里一座山岗，并且还有山峰的加冕。在最高的山顶，现在称为"讯号山"的地方，有德国的战旗在旗杆上飘扬。我们的视线扫过了整片大海以及远方的土地。如果德国人要在这里做伸展操的话，我想他们一定会有足够的空间。往左边看过去就是胶州湾，人们只能看得到它的一小部分，几乎快要全被浓雾给笼罩住了。因为入港这一天是个下雨的日子，也让人发现了海洋的缺口。我们再往前方右边看过去，在山脉的另一边可以看到第三个比较小的湾区。伴随着几处海湾和高起的丘陵，这看起来就像是一块友好又有家乡感的土地。

中国人的农地形状很像阳台，并且，呈现直线条状地穿越山边。第一栋出现在我眼前的建筑物，便是在丘陵上临时用木板搭建的德国军医院。这座城市仿佛还躲藏在某一处，不过事实上并非如此，它就直直地立在那儿。人们只需要花点时间看仔细一点，就可以发现它的存在。我从山脚下向上看的目光，此刻在几棵树上停了下来，树木之间闪烁着灰色的光芒，光芒出现的地方就是青岛了。在那些灰色的中式房舍屋顶上，冒出来的是一座庙宇的黑色屋顶。基本上中国的城市看起来都是这么灰暗，虽然有时候可以看到一些闪亮艳俗的饰品，但是基本上还是以灰色为主调，毕竟闪亮的装饰品并不是到处都有的。这对于那些刚刚从欧洲过来，幻想中国是个色彩缤纷的国家的人，可能是一个极大的失望。中国的房舍被粉刷成如苦力般的灰色，就连在北京的故宫里也看得见这个色调。也许是中国人偏好这个颜色吧！又或许是因为它看起来和灰土很像，无须加以掩饰也不会显得脏。另一方面，如果仔细想想这些城市到底还有什么，它们没有高大的建筑，有的只是一些小小的客栈，这些小小的矮房代表着中国。这没有生气、黯淡无光的特性，或许没有其他颜色比灰色更合适了。

雨水落下的时候，青岛湾的海水呈现出一片绿色，船只这时在离

"小青岛①"不远的地方抛了锚,而"小青岛"据说是海水涨潮的时候海面上隆起的一块丘陵地。船只不能停得距离海岸太近,因为近岸水位实在是太浅了。在海湾处登陆时,甚至连接陆地的钢铁栈桥都不够用。

这座钢铁栈桥是中国政府送给德国人的礼物,是赫赫有名的李鸿章先生下令建造的(一八二三年至一九○一年,中国有名的将军及政务官,那个时候他领导北洋海军)。海湾里有艘汽艇正在行驶着,甲板上有个穿着制服的人在走动着,另一艘汽艇则停靠在锚栓前,有两到三艘的中式帆船被退潮留在海滩上;不时也会有一些中国的木划船从旁经过,这大概就是整个港口的交通流量。船少更显得海湾空荡。

有一艘船夫划的小木船,上头载了一位年轻的海军医师。他友善地将手放在蓝色的帽檐上,做了一个打招呼的姿势(这种在异乡被一个戴着德国军帽的人迎接的感觉十分美妙)。"亚潘拉德号"上的人除了晕船以外,就没有其他瘟疫病症了,而晕船绝对是不具传染性的。我们马上就可以下船到陆地上了,但说起来比做起来容易,因为我们一开始先要坐到小艇上,在强大海浪的影响下,小艇一会儿离邮轮的楼梯很近,一会儿又被海浪打到远处。跳到小艇上的做法显得很英勇,但绝不是最好的办法,因为就像跳水一样,唯一不同的就是,有可能因为错失目标而掉进海里,那最好就是用四肢着地的方法爬到小艇上去。不过头有可能会先着地,幸好小艇上有个有经验的人,他会把人以一个最自然的姿势带到船上,这样才不会发生任何问题。

小艇上的船夫是两个脸晒得黝黑的中国人。中国人有的肤色较黄有的肤色较黑,也有些人的皮肤就像阿拉伯人那样是古铜色。在海岸一带居住或者在海上生活的中国人晒得更黑,德意志帝国在胶州的官员也有不少人晒得很黑。这两个船夫共同划着挂在小木艇后方的桨,

---

① 德国强占胶州后,将其占领区定名为"青岛",就是根据此岛而得名。这海中孤屿被德人称其为"阿克那岛",派兵驻守,日占青岛后,称为"加藤岛",当地居民习称"小青岛"。小青岛距海岸720米,海拔17.2米,面积1.2公顷。因其形状如同一把古琴,故又有"琴岛"之称。小青岛距东侧海岸370余米,有长长的海堤与陆地相接。此岛原是陆地的一部分,在海浪长年累月的冲蚀雕凿下,渐与陆地分离,始成今日之形状。

一下左边一下右边,桨伸到海里,船桨与海水摩擦着让小艇前进。每次拉起桨的时候都会听到船夫嘴里发出的嘶嘶声。这艘轮船肯定能作为他的样板,它展示了如何在航行之中有规律地行进。

距离岸边大概还有半个小时,小木艇随着海浪上下起伏得厉害,最后,我们终于到达了岸边。船夫这时将他的裤管卷起到膝盖以上,下了船就以背对我,作势要把我背到陆地上去。我双手圈住那个中国人的脖子,由于我的鼻子就在他头的正上方,所以,这便有机会证实他是把大蒜当成发油来使用的。比较困难的地方在于不知道该把脚放在哪里。如果就这样把脚直直地放着,就会在水里拖行。最好的办法便是把脚放到船夫手里,让他一只手抓着一只腿,并且请求他暂时也保管一下我的双脚。

这就是我到达胶州的上岸过程,换句话说我根本没有亲自踏上胶州的土地。胶州是一个无足轻重的小城市,从德国的主要租界地青岛出发,徒步需要两天的时间才可以到达胶州。有谣传说,胶州这么小,一万名中国大军朝它而来时,曾一度被中国人夺回去了,所以,今日的胶州究竟还属不属于德国的租界地,我依然还是有个疑问。无论如何我们都无法给胶州一个新的名字,如果它全然不属于德国,这个新的名字对它来说也不会有任何的意义。正是因为德国人在青岛落脚,他们本可以用青岛之名替代胶州区的命名,不过,如果德国人把他们居住的青岛之名给了不是他们居住地的胶州,这也是本末倒置的行为。

说到殖民地的地名的发音,人们最常听到的是"胶之欧"。在德国也是一开始便使用了这个字,但是,因为这个字不是那么好发音,德国人无法以自然的方法,用舌头来发出这个字。政府当局也在说和写的时候认为"胶州"这个字最接近它的正确发音。在当地,除了德国官员以外,根本没有人会说这个地方是"胶之欧"。中国人讲"胶招",或者会在倒数第二个音节稍稍加重音地发出"胶招"的音,亦有人称"招招"或者"遭遭"。如果你知道"遭遭"也是中国某道菜名,便不会惊讶为什么有这个发音了。

上岸之后我们先是爬过一个沙丘,接着越过一个小广场,然后就到了"海滩旅舍"。在雨天这样行走可不是件容易的事,因为广场上的土地都快被大雨冲散了。这里的交通带给人一种不确定性,可能昨日还是广场的地方,今日立刻就变成了一片汪洋。不过人们在青岛可不能抱怨这种小事。

只要天空一下雨,山上的水就从四面八方奔流下来,因为这里的山上没有太多的树木,所以完全没有办法阻止水流。再加上这里的土质十分松软,整个山体仿佛都在移动,似乎要变成另外一个样子。这时,大大小小的峡谷都开放地迎接雨势,平常只是作为登山工具的它们①,这时好像自己都有登山的兴趣似的,随着雨水移动了起来,它要往下走看看更远的下层土地是什么样子。前些日子,有个聪明绝顶的男子开始记录青岛及附近的地形,他意外地发现了一些道路,然后将它们小心翼翼地画到地图里,并且,他对这片土地已经拥有这么多公共设施感到开心。雨水一来就发现道路变成了小河流。我们在海滩客栈度过了一个愉快的夜晚之后,便在还在下雨的深夜上山,向青岛方向前进。我暗自提醒自己,很多人千叮咛万嘱咐过的,千万不能跌到战地医院旁的山沟里。只是这个念头刚过,我人已经平躺在山坑里了。不过,这个意外倒也使我平静了许多,因为人一旦跌进过战地医院旁的山沟里,就可以确定未来不会再有第二次了。不过令人讶异的是,就在我起身继续前进的不到几分钟的时间,我又一次跌进了一个山坑。起来一看我才发现,原来这第二个山坑才是战地医院旁的,第一个是大雨刚刚新建造出来的、供我个人专属使用的。

如果土质在这么糟糕的天气下变得如此松动,那么,可想而知那些房舍最后的下场会是什么。只要是到了下雨天,就一定会有一处土地崩塌,而青岛这个美丽的城市,偏偏就是在这样的土地上形成的。到了夜晚,我们就下馆子去了。"不好意思!"老板说,"今天实在没办法给

---

① 作者是寓指登山的路。

您吃的,我的房子都塌了。"这倒提醒了我,如果日后在青岛想去喝个啤酒,最好也把房子随身带上。

在海滩旅舍前的广场上,雨水形成的水滩正有几只牛经过,山丘下的两只绵羊也扯着嗓子叫着。这些牲畜都归一个名为"廉价杰克"(Cheap Jack)的中国公司所有,这家公司向青岛的德国驻军提供肉品。海滩旅舍是这个乡村的第一栋房舍,噢!不!应该说是这座城市的才对,虽然称其为乡村其实更贴切。这间海滩旅舍是一栋中式建筑,人们总是会说,在青岛只能看见中式的房舍,全都只有一层楼高。这里没有任何一间房子高过一层,这些木瓦屋顶上长满了灰色苔藓的房舍,总让我想起德国家乡里某个贫穷的村落。

海滩旅馆以前一定是某个高官的官邸,又或者是某位上流人士的住所。旅馆前那两根中国旗杆的上头顶着硬壳,不免让人以为是乌鸦的巢穴,但据说是为说明过去其所代表的官方地位。黑白红三色的德国国旗升在另一根固定在墙上的竹竿上,这面墙是依据中国建筑传统建造的,由入口往中庭的地方隆起,让外面经过的人不会看到房屋内部的情形。竹竿做成的旗杆有点单薄歪斜,不过,我们也不能苛求一根中国的竹子会知道如何作为德国的旗杆而存在。旅馆的老板曾是日本神户德国俱乐部(Deutschen Klub zu Kobe)里的经济学家,那女主人是一位日本人也就不足为奇了。她身上穿着欧洲的服饰,如果跟她用德语说"啤酒",她就会立刻拿一瓶过来。旅馆的房间四处分布,环绕着中庭,大部分房间都是没有窗户的,不过每一间都有一扇门。想要从房间内看风景的话,你就得通过这扇门来看,当然你的账单不会因此多加一毛钱。房间的大小足够放得下一张床了,不过我还是百思不得其解,当初店家是怎么把床搬进这房间里来的呢?房间到处都是发霉腐烂的味道,只要一踏进来,头上就会跟着一堆挥之不去的苍蝇。

青岛至少有一百万只苍蝇,这个数目还极有可能被低估了。不过到目前为止,还没有一个官方数字可以参考。我们甚至可以这样说,"苍蝇"是我们这块殖民地上的主要产品,只可惜它完全无法出口。欧洲的苍蝇与人类相处会克制许多,相较之下中国的苍蝇比较不怕羞。人在青岛,一整天下来始终是被苍蝇围绕的,等到晚上又换成了蚊子来接班,苍蝇功成身退地去休息了。等到一晚过去蚊子吸饱血犯困了,苍蝇又接着出现在你的眼前。蚊子和苍蝇就是这样轮班的,一个在晚上负责把人搞疯,另一个负责在白天把你搞晕。

人在工作的时候,有上百只苍蝇从窗户飞进来,它们在纸上爬行,仿佛想要看清楚人在写什么,甚至还敢坐在笔杆子上,跟着人手在纸张上书写着。然后,它发现纸张是个很舒服的地方,于是就在人的头上嗡嗡地盘旋,偶尔还会停留在人的鼻子上,从此处观赏桌面的风景。有些很有进取心的苍蝇不怕走暗路,还可以跑到你衣裳袖子里去散步;有一些让人无法预期的苍蝇,一会儿在你右耳哼唱,一会儿便在左耳朵上爬呀爬。吃饭的时候它们想当然地坐在每一盘菜里,不过,就在人要把它们连菜一起吃进嘴里时,它们竟然还能跟着汤匙摇晃,这也算是一项特殊才能了。有的时候会不小心误食苍蝇,至于它们吃起来味道如何我就不多谈了。如果只是用手将它们挥走,不到一秒就会又飞回来。捕蝇瓶中已经有一大团黑色的苍蝇了。偏偏青岛苍蝇的特色是,人们愈是不停地捕杀它们,它们愈来愈多不会变少,会变得更多而不是更少!为了避免苍蝇祸害,总督大人在自己的书房里用蚊帐围着书桌建了一个帐篷,或者是如这里面的人说的,他建的是一间捕蚊房。拜访总督大人的时候,他出现在如同奇特烟雾的白色纱布后面,你仿佛看到的不是一个总督,而是总督大人的鬼魂(一个放荡不羁、骑着马的总督)。

德国曾有非常有名的抓老鼠的专家,搞不好也会有抓苍蝇的专家。如果真有,那他应该立刻动身来青岛。万一他真的成功消灭了所有苍蝇,那这将会是一项了不起的功绩,就像那位来自哈梅尔恩[①]的抓老鼠

[①] 哈梅尔恩,因格林童话《花衣魔笛手》的舞台故事而闻名,位于维希沿岸,是德国童话之路的沿线城市,每年都有很多观光客来访。哈梅尔恩距希德斯海姆以西约40公里,汉诺威西南约40公里。民间故事哈梅尔恩吹笛者,讲述的是十三世纪发生在这个镇的一个悲剧,这个故事通过格林故事而闻名天下,同时,著名的诗人歌德和罗伯特·勃朗宁也为此写过诗,现在哈梅尔恩依然保留着中世纪的建筑和一些古老的城区。

的专家,他的传奇一直被广为流传一样。抓苍蝇的专家在青岛的成就肯定不会被世人遗忘。

到目前为止,这家海滩旅馆经营得还是不错的,随时都是客满的状态。此外,还有一家"阿吉尔①"旅馆可以作为人们的第二选择,老板也是个有才干的人。即便如此,它还是没有海滩旅舍经营得好。这旅馆的门前有一条往上走的路,路把整个地区长长地切分成两半,这条路是青岛的主要道路,而"阿吉尔"旅舍就在这条路的中间,可以凭它的黑白红三色旗轻易认出来。

从路上下来就可以直接进到"阿吉尔"的咖啡厅了。这里有一支刚刚成立一年的海军志愿役部队,营房就在这家咖啡厅的旁边。屋内在苍蝇的围绕之下,还演奏着《马赛进行曲》②,或者也有可能是《阿吉尔之歌》,旅馆的名字便是由此得来的。这两首曲调实在是难以分辨出来。过了中庭以后就可以直接找到房间了,房间和那家海滩旅舍很相似,差别只在于这里房间的墙壁更脏一点,绿色的发霉物遍布得更广一些。

"您希望我把双层玻璃窗和后面的墙隔开来吗?"老板问我。在欧洲,虽然也有亲切的老板,但对一个旅舍经营者来说,竟然主动问客人要不要隔开玻璃窗,这般待客之道我想只有在青岛才找得到。

房间前的中庭里整天都在杀鸡,中国的小伙子们很开心地上班。鸡在刀下显出十分慌张的奇怪模样,对鸡来说,最大的狂喜莫过于能成功躲过剑子手了。有只鸡竟然顶着被砍掉一半的头,还神气活现地跳动着。到了用晚餐的时间,白天"大屠杀"的成果就开始显现。在中

---

① 阿吉尔是法罗群岛的一个村落。阿吉尔的地名可能是源自古爱尔兰语"airge",意思是指"夏季的牧场",这里曾经是托尔斯港南部的一个小村庄,逐渐与托尔斯港合并,1997年加入托尔斯港行政区。随着人口增加,阿吉尔从海岸向山丘建造了更多的房屋,约有四分之一的村庄建造在山丘。
② 《马赛曲》是法国国歌,又译名《马赛进行曲》。歌词由克洛德·约瑟夫·鲁日·德·李尔在1792年4月25日创作,曲调则出自意大利作曲家乔望尼·巴蒂斯塔·维奥蒂于1781年创作的《C大调主题变奏曲》。当时正值法国大革命期间,法国向奥地利帝国宣战,引发法国大革命战争与第一次反法同盟。

国,瘦小的鸡一直是最便宜的肉类,菜单上有的就是没有蘸酱的炒鸡肉,或是蘸了酱的炒鸡肉,顶多就是再加一项鸡肉饭。晚餐就在中庭里一个开放式的棚子底下进行,几个海军部队志愿役的军人也来到了旅馆餐桌上,讲述着一些关于少尉平时是如何严格地对待他们,以及士官们如何铁石心肠的故事。旅舍的外墙上坐着一只正咧着嘴的阿吉尔旅舍的猴子,它和附近邻居养的另一只猴子感情很好,常常一同外出冒险。某一天晚上它们回来得太晚,发现旅馆房子都锁上了,于是它们想到,在路边的灯笼下度过一宿显然是最适当的办法,于是就爬上街灯杆子,打开街灯的玻璃面板,将里头的灯丢到大街上,然后,自己坐到灯的位置上。它们可是不会发亮的啊!

从这次事件可以知道,青岛现在已经有了街灯了,德国的灯就架在中国的杆子上。虽然街灯的数量并不多,夜晚照得也不够明亮,不过街灯的公共意义,多于它的实际照明用途,这象征着一个国家现在开始井然有序。

卡米尔-德穆兰①就曾经说过:"淘气鬼也会怕街灯"。

到了夜晚,当人们躺在阿吉尔旅舍的房间里,就会觉得有一股腐烂的阴霾从房间各个角落里蔓延开来,化成一股恶臭的气味。海滩旅舍里的情形应该也好不到哪里去。也许青岛一级旅舍跟二级之间的区别,就在于一级没有二级来得臭。在这种情况之下,两间旅舍的老板肯定十分愿意盖出更得体的旅舍,不过他们要得到政府的许可……

而这个政府肯定不会轻易答应所有臣子都认为好的事情。

(二) 青 岛

金融界—"青蛙"—银行大楼—法庭—普鲁士的家乡感—总督

---

① 德穆兰是法兰西记者、政治家,在法国大革命期间扮演重要角色。他与马克西米连·罗伯斯庇尔是儿时的朋友并与乔治·雅克·丹东是亲密的朋友和政治盟友,他们都是法国大革命期间有影响力的人物。当公共安全委员会对丹东反对派做出反击,德穆兰连同丹东一起被审判并处决。

衙门—欧石楠墙—散步大道上的演唱会—莉姿小姐以及伊尔玛小姐—中国的德国邮政—中国人当警察—商店—皮匠皮特以及裁缝米勒—寺庙的服务与不服务—一个军事城市—军官食堂—翻译学校—中国夜莺—克拉拉海湾—来自巴伐利亚的老板夫妇—寺庙庭院中的小酒馆—自然现象

就在几天前,我的生活开始变得多彩多姿起来,非常开心。德华银行①接待我住在他们的高级住宅区里,这个住宅区就在青岛的银行路与标语广场的转角处。银行的代表霍夫曼先生(Herr Hoffmann)是一个很亲切的人,平常喜欢读《法兰克福报》,所以,他非常能体恤我作为新闻从业人员的辛苦。于是,他将我住的地方布置得就像是防空洞般地安全无虞,除此之外,我的住处还有一个神秘的储藏室,虽然里头的钱不属于我有些可惜,但和几十万美元住在同一个屋檐下,这也是一种特别的人生享受了。

政府帮银行租赁的房子肯定是上上之选的。德华银行房子的外面可以看得见黑白红三色的标志牌,旨在说明这栋建筑是归德国所有的。在房子被彻底精致地改建之后,尤其需要使用双层,甚至三层的木质及水泥地板,以隔开潮湿的土壤带来的水汽。但在这个"银行宫殿"正式出现在青岛湾之前,它只能先保持现在这个状态。当然,眼下房子到处也还发着霉,甚至衣柜里的霉都覆盖到衣服上了。一到下雨天,水桶和浴盆就要排放在玄关处,接啪啦啪啦从屋顶上落下的雨水。一间银行是不允许丢失任何东西的,现在连这雨水都不例外。

潮湿的住房为青岛带来了一个很大的灾难,这也是全世界许多地方都有的一种疾病。它看起来就像是……嗯,这应该怎么解释才对呢?

---

① 德华银行,德国于1889年在中国创办的银行,由德意志银行牵头,由德商在华开办的银行,服务于德国与亚洲地区的贸易,经营存放款、外汇、发钞和投资业务,向中国政府的借款曾达到上亿美元,是1912年成立的五国银行团成员之一,在1914年以前是在华影响力仅次于香港上海汇丰银行的外国银行。创办日期是1889年5月15日。

我们举个例子来说吧,就像是一个人原本安静地坐在桌子旁,却突然跳起来往外飞奔,想要找另外一个地方坐下。青岛的军官们称呼这种苦难为"青蛙",这明显是与潮湿地带的环境有关。假如在青岛有一个聚会的话,突然会看到有人站起来,紧接着看到另一个人也站起来,不好意思地说:"我的青蛙也吱吱叫了。"不久后,他们便消失得无影无踪。在场的每一个人都知道这是怎么回事儿。有的人用科尼亚克①的白兰地对待"青蛙",虽然我们无法确定溺死在酒里这种办法,对"青蛙"来说是不是一种正确的死法。有些人则认为,最好的惩罚就是蔑视它。

当雨水自屋顶落入屋内时,"青蛙"也开始在银行叫了。在青岛这座城市,银行一定是这里最结实的居住地。不可思议的是,青岛唯一的银行家虽然是一个经验老到的中国人,但却懂得如何将腐朽不已的中式房舍改建成银行该有的样子,其粉刷用的涂漆竟然会让建筑物散发出典雅的"风味"。在银行入口的地方,依照惯例还有中国的士兵守卫,他们头上戴有红色小官帽。进门右前方是银行买办的办公室,其他的中国办事人员忙着用算盘算钱。在第一个庭院里有一匹小马,从窗户里面探出头来。在东亚,人们总是尽可能地自己饲养马匹,年轻的商人坐在马上也跟坐在椅子上一样稳健。到第二个庭院去,要经过一只银行养的腊肠犬,这只神清气爽又看起来忠厚老实的狗,可一点儿也不习惯它的名字。你最好能跟它处好关系,因为,它在这房舍内的影响力可不小。它的身后有办公室,如果有访客来,这个办公室也会成为接待室。到了休息时间,员工使用的饭厅餐桌上方挂着电铃,借由两个中国硬币的接触而产生电流,然后透过钱币发出铃响——就连铃的金属拉线也有了金融界的特性。

---

① 科尼亚克,法语 Cognac,干邑,位于法国夏朗德省西部,市区内有众多的历史遗迹,近代为夏朗德河畔的商业码头,现代则是一个区域性的中心城市和交通枢纽。科尼亚克所处区域是法国西南葡萄酒产区的组成部分,因干邑白兰地而闻名,其中人头马、卡慕、轩尼诗等为法国的代表性白兰地品牌。

到了晚上,值夜班的守卫会来交接班。中国军人在青岛已经学会了像普鲁士军人那样行礼,当他们要打招呼时,会把手放在他们的大光头旁边。不过银行值夜班的守卫却做错了手势,他也是举起手来要往头的方向,但却放得不够高,而是悬在半空中。当有客人晚上离开银行时,会看到守卫恭敬地站在那儿,样子像是取笑众人一般,让人感到十分诧异。

银行属于城市里的官方区域,这里每一栋房子几乎都有官方的用途,例如一处水坑上盖了一块板子,这块板子就是青岛的叹息桥①(是威尼斯从多贡宫到监狱中的一座桥)。因为它带领了人们前往法院。即使人们已经知道了法院的位置,但还是很不容易才能找到它,几乎过了桥入口处就能到达法院的中庭。

院子里看得到许多小门,每座小门都通往一个很小的起居室。第一间起居室里坐着一个枪手,正在那儿摆弄着他的枪。枪炮里面是没有公平正义的。接下来的几个门后也都是这样,如果你敲左边的门就会被送到右边去,询问右边的房间则会被指派到左边去,折腾到最后,终于在窗户的后面隐约可以看到一位皇帝钦赐的法官的影子。他的房间是所有房间中最小的,书本摆满了四面墙的书架,让人联想到一个穷学生的阁楼房。这就是中国法院的审判堂。一个中国人跪在地上,貌似很崇拜前方的书桌,难道由桃花芯木材质建造的书桌便可以得到如此神圣的敬奉吗?这里的重点当然不是书桌的材质,而是法庭。当中国人出现在法官面前时,必须要跪下给法官行礼。旁边的德国法官则要求无须向他表示这样的敬意。在青岛的德国法官是杰普克博士,他

---

① 叹息桥,威尼斯多座建于16世纪的桥梁之一,完工于1600年,造型属于早期巴洛克式风格,封闭式的拱桥由石灰岩筑成,呈房屋状,上部穹隆覆盖,封闭得很严实,只有向运河一侧的石梁上开有两个小窗。叹息桥横跨在宫殿河(Rio di Palazzo)上,连接威尼斯公爵府的审讯室和老监狱,是由Antoni Contino设计的,他的叔叔Antonio da Ponte是里亚尔托桥的设计者。叹息桥的名字是19世纪英国诗人、"风骚的浪漫主义文学泰斗"拜伦勋爵所取的,因犯们在总督府接受审判被宣判后,从总督府经由叹息桥走向死牢,他们面临的将是永别俗世,叹息桥有如隔绝生死两世,所以从密不透气的叹息桥走过时,从桥上的窗口望出最后一眼美丽的威尼斯,不禁一声长叹。

是一位年纪轻轻便有着非凡魅力及修养的法学家。

德华银行街上的另一边,是有围墙围绕着的总督衙门,每个夜晚都会有哨兵看守着。等到再晚一点儿,进入深夜,青岛的街上就悄无声息了。肩上扛着枪的哨兵漫步在这寂寥的大街上,他从黑暗的树丛中出现,经过街上唯一的街灯,最后又消失在黑暗中。

围墙在转角处转弯,蔓延到一个空旷的、名为标语广场的地方。这里白天很忙碌,苦力们来来回回地搬运着砖头。有些人在铲地面,另外还有些人负责把沙子放进他们的中式推车里。小推车一台接着一台,每个轮子都在不断的喘息与尖叫声中转动着。苦力中负责监督的是一位手里拿着竹竿的德国士兵,他以德语发出命令,苦力们只一味回答"是!是!"其实连半个音节都听不懂,但却一致地顺从配合。标语广场上的城门是通往衙门里的仓库的,当然这城门不是每个人都能进出的。有一则公告是这样写的:"凡欲进入仓库的平民百姓,请先向警卫室报备。"在中国,能以平民身份向"警卫室"报备,这完完全全让我有了家乡普鲁士的归属感。警卫室前的几个士兵坐在长椅上,就像那些在法兰克福的警卫一样,因为要配合这里的地方色彩,所以才被称为衙门的"警卫室"。

围墙再一次在转角处转弯,顺着延伸到了一个被称作"衙门广场"的地方。路标上把非德语发音的"Y"用"J"来取代,这对中国来说是意识不到的改变,但至少这已经是德国文化了。眼前便是总督的衙门,许多士兵勤奋地工作着,他们努力把所有东西都修整到最好。衙门内原本到处是脏污的地方,现在都已经粉刷完毕了,可以说是焕然一新,并且给人以十分亲切的感觉。

这个位于中国青岛的德国衙门,肯定是中国最美丽的衙门之一了。入口处的大门有雕刻,绿色的门扇如画般秀丽。小门儿的两侧都是由中国艺术家画上的壁画,由于他并没有被指定要画什么,所以,可以充分借由他的想象来作画。壁画上那灰色怪兽的头,仔细一看其实是一只贵宾犬,但却又有着白色的角,为的是要保有怪兽的神秘特质。除此之外,它的嘴里还吐出一团灰色的、像是彗星的东西,据说其实画的是大雷雨。就在画家把灰色的颜料都用于右边的画上之后,左边的画就明显只剩下一桶黄色的颜料可以使用了。由于世界上没有任何一样东西可以像老虎一样黄,所以,画家就在左边的门上画了一只老虎,一只特别庞大而且长着黑色双眼的老虎,眼神中没有一丝仁慈。也许中国画家在德国总督住所里所作的画都是带有寓意的,就像老虎可以代表着权力和强势一样,只是,大雷雨的那幅图便不知道该如何解释了,因为完全想象不到总督和坏天气之间的关系是什么。大门左边是一处黑白红三色的德国岗楼,它和这只中国大老虎保持着友好的邻居关系。

整个衙门广场的地上都是黄色的沙,在衙门前甚至还铺上了人行石道来制造排场——在整个山东都没有见过类似的场景。再者就是还要把大炮作为装饰品。衙门口对面的空地上是一个耸立的墙面,上面被画着和青岛有关的画作,其中也是带有一些寓意的。人们只要能够意识到这里面蕴藏了许多中国智慧即可。画中的主角当然是一只龙,想要表达中国人的智慧时,怎么可以少了龙呢?这只龙几乎快要跟墙一样宽了,上半身的背是绿色的,长了鳞的下半身是蓝色的,脚上有夸张的爪子,就像蛇一样蠕动至左边的角落里。夺取龙注意的物品是一块红色的板子,板子上的画看起来可能是一颗光滑的桌球,又或者是荷兰的奶酪,其实是一个红色的太阳。龙会这样故意地绕着太阳转,最后吞噬它也是毋庸置疑的。人们可以想象,一只已经挨饿很久的龙,能造成什么样的伤害呢?画里的人完全没有阻止龙做出罪大恶极的事。右边可以看到一棵树和爬在树上的猴子,一只猴子正想办法要抓取外形像黄色旅行袋的水果(桃子),另一只猴子则坐在树下背靠着树干,看着树上的猴子尽情玩乐。为了让这只猴子方便观赏,画家干脆把它的头翻转过来,画中它的脸朝向后方。这幅画作远方的背景里还有一只绿色的花瓶,里头竟然插着战戟,就好比被利箭穿心一样。这肯定有其他的寓意,每个能够理解为什么一只想吞噬太阳的龙,身边还要摆一个插着战戟的绿色花瓶的人,也一定能够轻易地理解整张画作的意义。

在最近期的风景明信片上,这面墙被称为"异教徒墙"。这名字取得奇差无比,但又好像是为历史定案的记录,因为,风景明信片在现今社会有时候等同于世界历史。城墙的中间突起一根带着索具的桅杆,顶端有德国的国旗在空中飘扬着,上头还可以看见黑色的雄鹰,就在黑白红三色条纹之中。后方的墙边则立了一个小平台,旁边是白色的岗楼,前面有德国海军在站岗。城墙不远处看得见高耸的山脉,在衙门广场可以环视那青绿色的山峰。青岛的风景不仅只是任人观赏的,还得有一些可以利用的价值,因此,在广场上很多干涸河道经过的地方,便开垦了几处种菜的地方,但是,种植出来的青菜也不是市民随随便便可以吃的。菜地间常常会插一个杆子,上面固定一个板子,写着:"这归第一中队所有。"

　　星期天的早晨,德国海军部队的乐团将在衙门广场进行表演。他们在龙墙前围成一圈,把龙墙当成一面完美的隔音墙,让乐团的声音听起来既饱满又清新。德式的行进队伍和舞蹈,就这样欢乐地传到中国的山里去。节目表里还包含了序曲。在一只绿龙的面前,跳出莫扎特①的曲调(宛如一朵盛开的花朵),柔美的节奏回荡在整个广场,这是很特别的事。

　　有一群中国劳工围绕着穿白色制服的德国海军交响乐队,有一些人蹲在地上抽着他们的烟管,其他人则直挺挺地靠右站着,统统都是一动也不动地望着,注意力仿佛也都被束缚住了,只不过引起他们兴趣的并不是音乐本身。他们已经说了好几次,而且我也必须承认,在这群平时推着手推车的中国听众面前表演德国音乐,可以说是完全不相称的。在这些推车人的心里,中国音乐的旋律才是最美好的,虽然他们也认为听德国小号独奏时特别舒服,但是,整个乐队一起表演的时候,就完全

---

① 莫扎特(1756—1791),神圣罗马帝国时期萨尔茨堡的作曲家及钢琴家,父亲是德国人母亲是奥地利人,他是位多产的作曲家,短暂的一生就创作了600多部作品,几乎涵盖所有形式体裁,他将古典时期的音乐风格臻于成熟并发扬光大,其作品也被广泛视为古典音乐的典范,对后世有极大的影响。

无法看出他们欣赏的表情了。他们表示,如果乐队一起吹,就根本找不到自己的旋律了,这也是为什么他们在公开表演的时候,观众总是多过于听众的原因——大多数人只是在观察表演者的动作而已。

在衙门广场其中的一扇门前,出现了几位军官,他们身穿刚刚烫好的、拥有镀金制服纽扣的白色西装,头上戴着遮阳帽,手里拿着散步用的拐杖。他们的服装看起来很合时宜,这一身德国少尉的装束,肯定能轻易掳获女人的心,而偏偏德国女人的心是青岛最缺乏的。数一数,在青岛还有几个单身的德国女子呢?可能全都算上都不到六个,当中还有可能已经名花有主了。周日早晨衙门广场前的音乐盛宴,如果看不到女人参与,那顶多只能算半个艺术享受了。伴随着乐团音乐的行进,庆祝游行的另一个重点在于看到莉姿小姐和伊尔玛小姐,她们陪着总督走来走去。莉姿小姐扎着金色的青岛式辫子。伊尔玛小姐是德国总督的女儿。莉姿小姐大约十岁左右,伊尔玛小姐也差不多年龄,这两位年轻的女孩儿总有一天会是青岛美丽的饰品!只是,要等她们再长大一点儿。就服装而言,莉姿小姐穿得相当典雅,因为,每个星期日她的辫子上都会扎上一条新的红色发圈。

从衙门广场往右,到了转角处便是邮政路,从那儿能看到路中间的房子旁边有一个蓝色的漂亮的小邮筒,这又是一个来自家乡德国的老朋友,它能够出现在青岛,真让人有种离家乡不远的感觉呐!邮局由一位友善的公务员管理,这些在德国邮政中国分局任职的德国公务员,其谦虚和才能不是三言两语可以道尽的,尤其是德国邮政的上海分局,简直可以作为整个德国邮政的楷模,那肯定是整个东亚地区最好的邮局了。除了一般平民老百姓在邮局工作以外,这里的邮局如同电信局一样,也有军人在里面任职。

每当邮件乘着船到达青岛港口时,便是一个非常重要的时刻。"亚潘拉德号"进入湾内之后,前方有一艘白色的小木艇,靠着船桨努力地向海滩前进,在抵达海岸之前,当然还是一直停留在海上。苦力们这时不得不下水,像蚂蚁般将小艇团团围住,将所有的负荷平均分摊到每一个人身上。六个苦力先拖着沉重的信件袋,接着还要搬运包裹,就这样,邮件队伍盛大地上了岸。

青岛的邮政路上还有两家规模最大的德国公司,分别是德国施华蔻①公司(Schwarzkopf & Copm)和哈利洋行②(Sietas & Plambeck)。其中,施华蔻公司在香港设有总部,青岛的负责人是它的老板之一宣尼曼先生(Herr Schöhemann);哈利洋行是德国在芝罘③最大的企业。布兰贝克先生(Herr Plambeck)是哈利洋行的负责人之一,他是一位非常英勇的人,管理着青岛的分公司。邮政路往右走便到了市集路,在转弯处可以看见一栋大房子,外面看和其他房子没什么区别,只有内行人才知道,这并不是一栋普通的房子。不久前,房子外头挂了一块白色招牌,在黑色老鹰图腾下看得见一行字:"皇帝御用警察",坏蛋们看了这个招牌都会心生畏惧,离这房子远远的。

法院的杰普克博士(Dr. Gelpcke),身兼法官及警察总长的职务,而一些不重要的保安工作,是由一位海军部队的下士负责。这里的警察都是中国人,他们站在每一个角落里,头上总是歪斜地戴着欧式圆草帽。他们身穿黑色或蓝色的中式西装,一个绣在右边袖子上的黑白红徽章便是他们为官的标记,如果,再加上手杖,这身官服就更完美了。他们看起来十分庄严,但可惜的是某些人想利用他们的职位作为压榨的工具。已经有两三个人被抓了,他们对青岛的居民进行压榨,因此,人们不知道该不该继续留用这些中国警察。因压榨被捕的前警察,肯定是囚犯中最特别的一位。中国人犯了法轻则被公开赏板子,重则被戴上脚镣。囚犯是必须要进行劳动的,在临近警察大楼的地方,就可以

---

① 施华蔻公司创立于1898年,是当今世界三大美发化妆品牌之一,销售遍布全球80多个国家,受到众多国际专业发型师的认可和推崇。

② 哈利洋行是一家德国人开办的洋行,1862年创办于烟台。1898年,合伙人之一海因里希·博拉姆拜克在青岛开设分行,经营范围包括各种花露水、洋胰子(肥皂)、洋蜡烛、水果甜酒等,同时还经营饭店、旅馆、农场、酿造厂等,其洋行大楼曾是青岛洋行街上最华丽的建筑。

③ 芝罘,山东省烟台市的辖区,是中国历史上最早的外洋通商口岸之一。

看见他们正在劳动。此刻,他们正要夷平一栋旧房子,但是脚上的链子似乎不怎么善待他们,中国人总是安于命运的安排,即使是这样沉重的脚镣,他们也逆来顺受地戴着。

如同我前面提到的,市集路是青岛的主要街道,在一排排低矮的房舍中,看起来尽是十分穷困的中国商家。显然,这些中国商人的爱国情操并没有努力在德国殖民地里找到一席之地。中国商人为的是要贩卖出商品,如果外国人愿意出个好价钱,那他们就是受欢迎的。从市集路上某些商家的标志牌上,已经可以看出中德之间的新关系。商家会在门上的白色板子上写上德文:"阿木公司(Ah Mu & Copm),殖民地的干货店"、"蒋富正干货店"或者是"地金昌船商及批发店"。最后提到的这位"地金昌"可不得了,店里所有货品的名称,都已经用德文标示出来了。例如,有个告示牌上用德文写着:"烟台来的上好生丝,一件八美元",另外一个则写道:"好茶半斤二十分钱";第三块牌子上写着:"好糖一斤十六分钱""故特!"(德文"好"的意思),显然,这是中国人最先学会的德文字,就连在街上挎着竹篮卖水果的小商贩,都会信心满满地指着自己的水果说:"故特!""故特!"

没有其他商店的好东西能像"地金昌"商店这么多了,只是,有的时候人们还是看不太懂标示的意思。例如当"地金昌"说:"好的镜子蛋"的时候,可能是好的镜子和好的蛋,也有可能是好的荷包蛋的意思;如果是后者,那么店里势必要有现成的荷包蛋卖才行,因为这肯定是最引人注目的珍奇商品,不过也许"地金昌"有立刻能下出荷包蛋的"好鸡"也说不定。

市集路上最大的中国商店是"廉价杰克",是上海和香港一家有名公司的青岛分店。这家店在此也有德文店名"廉价杰克与乔恩,船商用品及批发商",其中船商这个字的德文是由英文直译过来的。附近有很多商家都使用了这个字,而批发商指的则是能够提供的商品种类繁多,可以为那些进港船只提供所需所有物品。如果说"廉价杰克"真的想入境随俗的话,那么它在青岛应该改名为"廉价雅客"才对。他店里的沙丁鱼罐头堆在一起，架子下方可以看到突出来的啤酒瓶。身穿黑色衣裳的中国店长坐在一张特殊的桌子前抽着他的烟管，掌管着众多在他眼皮底下勤奋工作的店员。在市集路附近有一家名为"甜品店"的中国店家，是这附近最脏的店之一。如果你朝里头望进去，会发现它主要卖的是火柴。有几位中国的商家不仅仅是店名，连自己的名字都翻译成了德文。在市集路上，就有鞋匠自称"鞋匠皮特"。如果有人在青岛的旅馆住上一宿的话，会看到一位带着亲切笑容的男子进到房间来鞠躬，然后说明自己提供的服务是什么，最后他自称是"裁缝米勒"。如果连中国裁缝都自称"米勒"了，你难道还要怀疑德国在中国的影响力不够大吗？

青岛市集路的最尾端，也就是快要靠近海滩旅馆的地方，和寺庙广场交会在一起。这座把名字给广场用的寺庙是一座残破不堪的旧建筑物，腐烂的屋梁架构不免让人担心它可能随时会倒塌。而寺庙里的房间一点儿也不干净，想必中国的宗教快要画上句号了吧！希望这不是现代科学的精神有意排挤了中国的众神。中国一些迷信活动已经过时到没什么人相信了。目前，他们心灵层面的状态有点接近放任。中国人并不想放弃他们的信仰；虽然他们对信仰教会持怀疑态度，但却又任由自己的神明被遗弃在脏污中。孔子曾经这么写道："若有一块石子从寺庙脱落，那么整栋建筑离崩塌也就不远了"①，这是孔子预言性的言论。现在，这个石子掉落的寺庙，也的确开始了大崩塌吧。

仍有许多旅客将寺庙当成偏好的旅舍，寺庙里的僧人也甘于为旅人服务，他们当此是诵经拜佛的一部分。他们认为来到这里留宿的人愈多，就会为天上的神明带来更多的爱。也有一些人干脆就住在青岛的寺庙里，有一位来自法兰克福的钟表匠，就在那儿开了作坊。那儿将来变成《胶州日报》（Kiautschou-Zeitung）的编辑部也说不定，换句话说，第一期的报纸会在寺庙出版〔后来它真的出版了，并且改名为《德

---

① 应指孔子所作《曳杖歌》。在《礼记·檀弓上》《孔子家语·终记解》《史记·孔子世家》中均有记载。

亚瞭望台》(Deutsch–Asiatische Warte)〕。在寺庙里还安置了几匹马,虽然说一个好的德国马厩住起来都比这个寺庙来得舒服,但是,在青岛,就连马儿也要安于现状,满足于现在的住所。

所有寺庙里的居民、旅客及马匹,并不会妨碍到僧人日常作息。这间寺庙里一共有三位僧人,两位年纪较轻的,一位年龄较长的。这位高僧看起来明显是三人当中最长时间没有梳洗的人,这也许就说明为什么他是最老的了。平常空闲的时候他们三位就坐在中庭晒太阳。但是,他们也会在没有任何特定原因的情况下,突然变得勤奋起来!夜深人静的时候,他们开始敲寺庙里的大铁钟,害得那些住在这儿的德国人,突然会从睡梦中惊醒!僧人宽容大方,在寺庙的铁钟下为想静一静的客人特别腾出了一个位置,这样,客人、僧人与神明之间,就悄悄地达成了一个不成文的协议,那便是当客人在铁钟下安静独处时,僧人是不会去敲钟的。

神明就在中庭后方的厅室里被供奉着,那是一位能够管理降雨,外表被漆成绿色的神。在绿色神旁边,是一位蓝色的女神,在僧人的解说之下,我大概明白她好像与食物有关,她被棉布做成的框架包围着。

一支警卫部队就在中国军营里驻扎。这个中国军营其实就像是个军事堡垒,周围是用土墙围住的,一座石制的、气势万钧的城门是入口,其后方通常是一块非常大的空地。军营里都是坚固的房子,坚固程度如同一栋中国房舍,这些整齐的房子直线性地塑造了街道。每一个军官都有专属的衙门,而在军营中最大的衙门里,住的不是将军就是政府高官。在青岛及附近的中国军队,都把军营腾出来,好让德国军队可以驻扎。如此一来,过去中国军人的房舍就成了德国军人的军营;中国军官住的地方,现在是德国军官住处。以往中国高官所住的衙门,现在已变成德国军官一起用膳的食堂。

可怕的腐烂潮湿之气弥漫在整个德国军营里,军人们不得不尽可能地延后就寝时间。晚上,他们坐在门前的书桌旁休息,可以看到黑夜街道上的种种甚至都蔓延到土墙上去了。不过,也可以看到中国夏日的明亮,耀眼的星月在海上金光闪亮,隐约照映在不远的海面上。夜晚的空气还是特别凉快的,让人不由得想要睡在户外。有些人就在壁垒处伸起了懒腰,其他人则干脆在树上造起吊床来。虽然外头满是飞舞的蚊子,但房间里的蚊子也没有因此变少。在这块土地上,就是蚊子最折磨人了!它们扰人清梦,偏偏又太小,根本连抓都抓不着。伴随着清晰的嗡嗡声,它仿佛在告诉人们:"你是逃不出我的手掌心的!"那扰人的嗡嗡声快逼得人发疯,光是想到自己快要被蚊子咬一口,你就已经无法安心入睡了,更何况你是真的会被咬呢。

被改建成德国军营食堂的衙门大厅,有被重新打扫过并铺上了新地板的痕迹。试想一下,无论你打扫得再干净,也不能保证霉菌不会跑出来在墙上作画。而且,人们不应该把这样一个衙门大厅当成大厅来看待,它最多只是一个大房间罢了;有些时候又只是个小房间。这里头的摆设是军事化般的简单,几张椅子围着一张桌子,墙上最多挂上几幅纸画。

位于青岛总督府旁的衙门食堂里有那么一支中式的大纸伞,像帐篷一样地从屋顶吊下至餐桌中间的上方,绳子上还悬挂着一盏灯。每扇门上都固定着一块板子,上头刻的是大大的中文镶金字体。这些板子是以前一些中国商人赠送给海关局长的,其中一块板子上还记录着海关局长曾经如何搭救一艘在狂风暴雨中的帆船。其他的板子上也大多是在歌颂他的功绩。可见这位功绩了得的海关官员,知道如何以最舒服的方式进行压榨。餐桌上的每一副餐具旁都有一把扇子,可以用来阻挡苍蝇。牙签装在一个形状为日本女人的瓷器中。衙门食堂还购买了两期以上的《飞叶周刊》①(充满诙谐感的画报,从一八四五年至一九二八年每周出刊一次)。只不过这并不是一项奢侈的享受,第一期画报或许还被小心翼翼地收藏着,但到了第二期,只要一读完,人们就

---

① 德国《飞叶周刊》是一个以幽默,插图丰富为特点的德国周刊的名字。《飞叶周刊》于 1845 年至 1928 年由慕尼黑的 Braun & Schneider Verlag 出版。1929 年与 Meggendorfer Blätter 杂志合并出版到 1944 年,该杂志的艺术和印刷质量是著名的。

拿它当水果盆子的盖子了。

总督衙门的食堂里有一位中国厨子,其他的食堂则应德国军队的要求,大多数时候由德国厨师掌厨,如此一来,就可以吃到可口的德国家常饭。在这些食堂里还可以感受到舒适、不受拘束的欢乐气氛。食客也会被亲切地招待,总督衙门食堂的负责人是先锋上尉米勒先生,每天在餐桌上他都以特殊的幽默娱乐大家,就连在场的最高医官莱贺医生也非常能言善道。通常,桌子的两端分别坐着参谋总部的两位将领霍普和梅尔克,他们在胶州地区测量德国边界,并负责画入地图中。在德雷福斯事件期间,我在巴黎见到过两位法国参谋总部的优秀将领海因里希及度帕堤德克兰,现在又有幸认识了两位德国将领,当然不免来了一阵有趣的比较。我根本就不用多说,你就知道比较的结果会多么有利于德国将领。因为与其他阴险的人士相比较,他们伟大的才能和高雅的思维,立刻会突显出来。高地营区食堂里还有一些高阶的军官,包括华伦斯坦①时期保留下来的、作风非常强硬的梵哈特曼上尉。难得的是,在军人制服下还隐藏着极会吟诗的诗人——海军建造督察中一颗闪耀之星葛洛许,以及通晓无数民间通俗讽刺四行诗的中尉索丹伯爵②、赛兹少尉等。

在低洼地有一处桥营,之所以称之为桥营,是因为它就处在李鸿章所建造的登陆桥的后方。其他的军营分布在地势较高,或者是城市的郊区一带。海滩军营和高地军营在西边的丘陵地上,位于胶州湾的上方。东军营及炮军营则在东边。在青岛,德国炮兵常用驴子当交通工

---

① 华伦斯坦(1583—1634),阿尔伯莱希特·华伦斯坦(Albrecht Wallenstein),是一名德国化了的捷克天主教徒贵族,三十年战争(1618—1648)中他作为神圣罗马帝国军队的总指挥,对战争进程发生过较大影响,他是波希米亚杰出的军事家。三十年战争是第一次全欧战争,它是在哈布斯堡联盟神圣罗马帝国的奥地利、西班牙哈布斯堡王朝、德国天主教诸侯得到波兰—立陶宛支持和反哈布斯堡同盟法国、瑞典、丹麦、荷兰等国组成,得到德国新教诸侯的支持,英国在一定程度上也参加了这个同盟。这次战争主要的是两大集团国家,争夺对"基督教世界"的统治权。
② 索丹伯爵在义和团运动中,一开始就被调到北京任海军陆战队分队指挥官,此分队便是德国大使馆的卫队。

具,炮营里就有一台配了典雅辔头的驴子拉的军官用车。这军车时不时要到山下的市区里,所到之处它立刻就会成为焦点,因为这是全青岛市和邻近地区唯一的一台车。

在炮营上方的山脊上,设有一座炮台,还有沉重的大口径大炮。另一座小口径的大炮就在军营的下方、靠近青岛湾的山丘上。比较小的大炮会被当作迎宾礼炮使用(军营称它为"色拉炮台");此外,俾斯麦逝世时,它也曾被用来发射二十一响炮声以示遥远的哀悼。

每一处军营门口都有中国摊贩坐在他们的摊位后,叫卖各式各样的商品,从尚未成熟的水果到劣质的美国香烟,甚至还有鞋油。水果倒是卖得不错,看来一些军人的胃尚可以消化些许,或者就只是因为无聊,为了打发时间才买这些水果。不过,最近有一位德国军人被送进医院了,他大肆抱怨自己消化不良!医生认为这大概就是因为那些水果的关系,不过军人自己倒不这么认为。"不!"他说道,绝对不是因为水果,是因为他当天吃下了三十六颗鸡蛋。

在高地军营里有一间翻译学校,一位来自西里西亚①、刚刚实习完一年的教师,负责教导两位中国人学习德文,以便日后他们可以为德国军队提供翻译服务。他的两位学生就住在离营区不远的地方。这位实习教师用教学成果证明了自己是位优秀的教育家。两个中国人不仅开始用肥皂水洗澡,德文本身也进步神速。在中国人特有的才能之下,他们已经可以说一点德文了,甚至还能写,笔记本也保持得非常干净整洁。老师朗读过后,需要他们把整个句子完整地写出来完成听写。老师通常会选择一些令人振奋的句子,例如,年纪轻轻的学生之一阿志就在笔记本里写下了"每个人都有心"。最近,老师说"每一个人都有良知",结果阿志写成了"每个人都有凉知",这大致上也算接近完美

---

① 西里西亚,中欧的一个地域的历史名称,目前绝大部分地区属于波兰西南部,小部分则属于捷克和德国。奥得河及其支流几乎流经整个地区,两岸都有许多重要城市。该地沿着苏台德山脉,其南部与波希米亚和摩拉维亚接壤,西里西亚现在最大的城市是历史名城弗罗茨瓦夫和卡托维兹。

了……

夕阳终于落下,人们不用再畏惧它的烈焰,这个时辰真是散步的好时机。我们走了几步路,过了标语广场后,就来到了青岛城外。在海岸牧场的下方可以看见一条沿着溪流而去的小路,海岸上的牧场与德国家乡河流边的牧场基本没什么两样。这个清新凉爽的夜晚,让站在树枝上的知了再度活跃起来。这些知了就是中国的夜莺,不过,它们的歌声实在是让人不敢恭维,听起来十分尖厉刺耳,仿佛有上百个刀具商同时在磨剪刀一般。这是填满了整个中国夏日的噪音,是一种永不知道停歇、从早到晚在空气中回荡的嘈杂声。有时候听起来它们像是在抱怨什么,有时候又好像带有责备的语气,有时候猛发出一阵尖叫。人很难看到它们,只是,一直不断地听到嘈杂声。这些日夜毫无倦意的磨刀者,貌似没有停下工作的打算。在中国,即使好不容易发现树木,要想在树上找到乐趣也是不可能的。因为永远有知了在上面栖息着!在种满树木的上海联合社团里,路上交通的噪音可以远远盖过知了从树上发出的声音。而青岛这座城市却淹没在知了叽叽喳喳的声音中。有时候,刺耳的噪音甚至大到必须关起窗户才能继续在屋内交谈。

在小溪边的牧场上也听得到有知了在叫,为了将这份和谐更加完美化,附近的驴子也来共襄盛举,它们一起发出嘶吼。这也是中国农村生活中,你经常会听到的一种典型的声音。驴子提起嗓子嘶吼,不觉疲累,就好比把一个水桶从生了锈的铁链上努力拉起来所发出的声音。

在潺潺细流的溪水中,几块大石头看起来特别显眼,它间接铺造成一座可穿越溪水的桥。在河岸上看得到山脉攀升的情景,顺着一条浸泡在雨中的小路继续往前走,便可抵达炮营。在山上有两列白色的长长的队伍,他们正要到海边去洗漱。他们先是在山脊上停下来,接着又到了另一边继续往下走,直到走进克拉拉海湾。这个名称来自殖民地上某位年轻美丽的女官员。克拉拉海湾边的山坡上,据说未来会盖上几栋美丽的别墅,为青岛增添几分美丽的市容。如果再有处海滨浴场的话,那青岛的海滩生活将会更加多彩多姿。

海滨浴场的计划可能要再等一阵子,不过作为泳滩已经是非常完美了。海底的沙子是如此柔软,人们不需要会游泳就可以在水中行走。从这里可以远远地望向海面,蔚蓝的大海就像那不勒斯湾一样。右边靠近海岸的地方,有几块岩石从海水中耸立出来,岩石本身显现出淡淡的紫色调,它们在那里自然形成一处深坑,一有海浪朝海滩上打过来,它们就像接受到淋浴般,很快就吞饮下海水。在山上有岩石继续蔓延的地方,则盖了一间可供淋浴的小屋,从那儿出发有一座引导至河水的木桥。小屋原来是为海因里希亲王搭建的,现在则供军官们使用。下面的海滩上还有两张军队用的长椅,正在海湾里洗澡的军人们陆续探出头来。沙滩上的军靴就好比发芽的种子,被撒播点缀在黄色的沙地上。

在海湾上散步也是有路线限制的,如果你要一直沿着海滩散步,就要越过山区才能再回来。最好的方法就是爬到山上去,越过农地再越过草坪。红花在草丛里鲜艳发亮,是那种不知名、形状有如半月的红花,不过它却闪烁着蓝光,这到底会是中国的哪种野花呢?人们弯下腰想去一探究竟,只见花儿用它那蓝光闪闪的眼神问你:"现在你知道我是谁了吗?"这样的中国野花原来是株"勿忘我"①,现在谁还会再怀疑这块土地要德国化的决心呢?

这时,我们看到几个中国劳工从山的那一边过来,因为道路非常狭窄,他们一个跟着一个地走着。他们刚刚从青岛下班,现在要赶回湾对面的家乡柜县。眼前灰色的房舍盖在树下,整座村庄就在夜晚的平静之下休憩着,清新的空气从海上吹拂过来,这时,如果要爬上山坡实在很容易。山坡上面建有炮台,山脊上还看得见伸出炮口的大炮。在山脉的另外一边,较低处的地方就是东营。营区前的一块空地上,可以看到西边日落的景色。这时候太阳就要下山了,天空布满了柔和的玫瑰色云朵;过一会儿太阳已经下沉在了胶州湾,在昏暗的山间却依然看得

---

① 勿忘我是一种淡蓝色的小花,有五个花瓣,没有香味,虽然普普通通,但情侣们却愿将它们扎成一束赠给自己的恋人,以表达深深的爱恋。

见那深沉炽热的一片赤红。

往青岛方向的山谷有些陡峻,山路最后又把我们带回到了小溪,那儿可以很清楚地听到马蹄声——两位骑士马不停蹄地来到这个角落,原来是总督正在进行他的夜巡。他身穿夏天的薄制服骑在马上,身旁有另一位戴着单片眼镜的军官。市集路上的商店此时都已经歇业,中国人把椅子挪到店门前开始抽烟。还有一个人直接坐在家门口让人理发,理发师先是将他的辫子解开,只见长长的黑发落到了地板上。赤裸着的浑身脏兮兮的孩子们,则在大街上四处奔跑着。在某些商店里还有些德国客人和中国人坐在一起,享受这黄昏的闲聊时刻。几个船员正试着在一家缝纫杂货店里寻找一些奇怪的玩意儿,其中一个想要试吹一下中国的长木笛。在寺庙下的沟渠中,只听见青蛙声声不息、咕咕呱呱地叫着。接着其中有两只开始合唱起来,其他的青蛙则专心地聆听着。只听一只呱呱着高音,另一只则咕咕着低音:"咕—呱,咕—呱",完全和苦力挑着重物时发出的声音一模一样。中国的青蛙是十分吵闹的,每当夜晚来临,它们就不在市区活动了。这时候它们感觉自己就是大爷,强而有力地鼓起肚子,然后,像牛一样地发出吼声。

晚餐时刻,我个人强烈建议再回到小溪旁的河岸上,那里水井的对面是一户中式房舍,一对来自巴伐利亚的年轻夫妇在这里经营酒馆。食物都是女主人亲自张罗的,不过那里的炉子脾气可是大了,如果它中午已经煮过饭了,就会认为今天的工作已经完成,它必须要停止工作。这时,年轻的女主人就会跑出来,用她围裙的裙角边擦拭眼泪边说"这真是太丢人了",现在她恨不能躲进海里去。最后,还好这台炉子很识相,所以,食物还是顺利地端上桌来。客人们在这里总是能被照料得很好,虽然老板总是以新店刚刚开张为由,谦虚地希望客人们多包涵。

"那您之前是做什么生意的?"有客人问。

"我以前是巴伐利亚的军官。"老板答道。

现在,我们应当不难想象,这位军官过去肯定会在他的身份地位和他的夫人之间有过抉择,显然,他选择了夫人。如果说到现在的新生活,他们两位可以说是勇气可嘉,这勇气也许是因为他们还没有意识到眼前的新生活会是多么的艰苦。但是,当我看到眼前这位男人,一年前高高挂起他华丽的军队制服,现在,在青岛靠着卖啤酒持家,只为养活妻小,那我说什么也要上前去跟他握一握手。客人们就坐在小溪边、房舍外刚刚建好的木长椅上。在两张桌子之间还种了一朵莲花,其细长的茎秆子挺得老高,上面孕育着美丽的红花苞。每当到了夜晚时分,常常会有许多人高兴地聚集在此。一到九点钟,炮营里的小号手便开始吹奏晚点名的号声。在一个身处中国的夜晚,能够坐在莲花旁听到这么熟悉的普鲁士军号,这种感觉实在是太奇妙了。军队还特意赋予了晚点名号歌词,歌词是这么唱的:

"他就这么静静悠然地躺着,
就好像要睡着一般,在这胶州湾旁。"

每一个夜晚这晚点名号的声听起来都不太一样。有时候军人们唱得非常坚决;有时候听起来又带有悲伤的情绪,好像小号手把自己的思乡之情从灵魂深处吹了出来……

这一天又到了星期日,那位优秀的德国建筑监察员,让人把汽艇加上燃料,接着我们便一起出海去了。蒸汽艇在一波波沉重的波浪里悠悠晃晃,船舱里几个人的脸都发白了,此刻,最好的办法就是爬到船顶上去坐好,任由身体手舞足蹈地晃着。其中,一个上尉还伸了一个大懒腰,他甚至说他想要睡觉了!而我们最好任由船这样摇晃下去。另一位较不适于航海的上尉,则坐在下方的圆柱旁。船驶过了一个叫小青岛的地方,再继续向前行驶一个多小时,就到了这趟旅程的终点海湾。后面正是海因里希亲王山①耸立的地方,它俨然形成一面强而有力的

---

① 海因里希亲王山系指青岛的浮山,原名浮峰山,清代又名文峰山,浮山呈东南和西北走向,长约5公里,宽约2公里,面积7.5平方公里,主峰海拔368米,是青岛市区最高的山峰。浮山由于地处青岛的东部,扼守入城通道,因此,具有战略要地的作用,曾作为德军的据点,德国人又叫它海因里希亲王山,一次世界大战期间,日军曾在此与德军激战(青岛战役),山上仍保留有几座旧式碉堡。

山墙,与无数撕裂状的岩石相伴。这座海因里希亲王山有点像崂山。

米斗村就在离海很近的地方,村子里的人会聚在海滩旁,吃惊地打量着这些坐船来的外人,这场景就好比哥伦布发现新大陆一样。上岸的过程可不是那么容易的,如果不是像那位上尉一样,事先已经得知要将靴子拿在手上的话,海水都会进靴子里去的。我们从居民中挑选了两位苦力,一位力气较大和一位看起来可靠的。力气较大的那位负责把所有的行李挑在肩上,可靠的那位则提着一个装满饮料瓶的篮子。旅行的团队中有一位成员配了船上唯一一把伞,他就跟在提篮子的苦力旁边,正所谓小心为妙!其他的人也时时注意着,他们两个人是否安然无恙?不要有什么冲突发生。

一条曲折的乡间小路引领着我们经过农地到达了村落。看到我们几个白皮肤的"恶魔",好几个赤裸的小孩发出受惊吓般的尖叫飞奔了起来。房舍里有好几道门都被甩上了,里头的门也赶紧上了门闩。村里的美人们也都十分认生,立刻就从附近的角落里消失不见了。只能看得见一些老妇人还坐在外头欢欣鼓舞地笑着。不过,在一棵老树下,一块较为突起的空地上,还有一群少女正在织亚麻。如果那些吓得逃跑的女孩儿也和织着亚麻的一样脏的话,那我们倒是没有错过什么美景。从街道的尾端传来了清脆好听的声响,在这样一个中国的乡村,怎么会有钟琴的声音呢?原来事实并非如此,这是铁匠们正在工作的声音。他们的铁锤在钢铁上敲打出声响,就好比在歌剧《齐格佛里德》①当中,森林铁匠的铁锤一样。在乡村的学校里,学生们正好在上课。孩子们就坐在小桌子的后方。每个人都有自己的文具,一个用来磨墨的小盆子以及数支毛笔,米纸做成的笔记本显现出学生们秀气的字迹。教室里的光线不佳,地面是泥土铺成的。讲台上的老师认为我们这群

---

① 齐格佛里德,又译作齐格菲、齐格飞,中世纪中古高地德语史诗《尼伯龙根之歌》的英雄,理查德·瓦格纳著名歌剧《尼伯龙根的指环》的主角,以屠龙闻名。在史诗中他杀死了巨龙法夫纳,帮助勃艮第的国王龚特尔成功娶到布伦希尔德。另外,齐格佛里德与北欧神话传说英雄西格鲁德是同源人物。

外国人应当都是受过高等教育的知识分子,便尊敬地对我们微笑,并且拼命挥动着手中的扇子。

村子后有一条较陡的小路,背景可以看到如风景画般美好、来自海因里希亲王山的灰岩石堆。这条小路的终点就在靠近山脚的后方山谷里,在那儿有一些树木。那是一片神圣的树林,既翠绿又阴凉,掩映在有围墙的地基上,围墙后方还有水从人造瀑布中流淌下来。自瀑布流淌下来的水流变成小河,湍急地想穿越这一片明亮的翠绿流向大海。这是一个令人喜爱不已的地方,充满了清新的空气和森林的奥秘。

林子附近可以看见通往寺庙的门是开着的,中庭里有一棵年迈的白杨树。这棵树看起来十分壮丽,宽大茂密的枝叶几乎可以遮阴整个中庭。这棵树很符合《林登房东,你这个男孩!》(德语歌曲)这首歌的意境,虽然严格来说,这里应该把椴树改为白杨树会更好。庙里的僧人出来迎接我们时,嘴上还不时说着:"请!""请!"并且从寺里搬出一张桌子和几张长椅来。当我们坐在白杨树下的时候,一度有一种身在骑士城堡中庭的错觉。

我们把饮料从篮子里拿出来,放到小溪中,冰冷的山泉水就是最好的冷却剂。这时,只见村里所有的男人都聚集在一起,围在我们的桌子旁,对这些他们从未听闻过的事情感到惊叹。最奇妙的是打开气泡酒瓶的那一瞬间。瓶子是朝着围观的人打开的,瓶塞被松开之后,砰的一声朝人群飞去,可把他们都吓坏了,但是,很快他们又突然觉得好笑。到最后他们干脆围成一圈蹲在地上,还派出一个人递上一个茶碗,到我们桌子上想要点儿饮料来喝。这个时候我们决定为他们做一碗"美味"的汤酒,于是我们开始往里倒啤酒,再加上一些红酒及气泡水,一个碗实在是不够装,于是又拿来好几个碗。接着,茶碗就开始在这群中国人之间传递,每个人都虔诚地抿一口。其中有几个人,喝了之后露出可怕的表情,但是,没有任何一个人有勇气说出他们的真实想法,大家都说"好喝","好喝",即使完全不符合他们的口味。这又再一次说明了,外国人相较于本地人是多么的有魅力。

拜见神明是一定要很有礼貌的,即使我们身为客人也一样。它们就坐在中庭周围残破不堪的厅室里。其中有一位女神明,职责是保佑子孙后代繁衍。墙上画有地狱惩戒图,一个恶魔用匕首挖出一个绑在杆子上男子的双眼;另一位充满悔意的人被撕裂了嘴角;其中,会被处以最严重惩罚的是通奸。由这个寺庙祭拜女神的人数来看,这里的特色应该是可以为民众求得好的姻缘。在场的单身汉们纷纷觉得这很可怕,于是决定要动身离开。他们把空瓶子交给僧人,当作是献给神明的供品。

蒸汽船在海滩上冒着蒸汽等着我们,中午时分我们已经回到了青岛,然后到其中一个营区里去用午膳。营区里的酒还真不错。如果拿着叉子把蟠桃插些小洞放到香槟酒里,就可以有一杯蜜桃酒了。那儿的香槟酒仿佛取之不尽一般。

"请大家安静!我们现在唱第一首歌!"

在中国,我还是第一次用这么正统的德国方式喝酒,这样的感觉实在是一言难尽。我们的第一首歌不用说了,当然是从酒壶到绿色花环的歌曲①(歌名《兄弟情谊》)。而当人们在世界的另一端唱这首歌的时候,他就会带有坚定的信念:"最亲爱的人万岁,祖国心心相连的兄弟!"

我已经记不得最后唱的是哪一首歌了,这一小时的印象已经有一点混乱,对于要唱什么歌大家也很难达成一致;因为当中有一个人,不管大家在唱什么,他总是唱着"阿什克隆的黑鲸鱼"(歌名 Im Schwarzen Walfisch zu Askalon)。可以确定的是,这场午餐一直吃到了深夜才结束。

营区门口在我们眼中正上演着一场奇景:所有围绕着胶州湾的山,

---

① 威廉兄弟穆勒于1821年发行的诗歌《兄弟情谊》是诗歌集《七七十诗》的一部分。该诗集是一个旅行的法国号角演奏者遗留下来的论文所组成。该诗自1833年以来一直与高山上的老艾奇(Ich)的旋律一起演唱,当时这首诗的标题是《兄弟会》。

现在都好像失去了控制一样,开始晃动起来,但是,却丝毫没有感觉到地在摇晃,天空也是既明亮又清晰,像是布满了星星一样。这不可能是地震,但绝对需要用科学极力去解释这个奇特的自然现象。如果我不是亲眼见到这副情景,我是绝对不可能相信在这八月的夜晚,竟然会有这么奇怪的事情发生——我们真的醉了!

第二十一章　北直隶海湾

一八九八年八月底

于芝罘①

离开胶州—"伊力达斯号"②沉船—威海卫与阿瑟港—在芝罘—台风—传教士和教堂—孔子—神的中文名—水果与酒—各种各样的战舰—桌上美食—沐浴人生—芝罘—纺丝—银行及药局—监狱

从上海搭乘"亚潘拉德号"就能到达青岛,也可以在青岛乘坐"亚潘拉德号"继续航行或者离开,其他的船只尚未聚集在胶州湾内。"亚潘拉德号"从上海驶到青岛,再从青岛驶向芝罘,最终到达天津,然后,再从天津原路返回上海。不管人们愿不愿意,你都得搭乘这艘杰普森公司的小轮船离开。今天"亚潘拉德号"飞快地驶离了青岛湾,朝北方航线前进。在航行的第一个小时还可以看得到海岸,远处的崂山愈来愈近,很快和壮大的岩石群一起沿着海边延伸。山上的尖石仿佛在这

---

① 芝罘是山东烟台一个区,是中国最早的外商口岸之一,因其北部的中国最大、世界最典型的陆连岛——芝罘岛而得名。"芝"即灵芝。芝罘岛的形状,恰似一株巨大的灵芝,"罘"即屏障。
② "伊力达斯号"舰(Iltis),意译为白鼬,1878 年 9 月 18 日在德国但泽(Danzig,今属波兰)下水,属于德国海军第一代的"狼"级炮舰,排水量 561 吨,航速八节,不仅采用蒸汽动力,还是三桅杆帆船,展示了德国的科技水平。该舰隶属德国海军远东分队,长期在中国、朝鲜、日本海域活动。1894 年 7 月 25 日甲午战争丰岛海战中,"伊力达斯"营救中国官兵 112 人,清政府特别授予"伊力达斯"舰长宝琗森伯爵宝星勋章,船员也给予等级不同的勋章。1896 年 1 月 23 日,"伊力达斯号"在荣成县东北 9 海里的东楮岛触礁沉毁,仅有 11 人被中国渔船搭救,包括舰长及船员 77 人遇难,遗骸埋葬在镆铘岛德国爱妮公主墓地(又称德舰"伊力达斯"死难舰员墓地)。

夏日气息中凝视着我们。这山脉停留在地平线好一阵子,一直到了夜晚才被自己的影子给掩盖过去。

海洋在靠近山东山麓丘陵地带,突然失去了它以往的平静。在转角的地方出现一股强劲的水流,轮船的一侧感受到这波强大的海浪,使得前进变得有些困难。轮船不断发出吱吱嘎嘎的声响,并且就这样持续了整整一夜,直到清晨来临这波澜才平息下来。破晓时分,海岸又出现在左边的视线中。我们航行的这个水道颇为险恶,船只行驶中绝对不能太靠近陆地,因为沿岸海水下方到处都有礁石,有时候,可以看得到礁石的顶部露出水面的一点,看起来就像是在水面上的一般的小石子。

有一座小小的白色灯塔就在不远的陆地上,岸上的那面墙也明亮地闪烁着。曾经有一艘德国炮舰"伊力达斯号",在那里沉没了,那个明亮城墙围着的就是失事舰上的军官们的墓地。官方的说法是"伊力达斯号"失事的原因是台风,但是,海岸周围的人却认为不是台风,而是一阵强劲的海上暴风,把当时已经不再适于航海的"伊力达斯号"抛向了礁石,导致其沉没。可是不管怎么说,都不会改变"伊力达斯号"几乎全舰人员殉职的事实。不过,在上海徐家汇拥有全东亚最优秀气象观测站①的法国耶稣会士们,也认为台风是失事的主因。观测站的站长佩弗克先生斩钉截铁地说,他当时观察到了这个台风并发了电报,要不是因为电报发得太迟了,"伊力达斯号"也许还可以逃过一劫。佩弗克站长甚至还为此发表过一篇学术文章,标题就是"摧毁伊力达斯号的台风"。

我们的轮船穿过北直隶海湾②蔚蓝的海面。这个有名的海湾并没

---

① 徐家汇观象台,又名徐家汇天文台,简称徐台,位于上海市徐汇区蒲西路166号,初建于1872年。耶稣会通过创办徐家汇观象台将气象学引入中国,当年12月1日即启动气象观测,为中国沿海第一座观象台,被誉为"远东气象第一台"。是上海乃至中国最古老的气象观测站。该台是上海中心气象台和上海天文台的前身,也是一座兼具天文、地磁等观测功能的综合观测站,在中国气象史上有着举足轻重的地位。

② 北直隶海湾,现在的渤海,古称东海、北海,系中国的内海,也是西太平洋的一部分,位于辽东半岛和胶东半岛之间,中华民国初年叫直隶海湾改称欧美地图至今仍多作 Gulf of Chihli 或 Gulf of Pechihli。北伐后直隶省改称河北省,直隶湾、直隶海峡、渤海湾、渤海海峡。

有什么特别之处,有的时候人们甚至认不出它就是北直隶海湾,会觉得它也可以是随便一个什么其他的海湾。我们从欧洲出海的话,感觉都是在同一片海洋上航行着。有的时候海洋是蓝色的,这个时候你知道这是印度洋。过了一会儿,看到中式帆船在海面上行驶,你才意识到是来到了中国的海洋。人类所处的世界可以说是无奇不有,仿佛它们都要别上名牌来告诉人们它们是不一样的。如果人类大半的时间都在世界各地游走,就会发现基本上所有的事物变化得都很缓慢,远和近其实也差不了多少。海是海,山是山,自然环境事实上到处都是一个样子,只是会在不同的旅行者间、在各自的游记中叙述得不一样罢了。

这时在海面上看到了威海卫,那里又暗又黑的山壁逐渐升起,山里的左右两边各有一个缺口,也就是说海湾里有两个入口。眼尖的人会发现背景里有一个黑点,那是英国海军舰队的战舰,刚刚从外地驶回到威海卫港口。英国人很勤奋地做好堡垒要塞的保密工作,不是英国军方的人绝对不能进入那里,就连英国报纸的记者也不得其门。没有任何一只商船可以在港口停留,威海卫与其他中国沿岸地带的交通都只能由英国战舰来处理。

在阿瑟港[①]的俄国人,行事风格与英国人不同,每个人都可以进入港口,唯一的要求就是要持有俄国护照。如果,你为了要进入阿瑟港而想购买一本俄国护照,成功率几乎为零。在这种情况下,阿瑟港看似一个对全世界开放的港口,但事实上只有具有俄国国籍的少数人士才能进入。大约每两个星期就会有中国运输船往返于阿瑟港和芝罘之间。据说阿瑟港里已经挤满了士兵,因此,俄罗斯人需要策略性地制定军官的官阶,他们暂且住在这个地方的中国房舍中,就像德国军人住在青岛的情况一样。与此同时,俄罗斯人已经在阿瑟港盖了戏院,把旧有的中国戏院改建成了欧式的戏院,以此来抓住上千名驻扎在这里的俄国军

[①] 指旅顺口,今属辽宁省大连市旅顺口区。亚瑟之名,源于声称首个"发现"此地的英军将领的名字。

人的心（最新情报显示，约有一万五千名俄国士兵在那里驻扎）。不仅如此，他们还努力游说在芝罘的德国商人，希望他们能到阿瑟港口开设分公司。其中有一家来自芝罘的德国公司，已经在这块俄国殖民地上有了蓬勃发展的生意。而这家公司在青岛的子公司，却因为几个贪腐官员从中作梗，迟迟没有进展。

搭乘轮船从威海卫到芝罘大约需要六小时，航程中再度看得到非常高的山脉就在左岸边。在山与海之间的狭窄空间里，我们看见芝罘唯——排欧洲居民的房舍。就在芝罘湾的高地入口处，还有几个中国的军事堡垒，其中一处堡垒刚刚向一艘北上前往天津的战舰发射了礼炮。遗憾的是，那艘战舰已经消失在远方，根本不可能听到这迟来的礼炮！这可能是经过长时间的讨论才决定要发射的，不然就是士兵还要先到市区买火药，因为回来得太晚而耽搁了。

自从"阿瑟港"和"威海卫"分别割让给俄国及英国之后，这两个国家的战舰便可以在北直隶海湾为所欲为。不过由于中国政府向欧洲人发出了他们可以进入北直隶海湾的通知，让人不禁想问：中国政府在芝罘保留着炮台堡垒，却允许欧洲船只自由进出港口，那抵抗欧洲人的理由究竟是什么？中国人在芝罘主要的防御工事是一面矮墙，路径很长，一直延伸到山脉高处，过了三四个山峰后又绕到山下。和我们之前看到的一样，这类城墙的目的也是不清不楚，因为，那些堡垒所针对的战舰并没有要越过山脉而来。中国人似乎居住在一个让人无法理解的世界里，他们所做的事情也大多不切实际，没有什么比建造矮城墙和堡垒这样的事情更让人印象深刻了。现在在芝罘，缺少一个让城墙围着堡垒建造的地方，于是就移建在一旁的山上。而在中国另一座城市，城墙早已变成了残砖碎瓦，每个人都可以随便进出。但每到夜晚，还是会有值勤者小心翼翼地来关上城门。这时候城墙反倒更像城墙了。

船顺着左岸行驶，芝罘到了！我们看到的第一间房子是"家庭旅舍"，直接就盖在承载堡垒的山边。离旅舍不远的岸边，有一栋英国白色的华丽的哥特式①建筑,是目前中国最大的英国学校,由英国传教士们共同打造,并且,他们亲自参与学校里的一切事务。之所以选择把学校盖在芝罘,主要是因为这里的气候温和,比其他大多数沿海地带好得多。虽然每年到了夏秋之际,霍乱几乎总是会出现,伤寒、痢疾以及一些特定的眼疾也会来扰民,但一个地方能够有比较好的气候的话,人们对健康以外的要求就自然比较低一点。

欧洲人在中国如何教养自己的小孩,这可是一个困难的问题。大部分家长都想把小孩送回欧洲,但这也就意味着要与小孩分开好几年。自从芝罘有了这所学校以后,让家长们免去了这个烦恼。学生从中国各个沿海地区过来就读,特别是从上海来的,为数最多。学校里大概有一百多个男生,五十多个女生,虽说男女在同一栋楼上课,但生活还是会被严格区分开来。如果兄妹在不同班级上课的话,他们也只有周日才能有机会见面。

河岸上最后一栋房舍又叫"海滩旅店",旅店里的欧式建筑俨然就像个小城市一样。城市旁边的河岸底部隆起一块延伸到海洋的山陵,在那儿也盖了几间房舍,在茂密的翠绿之中伫立着。山坡上还有一座蘑菇状的建筑,是一座开放式的凉亭,隶属于一个中国寺庙,离凉亭不远的下坡处则是德国大使馆。船只这会儿就开到山陵的周围,在港口里放下船锚准备靠岸。港口虽然很小,但码头却十分美丽,这是由中国海关管理处一手打造的。港口里停泊了许多艘到港休息的大船,如果你来青岛,大致上就能看到一个被船只填满的港口是什么样子了。此刻我真正地感受到,我又回到这个世界上来了。

在平淡无奇而生活单调的中国,芝罘算是一个令人十分喜爱的地方。这里的风景不像青岛那样开阔自由,山和海之间的所有建筑全部

---

① 哥特式建筑的特色是尖形拱门、肋状拱顶与飞拱,发展于12—16世纪,兴盛于欧洲中世纪高峰与末期。它是由罗马式建筑发展而来,为文艺复兴建筑所继承。它发源于十二世纪的法国,持续至十六世纪。哥特式建筑在当代普遍被称作"法国式";但是,目前哥特式建筑物最多的国家却是德国、意大利及德语系国家,法国反而是巴洛克式建筑比较多。

都拥挤在一起。不过这份拥挤却不显得拘束或沉闷，因为这里其中一处边界是无边无际的海洋。夏日里，芝罘海湾的海水时不时就呈现一片蔚蓝，像极了意大利的海水。特别是芝罘对面有山驻足的海滨，形成了一个深蓝色的海水区。山脚下的村庄此刻好比是卡布里岛①。若是台风从南方扫过这海湾的话（前几天已经有发布台风警报），这片海洋当然就不再有意大利海水的柔和，它会立刻爆发出亚洲式的狂野。灰黑色的波涛来势汹汹，暴怒地拍打着陆地，仿佛是在埋怨陆地阻碍了它前进的路。冲击是如此巨大，即使在远处的河岸上都可以感觉到地面在震动。暴风从海面上呼啸而来，无情地撕毁着房舍的门窗。如果有人在空地上不幸遇到这阵暴风的话，恐怕也会被吹到十万八千里远。有两个身强体壮的苦力正抬着轿子前行，轿子里头还坐着个男人，遇到暴风，他们——人和轿子被吹得东倒西歪的。暴风平息数天后，从海滩到远处房舍的柱脚，到处都可以看到被狂风暴雨扫出海来的海藻和石块。

    还好台风像这样肆虐的机会很少，大多都是半路上就转到日本去了。一般说来，芝罘的海湾很平静，平日里海面看起来也很平滑，有的时候会有稍许的移动。这里的空气干净极了，阳光普照。每当快到黄昏，西边天空就会出现美丽之极的色彩变换，云朵全部变成了玫瑰色泽，一道天空蓝则会从云朵中清晰照射出来，阳光这时呈现着灿烂的金黄色。就在太阳西沉的地方，水和天空形成了一片明亮的光影。在海面上行驶的船只就停留在这片金黄色当中，像极了法国画家克劳德·洛兰（一六〇〇至一六八二年，法国巴洛克浪漫诗人及风景画家）在他画中所幻想的那个华丽的风景。

    芝罘是历史最悠久的通商口岸之一，但这个地方本身的商业没有什么太大的发展。约有八十到一百位欧洲人住在这里，其中也包括了女人和孩子，分别来自十三个国家，这时便让人感受到其实芝罘一点也不芝罘。欧洲人就定居在烟台，德国大使馆所在的那片山坡地，就被称

---

① 卡布里岛，意大利那不勒斯湾南部索伦托半岛外的一个小岛，自从罗马共和国时代以来就以风景秀丽闻名，是著名的旅游胜地。卡布里属于坎帕尼亚大区的那不勒斯省。

为"烟台山"。就连中国人居住的城市也不叫芝罘而叫烟台,真正的芝罘其实是对面河岸的中小村落。后人用芝罘称呼这个地方,其实烟台才是它真正的名字。

德国在烟台发展得很强势。有大规模的门市、商品从睡衣到搪瓷器具无所不卖的西耶塔斯①公司(Die Firma Sietas & Plambeck),是这里最大的德国企业之一。德国大使蓝茨博士是一位非常优秀的人才,他在芝罘的名声相当好,尤其是他帮助清政府对抗暴动②所付出的努力获得了高度认可。这情形和青岛的情况恰恰相反,当德国人和当地人发生冲突时,中国人总是有机会从政府当局得到袒护,德国当局则总是想要呈现出他们是人权政府的一面。蓝茨博士担任大使至今已经七年,七年来他就在山坡上那座空空荡荡的房子中,在冬天的夜晚静静地听着北风呼啸而过。沿海地带的生活没有比在芝罘更寂寞的了。如果一个人七年来一直都在这个地方生活,可以想象他最后多少也会变成一个怪人。冬天每个周日的夜晚时分,总会有两个朋友来拜访他,晚餐过后他们会一起玩纸牌游戏,如果赢了,两位朋友便愉悦地下山,如果输了,他们就要垂头丧气地回家。

由于怡人的气候环境,芝罘成了欧洲传教士们最喜欢停留的地方之一。有很多在中国的传教士已经在芝罘有了自己的住所。

没有人能怪罪这些虔诚的男人们不注意自己的健康,因为那些不先顾及自己生命的人,没有资格在中国人面前谈论救赎主义。在芝罘,有来自法国方济会的修士和耶稣会士,还有一处法国的女修道院,甚至里头还有一间女子学校。另一方面英国及美国的传教士正担心如何宣扬新教的教义。有一些传教士还穿上中国的传统服

---

① 西耶塔斯公司又称哈利洋行,为德商哈利洋行在青岛设立的分支机构,其旧址位于中国山东省青岛市市南区兰山路7号,建于1900至1901年间,现已不存。
② 义和团运动期间,不仅北京的电报系统中断长达一个星期,就连天津和大沽口也收不到讯息,在芝罘的德国大使馆是清政府这时候唯一的情报来源。在一片谣言满天飞的混乱之中,唯一能够信赖且安抚人心的只有蓝茨博士的消息,被视为准确评估情势的依据。

装——一身蓝色长袍，把辫子给留长，尽量让自己看起来像中国人。不过，中国人看到这样穿着的传教士似乎也并不买账，乔装打扮成中国人并不能让他们被接受。传教士在中国的任务其实并不轻松，不过，最后如果他们没办法让中国人改变信仰，至少还可以有另一种改变——把辫子给留长了。

  每一个传教团都有自己的教堂，仅芝罘大概就有十几间。人们也许会说，这十几间教堂，已经足够人数不足百的欧洲人使用了，但是这样的想法完全大错特错，因为目前看还有急需再多建几间教堂的必要。最近的某个夜晚，在我们下榻的"家庭旅舍"里，便再一次筹募了建立新教堂的资金，每个人都要捐一美元，不过大家都捐得十分乐意，因为有一位身材娇小的葛蕾蒂丝女士为了资金到处奔走。现在看来新教堂十有八九可以盖成了。

  法国的修道士有一间专属的大教堂，旁边还有一座低矮宽广的塔楼，里头光秃的墙上已经布满大片的霉菌斑，灯光非常明亮地打在一块块色彩缤纷的玻璃窗上。河岸上也有一间英国小教堂，在看见法国人的大教堂有一座塔楼，英国人也想要一座，于是，他们就把这项工作交到了中国石匠的手里。只见他们每天在教堂旁敲敲打打，为的是能够加高教堂的另一边，直到一座新塔楼产生为止。到了周日，芝罘所有的教堂都敲钟，但敲打得乱七八糟，所有的钟铃都很小，不过声音倒还算清脆细致。法国大教堂用钟声发出信号，召唤它的信徒，钟声仿佛在说："快到我这里来吧！"与此同时，英国教堂的钟声也响起来，用钟声提醒这些信众应该到他们那里去。

  芝罘市和郊区之所以会有那么多传教士，还有另外一个重要的原因就是，山东省的民众特别能接纳外来人。虽然这个特点无法在中国人改信基督教的人数中体现出来，但是为人亲切、不仇视外国人，肯定是山东人的一大特点[①]。这也算是对传教士的一点补偿了，谁叫他们

[①] 山东省在义和团起义期间也大致处于安然无事的和平状态。

正好在孔子(公元前大约五五一至前四七九年间,中国伟大的哲学家思想家)的故乡呢。

孔子是山东人,他的后人至今还住在曲阜(一条由德国规划的铁路恰好经过此处)。这个家族年龄最长的儿子,拥有很高的贵族封号,大约和我们那儿的公爵差不多,他在北京坐的轿子就跟皇太子坐的差不多。不仅如此,他还有和皇帝书信往来的权利,并且,随时随地都可以求见中国皇帝。在这位至圣先师逝世将近两千五百年后,他的后代子孙依然被赋予这么高的荣誉,这一点应该是独一无二的,在这个世界上也是无人可比的了!孔子的名言被学生记录下来,虽然他既不是宗教创始人也不是真圣人,只是担任过某位老皇帝的公职人员。从孔夫子的"夫子"看来,应该就是他所担任的官职吧。

孔子的教学思想就记录在他最有名的五本书(五经)中,他的许多观点和言论,包括生活法则,无法用三言两语说清楚。中国所有人的家里几乎都有这些书,但是,只有少数的人读过它(这和我们那儿的经典文学一样)。其中,经典中的经典便是四书,这大概是最多人读过的古典著作。四书中的第一本为《大学》,意为浩大的学训,解说了孔子所认为的政治和道德上的基本教义,由他的学生曾子记录下来;第二本是《中庸》,意为中间之路,阐述了中间路线应作为道德规范的标准;第三本《论语》是由孔子的孙子孔伋编著而成,其中孔子的学生把平时他说的话也都记录下来,收录在书里;第四本是《孟子》,包括了孟子的教学及谈话。有人说他是孔子最优秀的学生,也有人说他是孔子的孙子孔伋的学生……

我们从欧洲几个熟知中国文化的学者那里听到了关于儒家思想的特征。其中有几位说:在孔庙中是没有神像的;儒学只是改革后的佛教,因此它们两者之间才会变得非常类似,就像天主教和新教一样。另外,也有人认为,佛教是儒家思想盛行之后才传入中国的,他们说孔子思想根本不能算是宗教。孔子的一生给后世做了一个良好的示范,中国人则尽其所能地依照这个标准来生活。没有人会想到要祈拜孔子,孔庙也不是祭拜神明的地方,它是用来纪念这位伟大道德思想家的纪念堂。

在中国，很难看出，究竟哪一个宗教是主流，最正确的说法应该是，中国完全没有任何宗教是主流，至少到现在还没有出现。佛教、喇嘛教（西藏的佛教）以及道教，这些在中国都有各自的庙宇。中国人只有在生活过得不好的时候，才会想到去祈求神明。他们会跑到离家最近的寺庙里膜拜。如果他认为佛祖具有一定影响力的话，那他就会求助于佛祖的帮助。不过在中国人看来，最安全的方法当然还是求助于一位中国的神明。在外来宗教的寺庙附近，到处都可以找到供奉中国神明的寺庙。每一位神明都各司其职，可以说是各个方面的专业人才。有的神明可以治愈疾病，有的则是照顾后代子孙。如果人们不想要好天气而想要降雨的话，也有这样的神明可以祈求。这样的例子举不胜举。其中最重要的当然就是财神了！为了他，中国各地的商店都会贩卖由金纸银纸制成的小船或袋子，民众虔诚地认为，把金纸银纸烧给财神后就会带来财运。在中国，只有一项宗教性风俗习惯是全中国人都要遵从的，那便是祭祖！每间中国的房舍中，每间店铺及工厂里，你都可以看到供奉祖先的祭台。他们从未间断给祖先上香，以借此满足自己精神层面的生活。在中国，有各式各样的祭祖或祭拜神明的方式，就连中国皇帝每年也会出现在北京天坛祈福。

孔子的作品已经被翻成德文。同时，中国也有许多关于《圣经》的中文版书籍流通着。要把《圣经》翻成中文可不是一件简单的工作，传教士们为了这些工作早就吵过好几回了。早在几年前，中国某个城市便举办了一场传教士会议，对于"God"一字该怎么用中文表达，传教士们有一番激烈的辩论。两个词："神"和"上帝"在会议中被拿出来讨论，也各有一派人马拥护。第一派人马的发言人认为，上帝的保佑明显地会停留在使用《圣经》的地方，《圣经》里的"God"这个词，也会因前后文的表达找到合适的翻译，而他和他的朋友们，认为在任何情况下"上帝"这样的翻译都是最恰当的；另一派的发言人则解释他所在地区上帝的保佑，不过是对"神"的欺骗，而"神"最大的兴趣就是要阻止"God"的名字被正确地翻译成中文。

传教士们还尝试着在芝罘种水果,这个尝试也有了相当美丽的成果,让芝罘有了上好的苹果和水梨,这些最能代表城市特色的水果,现在也登上了中国风景明信片。几乎与世界隔离的偏远的北直隶海湾,现在竟然也有了自己的风景明信片,那人们无论如何都要把令人骄傲的水果放在上面。中国人提着放满水梨及苹果的竹篮到处走,就好像我们那儿的流动水果摊贩一样。他们用那种只有一个秤盘的秤来称水果的重量。中国人早在传教士之前,就以自己的方式开始种植水果了,时至今日他们仍然在种。中国人种出来的水梨就像核桃般坚硬,尽管如此,还是不会坏了苦力们想吃水果的兴致。因为传教士的成功,已经有一些当地人开始改善他们种植水果的方法了。

　　中国人自古以来就会酿造葡萄酒①,他们将葡萄种在自家门前花园里的高树棚上,让葡萄枝无拘无束地攀爬。中国的葡萄酸到让人脸上肌肉都变形的程度,你还要用力将脸上的肌肉安全带回到原来的位置。欧洲人也试着用他们的方法在芝罘酿造葡萄酒,在山下海滩的入口处就看得见几处丘陵被改建为葡萄园,其中一座葡萄园还有一间灰色的小教堂(葡萄园的负责人基连先生常常送来一些"好货")。欧洲人建起来的葡萄园,最后被中国张裕酿造公司②给收购了,这家公司自称"葡萄酒先锋"。中国人非常清楚,质量好的葡萄汁价值几何,在过去几年中,他们已经习惯了喝气泡酒,不知不觉变成了专家,欧洲商人是不可能拿次级品蒙骗过关的。他们可以从口味分辨品牌,清楚地知

---

① 葡萄酒酿造在中国有着悠久的历史,据考证,在据今4600年前的新石器时代晚期就已开始酿造葡萄酒。2004年中美考古学者又在9000年前新石器时代早期河南贾湖遗址出土的陶片中发现了与现代葡萄丹宁酸成分相同的残留物,说明中国可能是世界上最早酿造葡萄酒的国家。
② 张裕酿酒公司创始人张弼士(1841—1916),广东大埔县人,18岁赴南洋经过打拼先后在印度尼西亚、苏门答腊创办垦殖公司,在槟城、雅加达开办远洋轮船公司,在新加坡、雅加达、香港和广州开设药行,号称"南洋首富"。1871年他在雅加达出席法国领事馆的酒会,一位法国领事讲起,咸丰年间他曾到过烟台,那里的野生葡萄可以酿酒。张弼士暗暗记下这段典故。1891年,张弼士实地考察了烟台,确认烟台为葡萄生长的天然良园。1892年,张弼士拿出三百万两白银,创办中国第一个葡萄酿酒公司,取名"张裕"二字。从此中国葡萄酒工业化的序幕揭开了,1915年巴拿马万国博览会,张裕产品首次夺得四枚金质奖章。

道带有金色印记的牌子代表着什么。现在他们则想自己酿造葡萄酒。张裕酿造公司那里有一位优秀的、为人亲切的、来自奥地利的葡萄酒专家,他曾在纽因堡修道院学习葡萄酒酿造技术(纽因堡修道院在每年的十一月十五日都会举行滑酒桶的活动,据说只要能滑过里头的酒桶,愿望就能成真)。目前,他们已经种植了八公顷的葡萄,种植面积还在持续不断地扩大。葡萄在中国的烈日下茁壮成长,不久的将来想必我们就能喝到中国的香槟酒了。

也许不久的将来,北直隶海湾欧洲各国之间会发生一场前所未有的战争。目前,各国都全副武装地对峙着,军事演练也不断在芝罘湾内上演,每天都可以看见战舰驶进驶出的。前几天,一艘俄罗斯的铁甲舰"那瓦林号"刚刚由克里特①抵达芝罘,这是一艘拥有四具烟囱的巨大船舰,共载有九百名武装人员。"那瓦林号"船舰上人挤人,就连军官都是两个人睡一间房,因为,所有的空位都必须留给大炮。舰上的军官说,他们到达中国后收到上级指示,要全员进入备战状态。"那瓦林号"因为无法进入到港口内,就停在海岸附近的海滩上。士兵们就在那里轮流站岗,船上的探照灯晚上也不停地来回地扫着海面及陆地,就好比从某个巨型雕像那从未沉睡的眼睛里,放射出尖锐的光向黑暗中扫射一般。不过,平日里各国相安无事的现状,并没有看出来处于临近战争状态。夏天,芝罘海边住着一位俄国海军上将的夫人,这位上将便是负责指挥阿瑟港的海军部队,据说这位夫人对"那瓦林号"特别喜爱,这艘铁甲战舰也不是因为英国人的关系而开到这里,而是因为夫人需要上面的军官来与她打牌。

英国方面的战舰当然也不是没有动静。一天,"那瓦林号"旁边突然出现一艘瘦小的英国巡洋舰"无畏号",随后"那瓦林号"就开始

---

① 克里特岛,《圣经》中又称迦斐托,位于地中海北部,是希腊第一大岛,东西长244千米,最宽处56千米,总面积8,300平方千米。行政上属于克里特大区,中部为高山,最高峰海拔为2740米,南部山势陡峻,特别是西南部,全为峭壁,难以开辟公路,北部较平缓,居民多集中北岸。岛上主要为地中海气候。

在附近游荡,马上,英国"无畏号"消失得无影无踪。不久,又突然出现一艘英国的鱼雷驱逐舰,这艘带有两个烟囱的小船,因为速度快被用来侦察敌情,就像是猎犬去追踪某个人一样。英国的鱼雷驱逐舰快速扫过海湾,四处观察了这个城市一会儿,接着便迅速地往另一个方向去了。隔天,出现了一艘灰色的日本鱼雷船,任由太阳旗在风中飘扬,它也一样快速地看了这个城市一眼,接着便往英国鱼雷舰驶去的方向前进。紧接着出现的是中国巡洋舰,这艘在德国建造、带有四个瘦长烟囱的巡洋舰,是由边界调整委员会带到青岛来的。委员会边界调整的工作尚未完成,巡洋舰就在湾内散了一下步。毕竟船上都有四个烟囱了,不物尽其用的话实在是太可惜了。中国船员上岸时穿着浅蓝色的夹克和宽裤,加上腰间的蓝色宽版腰带,这一身服装和戏院里的水手服简直没有什么两样。

中国所有的通商口岸几乎都是河口,只有芝罘直直地连接着海洋,这也是为什么在炎炎夏日时,这里依然可以感受到一丝丝清新。尤其是到了夜晚时分,天气非常凉爽,微微倾斜的海滩可以让人在里头泡澡,因此,芝罘就成了中国的海滨浴场。直到最近,北戴河海岸才作为竞争者出现,从天津坐火车只要几个小时就可以到达。北京的外交使团这个夏天就去了北戴河,另外有几个上海的外交使节家庭,则到了芝罘度假。不过,有些住在中国的欧洲人还是最喜欢去日本,因为那儿有山、有森林和大海,而且和欧洲夏日清新的感觉差不多。那些只想要清静和海边空气的人,会觉得日本现代化浴场圣地的人声太过嘈杂,例如箱根温泉①那种,便可以前往安静的芝罘。因此,今年就可以发现芝罘海滩浴场已经有大约一百多个欧洲旅客的身影了。

如前文中提到的,芝罘有两家旅舍,市中心的"海滩旅舍"是一位

---

① 箱根温泉,宫之下区可俯瞰 Haya 河谷,以其日式温泉而闻名,设有室外温泉浴池,景色优美。这些温泉为一些休闲日式客栈旅馆,和建于 1878 年的富士屋酒店提供水源,后者将日本和西方的建筑与装饰融为一体,富士屋酒店风格典雅,餐饮场所包括风格低调的拉面馆、传统居酒屋和国际餐厅。

优秀的德国人加兰德先生经营的。这位德国老板恭谦有礼,在全中国沿海地区有口皆碑,这份名声也真是实至名归。另一间"家庭旅舍"坐落在海湾入口处,介于山海之间的美丽地区。可惜的是,这家店的经理太高估了自然美景带来的营养价值,给客人的食物分量总是不够。在我们这桌,坐了一位娇小可爱的英国女士,也许因为饮食摄取不足的关系,明显看得出她一天比一天更加瘦小,最后她甚至决定,每天晚上都要喝一瓶黑啤酒来充饥。这家旅舍真是无比节省,将废物利用也发挥到了最高境界。比如一只鸡就可以吃好几天,第一天端上桌时,如同画家布施说的,还是"有肉的状态",还有鸡的样子;第二天便有一道烤过的佳肴端上桌面,在鸡蛋当作装饰的底下有鸡骨架;到了第三天我们吃到的便是绞肉,看着被绞过的肉末,我们应该确信,这下这只鸡身上可没剩下多少肉了吧?但是偏偏这世界上没有什么是比鸡还难缠的;第四天旅舍提供给我们的面食里头包含了好多各式各样的小菜,而就在我仔细打量这些小菜时,竟然还是发现了鸡肉的身影。

这两家旅舍都有在沙滩上用草席搭建的浴棚。接近黄昏时分,阳光不再那么炽热时,旅舍里那些身穿浴袍,或者穿着被欧洲人当成睡衣的日式和服的客人,都走出来到海里去泡澡。海水的温度这时候相当温暖,海面上也没有什么大的海浪,每个人都盼望着清凉的海水。年轻的女孩会互相扔海草当作泡澡额外的乐趣。海滩上则有小孩在玩乐,他们用沙子做成蛋糕,还会让小船在河岸退潮后留下的细流中自由地漂泊。俄国海军上将的孩子,有支特殊的雄伟海军舰队玩具任其指挥呢。如果你是上将的儿子,自小就得学习如何与舰队相处;每一个上将的孩子所拥有的船,当然都挂着有圣安德烈十字记号①的俄国海军白旗。

---

① 圣安德烈十字是呈"×"状的十字符号,相传耶稣门徒安德烈就是在此十字架上殉道。苏格兰国旗、牙买加国旗、俄罗斯海军旗帜及不少其他旗帜或纹章均以此符号组成。

在"海滩旅舍"前的沙滩上,有两个来自斯堪的那维亚①的女孩和一个娇小的法国女孩,她们缔结了友谊。英格波和海尔佳拥有浅色金发及蓝色眼睛,玛德莲则有着栗子色的卷发,喜欢用她那大大的棕色眼睛凝视这个世界,仿佛想用眼神来说些什么。这一天,三个小女孩穿着束高腰的洋装,站在海水里玩泼水游戏,就这样一起度过了几个小时的美好时光。接着她们上岸来,想搞点儿恶作剧,每一个女孩都有自己的拿手好戏。当芝罘的男人们坐在海滩旅舍沙滩上的帐篷里,享受着夜晚的清新空气时,几把沙子便会突然迎面袭来,这就是女孩英格波做的好事;如果有人把帽子脱下放在长椅上,好一阵子没有注意的话,他就会看到自己的帽子忽然从海里面漂了出来,而且,还是从天津方向漂过来的,这则是女孩海尔佳的恶作剧;另外,在河岸沙滩上,你会出乎意料地发现有人不断地翻着跟斗,那就是女孩玛德莲。

"那瓦林号"就停在"家庭旅舍"的对面。那些在战舰上觉得无聊的俄国军官们,会坐上白色小艇让士兵划着到岸上来。这些俄国军官都是年轻人,当然想在女人多男人少的旅舍里找乐子。此时,有人在客厅里弹钢琴,莫什科夫斯基②的西班牙舞曲,每一个八拍大概都会漏掉一个音,是两位女孩的四手联弹。她们花了一整天的时间练习这首曲子,但是,依然无法避免老是在同一个地方稍稍停顿一下。接着就有一位女士走近钢琴,以她温柔成熟的嗓音微微抗议说,再弹下去外头的树叶都会掉一地,爱情也都消逝了。之后,就由另外一位女士来演奏。她那强而有力的双手,立刻在琴键上挥舞出《华盛

---

① 斯堪的纳维亚,又译斯堪地那维亚,在地理上是指斯堪的纳维亚半岛,包括挪威和瑞典,文化与政治上则包含丹麦。这些国家互相视对方属于斯堪的纳维亚,虽然政治上彼此独立,但共同的称谓显示了其文化、语言和历史有深厚的渊源。
② 莫里茨·莫什科夫斯基是波兰作曲家、钢琴家和波兰犹太血统的教师。他的兄弟亚历山大是柏林著名的作家和讽刺作家。伊格纳奇·扬·帕德雷夫斯基说:"在肖邦之后,莫什科夫斯基最了解如何为钢琴写作,他的作品包含了整个钢琴技术。"虽然今天鲜为人知,但莫什科夫斯基在十九世纪末期受到了很高的敬重和欢迎。

顿邮报进行曲》①,这首带着真正美国音调的进行曲,气势浩大得让听到的每个人都能感受到它想征服整个世界的雄心。女孩儿们坐在椅子上,用她们的小脚打着节拍,没多久,她们就一个拉着一个跳起舞来。《华盛顿邮报进行曲》的舞蹈很特别,男舞者要走到女舞者前方,女舞者把手放到男舞者肩上。如此在厅里以曼妙优美的步伐前进,接着舞者头一转,女舞者的长卷发在腰间飘荡着。安妮小姐是所有人当中跳得最好的,这位个头娇小毫不起眼的女士,竟然在跳舞的时候吸引住了全场的目光,这种感觉真是十分奇妙。同时还有一位头发染成深红色的"有趣的女士",她正在外面的阳台上认真地与一位俄国工程师军官谈天。同时,有一位法国女教师也在角落里和金发的见习军官聊着,她说这一生中她只爱过一个叫尤金的男人。只见这个见习军官用十分好奇的眼神从头到尾盯着一只正在捕食昆虫、在天花板上飞来飞去的甲虫……

在欧洲住宅区的正后方,是中国人居住的城市。这个城市是较好的中国城市之一,城市中甚至还铺着路石。也就是无论大小长短,只要是石头,都会被捣入土中。不过这个铺路石的做法,明显地超越了中国人的想象。对中国人来说,石头在那儿就好了,只是这样一来,路石反而增加了行走的困难。石头和石头之间有空隙,下雨的时候,空隙间的土地就占了上风,连石头都会沾上烂泥。结果,整个城市的人行道上,也和牛棚里的泥地差不了多少,其中还包括了平常牛棚地上会摆放的东西。

芝罘镇上也弥漫着一种臭味,尽管每个城市的臭味儿都不太一样,可以确定的是,芝罘弥漫的是一股刺鼻的面糊的恶臭。这绝对不代表

---

① 《华盛顿邮报进行曲》,约翰·菲利普·苏萨(1854—1932)创作,他是浪漫主义时代后期一位美国作曲家及指挥家,主要作品是美国军旅及爱国进行曲,他亦因此而享有盛名。在大约1890年,有英国杂志把精于创作进行曲的苏萨称为"进行曲之王",苏萨的音乐出版商亦采用这个绰号推广他的音乐,自此"进行曲之王"就变得家喻户晓。

当中没有其他的味道夹杂着。这个臭味很有可能来自丝纺厂里成堆的蚕茧①,有些丝纺厂虽然是以蒸汽运作,但是大部分还是以中国旧有的方式来纺丝。院子里鸟蛋大小的蚕茧堆积成山,外表有点黄白色的来自于山东,颜色较深的则来自蒙古。它们会被放在一个大桶里煮,明显是要把里头可能有的虫子都杀死,之后,煮过的蚕茧会被带进丝坊里。在一间长形的小房间里放着古老的纺织椅,每张椅子前都坐着个赤裸着上半身的中国人,他们正一个一个地从蚕茧壳中将丝剥离出来。蚕丝先是形成好几个线圈,接着再随着许多宽大、四方形的轮子一起绕在一个小轮子上,这些最后从轮子上拿下来的金黄蚕丝,在库房堆得接近屋顶那么高。芝罘的某些丝纺贸易商家,一年内的销售额就可以高达十万美元。这都是出自低矮又贫苦的中国房舍,这些低矮房舍前面的街道上,是既小又昏暗的小店铺,通过肮脏的中庭,在弯曲的道路上直走一段,接着在转角处便会见到他们的工作坊。

芝罘的商店一般是又窄又朴实,每个商店里面总是有座院子,而院子前大多都会有一面常见的大屏风。但是,在芝罘,屏风并不是由砖砌成的墙,而是简单地用漆成绿色的木头制成,屏风上都会用中文写着"福"字,代表着幸运及财富(中国人的观念里,财富就是幸运),并且也会为店里迎来生意。皇帝也会在纸上亲笔写下这个"福"字,然后寄给对国家有特殊贡献的官员,收到的官员都会感到十分幸运,立刻就把这份皇帝亲手书写的字画,装裱后供在自家门堂上,彰显自己的荣宠。这也是中国皇帝无须用额外的花费就可以奖励官员的一种方式。"福"这个字旁边有两条很像鸟嘴的线,芝罘的屏风上常常还会再多画上一只眼睛,让整只鸟的头部看起来完整一点。

芝罘很多商家都贩卖丝绸,这是山东仅次于稻草编织物以外的主

---

① 指桑蚕的茧,桑蚕蛹期的囊形保护层内含蛹体。茧层可以缫丝,茧衣及缫制后的废丝可作丝棉和绢纺原料。呈长椭圆形、椭圆束腰形等不同形状,或中部稍缢缩,茧有白、黄、淡绿、肉红等颜色,长约3—4厘米,直径1.7—2.1厘米,表面白色,有不规则皱纹,并有附着的蚕丝,呈绒毛状。

要商品。大型银行会在某些商店中设点,所有货币都可以在这里兑换成现金,亦可换成有穿孔的中国铜钱。一个德国马克大概可以换得四百一十五个铜钱,看来中国很快会再有一个百万富翁产生了。通常一百个铜钱会被串在一条绳子上,墙上的柜子里就堆着这些铜钱串。至于银子,汇率就比较差。墨西哥币只有沿海地带的人才认得。在中国内陆地区广泛使用的银两,和铜钱的形状不一样。银子被炼制成一块块形状像鞋子的银锭,价值是根据重量来决定的。通常会用锤子来敲打,听听银锭里头是否被加了铅。中国人的耳朵不会听不出纯银的声音,因此,中国的银行里少不了的工具就是秤和锤子了。

药房是所有店铺中保持得最干净、最整洁的,墙上是一整排装有药材、外头写着蓝色字体的白色瓷罐子。我向药铺买了十分钱的草药,这些草药是从各个罐子中各取出一点得来的。店家会用一种特别的白色纸来包裹草药,店员也会在上头用毛笔写出这份小包裹的成分有哪些。最后,所有的草药包会一起再放在一个包裹里。我问道,我买的这些药可以治疗哪些疾病?店家告诉我可以治百病,十分钱治百病,这未免也太便宜了。接着店家还向我推荐咳嗽药膏,被我委婉地拒绝了,毕竟我都已经有了能治百病的草药了嘛!于是便有人问我是不是医生,我回答:"不是,但是我家里有人是医生。"这层亲戚关系明显让人印象深刻,从此以后药店里的人对我就像是自家人一般,渐渐地他们已经知道我大大小小的事情了。他们甚至拿开药臼的盖子,问我想不想试试捣药。

一条笔直的道路将城市切成两半,进到城市里的居民很多,让这里既热闹又繁华。苦力们辛苦地推着小推车,从拥挤的人群中穿过,轮子不时发出刺耳的声音。驴骡背的两边挂着重物,时而擦过房子墙壁大步向前走。街道中段有一个地方挤满了摊贩。摊贩旁边有一间寺庙,寺庙里头有神圣的建筑,看起来令人意外的干净。庭院里地上的石砖几近白色,而寺庙里头有个入口的对面,立着一尊身着半褪色华丽长袍的神像,他有点矮胖,面露满足之情,他将双手放在肚子上,宽大的袖子随即长长地落下,让人几乎看不见他的双手。

道台衙门在一个小巷子里,门口蹲着两只常见的石头狮子。道台本人正在胶州协助边界测量。监狱就在离衙门不远的地方,狱卒们齐坐在一个小房间里,抽着金属制成的水管烟。见我来访他们十分高兴,立刻奉茶给我喝。随后,其中一人点了支蜡烛照亮,带我进入昏暗的地下室。黑暗之中我能见到那儿关着两个囚犯,他们的双脚和木板拴在一起,同时一条链子又绕过他们的双手及脖子。他们对着我这位访客微笑着,还整了整身上的链子,好让我能够看清楚。我可以清楚地感受到他们愉悦的心情。

今天道台不在衙门,就不会有案件开庭。衙门里的法庭很小,门廊里有一些木制的、笨重的枷项倚靠在墙上,这是用来锁犯人脖子的。其中有一具枷项还有可以容纳两个头的洞。衙门庭院的后面是法庭,开庭时法官会坐在里头,而被告则跪在法庭门前。在法官与被告人中间挂了一个鸟笼,即使是开庭审理时它也依然挂在那里。审判桌上有一只由铅铸造而成的皇帝的御手,三只手指象征了审判的权力。被告人必须向这只御手下跪行礼,而不是法官本人。我在其中一张铺着红巾的法官座椅上坐了下来,望向安静无声的小院子,突然觉得中国司法官员为自己选了一个和平的办公地点;从法官的位子上可以看到美丽的花朵正在庭院的花圃中盛开,至于跪在门外的被告,则得心惊胆战地听着小鸟叽叽喳喳地叫。

这座中国城市中还有一条路经过田地直到海湾的入口处,然后再绕回到城市里。天气比前几天还要凉爽,照亮整片天空的阳光也从来没有这么柔和过。高大的高粱秆就这么直立在田间,长长的伞状花序呈现出金棕色,棕色的茎上长出棕色的叶子,风吹过,干燥的叶子声就这么响彻在田地,仿佛残破不堪的遗迹发出的铿锵声。在这个国家还看不见枯槁的叶子从树上飘落下来的情景,但是秋天的阳光已然洒落在空气中,秋天的颜色也完全呈现在田野之中了。枯瘦的高粱正跳着死亡之舞,这无疑是在告诉人们:夏天已经到了尾声!

第二十二章 陈季同将军①

一八九八年八月二十五日

芝罘

中国外交官陈季同将军长年在欧洲几个国家的首都工作,致力于中国与欧洲的政治外交。同时,他撰写了几本关于中国的法文书籍,内容十分丰富有趣、引人入胜。在欧洲,很多人都拜读过他的著作。在少数几个被欧洲所熟知的中国名字中,"陈季同"是其中之一。起初几年,有人在柏林看到过他,那时他正在中国驻柏林大使馆担任武官。

中国一向没有向其他国家派遣军事专员的传统,不过,由于中国当局把大使馆职员的任命权交给了驻各国外交使臣,所以,只要外交使臣同意,任何愿意担任军事专员的人,都可以被任命。陈季同将军就是以这个方式获得了外交职位,之后,他便想尽办法让自己的官阶不断晋升,最终他快速地上升为将军。

陈季同将军在柏林的美好光景并不长。俾斯麦首相揭露的臭名昭著的比利时文件丑闻,其中的文件是由法国的特务人员德蒙迪翁伪造的,但也不知道怎么的这事就和陈季同将军扯上了关系,他因此不得不

---

① 陈季同,福建侯官人,晚清中国新政的参与者、外交家、作家。1867 年考入法国学堂,1875 年随日意格游历欧洲。法文作品有《中国人的自画像》《黄衫客传奇》《中国人的戏剧》等十余部,第一个把《聊斋志异》翻译成法文。1898 年创办中国第一所女学堂,其妻法国人赖玛豁为学堂的洋提调,对现代教育做出贡献。《马关条约》台湾割让之讯传出后,陈季同用《国际公法》"割地须问居民能顺从与否"提出以台民"不服割地",而宣布"自主"的名义抗拒日本的"武装接收",确保台湾永属中国,他是十九世纪中国极为少见的天才,轰轰烈烈的文化使者与爱国者。因其曾为柏林使馆的武官,以军人身份代表清政府参加法国阅兵,因此,欧洲均称他为陈季同将军。

离开柏林前往巴黎。他在巴黎住了好多年,终究在那儿为自己取得了一席之地,成了一个"优秀的巴黎中国人"。在此期间他出版了好几本法文书籍,但是,他从不放过可以为自己增加收入的机会。因为文学毕竟只能带来心灵满足,现实生活还是需要经济上的富足,尤其是在巴黎这个事事都要花钱的大都市。陈季同将军是巴黎最有名望的中国人,如果在这种情况下他还不能靠自己的名气来赚钱的话,那他就不配称中国人了。

他在巴黎做了一笔很大的生意,为他带来了好几十万法郎的进账。这个过程说来还很简单,他只需要在一张纸上签个名就好了。那时,陈将军显然已经准备好随时签名了,唯一比较麻烦的是,陈将军在纸上签的并不是他本人的名字,而是以中国政府代表的名义签署——他就这样未经授权地以中国政府之名让自己挣得了这笔钱。当然,被他代表的中国政府一个子儿都没有分到。这件事情终究还是传了出去,陈将军便被召回了北京。一个优秀的将军允许自己做出这么一种"欺诈"行为,让政府损失了几十万法郎,把他立刻打入"冷宫"则在情理之中了。

一般说来,中国政府对那些无所作为的官员,要比那些肯做事情但欺诈国家的官员要宽容许多。但是,由于几乎所有的中国官员都多少会利用一些手段来获取钱财,因此,在中国的官僚政治当中,对这种情形也就睁一只眼闭一只眼了,一般这样的人都不会受到惩罚。如果因为贪占行为把这些官员都抓起来,那还有哪一个人会是清白的呢?还靠谁继续治理这个国家呢?陈将军是自己先犯了错,接着又被他的政敌撞见,这就导致了他无法获得原谅。他长时间代表国家在柏林及巴黎担任中国将领,但在北京政府里,偏偏有人看不惯他这种把自己塑造成欧洲很重要的中国人的样子。

陈将军在欧洲的政治生涯因此事而画上了句号。他被召回北京,并且被要求必须搭指定的船回北京,自此之后,人们就再也没有听过他的任何消息。有一些从远洋传过来的谣言指出,他卷入了一项案件审查中,军衔及功绩也全部遭到废除和抹煞,最后,甚至连他项上的人头也不保了。在巴黎生活多年之后,回到北京竟然被处决,这无疑是最悲惨、最令人意想不到的命运。

不过事实并非如此!陈将军还是顶着他的项上人头活跃着,我甚至还在中国亲眼见过他。那是在芝罘"家庭旅舍"的酒吧里,陈将军正喝着加了苏打水的威士忌——要是他没有了项上人头,可绝对做不到这件事。就如我前文所提到的,芝罘是那些在中国的欧洲人特别喜爱的海水浴场。到了旺季,这里所有的旅舍都会被订满,特别是那些来自上海的旅客。有一天,在"家庭旅舍"用来登记住宿旅客的板子上,出现了陈季同夫人的名字。当天晚上在旅馆酒吧里,我站在一位身穿蓝色中式传统长袍的中国人旁边,正想着要向这个人点杯酒来喝,旅馆经理突然拦住我说道:"天啊!那不就是那个陈季同将军吗!"

我和陈将军在巴黎有个共同的朋友,于是,我很快就有了与他在海边谈天论地的机会。陈将军讲得一口带着特殊口音的、流利的法语,这口音也让他说话的时候带了点忧郁,不过这与他的气质完全相符。因为,今日的陈将军已经不再为官了,所以,他基本上对生活也没有什么太大的期待,他看待世事也有着十分郁闷的观点。但是至少他还愿意描述自己的心情,只不过他所描述的和他与世隔绝的现状完全不相符。从他的话中可以听得出来,陈将军虽然已不再为官,但却仍然没有完全放弃努力。我们几乎可以这么说,每一个遭到撤职的官员,基本上都还抱着一丝丝希望,期待着有一天朝廷还会再次召唤他为国家服务。尽管陈将军大大小小的官衔都已经被废除了,但他似乎还是喜欢别人称呼他为将军。总而言之,最好还是不要跟他聊起中国的政治为妙!

"我已经不理政事很久了!"他说道,"我现在在种空心菜。"

这就如同伏尔泰①作品中的憨第德②,在充满冒险的生活中他体认

---

① 伏尔泰(1694—1778),法国启蒙时代思想家、哲学家、文学家,启蒙运动公认的领袖和导师。被称为"法兰西思想之父"。他不仅在哲学上有卓越成就,也以捍卫公民自由,特别是信仰自由和司法公正而闻名,代表作:《哲学辞典》《查第格》《老实人》。
② 憨第德,《老实人》是 1759 年启蒙运动时期哲学家伏尔泰所著的一部法国讽刺小说,这部中篇小说以一位名为憨第德的青年揭开序幕,先描述他在一位贵族的城堡里过着受庇护无忧无虑的生活,与贵族的女儿相互倾心,同时被他的老师潘葛罗士灌输以莱布尼茨式乐观主义。

到,世上没有什么事比在自家院子里耕种来得更好了。

为了种植空心菜,陈将军在上海南京西路的别墅区、蔡道台寓所的正对面买了一块地,在那儿的大花园里盖了一栋小房子。可以看得出来,这位喜爱空心菜的将军,不缺乏物资来培育质量极佳的空心菜。不过,他要在南京西路上完全盖好一座更好的乡村别墅,还需要再等上一段时间。

陈将军自欧洲返回到北京时,官府已把他名下的财产全部充公了,当时,他虽然没有把欧洲所有家当都带回来,但他剩下的那些财产也要一文不少地悉数交回,接着他便销声匿迹了好一段时日。据传这段时间,他是在北京的监狱中度过的,当时他的人头肯定时不时都松动一下,不过他的朋友盛道台(盛宣怀)倒是帮了他一个大忙。盛道台在中国是一个有影响力的人物,不仅是一位高官,还是一名企业家。他很快便能够理解到现代化的含义,为自己赚进更多的钱财。他几乎参与规划了中国所有轮船行驶路线,同时,多数有外国资金投入的中国铁路计划里,都能看见他的身影。现在,他在上海是国家铁路及电报总局的总办。人命和东西一样,都是有价钱的,盛道台这样一个百万富翁要想从愤怒的司法手中买下朋友的生命,想必是一点问题都不会有。罪行愈高花费的钱就愈多,为了保留铁面无私的形式,也许会处决一个无辜的苦力用来包庇真正的罪犯,毕竟表面上还是要有人受到惩罚的。

陈季同将军因此逃脱并保住了性命,他留在北京的不只全部家当,还有他在政府里的军衔和职务。虽然他本就是一个未曾真正带过兵打过仗的将军,但现在他彻底是什么也不是了,就连他仅剩的官服上的小纽扣甚至也被人没收了。他曾为当时还住在天津的总督李鸿章效过力,有一段时间还是李鸿章为数众多的秘书和翻译官之一。接着盛道台便要他来上海,在上海的几年里他组建了一个中国联合会(der Chinesischen Bund-Arbeiten),其实,算是某个欧洲联合会的延伸,陈将军是上海这个联合会的领导[①],是他把上海街道上的电子照明设备给安

[①] 1898年他支持创办了近代中国第一所女学堂——上海中国女子学堂,妻子法国人赖玛豁为学堂的洋提调,起草了"中西合璧"的日课章程,为现代教育做出了贡献。

装上的。

也许是因为他在公共福祉方面的能力,才让他目前所居住的小乡村别墅也有了点特别的样子——无论如何他现在总算又拥有了一些财产。在芝罘度假几天以后,他又要动身前往北京。如同之前我所提到的那样,只要官员有能力发现时局与钱在何处,那清政府就会让他们自由地去发挥,但是,在睁只眼闭只眼的过程中还是要有原则。一个官员可以尽其所能地中饱私囊,不过一旦他做得太过火,便会被从地方征召到北京,到那时他就要诚实地把赚到的钱全部吐出来给国家。也许那些有权势的人还是认为,可以从陈将军身上再挖点钱财出来,我在芝罘遇到他的时候,他看起来绝对不像是带着愉悦的心情去北京的。

他带着夫人和女儿一同来的芝罘,在他回来之前,夫人和女儿会先在这里等他,她们可以享受一点海上清新的空气。陈季同的夫人是一位法国人,可想而知,他肯定是在旅居欧洲的时候认识了她。陈夫人是一位白发苍苍、胖乎乎的女士,为人健谈,但容易上气不接下气。除了这位欧洲夫人之外,他当然还有一位中国的陈夫人,因为在中国,男人娶女人做正室,绝对是理所当然的事。如果他已经有了一位欧洲妻子,他也可以再娶一个中国女子为妻。据说陈季同甚至又纳了两到三个小妾,他的女儿便是中国妻妾所生,其中一个已经嫁了人,另一位近日就要与一位政府高官的亲戚成亲,第三个年纪约十五岁的女儿也已经订婚。在中国,婚姻大事是由男女双方的父母约定好的,如果要结婚的男女还小,双方的父母就会代替孩子们交换彼此的承诺。

陈季同的女儿受的都是半中国、半欧洲式的教育,她们能说流利的法语和英语。每到冬天,上海道台如果要为欧洲社交圈子举办舞会的话,她们就会帮道台夫人迎接贵宾并从旁协助翻译。陈季同最小的女儿是一位十分可爱的女孩,乌黑亮丽的辫子几乎长到快接近地板了。她有着光亮洁白的牙齿及深色双眸,欣喜之火总是在她眼底深处燃烧着。陈将军是一位温柔的父亲。"这是我的小美人。"他说着,轻抚着小女儿的手。说到底他真的是一位从容不迫的男人,他的谦逊有礼完全不浮夸,既属于中国的传统礼节,也符合欧洲的绅士风度。

我们就在酒吧旁边聊天。

"我们也可以出去散下步。"将军建议。

陈夫人坐上了轿子,两位苦力奋力地抬在肩膀上。我们跟在轿子后面走着,小女儿在我们身边轻轻地跟随。在这条被雨水浸湿的路上,她仔细找寻干燥的地方下脚,她的中式凉鞋湿了可就不好办了。旅舍后方的山脉逐渐变得高耸,引导着人们往有中国堡垒的上坡地段去。

"不,别再谈跟政治有关的事情了!"将军这么说着,"甲午战争后,我试着在台湾重新踏入政坛,我想在那儿建立一个共和政体。为什么共和政体在台湾就不能像在其他地方那样实行呢?我掌权不久,就爆发了抗争。我和几位朋友在最危急的关头,赶紧把我们的身家财产都带到了船上。此时,一艘德国战舰'伊堤斯号'抵达台湾,来对抗这些叛乱分子。我们在船上等了好几天才得以驶离港口,直到今天我都不知道我是怎么活着回来的。"

"反正你也不会再有机会参与共和政治了。"轿子里头的陈夫人说。

"您和我说一说巴黎的事吧!"陈将军恳求我,"巴黎的世界博览会还有多久?我想在一九〇〇年时再去一趟,不过仅是以私人名义去旅行。"

我便应他的要求概述了一下一九〇〇年巴黎世界博览会的准备情况,接着便听到陈将军叹了一口气道:"唉,巴黎呀!"接着他就陷入了无奈的沉思当中。当然,我们后来也谈到了德雷福斯事件(一八九四年巴黎战事法庭以叛国之罪有利于德国为由,对一名法国军官德雷福斯进行了误判,导致当时的社会混乱。后来他于一八九九年获得赦免,于一九〇六年全面获得平反)。将军对这个事件则有一套中国式的看法。

"这件事情应该要有个了结了,不管那个人是不是有罪。"这个中国人的想法,实际上也是巴黎人的心声。只是,在巴黎会用一个美丽的欧洲单词来形容这件事,即"国家至上"的原则(即便会侵犯到个人的权利,但只要符合国家需求或利益,都要贯彻实施)。

言谈之中我们不知不觉已经抵达上方的堡垒,门是开着的,只看得见站岗的中国士兵和半裸着身子、身上长满痘子的苦力。门上的牌子用英文写着"私人不得入内"的标语,虽然陈将军用中文向士兵们做了一番解释,但我们还是不得其门而入,必须得下山。

我们沿着旁边的一条小路走了不久,便来到中国的乡间道路上,在这里所见到的一切可谓朝气蓬勃。路上总有隆起圆形屋顶的轿子经过,轿子前后各有一头驴子拉着,这种又被称作"伸子"的轿子,是中国乡间旅行的主要交通工具,人和行李都在同一个轿子上。其间,还有一位化着大红浓妆的女子,穿着丝质服装坐在驴子上,也许她是一位待出嫁的新娘吧。在路边不时还可以看到纪念碑,顶部刻画着蠕动弯曲的蛇的图案,上头的中文字则赞颂着几位女子的高尚品德。陈将军的女儿问她将来是不是也会有这样一块石碑,接着她便面红耳赤尴尬地微笑着。

"您是从胶州来的吗?"将军问我。待我回答是之后,他接着说:"我不懂,为何你们德国人非要往这个洞里头钻呢?那儿既没有海港,前往内陆的路也被山脉挡住了,德国人应该可以有更好的选择才对。当初你们能在沿岸地带选择一个海岛也好。如果你们愿意放弃胶州这个地方,或许可以得到你们想要的其他地方也不一定。相信我!德国一定会花大笔大笔的钱在胶州,而这种投资恐怕是有去无回!我很清楚那里的情势如何,因为我以前也在那里待过,并且实地了解了当地的状况。几年前,我曾经受到委任,审查我们在沿岸的军事阵地,审查途中必须经过胶州。当时政府有意在那里设立一个主要的军事港口。"

"那未来中国的主要军事港口会在哪儿呢?"我问。

"很难说,我们几乎没有什么地方可以选择了,完全没有了!目前,俄国人还暂且允许我们把船舰停放在阿瑟港。不过,中国已经奉送掉太多的港口了,连一个也没给自己留。驶入北直隶海湾像螃蟹钳子的入口,也已经在外人手里掌控着。中国的首都目前是没有任何防御能力的,迟早皇帝也不得不将首都从北京迁到内陆,这真是我们国家最可悲的时期。"

我说:"但是这样的危机或许可以为中国带来新出炉的办法啊!无论如何,在不久的将来,中国必定会让那些受过欧洲教育的人来负责国家的一些重要事务。"

将军反驳道:"在这种时候,最好还是保持低调,最好身上不要有任何责任。"

我说:"现在由各个强权国家所占领的地方,倒是暂时可以平静一阵子了。"

将军附和道:"我们当然希望是这样!"然后他笑着说:"各国强权在中国争先恐后的状况,好比巴黎人在乐蓬马歇百货公司①大甩卖时,互相推挤的情形。不过各国强权在中国的情况比那更严重,因为他们争夺的东西可都是免费得来的呀。"

我说:"您难道不相信中国有一天有能力保护自己、抵抗强权入侵吗?那些由欧洲军事指导员训练出来的中国部队,我印象中都是非常好的士兵。也许中国会有一次成功的军事改革也说不定。"

"如果不实施所有改革中的先决条件,也就是中央集权的话。"陈将军驳斥道,"所有什么改革不改革的计划都是白搭。中国之所以这么弱不禁风,就是因为国家已经从内陆开始分裂到边疆了。仅靠一两个通情达理的总督来进行一两个改革有什么用呢?他的省份也许会因此而受益——也许还不是整个省份呢!再加上总督的任期没有长到让他可以完全执行他的改革计划,继任者通常又不会想要继续执行前任未完成的改革工作,否则,人们就会有足够的理由相信他没有什么新作为。改革只有在皇帝本人指定的情况下,才有可能真正获得成功②。皇帝必须说,我负责为将来的改革承担全部责任,因为我毕竟是一国之

---

① 乐蓬马歇百货公司是法国巴黎的一个著名的百货公司,位于第七区的塞夫勒路(rue de Sèvres)24号,以及巴比伦路和巴克路转角。它有时被认为是世界第一个百货公司,它是巴黎第一个特别设计的商店建筑。创始人是阿里斯蒂德·布西科。
② 陈将军发表这番言论的几星期后,中国发生的事情证明,就连皇帝本人都没有能力做任何改革。

尊。接着他便要取回总督们的自主权,让他们听从中央政府的指示,一同进行改革。"

"那么您认为总督们会心甘情愿地让皇帝削弱他们的权力吗?"我问。

"在中国,皇帝的威望仍然是比任何人都高,而且,我也相信总督们没有哪个胆敢违抗圣旨。要是有谁敢制造麻烦,便会丢了官职。用一个听话的总督来取代一个不听话的总督,这并不是件困难的事。中国最不缺的就是高官。"将军回答道。

"如果欧洲强权意识到中国欲执行以中央化为出发点的改革,并且最终的目的是要对抗他们的话,他们又会说些什么呢?"我继续问道。

"我完全不认为改革是为了对抗欧洲人。相反地,我认为我们应该与欧洲人一同进行改革,在每一个地区都应该与优秀的欧洲人合作。海关在欧洲式的管理之下表现得十分出色,邮局系统也是一样。所以,为什么人们不继续把这套系统用到别处的管理层面上呢?为什么不在财政、陆军、海军方面,也安排一些欧洲人进行欧洲式的管理呢?"将军回答。

"您的这个观点莫非是说,中国官员不应该过于多用吗?"我问。

"完全正确!毕竟现在正有一阵奇怪的风往上头吹去。几天前《邸报》①发布了皇帝的圣旨,内容提到皇帝将赐予媒体新闻自由。现在,皇帝终于也能在报纸里头知道国家究竟发生什么事情了,但是,前提当然是他能够读得到报纸。在另外一则圣旨里头,赐了一份在上海出版的中国报纸《时务报》②一个月的国家补助津贴,并且,皇帝下令所有的官员都要订购这份报纸。这对于一份报纸来说可是一大笔的收

---

① 《邸报》,又称邸抄、邸钞、朝报、条报、杂报,是用于通报的一种公告性新闻报纸,专门用于朝廷传知朝政的文书和政治情报的新闻文抄,最早出现于中国的汉代。

② 《时务报》,1896年8月9日创刊于上海,旬刊,书册式,每期20余页,约三四万字,从创刊到停刊,共出69期。晚清维新运动中影响较大的中国人自办报刊。报纸总理汪康年,早期主编为梁启超。梁启超在其上发表《变法通议》,提出了"喉舌论",影响极大。

入,毕竟对于新闻业,没有一个国家提供的机会比中国更少了。在同样一份北京的报纸里公开的第三项圣旨指出,朝廷现在要花费八十万银两(现今已经不再使用的银两重量单位,一银两约等同于六点四一马克)在北京建立一所大学①,这新闻读起来真的让人觉得皇帝似乎变得很激进。"将军说道。

"如果您现在到北京去的话,就有最好的机会去宣传您的观点。"我说。

"没错。我打算在国家实施中央集权的时候去北京,最佳的时机便是当铁路开发涉及矿藏时。矿藏对我们来说甚至比铁路还要重要,因为政府至少在此仍然保有最高的决定权和监督权。因此,我这趟到北京的目的,是建立一个铁路与矿藏的中央营运机构。"将军回答说。

"这也算是不大会遇到困难的、一个小型化的中央集权了,但是,中央大型的集权和制度改革该怎么执行呢?"我问。

"我是这样想的,"陈将军解释道,"皇帝正在对整个国家进行一项调查,他努力去查明大量征税后所带来的损失有多少?因此,他想在北京,或是其中一个欧洲国家的首都,举办一场与欧洲强权的会议。皇帝将在会议中公布他的调查结果,并告诉列强,现在你们知道我还缺什么,就给我一些建议来帮助我吧!因为你们总是自称是我的好朋友。各国在讨论过之后,很有可能会把改革的计划揽在身上。"

"欧洲列强负责改革一个国家的结果,完全可以在土耳其身上看到。事前这样的会议也绝对没少开过。"我试着解释。

将军反驳说:"土耳其的改革后来没能成功的原因在于有一些国家想让土耳其就此衰败,然后不费吹灰之力顺势地占领它的领土。"

我想,中国也许会是第二个土耳其也说不定。

---

① 文中提到的大学是京师大学堂,作为戊戌变法的"新政"之一,由光绪帝谕令创办于1898年7月3日,是中国近代第一所国立大学,其成立标志着中国近代国立高等教育的开端,是中国最早的综合性高等教育机构之一,是现北京大学与北京师范大学的前身。

第二十三章　从芝罘去天津

一八九八年九月初

天津

在"通州号"上—行李的宿命—乌龟的恶名—一位俄罗斯高级将领对胶州的看法—在海河的沙洲上—狂风暴雨—大沽堡垒—磨盐坊—贸易商港塘沽—到北京的铁路—中国的香肠集散地—城市风景中的火车—售票口—等候大厅—身为鸟类好朋友的中国人—中国人的手提行李—有旗帜的铁路—火车站里的警察—中国车厢—火车站的灯笼—沿路各大车站—抵达天津

"通州号"就停靠在芝罘港内,原本应该三点钟就出发去天津市的,可是到了晚上五点钟,还没有要出发的迹象。天津并不会长了脚跑掉吧,所以,旅客如果看不惯开船时间延误的话,倒是可以下船走到天津去,或者是等到铁路建好了以后再去也行。经营上海经芝罘再到天津这条路线的三家航运公司,分别是英国的太古公司①、怡和

---

① 太古公司是一家英资洋行,清朝时即从事与中国的贸易。1866年约翰·森姆尔·施怀雅与巴特菲尔德(Richard Shackleton Butterfield)合作,在上海成立 Butterfield & Swire 公司,施怀雅为公司起了一个中国名字"太古",寓意规模宏大、历史悠久,初时经营茶叶及丝绸,以及由英国进口棉花及羊毛。太古担任多项英国业务的中国代理,包括保险及船公司,最著名的是蓝烟囱轮船公司(Blue Funnel Line)。今天的太古是一个环球集团,核心业务多设于亚太区,香港和中国大陆为主要营运地,旗下有国泰航空及香港飞机工程公司等多家国际知名企业。

洋行①以及中国的轮船招商局②。它们缔结了企业合作，防备了同业竞争后，现在想怎么经营都行。这三家公司便好心地开放航线，让普通百姓也可以搭乘他们的船只——虽然百姓在这件事上一点儿也不热衷。

大名鼎鼎的"通州号"，是所有从上海去天津的船只里面最好的，不过它的美名终究敌不过坏天气的摧残，即使"通州号"船上的所有设备都是顶级的也是徒劳。黑色是"通州号"的主色，黑色的船身、高耸的黑色烟囱，船身以大大的黑色字体写着"通州伦敦"。"通州号"的内部则保持着棕色，是那种明亮光洁的樱桃木的棕色调，和餐厅里镶的木头色泽有些许的差异。不过，餐厅里的颜色和那灰色沉重的大布扇的色调看起来倒是挺和谐的。船舱整体看来焕然一新，房间没有一处显得狭窄，船舱室也都很宽敞。每一个房间都有三张床，并且不是上下铺的形式，而是每面墙边各摆着一张床，床上还挂着洁白的蚊帐。在这么宽敞的空间里伸伸懒腰肯定不成问题。在入睡之前一定会有个侍者进来，在枕头边挂上一个特殊形状的器皿，是给旅客晕船时用的。这一切可以说是舒适得不能再舒适了。每个房间都有电灯照明设备，"通州号"的名字取自北京旁的一处小村落，亦是当年中国与英法联军进行和平会谈的地方③。

在芝罘上船的人必须搭小艇划向船只，我自己还算幸运，上得了

---

① 怡和洋行是著名老牌英资洋行，远东最大英资财团，由苏格兰裔英国人威廉·渣甸（William Jardine,1784—1843）及詹姆士·马地臣（James Matheson,1796—1878）于1832年7月1日在广州创办。怡和洋行决定了香港的发展，故有"未有香港，先有怡和"之称。它也是首家在上海和日本成立的外国公司，1872年怡和洋行放弃对华鸦片贸易，在中国及香港投资兴建铁路、船坞、各式工厂、矿务；经营船务、银行等行业，1876年在上海兴建中国第一条铁路吴淞铁路，安装了中国第一部电梯和引入各种机械及工业设备。
② 轮船招商局，李鸿章1872年12月23日向清廷上奏《试办招商轮船折》，三日后获朝廷批准。1873年1月17日轮船招商局于上海成立，是中国晚清的洋务运动时期以官督商办模式创办的航运企业，也是中国最早以现代公司概念经营的企业之一。
③ 公元前206年（西汉初年）建路县，东汉建武二年改称潞县。1151年海陵王取京杭大运河"漕运通济"之意，设刺史州称通州，1914年改州为县称通县，1997年4月撤销通县设立通州区。1860年9月英法联军进攻北京发生通州八里桥之战，满清军队全军覆没，英法联军胜利，满清军队损失超过1,200人，英法方死亡仅2人和3人，后在通州谈判议和。

船，但我的随身行李可就有点麻烦了，而且这个在整趟航行中不断地重复着。行李总是被放置在一个不安全的远处，乘客根本无法确定下船时还能不能找得到自己的行李。这基本上就跟乐透彩差不多，乘客把行李丢上船，如果够幸运的话他下船时会找得到他的行李。

刚开始，看起来我似乎必须把行李留在芝罘不可。"通州号"的侍者与划着小艇的苦力之间展开了一场能力之争，船上的侍者对着下方的苦力大喊："你们应该把行李送到船上来！"苦力则对着船上的侍者大喊："这不是我们的工作，而是你们应该做的！"这样的交谈就在中国人强大的肺活量中啰嗦地进行着，两方人马的情绪都逐渐变得愤怒了起来，其中一个苦力甚至脱口说出了"王八蛋"这样的词，船上的侍者当然也不甘示弱，忿忿不平地作势想要跳下船打上一架（他们最后当然没有这样做）。

"王八蛋"这个词可以触怒任何一个中国人，仅仅三个字就有这么大的力量。它字面上的意思是乌龟下的蛋，据说，这是中文里头最糟糕的骂人语词。乌龟在中国被视为最值得轻蔑的动物，因为它们与蛇之间有不轨之举。如果中国人想说出"混账"之类的字眼，那他会借乌龟这个动物来表达。在中国的许多城市里，一只画在墙上的乌龟有好多种含义，好比"此地不允许被污染"一样，墙上的画想要告诉经过的人："如果你败坏善良风俗的话，那你就是一只乌龟蛋。"这样的做法是有效的，中国人在此可是行为良好（这可是很难做到的），因为在这个世界上，中国人似乎当什么都好，就是不能当乌龟！于是乎人们可以想象，如果一个人连乌龟都不是，仅仅是乌龟下的蛋而已，那他的社会地位是有多么低下。

我的行李就这样令人不安地在小艇边上晃了好一阵子，最后，总算是上船了。"通州号"这下子总算要出发了。这之前还要稍稍等待一位俄国领事，他现在正坐在挂有红白蓝旗帜的小艇上朝我们驶来。这个领事还带着其他乘客——一位住在芝罘的俄罗斯高级将领要到北京去，陪同他的一位朋友是俄罗斯炮兵部队上将，他们要越过蒙古返回俄国。这位俄罗斯高级将领有很多女儿,她们也都在这艘小艇上,身着亮丽的夏日华服,轻快地踏上船的阶梯。不久后,整艘船都能听到她们的笑声了,紧接着她们又聚集到阶梯边,向她们的家人和朋友送飞吻,告别后又回到小艇上。苦力们此时划动手中白色的船桨,小艇便逐渐驶离了"通州号"。海面上都是俄罗斯语的响亮的告别声,还有许多人挥动着手中的手帕。蓄着红胡子的炮兵部队上将,在"通州号"的甲板上不安分地跷着二郎腿;俄罗斯的高级将领则把他最小的女儿举在空中,让在小艇上的女儿们可以再看看这个最小的妹妹。据说这位高级将领每次去北京,都会有一位女儿同行,这次轮到小女儿了。虽然这已经不是她第一次旅行了,但她可带着最新的洋娃娃呢,洋娃娃可还没有去过北京呢。

"通州号"这下终于出发了。它缓缓地滑出港口,经过了丘陵上的领事馆,那儿还看得见德国的国旗在空中飞扬。这么大的一面旗,只有节日时才会被升上来。不过今天究竟是什么节日呢?日历上还看不出有任何线索。一直到我回忆起战争的历史,我才找到今天高挂国旗的原因,原来德国领事馆正在庆祝色当会战①的周年纪念。

我们的船只继续前进,环绕在芝罘周围的山脉已经呈现出秋天的棕色,在后方棕色的山脉中,出现了一处灰色的山岭。夜晚的阳光散落在空气里,天空尽是一片洁净的蓝,而北直隶海湾的岸上,今日则是浅绿一片,美不胜收。

"通州号"甲板的长椅上,坐了四个沉默不语的英国人,他们嘴里含着雪茄,正在吞云吐雾。船长在第五张椅子上坐了下来,继续读着因停靠在芝罘而中断的小说。这位船长是一位斯文有礼且格外年轻的男子。俄罗斯高级将领是一位亲切的俄国人,通过他人们会清楚地感受到,一旦俄罗斯人亲切起来,那便是世界上最有魅力的一群人了。这位

---

① 色当会战是普法战争中最具决定性的一场战役,发生于1870年9月1日,结果为法军惨败、德军大获全胜,大量法军被俘,连法皇拿破仑三世本人亦沦为阶下囚。虽然德军仍需要与及时重组的法国政府作战,但此战实际上已经决定了在普法战争中普鲁士及其盟军的胜利。

将领其实是被分派到北京大使馆的。

"您在芝罘定居是因为那里的气候宜人的关系吗?"

"不是的,这多少是因为我的情报工作。"这位将领毫不隐讳地回答。

俄国将领早已把中国的地图牢牢记在了脑中。他曾经花十四天时间从芝罘徒步到北京,为了能够测量出距离,他还计算着自己一共走了多少步路。他就是这样才对山东省了如指掌的,他认为山东某些地方将来必定大有发展。"你们的山东省啊!"他亲切地说着,就连胶州他也有非常特别的看法。

"胶州,"他接着说,"有着非常重要的战略地位。自从德军在那里驻扎以后,随时都能给中国皇帝带来威胁。以前德国在北京的大使已经带给中国皇帝不少压力了,现在人们逐渐害怕了以后,德国公使带来的压力就更大了。要是胶州无法成为一个商业交易中心的话,那它必定也会成为一个德国猎取另一个较好的商业地的出发点。"

响应一个俄国将领称赞胶州的最好的方法,莫过于对他们的阿瑟港同样赞许一番。

"噢,是呀!"他回答说,"阿瑟港也是一个好地方,我们现在在那里已经有了大约一万五千名士兵。不过贸易方面还是被几个德国公司主导着。您若到海参崴去也会看到相同的情形,就连敖德萨也没有太大的不同。如果您走在圣彼得堡①的大街上,路上大大小小的德文商店名称肯定会吸引您的目光。我们俄罗斯人不是做生意的料,我们是一个崇尚军事的国家。俄国人拼命派遣他们的士兵到世界各地,德国人便紧跟在我们的后头做起生意来。"

那四个英国人抽完了雪茄之后,便有了玩纸牌的兴致。紧接着就见到船上的侍者从舱房里拖出一张桌子来,桌上的纸牌都用盘子及玻

---

① 圣彼得堡,彼得大帝于1703年5月27日建立,1712年至1918年为俄罗斯帝国的首都,并为帝国第一次革命、二月革命、十月革命的中心。1914年一次大战爆发,因应"去日耳曼化"的风潮,改名"彼得格勒",列宁逝世后改为"列宁格勒"。1991年苏联解体,公投恢复圣彼得堡原名,现为列宁格勒州的首府,人口约520万,是俄罗斯第二大城市及在波罗的海的重要港口,是世界上居民超过100万人的最北端城市。

璃杯压着,以免被徐徐吹来的海风吹走。俄罗斯将领当第一轮的庄家。我一开始还看不太出来,到底是俄方还是英方的赢面较大,不过,过了不久便显示出运气是站在俄方这边的,四个英国人从他们的口袋中掏出不少银两来。

  第二天接近中午的时候,前方海面上出现了一道黄绿色的线条,应当是一处沙洲,海河就是在这里从陆地上冲积过来,以它带来的海沙阻挡住了船只的驶入。如果中国人能够定期疏通海河的话,这里是绝对不会出现沙洲的。只可惜在中国,肮脏无序的情形已经蔓延到了所有的事物当中,清政府放任他们的河流与土地就这样毫无约束地肮脏着。另外,说到这个海河里的沙洲,中国人对于它阻碍航行、使得进入北京困难重重的情况,肯定不会感到有丝毫的不便。在沙洲的中间出现了一个狭窄的渠道,在高水位的时候尚可以确保船只顺利通行,不过那儿的水位不是一直那么高,船只必须痴痴地在沙洲上等待海水涨潮,这一等少则几小时,多则好几天。

  "通州号"随着它缓慢的蒸汽再稍稍地往前行驶了一小段后,便放下它的船锚停泊了下来。这里的海水呈现出一片金黄的色泽,在地平线金黄的海水上方,栖息着一面蓝黑色的云墙,云墙边上还赋予了海洋一点硫黄般的光影。远方雷声轰隆轰隆地响着,海浪重重地隆起后再度下沉拍打着海面。这片汪洋现在看起来充满了狂风暴雨来临前的不安分。在沙洲上已经停了好几艘船,从远处看起来船只像是堆在一起,走近看才会发现船只之间还是有些距离的。那儿一共停泊了三艘中国战舰,船桅上全副武装的瞭望台凝视着海洋,船舰上则一点动静也没有,仿佛这三艘战舰上承载的是一支幽灵军队,如同歌剧《漂泊的荷兰人》①里描述的一样。在这样的天气里有一艘日

---

① 漂泊的荷兰人,又译作"彷徨的荷兰人"或"飞行的荷兰人",是一部由德国作曲家理查德·瓦格纳所谱写的歌剧作品,1843年于德国德累斯顿的森柏歌剧院首演,由瓦格纳本人担任指挥。剧情描述一个因触怒天神而受到诅咒,在海上漂流多年的幽灵船长寻得真爱而获得救赎的经历。

本客船不得不中断它的航程,另有一艘庞大的绿色帆船则镇定地收帆停泊在沙洲上。除此之外,还有一艘中式帆船也在那儿。这是一艘非常典型的中国北方帆船,高高隆起的船头让我想起了中古世纪的橹舰。许多小船也同样在等待着狂风暴雨过去,有一些汽轮船不断地起动又停驶。在沙洲中间出现了一艘红色的灯塔船,它正在海浪上漂荡着,其所在地正是沙洲的开端。

很快,狂风暴雨果真爆发了!一阵带着冰冷气息的狂风率先吹了过来,接着天空急骤地下起了暴雨,雨点噼里啪啦地打在轮船的甲板上。一阵阵闪电快速地照亮天空,紧接着的便是震耳欲聋的雷声。就在这场暴风雨中,我看见一个领航员的身影。此刻,他的小艇恐怕随时随地都有沉入深不见底的海浪中的危险,不过中国的领航员在长板凳上直直地坐着,以他的笑声及歌声用力地划着手中的桨。这领航员来到了我们的轮船上,雨水自他黄色的油布雨衣流淌下来,从雨衣的领口处还可以看得见,他佩戴着一条完美的白色领带。

三个小时过去了,大约是下午三点钟,沙洲的水位总算上升得够高了。"通州号"慢慢地动身继续往前驶去。此刻,中国领航员负责测量水深,他报告的结果显示,轮船航道的水深有十到十二英尺,而距离这里不远的地方,水深却都不到两英尺(一英尺等于三十点四八厘米)。为了确认可以穿越沙洲的渠道,小船只大多已系泊住。一个红色的浮筒告诉大家,船只正处于沙洲的中间。天空这时逐渐明亮了起来,远处海岸那道细细的线条多少已经映入眼帘。

中国的防御工程——大沽堡垒的轮廓,会在不久之后让人们印象深刻。大沽堡垒上一共有六项防御工程,目的就是要堵住海河的河口,不过,这一点沙洲肯定比堡垒做得更出色。德国克虏伯公司已经运送了性能极佳的大炮,这些大炮过来支撑这些军事堡垒。大炮无疑地会被保持在最佳状态,不过大炮要架设的地上尽是松动的泥土,可以肯定的是,如果敌方的炮舰发动大炮射击,堡垒肯定是抵挡不住的,很有可能在对方射击之前,自己就经受不住自己发射大炮后所产生的震动而崩塌了①。

这位俄罗斯的高级将领告诉我,他在几年前曾经造访过大沽堡垒。当时,那儿的中国指挥官罗将军②还认为这个堡垒已经强大到无人能征服,其中一处还是罗将军自行建造的,想必比这堡垒的其他地方更无敌。

"我学的就是堡垒工程。"罗将军语带骄傲地说。

"而且我还知道,壁垒一定要盖得愈低愈好,让敌人找不到攻击的目标。所以,您也看得见,在我自行建设的堡垒区,壁垒是所有当中最低的。"

"关于大炮与敌方军舰之间的距离,"俄国将领询问,"您会如何把握?"

"我用目测的就行了!"这位攻读了堡垒工程的将军回答说。

俄国高级将领认为,对测量工程来说,再好的眼睛也是不够的,这也是为什么欧洲炮兵部队的军官们,特别需要俄制的器具来辅佐的原因。罗将军对这个说法充满怀疑,俄国将领只好画出这个仪器展示给罗将军看。当罗将军看完,明白过来时,他便抓着俄国将领的领子说:"你们欧洲人到底是怎么想到这些东西的?"随后他决定要订购这种仪器,不过,后来发现订购的成本实属太高,他转而命令那些在大沽炮口执勤的军官们每天都要戴上眼镜以加强视力。

从远处看,大沽堡垒仿佛海面边缘上的一条地平线,当船只驶近时会看到这条地平线的一处切口,接着会清楚地看到海的两边都伫立着堡垒。这里的海水颜色如同巧克力般,不过是一种颜色较淡、极度稀释

---

① 这个基于军事专家的见解,最后证明是正确无误的。在一九〇〇年的六月,大沽堡垒让那些强权的战舰吃足了苦头,克虏伯的大炮可是帮了大忙(这点德国的船舰一定可以证明)。堡垒的土地依然是松动的,但堡垒没有因此而崩塌,至少不是马上崩塌,还维持了好几个小时。直到强权们动用军队到陆地上发动攻击时,堡垒才全面失守。无论如何,大沽堡垒在此役中证明了自己是强大的。

② 罗荣光(1834—1900),字耀庭,湖南乾县人,曾国藩的湘军旧部。任天津总兵镇守京津门户之大沽炮台长达24年,被誉为"天下第一海防"。清光绪二十六年(1900),八国联军侵略中国,由于清政府腐败无能,官军大多不堪一击。罗荣光却以67岁高龄率领三千兵勇,身先士卒,誓死保卫大沽口炮台。后因兵力悬殊,弹尽援绝,壮烈殉国,保持了中华民族气壮山河的崇高气节。

掉的巧克力色。在赋予海水这种颜色的沙土上也盖有堡垒,换句话说,巧克力海水有巧克力堡垒保卫着,即使这一切看起来并不是很美味。堡垒上尽是又大又宽的设备,再加上有棱有角的堡垒,整个看起来非常雄伟。这时轮船经过离它最近的一处堡垒,可以看见军人小心谨慎地把大炮包裹起来,好像怕它着凉似的,给它加了件外套。放在壁垒边上、堡垒底下海水附近的大城门是敞开着的,身穿中式蓝色便服的士兵站在门前,他们的手正举在眼睛上方朝"通州号"望过来。

泥泞的土地在堡垒的周围蔓延着,地上到处都有小水池,由此可以看出这里风景的特色:泥泞、海水,有时看得到长满绿色灯芯草的田地,接着又是无止尽的泥泞及海水。这片景色中最特别之处就数墓地了。地上的水干了以后,只要是有留下污斑的地方就会变成丧葬场所。这个国家的土地上到处都是墓地,这里一个,那里两个,再过去恐怕还有五个,倒是没有看到整片的墓地。中国人终其一生都在大批的人群中游走,死后肯定会有独自一人的需求,这也是为什么在中国,死者占用的空间往往比活着的人还大的原因。他们愿意把土地或山脉让给死者,从海河的景象就可以知道,他们甚至把河流也让给死者了。如此一来,这里绝大部分的土地都变成了墓园,已故的人在人们的附近徘徊。由此可知,中国人以迷信、戒慎、恐惧的心态来严格看待的唯一传统便是祖先文化,这个民族生活在墓地之间,因为那儿可以感受到祖先的存在。在海河河岸地区的墓地,泥土颜色也和建造堡垒的相同,是浅棕色,大部分的墓地没有比鼹鼠丘①大多少。有时候它们的形状是长长尖尖的锥体,河流就环绕在周围逐渐啃啮泥土,因此,常常会看到黄色的棺木从墓中露出来。如果没有秋日的太阳挥洒出金色光辉,没有蔚蓝的天空在大地上散播出那明亮的纯净的话,这个由海水、沙土、墓地所形成的景象只是一片黯然。

在这里的某些地方会看到,像旋转木马似的帆布一直不断地旋转

---

① 鼹鼠通常生活在地道中,平时生活里也会不断挖掘,并用地道来捕猎。一般挖出来的土会被鼹鼠堆到地表形成土丘。

着,那儿便是四周都套上帆布借助风力的磨盐坊。在河水的另一边,就是堡垒的对面,有几间欧洲的房舍,就盖在大沽河岸的中间。其中一座有花园围绕、拥有多层楼的灰色建筑,便是领航员的住所。而这位打着白色领带的绅士,就在这个地方下了船。轮船此时顺着弯曲的海河一路向前,不过这几乎不能被称为是"弯曲"了。海河现在的角度可以说是非常的尖锐,我们现在航向左方,在堡垒的后方前行,堡垒目前还在我们旁边,至于右手边则已经可以看到塘沽贸易商港的桅杆了,标示着这里是航程的终点站。

就这样我们一下往左一下又往右地航行着,而在我们身后的那些船只,看起来正停留在这片土地的中间静止不动。河岸的左边是一个非常特殊的城市——塘沽,这里的人用河水泥土建造所有的东西,就连房舍也不例外。这座棕色的泥土城就立在棕色的泥地上,看起来就好像是泥土的一部分似的,甚至给人感觉,这座城市的一切都是随着自然现象发生后所产生的,如同这片土地将自己搅拌了一会儿,接着城市就这么出现了一样。塘沽的地形顺着河流蔓延,所有的房子都呈现四方体并且有扁平的屋顶,唯一例外的是一座由灰色木头盖成的庙宇,它在沙地上一柱擎天地伫立着。房舍的墙与墙之间盖有阳台,常常悬挂着刻有路名的路牌。一条小巷弄里挤满了人。停在海滨上的一些小舢板,凭借轮船螺旋桨打出来的强力海浪,在水中来来回回地划行着。

河岸的右边则有成堆的煤炭,有的时候除了煤炭,也会有木材或物品成捆地堆放在那里。这看起来一点也不像是在中国会出现的景象。除此之外,人们甚至觉得,在这个河岸上的活动也是在中国完全没有的。这时候从远方传来了一阵长长的鸣叫声。

"你们可听见他们是怎么发出那鸣声的吗?""通州号"的船长问那些聚集在船头的乘客。

"是谁发出鸣声的?"乘客反问。

"火车!"船长答道。

河面上停了越来越多的船只,"通州号"已经无法再继续前进,于是就只能停在河面上静止不动。这时在河面上闲来无事的救生筏被呼叫过来,经过一番交涉后,救生筏队伍愿意把"通州号"上的乘客载到岸上去。要把这些乘客和他们的行李一起带到小小的救生筏上可不是件轻松的事。接着,海河附近便听到特快车急行的声音。河岸上清楚可见火车的轨道。轨道上的货车装满了煤炭,另外由木架组成的停泊处则有两节乘客车厢。

陆地上有许多苦力在等待上岸的人,就像是一群野兽正觊觎着上岸的猎物一样。他们在可怕的吼叫声中拉扯着,乘客们的行李甚至还被抢走。大件的行李像是长了翅膀似的,主人都还来不及开口,就已经以迅雷不及掩耳的速度消失在前往火车站的方向了。眼看着随身物品愈来愈少,最后就连仅剩的一把雨伞也难逃苦力的"魔爪"。乘客们只能每个角落都仔细打量一番,盼望能够再和他们的行李团聚——这就是在中国铁路上旅行时随身行李到火车站的过程。不过说来也奇怪,人们到最后一定都有办法找到自己的行李。

说到挣钱,没有什么比直接把行李偷走更简单的了,但是,行李失窃的情形却几乎没有发生过,这也证明中国苦力的诚实。同时,人们最后也慢慢体认到,苦力其实是中国人中,做事最正大光明的一群人。

到火车站的路上会经过几处铁轨和一些尚未开垦的蛮荒之地。在中国,铁路同样是要证明自己有创造万物的力量,它在土地上播下了城市化的种子。在这里可以看到几条路已经被开垦出来,而在塘沽火车站的后方,已经有一个由木头急促打造出来的小城市了,那儿住了许多做生意的中国人,他们贩卖着民众无论要不要搭火车都会用到的各种生活商品。贩卖食物的小摊就设在前往火车站的路途中,摊商们蹲在地上,旁边放着食物篮。塘沽真可说是中国的香肠集散地,因为,篮子里除了水果,就以香肠及腊肠为主。看到这里便激起了我的好奇心:这些香肠究竟是由什么肉制成的呢?在我们那儿,铁路上贩卖的香肠,被怀疑是用拉过马车的马肉制成,不过在中国,马肉可是无比昂贵的,而且一般人也坐不起马车,坐苦力拉的黄包车居多。

在主要铁轨轨道上停了一台小火车，正在行驶前的间隙做最后的休息，蒸汽炉是用黄色的金属制成，就连低矮的烟囱上也有一圈黄色的边框。在这里特别值得注意的是发展所带来的汰旧换新的速度有多快，似乎新的影响早就已经排好队等着要发生了。中国曾经抗拒过铁路好长一段时间，现在，建造完成的铁路仿佛又在告诉世人，中国的一切自然条件就是为铺造铁路做准备。过去，古老的中国，生活已经有一定的发展，现在它愿意敞开心胸接纳铁路建设的来临，而铁路也非常迅速地成为中国人生活的一部分。火车就这样平顺地出发了，没有太多人对此感到惊奇，仿佛这项世界上的伟大发明一点也不值得赞叹一样。一辆吐着烟的火车出现在中国的景色当中，这于中国人好像是理所当然的事情了。

当我们走过一座桥时，看到一位肩上批着毛皮、留着长发的乞丐，朝我们下跪并且磕头，同时，可听见他绵延不绝的抱怨声。就连那些身体有病痛的麻风病人也加入了乞讨的行列。轨道之间积了一些水，这时苦力正要把一小节灰色车厢推上轨道，车厢上写着：中国帝国邮局。这条铁轨主要通向北方及上海的方向，主要的铁路线则是塘沽出发，经由天津再开往北京。

在月台上的两根白色柱子间挂了一个长牌子，上头以极大的黑色字体写着"塘沽"二字，在这个中文字的下方，有小小的拉丁文拼音"Tongku"把站名再重复标示出来。就连其中一根白色的柱子上，也刻上了红色的中文字。路基上架设了许多古老的灯笼，其上头的白色螺丝钉清楚可见。火车站由几座看起来十分简陋、漆成白色的平房组成。售票口坐着一位身穿黑衣的中国人，外头的中国人则在推挤中等待轮到自己买票的一刻。欧洲人完全不用排队就可以直接走到门后进入票务人员的办公室。在这间票务室里充满着鸦片的味道，屋内的一个角落便是员工们过夜的地方。很小的空间旁还有个洗头的盆子，在员工们身旁的桌子上还有他们的算盘，除此之外，桌子上满是成串的铜钱。中国人买票是以铜钱支付，欧洲人则以银两支付。我那张粉红色的车票上写着:"中国帝国铁路,塘—沽到天津,一等车厢",车票上同时盖有5945的数字章,其中最引人注目的是站台上明明写的是"塘沽",而车票上却是"塘—沽"。我当然不想怀疑这班火车的真实性,不过似乎连他们自己都不了解自己这个火车站的名字到底叫什么,这挺让人匪夷所思的。

月台旁边有一间十分宽敞的大厅,和某些边界的检测房差不多。一张沿着墙壁摆放的长板凳是大厅里唯一的公共设施,车厢等级较差的旅客要在此等待。其实车厢也只分两个等级,等级没那么差的人坐的是一级车厢。整个大厅里挤满了中国人,有些人直接就伸长了身子睡在长板凳上;有些人则为了提振精神啃起小黄瓜来(当然是没有削皮的)。有一个乘客演奏起中式的曼陀铃,让整个大厅充满了有趣的音乐声;除了音乐声,还有一只鸟儿正在叽叽喳喳地叫着,它就隐藏在一个放在行李上的、被布罩住的鸟笼中。笼中是多么黑暗,使得它必须给自己找点事儿做,想必它一点也不相信鸟笼的外头已是夜晚,因此,就只有大声地抗议。中国人特别喜欢会唱歌的鸟儿,在房舍中或工厂里常常可以看到鸟儿装在笼子里被吊在屋顶上,就像是他们亲密的家族成员一般,而它们的歌声仿佛在告诉陌生人:在中国也有柔和的感情表达。

每当夜晚来临,中国人就会提着他们的鸟笼到外头散步,途中也许会遇到另一个在城墙边或海边散步的人,只见他们拿着鸟笼慢慢地走着。他们以手指穿过鸟笼上的圆环提着鸟笼,并且让它前后来回地摇晃。不过笼中的鸟儿只是唱它会唱的曲调。中国的鸟类当中有几种鸟有着特别美丽的嗓音,如果有陌生人经过,驻足聆听鸟儿的优美歌曲,鸟的主人会微笑着散发出一种父亲般的骄傲。

所以一个中国人把他养的鸟当成旅伴带到火车上也就不足为奇了,鸟笼也绝对不是唯一一件特殊的行李,有一位乘客的手提行李竟是一盏油灯,不过还好不是正在燃烧的油灯。另外,堆在大厅中央的行李箱,也实在是很值得一探究竟的。有一些中国人竟然带着整套的床具一起旅行,还有一个人的家当是好几捆厚厚的船用绳索。大部分人为了这一个半小时的车程准备了足够的粮食,当然他们是带着香肠的。我注意到人们对铁路还是有戒心,很多人把他们的行李集中堆在一起,并且在上头插上一根旗子方便辨识——铁路替中国人创造了一个能用旗子来掌控局面的机会。当火车进站然后再度行驶之际,便会看到旗子随风飘扬。车站的工作人员身上也会佩带旗子,就连列车驾驶室也在两侧插了两面旗子。

终于在一扇门上看到了令人兴奋的字样"一级车厢候车室",门后便是引领我们到候车室的长廊,不过事实并非你想象般还有一级车厢候车室等着我们,原来这长廊本身就已经是一级车厢的候车室了。车站的餐厅就在一旁,招牌上写着"同永记"三个字。"同永记"先生在一间苍蝇满天飞的小厅室里卖酒水,里头的威士忌倒是可以喝上几口。此外,有三只体型与熊一样大的黑色蒙古犬在吧台边出没,一直不停地在客人身上嗅来嗅去。

月台上聚集的人愈来愈多,这时一辆黄包车方抵达,一位肥胖的中国人下了车,眼睛上扬到超过眼镜片的模样。从他的举止不难看出,这个中国人十分自负,他应当不是一个普通人,甚至可以推测,他肯定是个坐在一级车厢的乘客。接着有三位士兵出现,以他们手中拿着竹竿的态势来看,可以知道他们是中国警察——这可是没有一个火车站少得了的配备。这些人属于政府的绿营兵,在中国所有的士兵当中,就绿营兵是无所作为的一群,也正是因为这样,他们才被分配到各地,担任警察的工作来守卫市民。四个苦力抬来了一座空的轿子,轿子的主人应该待会儿就会随着火车抵达。在我们那儿可以在火车站呼叫车辆,而在这里显然只有轿子,这绿色的轿子表示待会儿坐在上头的至少是将军级别的人物。

万事俱备,只有火车还迟迟不见踪影。按照火车时刻表的安排,它应该在五点之前抵达,但是,现在已经快到六点了。这火车其实还是一趟"快"车,只迟到了一小时而已,其他的慢车很有可能迟到一天。在中国，所有的事物都是在缓慢中进行的，人们不禁想问，当初是怎么认为铁路会适合这样一个国家的呢？这个问题实际上有一个非常简单的解决方法，那便是只要火车也慢慢开就好了，建在中国的铁路也要入境随俗学会这份从容，要完完全全符合中国人沉着的本质。

在英语中有一个字是行事从容的人一定会需要的，那便是 by-and-by（不久后），意思是把所有的事都尽量往后延迟，中国人倒是很迅速地学会了这个字，仿佛它是为中国人而造。by-and-by 是洋泾浜英语中的主词汇之一，就连一个完全不懂英文的中国人也会说 by-and-by。对于火车站的站务人员而言，by-and-by 根本就已经是一个口号了！"不久后"，火车就快开了，而就在它从容不迫地跑完整段路程后，它也在"不久后"总算是进站了。

从远方可以看见从上海方向开来的火车冒着白烟，要进站了，一位苦力走到前方，挥舞着手上的绿旗子。其他的中国人则开始拖着行李往月台上走，很快地月台上便挤满了人。一个身穿灰衣、腰间围着蓝色宽版布饰带的男子，插入队伍中间，把其他的中国人挤到了后方。如果我没有看错的话，这个人应该是铁路局的雇员。铁路局的工作人员不穿制服，或者是不穿戴什么好辨识的衣物，让人无法一眼认出，但无论如何他手中有旗子，尽管也可能只是私制的罢了。事实证明，他们就是铁路局的雇员，这也是中国铁路的一大特点。

由于月台上的旅客站得太靠近轨道，这些警察只好维持秩序，用手中的竹竿驱赶他们往后退。从车站大楼里来了一位身穿蓝色丝质长袍的中国人，头上戴了一顶有红色高官纽扣的帽子。若是我对这纽扣的判断无误的话，眼前的这个人应该就是火车站的站长——这顶帽子在欧洲人看来可是非常一般。

火车缓缓地驶进车站，前面的几节车厢负责载运货物，一节又一节的车厢里头，载的全是来自开平的煤炭，大概有二十节那么多，车厢似看不见尽头——很难想见这么一台小火车是怎么拖着这些东西一路前进的。不过话说回来，旅客车厢又在哪儿呢？火车只迟到一个小时，该不会是手忙脚乱之际，把我们旅客车厢给落在某处了吧？非也非也。旅客车厢在火车的最后方，原来这火车原本只是载运煤炭而已，基于善意，它才愿意载上一些乘客。

旅客车厢有着棕色的车身及白色的车顶，外表看上去就像是卧铺车一样。这里的车厢没有侧开的边门，入口处分别在车厢前方及后方的一个平台处。车厢又高又宽，一级车厢里有着木制的长板凳。这种设备在我们那儿只能算是三等车厢。二级车厢更不舒适。一级车厢里的主色是棕色，不仅长板凳是棕色，连棕色的门上都盘旋着两只棕色的浮雕龙。途中经过的车站并不会以广播告知，而车上也见不到检票员的身影，这些旅客车厢可以说是完全信赖乘客，所以乘客要在车上做什么也没有限制。

我们这些来自"通州号"的乘客就占据了两节车厢，其中第一节车厢里有一位中国人被赶下了车。他就是那位戴着眼镜的肥胖的中国人，他原来是幻想自己要坐一级车厢的。由于火车上没有专门放行李的车厢，所以第一节车厢放满了我们大大小小的行李，某些行李甚至堆放在车厢间的平台上。我们则坐在第二节车厢里——这节满是欧洲人的车厢，对中国乘客来说就好比是一座小型动物园。月台上逐渐聚集了围观的人潮，人数相当可观，他们议论我们的长相，评论我们的手势，接下来搞不好就要开始喂我们吃糖了呢。

火车没有任何理由地在车站停留了半个小时。那位俄罗斯的高级将领告诉我，几年前他和另一位将领乌通斯基来到这里搭火车，中国政府安排了两位道台陪着，特殊任务就是为这两位将领安排快速的运输工具，尽管如此，他们还是在火车站里等了两个小时。只见货物一大捆接着一大捆地被运上车厢，他们当时要坐的火车也和货运列车没什么两样。这样的列车在中国看起来也是十分不寻常。接着，在海关仔细审查之后，乌通斯基将他的随身物品带上车，而那两个同行的道台，无异于利用这辆货运列车进行了一次完美的"小走私"。

头戴红色官员帽的站长觉得，有必要让欧洲人感受一下他的权威。

一位苦力手里端着残破托盘,上面有一块块的年糕,他试着想在火车上对着乘客叫卖,不过这辆看起来什么都没有限制的列车上,偏偏不让人贩卖年糕。站长立刻派了两名警察将这位小贩抓了起来,并且把他的辫子和一个灯笼柱绑在一起。小贩此刻就站在我们的车厢外,脸上是一副说不出的悲伤表情。他羞愧得恨不得能低下头,但偏偏他做不到,因为辫子正被高高地绑在灯笼柱上。我们实在看不下去,为这位苦力说情,希望站长能够释放他。"不久之后他就会被释放。"站长这么回答我们。最后他亲手给这位苦力松绑,就在这个时候火车突然觉得自己好像也停留得够久了,应该动动身子了,所以整辆列车便突如其来地发动了——想必全世界都会被这个启程给吓到,而火车就在人们的喧闹及尖叫声中驶出了车站。

列车行驶的节奏当然是再缓慢不过了,从列车窗户向外看去的风景和从船上看出去的风景是一样的。这片土地再平整不过了,完全不会发现任何一处有隆起的现象,唯一一个像小丘的地方就是墓地,有些墓地上方会有一小块像是用来装奶油的碟子一样的东西。但是这片风景是少不了一片绿意的,在地平线常会看到一排排树木。另外,草地上还有一大群的驴子正在吃草,一大片种植高粱和作为饲料的各种植物的田地也在眼前,其中有些植物也会被农民自己拿来食用。眼前无疑就是田园美景,就连隆起的浅棕色的墓地从远处看起来也像极了成堆的草料,不过这些都是秋天的阳光制造出来的假象,事实上,那里只是一片荒原:水、污泥、干涸后变成土壤的淤泥。这个地区的特色便是土地与河流的比例关系,这里的河流并没有流经土地,而是和土地交混在了一块儿。它们互相穿透的结果便是,共同建造了一处土壤和水共处的平原。

火车到达的第一站是"新河",如同我们欧洲的车站外常常停满了马车一样,这里的车站停着由驴骡拉着的小车,等着进站的火车为它带来一位乘客。这种小车基本上有两个轮子及一个拱起的圆形麻布车顶,光是看着它就让人感到四肢酸痛。

第二站的站名是"军粮城"。这时只见来了一个中国小贩,沿着我们的列车叫卖葡萄,火车站台上则停了两辆驴骡车,其中一辆看起来像是"军粮城"大旅舍的接驳车。在火车站一旁的小水坑里还可以见到白色的鸭群在戏水。

当火车再度驶离时已经是傍晚,车厢里是没有照明设备的,我就这么坐在黑暗之中,想起了法国诗人写的一首意境深远的诗:

> 如果与我同行之人点亮油灯,
> 那么车厢里的一切便清清楚楚;
> 但是如果他不点油灯,
> 车厢里固然是一片漆黑。

只见左上方有了微微的光线,我们便向左转,面对着它,接着在月食之后就看见了一只燃烧的灯笼,这灯笼发出的光线十分昏暗,你就不用想象其他那些灯笼的光线会明亮到哪里去了。窗户外头突然听见一阵咆哮声,很多人便把纸灯笼提得老高,只见这些不寻常的光线照在外面那些土匪的头上。我们就快要抵达目的地了,如果这个时候还被这群土匪抢劫的话,是多么令人愤怒的事啊。如果这时候能马上到站就好了!说时迟那时快,火车站就在眼前了,是一座低矮的小房子,和之前经过的大同小异。这号叫声同时也告诉我们快到天津了。这帮土匪聚集在火车站,假装要帮乘客提行李,只见站务人员挥舞着手上的鞭子发出刺耳的声音呵斥着这帮人,就在快要发生暴动的时候,铁路公司的职员突然全都出现了,火车就在一阵混乱之中到站了。旅客们必须看好自己的行李,直到有一群戴着草帽的苦力冲出人群出现在我们眼前,草帽上的白色缎带上写着一个博取信任的字样"阿斯托尔旅舍"。我们都想去这间旅舍,因为这附近也只有这一间,于是也就没有随时检查行李有没有遗失的必要了,况且在伸手不见五指的黑暗之中,根本区分不了行李,只见苦力把他们所看到的行李全都扛在肩上,比较强壮的苦力尽可能多扛。我们只能等到了旅舍再分头找自己的行李。

从芝罘到天津的这一趟旅程,完全没有想象中容易:一开始要先坐上小舢板,接着再坐汽船,再搭乘小艇上岸;到了岸上再换乘火车,一路驶进天津。不过究竟是否已经到了天津还说不准。我们还必须从火车站一路走进这座城市。房舍外头燃烧着的油灯闪烁着红光,烟雾弥漫的街上满是人潮。我们的前方突然出现了一条河流,仿佛一下子就出现在完全没有人会预期有河流的地方。我们曾经在别的地方看过这条河,和天津完全是不同的方向,所以我们无法理解它是如何又流到这个城市中来的。

这时我们又得坐上舢板渡过这昏暗的水流,在对面岸上已经有黄包车在等着我们,待我们上岸之后便坐着黄包车穿过安静、光线微弱、两旁尽是欧式房舍的大街。这里的街名都是法文,最终苦力总算是在"阿斯托尔旅舍"前停了下来。很快地我就在这个中国最佳旅舍的阳台上坐了下来,听着天津市乐队在对面花园的演奏,同时,我心满意足地回想着这一切——只要人还有一丝勇气,终究还是到得了天津的。

第二十四章　天　津

一八九八年九月中旬

天津

天津—北京的边城—在中国的德国商人—经贸关系—官方贸易—德国生意人—天津的哥特式建筑—戈登堂—运动场—法国租界—耶稣会教士—德国租界—停尸间—大学—中国城—街道上的生活百态—万花筒—地毯与毛皮贸易—玩偶—奇货商人—瓷器—铜器与画作—猜拳—高级中式餐馆—唱歌的少男少女—在剧院里

天津很可能会成为第二个上海，这里的发展速度相当快，当然，现在还在起步阶段。天津是一座不断变化中的城市，目前的规模还算是小的。这里的欧洲住民相当少，大型的建筑物几乎没有，租界的街道上冷冷清清而且生活单调，毫无上海那般的光辉耀眼与新奇有趣。

天津其实是北京的外国人居住区。想要到北京或中国北方的欧洲人，都必须搭船先到天津，然后，再从这里搭四个小时的火车到北京。天津作为中国首都的前哨站，有其政治上特殊重要的地位。欧洲借助外交官在北京对中国的朝廷施加影响力，然而，更具力量的外交影响，其实是这座颇具欧洲风味的城市。天津坐落在北京城的前门，所造成的影响力远比派出的使节或是被授予权柄的大官来得更直接、更活泼、更有个性。

中国与欧洲在天津所协议的许多事项，都对未来有举足轻重的影响。在 1874 年至 1894 年这二十年间，也就是李鸿章作为清政府的第二把交椅行使职权的时候,这座城市是他掌管中国外交事务的机构所在地。现在,外交事务的重心又重新转移到了北京,如此一来,北京似乎可以变得不那么封闭和难以接近了。假如有一天这座古老的首都决定正式对外国人开放租界,这对天津这座城市而言,可能会是沉重的打击。而这样的开放是否会削弱天津的政治地位、影响天津的商业格局,显然值得我们今后再三探讨。

天津如同山西、直隶以及河南等省份,是进出中国的大门,山东、蒙古和满洲的一部分区域也是如此。这个地方成了欧洲货物进口的集散地,并且,对中国货物的出口而言也一样。可别以为中国的贸易只包含出口,其实中国人从欧洲人那里买回来的东西,跟他们卖出去的一样多。这片土地愈是开放,就愈有更多的中国人去探寻欧洲商品。在天津、上海、广东等地,生意人的商店里提供中国买家各种进口商品的选项。就连四处旅行的德国商人也开始逐步出现在中国,并在提供餐点的旅馆里滔滔不绝地推销德国商品。中国人是优秀的买家,他们言而有信,堪称模范的付费方;中国商人从欧洲厂商那里获得了极高的信用额度。相比于欧洲人彼此的毫不信任,欧洲人和中国人之间相互信任的商业往来就在这里顺利进行着。

天津的崛起显然是出口胜于进口。来自中国北方,也就是蒙古的原物料是贸易的主要部分,该项贸易在近十五年来范围日益扩大。天津出口的货物除了毛织品(骆驼毛、山羊毛、绵羊毛)之外,也包含来自河南、山东等地的毛皮及稻草制品。由于所谓的"官方贸易"在天津蓬勃发展起来,也影响了天津本身的政治格局。这里"官方贸易"所指的是由中国政府独占的军火交易。

欧洲商人在天津卖给中国人弹药,却在1900年夏季的战事里被用来对付欧洲士兵。在包围天津的战役里,中国士兵带着充裕的弹药围攻列强军队,这些弹药就是从欧洲商人那里依着贸易契约买来的。这些契约一开始中国政府不愿意接受,因为对他们而言价格似乎是太高了。但是,不知道是哪位领事做出了裁决,中国政府接受了契约里的不利条件,才使得中国士兵得到了弹药,成功地把枪口指向为他们送来军火的商人,以及他们在中国欧洲租界地的宅邸。

就在此时,先进国家祭出了针对中国的武器禁运,但是,这项做法能有何成效实在是令人怀疑,毕竟军火贸易是军火商人的好买卖。这桩买卖里潜藏着巨大的商业利益,能够搭上这千载难逢的商机于商人而言才是真理。相对于通过合法买卖所带来的缓慢稳当的获利,军火买卖简直就像是在中国淘金了。不过就像在实际淘金过程中发生的,只有极少数人能发现有价值的金矿,许多人穷其一生都徒劳无功。

如同先前所言,唯有在军火贸易领域才能赚到数以百万计的钱财,中国的那些红顶商人们,大多便是通过军火贸易来积攒财富的。他们的秘诀可用以下一句话简单说明:欧洲商人将那些"没有价值"的商品尽可能以最高的价格兜售给中国政府,这在军火交易上达到了极致。因为中国政府对欧洲武器及其价值的理解,要远远逊于其他欧洲商品。谁想要在这种买卖中捞到好处,就必须等待一个有利的时机(如之前的中日甲午战争)。对双方关系要有精确的理解、欧洲商人要尽可能开口说中文并与中国高层官员保持良好的关系,或是你能拓展这样的官方关系、行事无所顾忌,具备了这些条件,你就能在这蜿蜒的道路上完成目标。(这些条件向来是必要的!)

交易成本也是值得注目的一件事。商品的买进价格当然要是最低廉的,但是某些中国人的私人利益在推动交易上功不可没。这位中国人愈具影响力,他的影响力就愈有价值,而且,若是他相当诚实,那就必须付给他不少钱。因为没有任何事物会比一个诚实表达愿意被贿赂的人更能抬升贿赂的金额。在交易的最后阶段,价格会高得离谱。在兜售商品的商人之间,竞争是相当激烈的,中国人对于能拿到的好处也绝不手软。这种状况在刚开始还是比较和缓的,官员对于能有机会参与利益分配本身已感到满足,但是,现在的情况不同了,他们要求立即付现!

这种交易是如何进行的呢?比如有一位德国商人,通过某位潜伏在北京的间谍得知,清政府打算买进枪支。而他的仓库里正好有一万支老旧的废弃的普鲁士步枪,当初是用一支一个马克的价格买来的。于是,他就要向这位衔命负责枪支采购的官员引介自己,向官员游说。

"要卖多少?"这位官员问道。

"咱们是老朋友了,就算您一支二十马克吧。就算是亲兄弟,也得卖上三倍的价格呢。"

"你来迟喽!"这位官员回应说,"我刚刚才买了一万支英国来的枪支,一支只需要十个马克,这批货两周内就会到了。"

"其实我也不想卖价超过十马克的呀。"商人解释道,"多出来的十马克,那是咱们的友谊!"

"您还记得吗?孔老夫子曾说,'朋友有通财之义',我想了想,价格上每支枪多出来的五马克归您!剩下来的五马克,您就给同僚里负责采买的那几位好了。我的枪确实只值十马克,但是我卖给中国政府的枪支优点在于,普鲁士人用它们打赢了每场战役。"

这位中国官员是位"爱国志士",认为有责任让中国赢得战争,于是这批普鲁士步枪被订购了,原本的英国枪支也并没有被取消交易,显然,他也参与了获利分配。不过这批枪支最终还是留在箱子里没有被打开,因为这位官员收到的谕令是购买一万支枪,而他以政府官员虚有其表的良知遵守了这道命令。他付了两万支枪的钱,却只买回来一万支枪。这则故事最精彩之处在于,它可绝非一般人所认为的是出于杜撰。

在天津的贸易活动里,德国厂商的地位居首。他们的每一个表现,都令人愉悦地标示着崇高的、几乎具有领导性的地位。这样的地位是从事中国贸易的德国商人也想要赢得的。德国贸易在中国到处蓬勃发展,唯独一处例外是胶州——德国商人只有脱离官僚的封闭性,也就是德国统治方式所带来的威权,方能在胶州自由自在地生活。欧洲人在东亚的世界里享有极大的自由,可以发挥潜藏的力量。简单来说,一旦德国人不受德国政府管辖,他便能够在东方兴盛。这个事实需要德意志帝国内追求进步的重要人士充分深思。

天津市里有一整排最高级的德国商业建筑,包括梅耶公司(Meyer u. copm.)(海尔先生是这间公司的老板,他是一个富有同情心的人,来自法兰克福附近的奥芬巴赫)与阿诺·卡尔贝格、美最时公司等等。德意志亚洲银行(德华银行)在天津也有一间分行,由宏普先生(Herr Rump)带领。他是一位地道的汉堡人(地道的汉堡人意味着什么,人人皆知)。宏普先生同时也是德国租界的管理人,因为德意志亚洲银行乃是当地社群的主要成员。

在天津的德国租界(与在汉口的类似)是由一个私人团体管理的,国家仅保留了最高的管辖权,该团体负担着维护整个租界区的费用支出(补给、街道、码头等等),并通过出售土地的收入平衡支出并达到其获利的目的。这块地去年十月(1897年10月)才由德国政府接收,德国在天津的住民有些住在英租界,他们打算继续在那儿安居下去,因为德租界离商业区相当远。如此造成的可能结果就是再也没有人愿意到领事馆,这是领事大人可以预见的无须大感惊慌的情况。

领事艾斯瓦德博士出生于巴伐利亚。这块位在天津的小小租界,简直像是目录一般详列着全德国不同的系谱:北、中、南德等地的人欢乐地齐聚一堂。他们彼此间的同乡情谊都相当热络——在异国他乡能够跟思维自由清晰的本国人相互交流,实乃真正的快乐事。大多数德国的生意人在中国已定居多年,对这块土地有相当的了解。对于出门在外想学点东西的人来说,租界意味着无穷的知识泉源。

古怪的是,能够理解中文的欧洲人,愈往北人数愈多。在香港,中文表现出来的那种让人难以置信的艰深,单是词组都令人无法理解,更不会促使人有学习的愿望和想法。当一个中国男孩服务得太慢的时候,他会被一句"Tschop-tschop"所警告,以让他快一点。或者在打保龄球时,中国的保龄球童在球道上大喊一句"Kito"以便询问倒下来的球瓶数目。在上海,会说中文的人也算是少见的例外。在欧洲居家生活里,只有两个字会用来命令拉人力风扇的仆役。如果他该开始工作了,房子的女主人便会说:"La-fun!"意思是说:"拉点风来";如果仆役应该停止,则会对他说:"Man-man!"意思就是"可以停了"。可在天津,几乎每个欧洲人,特别是德国人,都会说中文,仿佛这是世界上最好学的语言。在中国北方,欧洲人与中国人在生活上要比在其他地方来得亲近。中国人仍然不太会去适应欧洲人,但是,欧洲人觉得有必要适应中国人。在中国做生意的商人,人们对他们的精明干练有这样的理解:只要生意上有需要,他们就会去学习这个难学的语言。比如在天津的大旅馆"利顺德大饭店"里,老板便是用中文命令他的员工,并且通过中文听取他们的报告。"利顺德大饭店"大概是世界上唯一一个以中文作为商务服务用语的欧洲旅馆了。如同先前提过的,这间饭店算是在中国最棒的一间,老板狄德龄先生是一位敬业的德国人。

天津租界区沿着白河①延伸着,中间是英国租界,若是朝河流方向望去,左边是法国租界,右边则是德国租界。这块地从河流向陆地延伸,在法租界的边缘就会接触到中国的城区,人们简单地称呼该区为"City"。该城区是以半圆形包围着欧洲租界地带,德国租界的边缘也与城区相接。

天津这座欧洲风格的城市,主要在广度上进行着延伸,人们会说这座都市是不断向外围生长的。街道沿着河流发展,串联出一个带状区域。这也就意味着,这种带状区域必然会转变成一个整体。河流、河岸与街道便是属于河滨街道的一切事物,唯独欠缺的是美丽的建筑。既存的房舍大多当作仓库使用,没有当作仓库的都不漂亮。唯独在法国的城区里,法语称为"Quai de France"(法兰西码头)的地方,有几栋美丽的建筑物。此外,街道本身也会当作货物储存之用,多数是用来摆放进口的商品,人们则沿着成捆的货物、箱子与袋子前进。从广东运来的草席商品,常常会搭建起稻草屋,就连看守的工人也居住在这样的小屋

---

① 白河又称北运河,是流经北京市东郊和天津的一条河流,为海河的支流。干流通州至天津,也即京杭大运河的北段。古称白河、沽水和潞河。

里。这个区域的某些地点可能会让人产生一种印象,仿佛某个充满野性的游牧民族在这里搭起了游牧的营帐。

街道与白河水面高度相同,河道虽然非常狭窄,却被包裹铁条的中式帆船,以及透出低沉引擎声、发出吵闹汽笛声的小型蒸汽船赋予了生命活力。远洋型的中国帆船都可以在白河里航行直至天津,这里,总是聚集着大量正在卸货的船舶。在这条带状区域的另一岸,则是堆成山丘的、用草席加以遮掩的盐、煤炭以及稻米。这些大多是通过大运河从内地运来的。这条运河到天津为止,天津是运河的尽头。尤其是要送进京城的贡米,必须要在这里等候,而这块带状区域无异于一个巨型的转运站。

在这片土地上,真正的住宅及商业区通常坐落在英国租界,在主要街道维多利亚大道上,几乎没有什么商铺。位居此处的是这座城市最重要的建筑——利顺德大饭店、德国与英国俱乐部、德国领事馆、柔美富有色调的印澳银行行宫以及名义上的天津市政厅。天津的大型建筑群几乎都被哥特式风格主导,这是因为,它们都是由同一位建筑师设计兴建。这位建筑师显然要逃离十九世纪欧洲的凄凉,带着浪漫的情怀来到了中国,为了实现他的中世纪美梦而移居于白河河畔。也因此,天津的某些地方看起来就像是中世纪的骑士王国。就日本租界来说,它是一座碉堡,市政厅则是一座坚固的城堡。那是一座灰色的、带有城垛的中世纪建筑,墙上有士兵防御的射击箭孔,并由多座厚实的塔楼所护卫①。主要的战场化身为公共花园,并修建起一座开放式平台。这座平台随时都让人感受到一种期待,仿佛克林姆希德(中世纪高地德语史诗《尼伯龙根之歌》的主角之一)即将亲自登场,聆听那来自中国礼拜堂的钟声。

第一眼望去,这座市政厅让人感到有一点奇怪。在天津竟能找到这么独具特色的哥特式建筑实属意外!但不能否认的是,这座建筑的

---

① 义和团事件发生当时,中国人攻击天津,所有的欧洲人都携家带眷逃进这座市政厅。在那几天,它证明了自己是座坚固的城堡。

功能性极强。它的正式名称是"戈登堂"。通过市政殿,英国人想要替在中国赢得辉煌战役的戈登将军①兴建一座纪念碑(他也被称为"中国人戈登",生于 1833 年,死于 1885 年。参与过第二次鸦片战争。在 1864 年太平天国叛乱时,他协助清廷赢得重大胜利)。由于戈登是李鸿章的旧识,而李鸿章当时在天津任总督,因此,命名活动令人愉快。李鸿章选定了这座市政厅作为活动地点,并赠送戈登一件顶级的锦绣,在庆典时可悬挂于市政厅内。这幅锦绣上有个奇特的物件,上头是一个老翁,胡子像是从丝缎里长出一般,旁边则有一头吸引人目光的鹿。一楼有个房间是共济会的会所,沿着墙边是一排罕见的家具。一座老旧的照明灯立在地板上,被涂成蓝色的墙面让四周有如被装饰品环绕。二楼则有供市政团队开会的会议室,椅子看起来是不常坐的,角落里有只蜘蛛自由自在地织着自己的网。从任何角度上看天津在治理上都并没有获得太多咨议。

天津的公共花园不大,但是都相当漂亮。这里没有上海那种可人的欧洲小姑娘,在天津,女人实在是太少了,能看到的都不漂亮。主导市政的诸公对一个外来者这样的感慨,大概会充耳不闻吧,但迅速彻底地解决这个社会问题也是十分必要的。礼拜堂内聚集着中国人,演奏音乐的人站在演奏台上,戴着中式帽子、穿着长袍吹奏西式乐器。中国人看起来不具有音乐天分,这一点在演奏音乐时最能够证明,如果有人在听到糟糕的音乐时,发现演奏者是一个中国人,那他大概也不会期盼音乐会变得更动听。

在英租界的漂亮房舍中,有一栋圆形穹顶的、摩尔—阿拉伯风格的大型住宅,据说为开平的矿业经营者所有。此地是去赛马场的必经之处,也算是天津唯一一条健身步道了。天津没有郊区,或者应该说它的

---

① 查理·乔治·戈登,英国陆军少将,因在中国指挥雇佣"常胜军"协助李鸿章及刘铭传淮军与太平军作战,获得两宫太后封为提督、赏穿黄马褂而得到"中国人戈登"之绰号。英国赐之"巴斯勋章",后将其调至苏丹任总督,人称"戈登—帕夏",最后于任内爆发的马赫迪战争中阵亡。

周边范围实在是太大了,环抱着天津的是白河和广阔无垠的荒芜平原,水坑遍布、土地贫瘠,沼泽烂泥和散落的墓地随处可见。夏秋两季,即便有些微的绿意覆盖其上,依旧令人感到凄凉。有一条通往赛马场的道路穿过这片平地,黄昏时分,负责照顾马匹的马夫们会沿着这条路,骑着将要参加秋季赛的马匹轻快地奔过。这里也会有中国人推着推车经过,或许是一位喜爱马车之人,而且在欧洲公司里有不错的买办职位。幸运的话,还能看到一两位欧洲女士,她们穿着黑色连身骑马装策马经过。平地再过去有一栋灰色多窗的屋子,是中国海关里职位最高的德国官员德璀琳①先生的住所。他独自一人在此处居住,而且不跟城里的欧洲人打交道。不远处,则是一大片俄国茶商的土地,上头搭建着他租给贫穷中国人的小屋。这类租赁生意算是天津最好赚钱的生意了,靠穷人过活一直是赚取收入的古老方式之一。还有一座醒目的公园,环绕着一位广东有钱人的住宅。赛马场与其他地方无异,跑道的一部分还浸在水里。

回程的路上可以看到天空中有浓烈的烟雾,似乎是因为某场大火而起。这道烟雾横越在中国的城区之上,但其实城市并没有失火,而是在燃烧臭气熏天的废弃物。另一处的欧洲城区被突来的夜色所遮蔽,英国教堂的楼塔耸立在楼房之上。黄昏时分,楼塔那细长尖锐的样子依稀可辨,某个瞬间会让人以为看到了法兰克福大教堂,仿佛自己正在这座遥远的城市里行走,但这可真是遥远,实在是太遥远了呀……

天津的法国租界与上海的完全不同,这是一个真正的欧洲城区,没有太多的中式楼房混杂其中,街道宽敞、绿树成荫,维护完好。如同绝

---

① 德璀琳(Gustav von Detring,1842—1913),英籍德国人,一八六四年进中国海关为四等帮办,后升至税务司职。一八七七八年北洋大臣李鸿章向总署举荐时任天津海关税务司的德璀琳,协助英国人罗伯特·赫尔特兴办华洋书信局(管理海关、各使馆邮件,兼收民信),并在天津、北京、上海、牛庄、登州等地试行,此为近代中国邮政事业的肇始。一八八○年李鸿章为北洋水师修造大沽船坞,委派德璀琳为总办,负责船坞"鸠工庀材"诸事宜。随后,他又向旅顺工程局推荐了汉纳根、瑞乃尔等一批德国技术人才,任旅顺船坞工程师和炮台教练,帮助建设旅顺基地。一八八四年二月,德璀琳改任广东海关税务司,得到了李鸿章的信任和更大范围的重用。

大多数法国省级城市一样，这里也有一条铁路大街。大街的另一侧是格罗男爵大道，这条路并不是以拿破仑的战役来命名的，而是一位在英法联军战斗时，身为外交官的"格罗"（Jean-Baptiste Louis Gros，让·巴蒂斯特·路易·格罗，生于1793年，死于1870年。在1856年至1860年期间，为第二次鸦片战争的指挥官）。法兰西大道是这里的主要街道。领事馆位于带状区域上一座花园的深处。那是一座优雅的建筑，体现了纯粹的法国文艺复兴风格，直立的圆柱有一半在屋子里，狭长的阳台很有特色，从绿地中望去仿佛是巴黎郊区公园中的古老宫殿。另外一座在法国领地的漂亮花园，则是耶稣会教士的财产，他们在天津城规模还不大时便买进土地，现在可是名副其实的地主了，财产价值已经增长了五十倍，几年内还有机会涨到一百倍。这种事并不是第一次发生，耶稣会教士很懂得如何搞土地投机。

当耶稣会的教士们带着对宗教的敬意讨论如何在中国大有一番作为时，也从不忘赚取利益。大多数传教士将传教和诠释《圣经》当作是唯一的任务，并努力想让他们身处的这个民族放弃他们的信仰。由于传教的热忱，他们处处叨扰别人，变得不太讨喜。当传教士被群情激愤的民众杀害时，过错未必总是在民众身上。清朝政府时常对列强表示："我们愿意让给外国人更多的权利，但是请把传教士带走！"事实上，改变信仰并不是那么迫切，这片土地有自己的信仰体系，例如佛教或是儒教的伦理学说，这两者都比基督教来得源远流长，并且后者还有意无意地向前两者借用一些理念。一位中国学者曾经向一位传教士说道："你们的《圣经》里有不错的伦理教条，就像是孔夫子在《论语》里头说的。比较糟的地方是，我们这个民族依赖伦理教条生活。你认为，如果中国人变成基督徒，这个状态会改变吗？"

耶稣会教士不是只会祈祷，他们也通过对他人提供好处来传教。他们教导中国人学习欧洲文化，让他们学习有价值的知识的同时，也顺便把他们变成基督徒。这种事是时有所闻的，但是，不同于其他传教士的一点是，耶稣会教士都深具学识与修养。

18世纪,德国耶稣会教士曾在北京的宫殿扮演着重要角色。当时的皇帝身处一群有学识修养且熟稔国事的人当中,似乎倾向于把整个中华民族都变成基督徒。但是,忌妒此事的道明会①(Dominikan Order)教士,成功地撼动了耶稣会教士在朝廷的地位——可以说,教士之间的内斗事件在一百年前阻止了中国成为一个基督教国家。

在上海的徐家汇总院,德国耶稣会既是一间大学堂,也是学者们的住宿之地。在天津,该教团目前只有两个代表处。法国大教堂原本在天津城区中央,1870年被烧毁,与此同时法国教团的修女也被害。大教堂而今在白河河畔的一处旧地上重建,法国教士已经把教堂的位置换到了法国租界里面……

如同先前所指出的,德国租界地有极大的特殊性,以至于迄今仍无人移居。如果从去年十月我们便占有这块地,可能会比现在做得更好一些。这与胶州的情形如出一辙。那些在柏林施普雷河畔②的大人们,也想插手天津白河河畔的事务,因此,光是天津与柏林间的书信往返便耗费了一年。这里还不允许大兴土木,虽然行政单位完全可供调度,但是每个人都清楚,我国"优秀"的行政官员在提供服务时从来不会马上动手。

当中国人请求欧洲的保护,或急着兜售土地时,英国人即使害怕相关规定触碰英国的红线,仍会勇敢地迈出步伐。但柏林的老爷们却会不急不忙地审核规章,确保一切管理建立在基本原则之上。

现在这些事情进行得有意义多了,适用的建筑规章也变得比较好理解,符合柏林官员对德国租界的管理目的。德国租界现在是一片美

---

① 道明会,又译为多米尼克修会,正式名称为"宣道兄弟会",是天主教托钵修会的主要派别之一。会士均披黑色斗篷,因此被称为"黑衣修士",以区别于方济会的"灰衣修士"和圣衣会的"白衣修士"。道明会强调圣母马利亚亲授之《玫瑰经》,并加以推广,现今已是天主教徒最普遍传诵之经文。
② 施普雷河是条流经德国萨克森自由州、勃兰登堡、柏林和捷克乌斯季州的河流,哈弗尔河的左支流,之后汇入易北河,注入北海。全长403公里,流域面积1万平方公里。发源于劳西茨山北麓,向北流经宽阔的沼泽,形成多个湖泊,在柏林施潘道区汇入哈韦尔河,春季为洪水期。

丽土地状态良好。在天津,德国租界由一群务实的人管理,他们对德中关系有相当深入的理解,这里并没有派任何军事首长,所有有利于事情发展的条件都已经具备。

摆在地上的黑白红三色木桩及水塘,标示出德国城区的边界。白河依旧在左侧流淌,街道上的行人经常在枝叶茂盛的榆树或白杨树下走过,穿过绿色的低地。这些树木已经持续生长了很长时间,现在已经变得足够强壮,但树干可能会随时被德国人砍下来。岸边带状的渗透已经成形,也就是与法国租界、英国租界相连的"德国带"。这条街被建在木桩上,木桩立在水中,缺乏进一步作业的空间。连维多利亚大道也穿过德国租界在延伸,在这里它被称为"威廉街"。同样的,大沽街这条与维多利亚大道平行的、里头只住着中国人的英国区第二大街,也计划要继续延伸。

大沽街起于中国城区,就像是一条运河般串联起中国城区与欧洲城区的相互流通。在大沽街上。有一个中国富人盖起了一整区带店面的木屋,租给一般民众。这些房子像是不需要成本似的,只需要第一月的租金就可以支应建造费用,剩下的就都是收益了。有人也想要在德国租界盖类似的木屋,但德国当局还没有回复他们,而且对于德国租界是否能让中国人居住这个问题,德国当局还没有做出决断。如果可以把中国富人从德国租界根除,可能会获得竞争优势,但这做起来并不容易。柏林的官员还需要一些时间才能让一些事情变得让人信服。

与此同时,德国区的兴建正如火如荼地进行着。德国租界地的水相当不错,这是天津其他地方所没有的。运货马车匆匆往返,以便运送残土,而后再把水运回建筑工地上。这些挖掘与填补的工程是由一家中国企业负责,背后当然是一位德籍工程师在指挥。中国人相当勤勉,铁道也是同一批人铺设的。有时候湿透了的土料就在街道上流淌。天津有能散发出某种香气的黑色泥土,人们很少把这种香气跟玫瑰的相混淆。其他的味道相互混合着,令人印象十分深刻,但无论如何并不会让人感到舒适。德国租界盖了一些中国的肥料加工厂,他们从中国城区得到新鲜肥料,在这里脱水后与煤灰混合,便成了相当有效的粉状肥料。人们居然称呼这类建筑为"巧克力工厂"。

这些工厂不会存在太久。有一次,有一整个中国村落被夷为平地,一个埋葬了两百六十人、属于宁波商会(这应该是遍布全中国商城,代表宁波商人的办事处)的墓地也被整个迁走。当上海的法国人正与宁波人因为墓地问题吵得不可开交时,同类事情在天津却可以在不伤和气的情况下解决。我们可以知会他们,由于德国在营建上打算垫高地面,因此墓地可能会盖在水里。对中国人而言,对死者最大的不敬就是让他躺在水里,彻底保持干燥是前往更好来世的先决条件。白河对岸盖了一座碉堡,碉堡上加了一道防御土墙,类似的碉堡跟土墙稍早在德国租界这一岸也有,应该被保存下来,这是在协议中约定的,但是,现在却被新建设破坏了。一开始人们把碉堡给毁了。当地道台一听到这个消息,感到很烦恼,人们等他心情平复下来之后才把墙给拆了。

在德国租界,第一栋兴建起来的建筑物是警察局,附带着一间围着铁条的牢房。看守牢房的是几个精挑细选的魁梧的中国人,他们身着深蓝色工作服,袖长直到指关节,头上戴着中国官帽,手里拿着一根长棍子,衣袖上则缝着黑白红三色的小旗子。在天津和胶州警察都是用这种旗帜,这群德国法律的守护者,都不同寻常,他们总是诚挚地跟人道"Guten Morgen"(德语:早安),这句德语的确是指"美好的早晨",然而它还有另一个意思:希望您还能有一个美好早晨。

警察局正好坐落在租界入口的左侧,街道的右侧是几栋中国官方的建筑,还有政府的贮盐场以及一间殓房。中国人乐于回到故里安葬,若是有人在异地身故,尸首便会被带回出生地。当然这是指有足够钱财并能找到运送方式的情况下,在这之前棺木都会被保存在殓房内。

属于德国租界的还有一处大型寺院。这是一间非常漂亮的寺院,被特别进行了修缮保护,维护得也很好。前厅摆着几张椅子,无论谁被带进来,中国看守者都会示意首先向他们的祖先祈祷,然后,坐在门房旁边的一个小房间内喝茶。寺院里的祭司正在进行祝祷活动。在大厅中间，他们围绕着一个高台跪坐，每个人都身着一条红色的布幔，礼敬古老的经书之后，祭司开始唱诵经文。主祭祭司用木棒敲击木鱼，速度很快，边敲边念颂。木鱼声音听起来非同一般。不消多说，这样的佛教祭典很容易让人联想到天主教。就连后方的祭坛也建造得像西方的教堂一样，神明的图像在幽深的暗影中不易辨识。教堂烛台（像是在大教堂里的照明用烛台）立于前方，上头燃着蜡烛，后面玻璃制的碗碟盛放着水果，作为祭品之用。不同的是，在西方祭坛上出现的不会是水果，而是鲜花。但这里水果是用来礼敬佛陀的，数量很多且缤纷夺目，它们散发出甜美的香气，与上供的燃香的味道合而为一，袅袅飘散于空气之中。

庭院的后方有一条进入昏暗地下室的通道，通道一路向下，两侧有一些带玻璃窗户的小房间。在这些小房间里存放着棺木，就像是尸体仓库般，可以闻到一股尸臭味。某个房间的门打开了，一个巨大的黑棺木停放其间，棺木后方的墙上，靠着真人比例大小、服饰色彩缤纷的纸偶，从形态上看有男有女，这些纸偶即将被烧毁，作为仆役随着死者到另一个世界。有几个篮子里放满了金纸银纸，有些被做成了小鞋子的样子，就像是作为货币流通的"元宝"。这些纸也将立刻被焚烧，作为死者可以带走的现金，在更美好的未来世界里，生活似乎所费不赀，比我们活人的还要昂贵。这里的棺木彼此相邻，一间接着一间，在这样的漆黑空间里，躺着死人的密闭小房间真叫人感到不寒而栗。门上的窗户对已经永远阖上眼的死者来说已是无用，反而满布着惊悚……

德国租界里的一所中国大学①，有被包围的孤立态势。那是一个灰色的欧式建筑，有许多隔间和楼层，有黑色的铁制斜面屋顶。这是李鸿章创立的大学，目的为了将西方的知识带进这片土地。大学最早是

---

① 国立北洋大学，简称北洋大学、北洋，初名北洋大学堂，是1895年10月洋务运动的代表人物、时任津海关道盛宣怀上奏光绪皇帝得到批准在天津建立的大学，是中国近代第一所官办高等学府，校训为实事求是。1912年，更名为北洋大学校，次年更名国立北洋大学。1917年，北洋大学法科并入北京大学。

由一位美国传教士管理,他先以家庭教师的身份教导这位宰相的孩子,以证明自己有能力领导一所大学。除了他之外,还有三位英籍教授。每天下午,人们骑着马,沿着通往赛马场的街道来到学院。这些先生们看起来就像是高年级的学生,不过他们的马骑得相当好。这所高校教授英国法律、工程科学、数学和地理。一般而言,在这所大学里面能学到的东西,不会比德国在学龄前班级里更多。

有两百到三百位中国学生来此听课,他们修习完足够的学期之后,并不是很清楚具备这样的知识能做些什么,大学在这里并不提供通往生计的道路。在中国,人们只能通过中式学识修养继续往上走。如果年轻人能够幸运地完成大学学业,他就可以在一家欧洲企业找到类似誊写员的工作。李鸿章曾把两百名学生送到美国的大学,有些人甚至拿了博士学位回来。但是,对这所大学的两百名学生来说,生活并没有太大的改变,在天津的欧洲租界,他们只能做店员的工作。若有机会销售煤油灯,也算是帮助他们实现了类似博士的知识价值。

中国城区因脏乱差而声名狼藉,但这是过度夸大了天津的不干净,其实它跟其他中国城市没什么大区别。拜访该城区会是一件麻烦事,欧洲人在天津的影响力还不如在上海,因为天津保存了中国固有的生活方式,就连中文也是,在北中国要比南中国来得根深蒂固。其实在世界上的每个地方,北方都要比南方来得有活力。天津是这个帝国最大的城市之一,估计约有一百多万的居民。天津是中国城市里能被确认的人口最多的城市,比北京都多。

天津主要街道的宽度就跟法兰克福城区的小巷弄差不多,但是,这对中国的经济活动而言已经足够了。天津的次要街道多半更狭窄,两个行人擦肩而过都很难,而且里面总是充满着各种气味。这里也有排水沟渠,仿佛所有的排泄物都汇集到了这里。古老的历史建筑是明朝或某个朝代的著名文化遗迹。主要街道上都没有铺碎石,这是怎样的一条碎石街道呀!马路上有很深的坑洞,某个苦力所拉的人力车在撞到了另一个苦力后迅速通过,右边的轮子一下子掉进了洞里,然后左边的轮子也掉进了洞里,乘客一会儿感觉跌落到这一侧,一会儿又感觉跌落到那一侧,就这么一路摇晃,所有的神经都在混乱中紧绷着。

白河也蜿蜒地流经天津的中国城区。穿过城区,会有几次来到河岸边,人们必须通过木桥。在法国大教堂附近有一座铁桥横跨河流,那是一座有三脚煤气灯饰的现代化桥梁。到了午后,主要街道上的人流会急剧增加到惊人的程度,数以千计的步行人群以及前后相连的人力车,形成了无法估计长度的队伍。两股人流与车流相互为邻、互为往返。人流时常陷入停顿,马车撞到了马车,仆役们嘶吼叫骂着。一旦状况解除、道路疏通,他们又会穿越这场混乱阵仗继续汇流前行。人力车也继续一路颠簸前行,直到下一次拥堵。中式的载人用的马车行经此地,前面心怀不满的驴子慢步行走着。中国仆役扛在肩上的座椅也在人群之上摇晃着;还有骑着马的人跌落下来。当中国骑士身穿宽松服饰,骑着鬃毛飞扬的蒙古马经过时,那真是一幅如诗如画的景象。

商店鳞次栉比,中国城区内人人都是商贩,谁会真的不做生意呢?在天津,特别蓬勃发展的是毛毯产业。这些由骆驼毛制成的毛毯销往全中国,各种尺寸,从床单大小到大型室内地毯。最新的款式大约是每件五十至六十银圆(约相当于一百至一百二十马克)。织品多半被染成蓝色与白色,样式大多是具有艺术风味的直线装饰图案。人们开心地将目光停留在令人感到温暖的地毯上,感受简单清晰的线条的美感,只是那上头堆积着灰尘,而且闻起来有骆驼味。

毯子是在简陋、狭窄的中国工厂内加工制成的,这就意味着它们并不是机器制品,而是地道的手工制品。一个立在墙边的竹制外框对应着毯子的大小,竹框内伸张着许多管子,编织工人坐在狭窄的板凳上,板凳能够依织品作业的进度向上移动——这项工作由底部开始,随着毛毯编织工作的进行,板凳也会向上升高。每位工人的上方都有不同颜色的毛线球,他们把毛线编到竹框既有的管子里,并在上头打个结,再用左手控制剪刀,小心翼翼地把结上多余的线剪掉。一整张毯子便是在无数的联结与切割过程中完成的。在框架的后方,每位工人都有一张带有毛毯图案样式的草图,他们可以透过管子看见这张图。在编织过程中要如何完成草图上所指示的样式,还真是一个谜题。整个制作过程单调得令人吃惊,若不是中国人高超的工艺技巧和特别能将技艺落到实处的耐性,原物料不可能变成完美的成品。这实现本身就是一件值得惊叹的事。为了完成这么一件地毯,他们身上的唯一工具只有那只老旧生锈的剪刀,就靠着这把剪刀,作品迅速地在手边呈现。若想要完成一张能覆盖整间房间的大地毯,需要四个编织工人全力以赴工作二十天左右。

有位织工住在寺院里的一间偏房里,如果他想要去工厂上工,就必须穿过寺院的厅院。厅院里的石头基座上摆着一个神圣的万花筒,其铜制外观已因年代变得黯淡,旁边站着几位操作万花筒的男士,通过三个玻璃洞你可以看到万花筒的内部。说书人(意大利文,指经营剧院或音乐演奏厅之人)站在一旁摆弄着响铃,一边换图片,一边吟唱(中世纪到1830年左右,在全欧洲旅游的吟游诗人,其诗歌带有戏剧般的内容),说明图片上的故事①。中国名人的照片也可以找到,例如李鸿章与大学士们立于宫廷之上的合影。在一些色彩斑斓的图片上,画着什么战役,上头甚至有神祇出现于天空当中,挥舞着长剑加入战事。最后还有一件可通过文字隐约说明的事。一群男童聚集在万花筒旁窃笑着,这些青年想要教育自己(虽然他们似乎已经具备完整的预备知识了),在这开放的世界上,讲求的不外乎就是经验与教训。

有条满是皮草商店的街道。大件毛皮会挂在墙上,而小一点的则存放在抽屉里。貂皮制成的袋子挂在屋檐的钩子上,像是一长串香肠。这些皮草商人都是体形发福的先生,乐于服务但带着点威严。他们像是其他并不真正需要这些东西的人一般,漫不经心地兜售着这些商品。这类事业充分滋养着中国土地上的男人。中国的每一件冬季服饰,只要你看得到的,都会缝上一件毛皮作为缀饰,中国人喜欢用高级的皮草

---

① 这里指中国的皮影戏。

来展现自身的价值,因此,价格不会比较低廉。不过还是比家中裁缝师定做的冬季大衣便宜。西伯利亚的毛皮都会被送到天津,邻近区域的自然也不例外。比如满洲或蒙古降雪冬季里的动物毛皮。满洲的雪貂、西伯利亚草原犬以及松鼠皮毛都会被保留。中国女人爱极了松鼠毛,把它置于衣物的外领,因为,柔软的西伯利亚灰适合她们的黄皮肤,同时,柔软轻抚颈项可让人很舒适。如果弄到一件棕色的皮草,很可能是被染过色的。雪貂皮纯白无瑕,挂在墙上等候路过的国王①。

彩绘泥偶是天津的另一个特产。这是孩子的玩具,各种造型普通并不优美的泥偶,都陈列在街头商贩的篮子里,而要找质地较好的就只能去店家的商铺里。街道后方的穹顶前,有人在分送"烧酒",这是一种米制的烈酒,在天津被大量地酿制,因为香气甜美浓郁,整个中国城区都能看得到它们的身影。穿过柜台之后,会经过一些用来装烧酒的陶罐,之后,会进入到里头的一个房间。这里有些架子被放在墙边,并用纸板包裹着,就像是放文件的纸箱一般,上头的盖子全部都被稍稍打开了,里头可是有着迷你的缤纷世界。

把泥巴弄成人形,倒是格外地让人觉得舒适。根据《圣经》提到的,泥巴与人之间确实有着某种联系和相似性。这些泥塑的人形是如此精确,除了蜡之外应该没有其他的材料可以做得到。但即使是带着各种色彩的蜡像,也还是难掩蜡原本就有的沉沉死气。泥偶表面被涂上了色彩,虽然你可以通过色彩得到缤纷的生命气息,但只是极具真实性的表象而已。在我们的雕塑品里,也曾经试过彩绘泥偶的方式,甚至意大利文艺复兴时期也没有轻视这种做法,但若想在艺术上精进,还是得用石头来赋予其形态,似乎只有如此才能实现伟大的艺术家之梦。

对艺术的灵感而言,泥巴远远不够,只是在打发时间,这是一种与生命进行游玩的方式。中国的艺术并没有伟大的梦想,它还依附在泥土之上,从来不敢试着从生命中脱离,或者说,对我们而言,理想主义的

---

① 欧洲君主制国家的加冕礼服,是一种形似大斗篷的皮草类礼仪服饰,通常会用到雪貂皮。

旅程走得太远而消逝了，最后变成了中国式的，此时，唯有现实主义的领域才能为人们领悟。而今，中国艺术成为模仿真实之物的优异的手工艺品，手工艺品因其精确性、技巧、品位，以及在可见之物中能够获得再生的生命力而成为艺术。天津的泥偶乃是中国现实主义艺术的最高展现①。

泥塑的人形吐露着生命的气息，在丰富且令人愉悦的色彩中展现出艺术的光彩，许多泥塑因此被戏院收藏。这当中有身着明朝古老黑色服饰的皇帝与诸侯，姿态上带有一种艺术上的细致感，这意味着他们其实是身着皇帝与诸侯服饰的演员。这些来看戏的人，带着殉道般的热情支持着这些泥彩人物。许多泥塑把腿摆成跨着大步的跳跃姿态。有个场景是这么呈现的：三位妇女围坐着一张桌子，在一张纸面前低着头，像是在写一封信。幻想也会推动着这个场景，你也可以想象有个妇女正笑着逗弄一只蟾蜍。出于个人的偏好艺术家也雕了几位妓女。作为一位简朴的手工艺者，他在泥塑中忠实表达了他生命中不可能被满足的渴望，这些珠光宝气、裙裾摆摇、有着迷人风采的中国女子，就像是画中的人物一般。这位艺术家忠实地复制了她们，甚至精细到下唇的彩妆。有时候她们也会组成团体，有一个张着嘴唱歌，其他则用纤细的手抚弄着曼陀铃的琴弦。此外，也能够看到街道上的景象，一个跟孩子玩游戏的妇人；一副心满意足神情在地上爬行的婴孩；在门栅前徘徊的老妇人；坐在椅子上抽着烟斗的老人；一个男人清晨起床到门前凝视，向着天空伸出手臂，因肥胖胸前的衣物都撑了开来。得了麻风病浑身痛苦的乞丐，则被以直截了当的自然主义风格呈现，甚至连兔唇都没有被忘记，在唇的裂隙露出了牙齿的光泽。

令人遗憾的是，这些泥雕塑几乎不可能运回欧洲，它们真的是太容易碎裂了。即使是极有技巧地放在棉布里，用丝绸布料包装好，还是免不了有一部分碎裂，而且一个全身泥人比半身泥人更贵却更不好带。

---

① 应指泥人张。

个别的部位需要小心翼翼地编上号码，免得在打开时有人被换了头，张冠李戴。

中国人民波涛汹涌的生活痕迹，年复一年地被打到岸上，然后保存在遍布一整条街的古玩店里，就像是在欧洲一样。中国人从前就很懂判断，哪些物件更与众不同、更美，更胜于那些迄今为止只是忧郁地承载往昔记忆的残余碎片。收集往日遗留之物——古董因此成为中国的传统，延续至今。

中国人自己会在古董店里买东西，通常都非比寻常的昂贵，比如瓷器。中国的瓷器买家乃是深谙此道的行家和狂热的收藏家。真正好的古老瓷器很少被发现，如果没有特殊门道的话，最棒的旧瓷器几乎都不会示人。一旦出现在市场上，马上就会被有钱的美国人以令人咋舌的价格横扫掉。英国人和法国人也是古董瓷器爱好者，唯独德国人对此兴趣不大。中国瓷器中一些重要的藏品，已经被前北京使节冯·布郎特先生（Herr V. Brandt）和上海领事史都培博士（Dr. Stuebel）收入囊中。约一百年前，中国的瓷器产业已趋于没落，旧瓷器上深沉又发亮的着色技术已经失传，只有所谓的"官窑"还能提供几件（事实上这全都是家庭加工厂烧制的）。官窑是为宫廷服务的，他们的产品之所以民间有买卖的，是因为这些商品在运往北京的途中遭窃，或者索性直接从宫廷里流出来。若有幸能遇到一件"官窑"碗，就可能会创出一个罪恶的天价，因为，这只碗上有只五个爪子的龙，显然这是皇帝个人的专属用品。有些中国人偏爱的铜器也不便宜，价格只能由买卖双方自己去谈。中国人家里都有香案，因此，香炉需求特别多，可选择性也大，这亦属合理。一般而言，香炉就是个带着精致尾巴的碗状物，底下有四只直立的脚，表面多半都是光滑的，而且带有龙或凤凰的图样（我们传说中的凤凰似乎是来自中国），或者整只香炉就是一只鸟的形状，它用一只脚站着，而炉烟从它的背上缓缓升起。

交易双方通常由物件的老旧程度，以及制成的材质来评断价格。有价值的画作很抢手，画作多半是挂轴的形式。买卖双方很少去评断画作在艺术上是否完美无瑕。画在纸上的会比较便宜,画在丝绸上的则比较昂贵。艺术品价格并不会被明示出来,欧洲买家必须用自己的眼睛去确认。中国的挂轴足以跟日本举世知名的挂物相提并论。在动物的表现上,中国艺术家与日本艺术家相比,显然有所不同(值得注意的是,日本人不画马)。在中国的画作上,动物们并没有生命力,形态上也往往不正确:一只在树下端坐的猫,完全就是一只不雅致的动物。而日本人则画得比较细致,色彩上也更加耀眼。中国人小心翼翼地作画,绘色时的愉悦让画作呈现出沉静的色调,由此与日本绘画相区分。这当然不是艺术上的规则,一旦某个不老实的卖方拿出一件被大量复制且价格低廉的日本画作来冒充中国画作,这样的区分标准也难以确立。

小型手工艺品的数量多到难以估计。中国人是鼻烟的爱好者,各种鼻烟壶艺术品占据着重要的比例。他们不是把烟草放在罐子里带在身上,而是放进一个小型的烟壶里。这类烟壶成百上千地在市面上流通,材质则包含石头、水晶、玻璃与陶瓷等,上面带有少量的绘图,甚至镶上各式各样的装饰品。还有些用来供小型花卉使用的迷你花瓶,在数量与花样上也不遑多让。各式工艺品都被杂乱地摆放在古玩店的玻璃箱内,如果你仔细往里瞧,可以发现最惊人的物品——陶瓷做的文房四宝。此外还有保存墨水的盒子、化妆盒、只有一个盘子的天平、鸦片灯、保存在丝绒盒子里的牛角大镜框、镀银的烟斗、用来标示中国人地位的蓝色或红色水晶纽扣、镶有银色宝石的耳环与手环、玻璃制的骰子用碗、上头印有龙的铜币或银币、金属烛台、锡制茶壶、丝绸剪、象牙制的骨牌、古老的玩具玩偶等等。还有手炉,冬天时,街头商人可以把手摆在上头取暖,盖子上带着小孔的铜制罐子,以化石雕琢的小尊神偶也会见到;甚至还会看到一把留有血迹、砍杀了著名鞑靼将领的军刀。

天津是一座名副其实的中国大城市。旅馆的餐厅和茶楼,最被绑着辫子的吃客所推崇。依照习俗,中国农历初六是人们欢庆的日子,在天津的吉秋章、"约瑟夫"或是"拜尔"饭馆——这些都是最棒的中国餐馆，没有任何一间包厢是空的。老老少少围坐在一起，尽情享用餐点。当烧酒的酒瓶被端上来时，食客们便开始划起拳来。中国这门手指上的技艺，与意大利人的如出一辙。人们可能会因此猜测，这种猜拳游戏是通过马可·波罗带到中国的，或是某位自中国返回意大利的水手带回去的。两位玩家同时把手指头伸出，两个人依照顺序把伸出的手指头数量讲出来。这时中国人并不赌钱，而是为了尽快营造气氛。一旦有人讲对了数字，另一个人就必须把杯子里的烧酒一饮而尽。谁要是玩上一个小时这种划酒拳的游戏，便会很开心地理解整个过程。

为了助兴，也会有女歌手从隔壁的房子里过来——这让人联想到西洋古典时期的习惯。这些少女们坐在窄板凳上，拨弄着琴弦开始引吭高唱。休息时，她们会在桌子间穿行并替客人端酒。天津的美貌女子，有来自广东的福州的，也有来自北京的。在北京的中国女性（不是满洲的）会把自己的脚给弄残，广东的女子则多数不会这么做。中国的礼俗给这种被弄残的小脚高度评价，称此为"三寸金莲"。欧洲人对这种金莲无法理解，相反，只有忽略这双脚时，才能感受到中国女子的魅力，虽然这并不容易，但却带着我们的善意。

高挑修长的北京少女，要比南方矮胖体态的广东女子来得更加美丽动人。广东少女的头发平贴在头上，绑着马尾辫；北京的发型则有许多变化：头发会被两分，然后优雅地包围着女性的头部，这个造型与20世纪初在欧洲流行的发型略有相似。当有庆典又适逢戏台唱戏时，这些北京少女们会戴着巨大的发髻，或者可以说是一座摇晃着的高耸发髻山。由于那巨大的头饰，少女们的小脸蛋也俏皮地笑开了花。先前提到过，从发型可以区分中国不同区域女子的主要特征。在比较大的城市里，女子会依年龄的差异而将头发梳出不同的样式。天津的女性偏爱那种不讨人喜欢的流行风潮：她们把头发梳成后方突起的样子，就像是船一样。

这些女子所唱的歌，对我们而言实在是不太悦耳。但是，一些中国朋友却可以辨识出其中的差异。在吃饭时表演的，哪些是来自北京，哪些又是来自天津；北京的可以让人听出来自首都的艺术感，而天津只是个省——行家并不会忽略这些。在有些桌子旁，服务由年轻男性代劳，他们同样略施粉脂，也熟稔歌唱与演奏。这些替代女子表演，并与她们在同一屋檐下成长的男孩们，也构成了天津独特面貌的一部分，而且是能够区分出南北中国的另一个独特之处。

戏台下面座无虚席。天津的演员可以说是这块土地上最优秀的。不久前，在德国租界有间剧院开张，那在天津可是个大事件。因为第一次在天津的戏院里可以看到女性角色不是由男性而是由女性扮演。一开始戏院并不想这么做，因为中国人对舞台上出现女性这事有着很深的成见。一日，剧院经理从英国马房那儿租来好几辆敞篷的四人座马车，并让他的剧院公主们坐上马车，沿着交通拥挤的大沽街游行。这样的宣传有了效果，反应非常热烈，甚至热烈得过头了，如今每晚在售票口都有观众大打出手。

剧院大堂的位子销售一空，没有任何一张空椅。在包厢内则坐着身穿昂贵服饰、黑发上戴着珍珠链子的女士。在盖有白色桌巾的桌子上摆着各式小甜点：果子、小饼干、瓜子，以及吃起来味道像榛果的莲子。舞台亮着，两座煤气灯负责照明。舞台上先出现一位身穿明朝服饰的王侯，正与一名年老的皇帝对话。这皇帝垂涎王侯的女儿，想要娶她入宫，这位王侯确信，皇帝的愿望对他来说就是命令。但王侯女儿对这样的亲事毫不重视，而且非常不开心，显然，老皇帝对这位年轻少女而言毫无吸引力。

王侯的女儿是由第一女伶饰演的。这位女演员完全不会让人感到厌恶。她身着一套盛装，化着浓浓的妆，手臂用颜料涂成了红色。说话时，她的声音令人感到舒畅，可惜她唱的比说的多，这是因为中国戏剧的风格需要吟唱。听众专注地聆听着，当女伶唱到特别高的音时，观众们便喝彩，就跟我们扮演英雄的男高音，在咏叹调里唱到高音C时一样。而随着音符的延续，观众们不断地喊出"好！好！"的喝彩声。"Hau"就是好的意思，而"Hau-hau"是说两遍，是中国式的喝彩方法。

在进行完一段困难的表演之后，慵懒地坐在舞台上的服务人员走到女伶旁边，拿出一只铁壶替她倒上一杯温水。女伶转身背对观众，用宽大的衣袖遮住脸之后饮用，以免破坏了戏中的印象。之后她转身继续演出，服务生则把水壶拿回后方的桌子上，桌子旁边坐着负责音乐的乐手。负责伴奏的五个人中，有三个负责演奏曼陀铃，其余两个则负责刺耳的中国弦乐。拉弦的两人之中，有一个还一边抽着烟斗；演奏曼陀铃的一人则吃着葡萄，还把皮吐到舞台的另一边。此时，戏中的父亲不管女儿的苦苦哀求，执意进行他的联姻计划。年轻的女孩情绪变得益发黯淡，连发型都需要换一下配合她的心情，于是剧场的造型师上前来，帮她把头发解开，然后，弄上一个新的发髻，一个属于破碎之心的发髻。

场景与场景接续着，但却没有关联性。人们几乎会有这样的印象，这里上演的只是不同戏剧中的片段。这位即将嫁给老皇帝、令人深感同情的小姐似乎已经没有戏了，现在出场的是一位带着笛子并宣称有意要杀掉某人的年轻男性。至于他是否为了这个目的而弄来这支笛子就不得而知了。之后，一张椅子被摆到了桌子上。如果再有张垫子被放到椅子上的话，就是皇帝即将出场了；如果只是在桌子上摆椅子的话，待会儿出现的就是神明。左右护法带着燃烧的灯笼出场，灯笼上画着波浪线。这样的神灯意味着这位神明是负责管理水的，能在河流与大海中展现神威。所有这些与神明和皇帝有关的场景，都属于英雄剧目的一种，也是中国戏剧里最乏味无聊的一种。当一位先生坐在椅子上开始喊叫时，并非意味着戏剧的结束，因为他无法决定自己是否要离开。他有时候会站起来，然后又坐下去，没有其他的动作。而中国人就是会这么做，就像是他们在一间欧洲公司里为了一次商谈而坐下时一样。这位水神在桌子上的椅子上登基为王，唱了一段快半个小时的独角戏。当他离场时，桌子也被移开了，为了腾出空间给之后表演的一对年轻陶瓷工人和女子。

这位陶工肩上背着工具，踏着舞步出现，之后他在一件陶器旁边蹲下并开始敲打。另一位年轻女子则在他周围闲荡,说着魅惑的言语,并一而再地从水烟里喷出烟雾。这位陶工回应着她,因此有了一段很有趣的长对话。年轻男子把烟斗从女子那里拿过来放在嘴里,不过他并没有吸出烟来,而是拼命往里头吹。女子大声笑他笨拙,接着她也想做陶土,便抓起了工具。但是,她不知道要如何跟工具打交道。这次换陶工笑了,这位女子生起气来,想要离开。男子请求她留下,并用手臂抱住了她,不让她走。女子挣脱了,很快消失不见。这位陶工继续回到工作上。心中的怒火让他敲打得更加用力,于是把陶罐都给敲成了碎片。这幕短剧演得欢乐又优雅。

在这出喜剧里没有吓人的演唱,演员的声音都是自然发出的,可以听得很清楚。彼此间的对话都很完整(像是索福克里斯[①]的悲剧里某些生动的段落一般)。音乐经常会穿插出现,并吹奏出诗歌的节韵。乐团用木笛强化效果,其喇叭般的声响清楚标示着相同韵脚的片段。这出戏剧在音乐各段落中被演出,并以符合音乐段落的方式被演员吟诵。而音乐会不断唤起主导整场戏的节奏和韵律。借由这样的方式,这场戏具有了某种漂浮感,也产生了特殊的细致优雅。

表演最后以大型合舞告终,剧团的所有演员都参与。鼓声响起,锣声也急迫地接连而来。女孩子们穿插而入,挥舞着长矛剑戟。在这场美妙的群舞中,有两个人脱离开来,彼此对舞。每一个都拿着长矛对准对方,还兀自绕着自己旋转;之后,越来越多对舞者出现。舞蹈的节奏出奇的快,矛跟剑也热情地翻飞着。这些女孩真是技艺高超,没有一个人碰触到对方或对方的武器上。一组舞者跳完之后,便会停留在请求喝彩的姿势里,二人将右手举起,手臂向上弯曲,观赏厅内随即爆出"好!好!"的欢呼声。这场舞真是美丽又火热,连欧洲人也融入在这个"好!好!"的气氛中。

---

① 索福克里斯,古希腊剧作家,古希腊悲剧的代表人物之一,和埃斯库罗斯、欧里庇得斯并称古希腊三大悲剧诗人,他的第一部作品比埃斯库罗斯要晚,但略早于欧里庇得斯。他大致生活于雅典奴隶主民主制的全盛时期,在悲剧创作领域相当高产。

当"矛与剑的打斗"在舞台上进行时,舞台后方剧务人员放置了一座折起来的高大屏风。演出结束时,这座屏风就会被展开,上头是表示剧终的图像,最上方又是坐在皇位上的水神,如今他已经成佛了。在他旁边跪着两个张开双手祈求帮助的孩子,就像是基督圣像画里头的天使。屏风左侧及右侧画着比真人还要大的神像。这件饰品被许多灯笼照亮,佛底下是一个神桌,吐着画上去的火焰。一个由纸板制成的动物祭品躺在上头,突然间动了起来,在死亡的抽搐下绕着圈。观众则呼喊着"好!好!"

第二十五章　天津武备学堂①

一八九八年十月十日

天津

天津武备学堂位于白河河畔,欧洲租界的正对面。清晨,学员们在鼓声与号角声中进行演练之时,作战般呼喊的噪音便会横跨河流,把"利顺德大饭店"的旅客们从睡梦中吵醒。这间学堂是由一位比较年轻的满洲人领导,其官阶相当于道台。这位道台的邀请卡上,有着以下的文字:

>荫昌②,字午楼
>
>满洲军官学校总办
>
>天津武备学堂监督

荫昌先生在德国及奥地利待过六年,有两年在德国第84步兵团担

---

① 天津武备学堂,又名北洋武备学堂,位于天津大直沽,是光绪十一年直隶总督兼北洋大臣李鸿章在兴办洋务运动中创设,意在通过新式教育培养新式陆军军官等新型军事人才,是中国近代第一所有影响力的综合性陆军军官学校。在1900年夏季的战事里,这间学校被多国联军夷平。在这间机构里受欧洲教育的学员们,明显构成了中国军队的核心并守卫着天津。
② 荫昌(1859—1928),字五楼,后改字午楼,满洲正白旗人,姓氏不详。早年毕业于同文馆。后留学德国,习陆军。清末民初军事政治人物,清末陆军大臣。归国后历任天津武备堂总办、出使德国大臣、江北提督、陆军部侍郎、尚书等职。武昌起义时,奉命率军赴武汉镇压,屡败。民国成立后,曾被袁世凯任为总统府高等顾问、侍从武官长、参政院参政和参谋总长等职,袁世凯死后,荫昌在北洋政府仍任高职。其学生有:段祺瑞、冯国璋、王士祯等北洋系军阀。

任军官,其余四年则是在柏林及利希特菲尔德①度过。在柏林,他是中国外交使馆的随员。海因里希亲王当年来北京时,他受中国政府之命随行。他的德语很流利,说写都与德国人无异,几乎听不出来有外国口音。或者应该这么说,他在谈话时带着地道的柏林口音。他会说"jehabt"以及"jewesen",并且通过鼻子发音,就像个真正的德国上尉一般。

荫昌先生在国外学习了很多东西,是一个熟稔西方知识及西方世界观的人。他可算是中国最精明睿智的十个人或二十个人之一了。当然,这是指这片土地上最起码的人数。然而,他从国外带回来的东西,在柏林外馆随员时期并没有派上用场。相反的,他作为一个"亲欧派",在受到他人钦羡的同时,也十分启人疑窦。当他想要积极进取的时候,他必须尽可能掩饰自己的开明之处。但只要有人想摆脱其祖国所盛行的成见,便会招致报复——在中国,你就得像个中国人。

有些事情总是祸不单行,不幸的事再次找上了这位仁兄。荫昌先生碰上了第二个问题,他的上进使他在中国仕途受到的质疑更胜过他的开明。荫昌先生是个老实人,人们确信他从来不曾试着从自己的下属那里榨过一丁点儿油水。一个位居高位的领导却从不为自己牟利,这就可能会把整个行政体制带入混乱。由此可见,荫昌先生是不会成为居更高位的官员的。当他哪一天厌倦了等待以及无望的战事,有意卸下中国职务时,强烈建议德国政府起用他。一个熟悉德语和中文,而且,拥有德国思维方式以及道德观念的中国人,真是一个罕见的人才,显然,在德国对中国的政策上,能够从他这里获得好处。比如说,我国可以在胶州的管理上大大方方地聘用荫昌先生,并且,在重要的领域多方面地评估一下以下的想法,即通过荫昌先生的协助来管理胶州的中国人,并为他在胶州设立一个德国体制内的中国行政长官的职位。

---

① 利希特菲尔德(Lichterfelde)是德国柏林的Steglitz-Zehlendorf市镇的所在地。直到2001年,它与柏林—斯特格利茨(Steglitz)和兰克维茨(Lankwitz)一起都是前柏林—斯特格利茨行政区的一部分。

荫昌先生此时领导着天津的两所军事机构。武备学堂有160名学生,备有欧洲武器步枪和加农炮,并教授军事科技与技术之基础。在这间武备学堂里,他们聘请了德国军事教官(这些德国军事教官和中国总办交往之后,全都表达赞赏)和中国师傅。武备学堂用汉语教学,而满洲军官学校只招传统满洲军事家庭的子弟,用满语教学。那里只由中国老师授课,武备学堂最优异的学生会被满洲军官学校聘任教职。先前,这里也有一位德国教导被聘任,他在芦台任职,后来因为中国政府将这里的士兵教育交给了俄国军官,他丧失了他的职位。在天津的军事机构学习之后,学员们会以军官身份继续发展,他们会被分配到不同的军事单位。在得到起码的现代化军事教育之后,他们会再回到原来的生活中。有些情况下,他们毫无作为,没有成为教导,也很快就忘了武备学堂中的所知所学。

若要到武备学堂,就必须搭舢板渡过白河。入口处有重重防备的大门,背后则是一个宽广的演武场。之后需要穿越多个庭院,庭院里有范围深广,皆以木头建造的校园建筑。整体的空间配置都与德意志帝国本土的无异。在一栋建筑里,荫昌先生有一间狭窄、不大明亮的接待室。墙上挂着他身着德国军官制服的照片。这所学堂的奠基者——李鸿章先生的图像则占据了中心位置。

这位矮小精瘦、穿着朴素中国服饰的学堂总办,走到门前来迎接我,友善地打招呼。在房间里,他热烈地以德国人的方式同我握手,因为在这里没有其他人会看见我们。一旦有旁观者,荫昌先生又会变回中国人。拜访结束时,他随我走到屋外,在庭院与我告别。另一侧有几个士兵朝这里望过来,现在,荫昌先生并不想在道别时也握手,于是他站在那里将交叠的双手举起又放下,以中国的方式道了声:"请!请!"

荫昌先生热忱却又不无伤感地谈及他在德国的生活。他对每一位在利希特菲尔德有过交集的老师,都留存着感恩的回忆。当谈到维也纳时,他以一种发自内心的口吻说道:"哦,这座可爱的城市呀!"此时,我们是坐在满洲学校的衙门内,交换着对维也纳的共同记忆。挂在墙上的李老先生向下注视着我们,而我们则聊到了狂欢节、卡伦堡①以及德国第 84 军团的乐队。该乐队是由孔查克斯先生(Herr Komzaks)(受喜爱的军乐大师,同时也是国际知名的作曲家及指挥)所带领,演奏着在世界其他地方都不会听到的维也纳华尔兹。

"真是一个美好时代!"人称午楼的荫昌先生感叹道。

想要给维也纳的狂欢节找到一条通往中国的道路实在困难。"诡异的风气正在席卷着这片土地,"荫昌先生说,"人们想要一次性就把所有错失的东西赢回来。但情况总是这样的,当长久以来的保守已经到了某个极点时,可能一下就变得极端的激进。历史上所发生的事总是从一个极端到另一个极端,很少真正出现过渡的情况。在我们这里,追求第一的意志昭然若揭。但是,我害怕在这样的急切追求中会丧失基础。而近来所发生的事情,带来的后果其实是一场大混乱。"

(这段对话是在年轻皇帝第一次公布他的改革计划之后进行的。这项改革所带来的结果乃是寡妇女皇的政变以及这位年轻皇帝的被架空。)

"中国看起来就像是想要全力成为第二个日本,但是,他们还欠缺议会政治。"我说。

"会有的!现在的中国,所有事情都是有可能的。如果今后在北京出现帝国议会政体,都不会让我感到意外。"他回答说。

"所有这些近期指示的改革会如何演变?"我问。

"若依皇帝的意思,这些改革早就应该施行了。就像我说过的,皇帝要的是最好的。先前来访问的海因里希亲王,也做了想帮助我们加强统治的事。也许,海因里希亲王无法表达出心里的所有想法,因为,没有给他机会与皇帝单独会谈,这是目击者说的。我当时在场,亲耳听

---

① 卡伦山是奥地利维也纳的一座山丘,海拔 484 米,位于德布灵区。卡伦山位于维也纳森林,是维也纳人欢迎的休闲区之一,在山顶观景台可远眺全市乃至下奥地利州部分地区的景色,旁边是奥地利广播公司 165 米高的铁塔。

闻此事，皇帝十分兴奋。但是，这些改革都停留在纸上，在这个缺乏一统的帝国，还能怎样？中央政府下令，官僚单位却不执行。就算有些人试着去做，甚至弄出点结果来，最终还是无关痛痒。我们这里所有的东西都分崩离析，在这样的混乱中是不会出现正确的事物的。首先，必须有一次像样的中央集权化，然后，依既定计划施行。但最糟的事情就是没钱。比方说，皇帝下令所有军队都必须换装欧式武器，这很好！但是钱从哪里来？"关于"钱从哪里来"，一个在天津的欧洲商人讲了一件事：有一家最棒的德国公司卖给了中国政府一万支步枪，但是，必须要等上一年零九个月才会拿到钱。当然，财务上的困难并非荫昌先生分内的事，如果这是他的事，他大概也不清楚解决之道。不过我还是问他："你是如何看待军事改革的？"

"皇帝在十月底将用十天时间来访天津①，驻防在天津的军队届时将会举行一场阅兵。在这场'帝王检阅'之后，中国军事改革或许将会开始。"

"中国军队将会革新？中国人都变成优秀士兵，这个可能吗？"我问。

"军士都是优秀的。中国的士兵勤俭且有耐性，实际上也都是有能力的，如果公正地对待他们，可以让他们做不少事情。在欧洲军事教官的教育下所展现出的成果就是明证。如果不成功，部分原因可能在于并没有赋予这些欧洲教官适当的职位，因而，对学员没有处罚管理的权力，又或者明显在于军事教官本身有根本上的缺失。由于欧洲军事教官大多不理解当地语言，必须通过翻译与学员沟通，而这些翻译又经常不太可靠，这会是个严重的阻碍。我们必须拥有优秀的本土军官，然而到目前为止，我们还没有。中国军队改革要想成功，只有在它拥有了受过现代化教育的军官才有可能。"

"这些军官该从哪里来？"我问。

---

① 中国皇帝的这个访问计划并没有被施行。

"从天上掉下来。"他无奈地回答。

"试想一下,若是皇帝问您对于军事改革有何建言,您会如何建议?"

"我会表达这样的想法:行事之初,必须先成立参谋总部。参谋总部的主要任务就是要训练会成为指挥官的军官。"

"在缺乏军官的条件下,您要如何在中国找到成立参谋总部的资源?"我问。

"我并非在思考一个由中国人所组成的参谋总部。如果朝廷打算拥有一个能够成事儿的参谋总部,那它就必须由旧普鲁士军官组成。"荫昌先生回答道。

"如果中国打算建立一个普鲁士参谋总部,列强们大概会装作很欢迎的样子吧?"我说。

"这是政治上的顾虑,不过,我们还是单纯从军事立场来谈这件事吧。"他回答道。

"目前,在中国的局势里,最大的难题就在于一些真正有用的做法,都会遭遇到政治上的阻碍。"我这样说着。

荫昌先生已经洞察此事,但由于政治现实在军事上并没有实际意义,再加上目前处于困难的时期里,他决定不再谈论政治。因此,我们的谈话就此打住了。此时,从外头传来了鼓声,于是我起身告别,来观看外面的军事演练。

整间学堂就在这片演武场上,这是一座相当不错的军营。当荫昌先生要为他的学员寻找制服时,很显然他又回到了过去,那段在维也纳的美好时光。如今,这批天津武备学堂的学生,身上有着第84步兵军团的紫色肩章。漂亮的深蓝色外衣上,有着典型的奥地利式剪裁,皮制军刀腰带严实地戴着。在中国看到的大多数兵士,不外乎是穿着类似长袍的连身装束,因此,这样的军装就变得十分显眼,连带着里头的人也变得俊美起来。这座军营里有许多年轻学员,即使在德国要塞城市里已经看惯了军官的年轻女性,也会欣赏这里军官的修长身材。

奥古斯特-施密特先生,是前普鲁士王国的中士,他受托替中国皇帝培养佩枪的军官。奥古斯特-施密特先生站在他们右侧,从几何上来看,军士排出的直线已经相当完美了,也许都能让数学家感到满意了,但却不能让这位德国士官接受,他还是需要一些调整,直到没有人的鼻子会超过另一个人的。施密特先生过来同我握手。在他的军帽下,一张友善的脸散发着军事热忱感染出的红润。这位军事教官认真地执行任务,并努力与中国军事学员诚实往来,与他在帝国的普鲁士军营里无异,虽然,身着中国将军或元帅服饰的他,也许没必要这样做。

我们在离军人队列稍远之处坐下,一位通译跟着我们。他手里拿着一把象征地位的雨伞。但是,施密特先生并不需要通译,在演武场上所需要的中文他都是会说的。口令以孔老夫子的语言从他的浑厚嗓音中发出,声音穿越过广场并撼动着肢体,就像著名的普鲁士雷鸣——原来,中文也可以做得到。

"军官与士官、出列!"

被点到的人从队伍中脱离,踩着小碎步跑向前。他们将我们围成一个半圆形,我被引介给他们。当这群军士清楚我的名字、职称与出身之后,便以相同的步伐回到自己原本的位置上,因为,他们即将进行持枪练习,就像是在柏林的滕珀尔霍夫演习场①看到的那样。这座军营的运转就像时钟般准确。最后,有两个鼓手及两个号手出现在军队的最前方,并为军队的行进提供军乐,后者像是对奥地利步兵铜管进行曲的模仿。这首中国的军乐听起来仿佛战争时的火花出现在眼前,演奏的人随兴地穿插入行进的队伍之中。如同施密特先生所言,并没有"踩着相同的步伐"。中国人有着一种根深蒂固的想法,即每个人一次只做一件事情。军队就是用来行军的,而音乐则是用来演奏的,两者不能并行。

---

① 滕珀尔霍夫公园是柏林最大的城市公园,也是世界上最大的内城开放空间。位于新克尔恩区和滕珀尔霍夫区。柏林—滕珀尔霍夫机场是德国第三帝国机场,关闭以后空地开辟为滕珀尔霍夫公园,占地355公顷。公园从日出到日落均可进入,共有十个入口。

但是当军士队伍进场时,出现了真正豪壮的一幕。这群一百五十人或两百人的队伍,如今已成一体,并以一致的步伐行进,一种摧裂地表的巨大步伐。施密特将军对此仍不满意,在军队后方踩着步伐并用中文的"一、二"喊着行军的节奏:

"挺胸、抬头!不要挤到第二排!士官不用抬腿!挺胸、抬头!挺胸、抬头!保持清醒,一群瞌睡虫!挺胸、抬头!"(根据传统的中国军队语言,应当是挺胸!抬头!)

这时乐队走到了侧面,两位中国鼓手中比较矮小的那位,似乎被他自己所演奏的旋律所感染,随着节拍摇晃着脑袋。

第二十六章　在天津拜访直隶总督①

一八九八年九月十七日

荣禄,天津的直隶总督兼步军总统领,最近才新官上任。他是一个满洲人,因为与皇帝有着相同的满族人血统而被视作皇帝的亲信。

荣禄身着代表中国最高官阶的军服。他身为兵部尚书,曾任军机大臣,并长期在总理衙门内任职。现在则获得了设在天津的直隶总督一职。这个职位负责守护通往首都京城的门户,因此责任重大,直隶总督也因此获得"皇位守护者"的封号。在所有的军事指挥官中,直隶总督列于最高位官阶。相较于其他的总督都掌管两个省份不同,他只负责一个省份。但是,将这位总督限制在一个省份只是名义上的事。他的实质统治权涵盖邻近的盛京与山东,后两省的巡抚都必须向他呈报所有重要情报。

盛京省会奉天,驻守着一位鞑靼将军,但只行使军事将领的守卫任务,管理上的主要机关依旧是位于天津的步军统领官府。

---

① 在本文所叙述的会面发生几周后,罢黜皇帝的寡妇女皇在北京召见荣禄,并授予其总管中国军队的职位。直到1900年他都在这个职位上。在义和团运动发生之际,他扮演了何种角色,在本书付梓的当下尚未被厘清。关于他的行动,有许多相互矛盾的消息传到了欧洲。有时会提到,他以一省之力协助被围攻的外国使馆;一下子又有人报告,他的军队参与了对外国使馆的攻击行动。最后则是报道,端郡王在挣脱北京联军时,为了把荣禄当作罪魁祸首,曾将他下狱。但这件关于他被端郡王关进地牢的事实,可能是为了替荣禄辩护而捏造的。这位前直隶总督无论如何都不是外国人的朋友。但是他很聪明,而且充分利用机会以认识欧洲的力量。因此,说荣禄只是被迫参与端郡王及其党羽对整个文明世界开战的疯狂计划,是不太可能的。

荣禄的治理才能如何辅助他官途上的飞黄腾达,这个很难评断。关于他的政绩,人们知道的很少,其实他从来没有任何作为能证明自己具备良好的德操。他似乎是个侍臣,比如当他没法作出能让中国皇帝谱成乐曲的诗词时,他会马上清楚,要以另一种更合适的方式适当证明自己。荣禄对军事特别感兴趣,他曾经是一个彻头彻尾的军人,并对军马抱着极大的热情。在不久前中国所计划的军事改革里,他参与其中甚深。多年前,他似乎是以兵部尚书的身份来到天津,调查该地某军营内发生的侵占公款事件。这次的调查,他相当投入,毫不容情地将有罪之人处死。而这次司法判决之所以引人注目,倒不是因为传言那位中国人向法官大人提供了额度相当高的赎金,而是这位罪犯在安抚法官的情绪方面并没有成功,因为法官大人要求了罪犯无法支付的金额。

当荣禄在天津接任直隶总督时,针对所属的单位下了许多人事变动命令,但这似乎不是为了把无能的官吏扫地出门,而是为了替他的朋友和党羽把职位腾空。当事情涉及外交时,尽人皆知他是俄国人的好朋友。这位总督如今已是一位老人了,其实他年轻的时候,在京城以纨绔子弟著称。直到现在他还是以极大的雅兴挑选服饰,并且宣称自己已经达到足以引领朝廷流行潮流的程度。

德国在天津的领事艾斯瓦德博士(Dr. Eiswaldt)(他是我们在东亚的诸多领事中最杰出的一位,同时也是德国在天津的领事中最棒的),与这位直隶总督关系很紧张。当荣禄来到天津时,这位德国领事在同僚中主张,这位新总督应该先拜会各国驻外代表。由于中国人相当重视礼仪,因此,在礼仪中不出差错变得很重要。彼此的往来可能会是"中国式的"(原指带有中国风味的艺术创作,但这里指的是矫饰的行为)。世界上几乎所有国家都取消了这种行为,唯独中国例外。但是,外国使节团所达成的协议却被法国总领事给否决了,更糟糕的是,这位总领事还是所有天津使节代表中资历相当深的一个。法国代表将拜会新任总督,而不是期待他会先进行访问。其他国家的一些外交人员则跟随这位法国外交界的老前辈前往。唯有德国领事坚持原意——由于总督不会来见他,所以他也不会过去。

不过彼此的关系还是维持着。在维护自身利益的考虑下,德国领事还是经常与总督保持联系,而总督方面也没有忽视像德国这样的强权国家。但是,双方在往来上还没有正式地相互引介;当需要口头上的讨论时,其中一方会找上另一方,只是没有官方的礼节性拜访。此时,德国领事知道他会坚持他的立场,因为,在涉及德意志帝国代表的尊严时,他是不能够做出让步的。他也会找机会向总督说明,他的姿态并不是建立在对他人的厌恶之上。

当我向艾斯瓦德博士请求对这位天津的统治者进行拜会时,机会出现了。领事陪着德国记者来采访能让总督知道,领事完全不讨厌彼此的往来。同时,这场访问是德国记者提出来的,而非领事,如此一来人们不会说领事在拜访问题上让了步。艾斯瓦德博士写了一封中文书信给总督,信中提议他接见这位对这个传统国度的革新非常感兴趣的《法兰克福日报》记者。通过正式的接见与这位中国高官会面,真是难如登天,而荣禄也以他难以亲近的性格闻名,但是,这件事却进行得一帆风顺。领事一大早写了信,傍晚时就获得了答复,要我隔天上午九点去会见。事情急迫得令人吃惊,但无论如何,德国领事的聪明举措都让这位高傲总督的姿态有所软化,要知道,让欧洲代表的请求等上数天或数周在他那里司空见惯。

双方事前已经谈妥,这次的拜访是非正式的,要以正式会面的方式进行非正式访问,显然是不可能的。依照约定,上午八点左右我便已经在德国领事馆了。花园里摆放着几顶轿子,是有扶手的坚固大椅子,像是法国在18世纪所使用的样式,抬轿的仆役则在草地上等待。领事并未穿正式的外交服装,而只是一套帝国军服。他就像是一位头上戴着头盔、徽章上有银色镶边的巴伐利亚陆军军团的军官。别在胸前的是一只双龙宝星勋章(上头带有许多的钩子与尖角,不可避免地会伤害到所接触的衣物)。随行翻译是福尔克博士,他穿着黑色的西装(福尔克博士虽然非常年轻,但已经是名优秀的汉学家)。我的穿着也是经过严格挑选的合宜服饰。有人趁机告诉我要脱掉手套,因为戴手套握手对中国人而言是不礼貌的。

领事上了第一台轿子,理所当然那是绿色的,对应到中国官阶里的最高位。我则被指派到一张蓝色的私人用轿子上,在第二位。最后,则是福尔克博士,他作为随行人员,同样坐在一张绿色的轿子上。德国领事馆的中国守门人把两侧大门打开,几台轿子就一路通向大街。

我们的队伍十分惊人,领头的是一位中国前导骑士,身穿红棕色绸缎,骑在一匹白马上。之后是我们那三台轿子,每一台都由四名仆役扛着。这群苦力穿着蓝红两色的官服,让人想起中国士兵的无袖军装;头上则戴着中国官帽,像是被倒放的漏斗,还插着枝条。每台轿子两侧都有两名军士骑着马,作为护卫与预备人力随行。另有一位中国骑士穿着蓝色服饰骑马殿后。

路途很远,苦力们尽可能地奔跑。坐在这台由四位仆役扛着的轿子上,跑起来就跟由四匹马所拉的马车一样快。即使在中国城市的窄巷中,速度也没有减缓的迹象。任何人遇到我们都得闪避。即使另有一个带着一长串骑士与仆役的中国人,也必须先停下来,靠往墙边,给我们让路。有台堵在街道上的人力车,被第一台轿子旁的苦力轻松地倒转回去,并丢在碎石道上。可以听到有个指挥在发号施令,苦力们一次就位,所有人一同抬起这三台轿子,挑起的竿子从右肩换到左肩,在旁预备的军士也会来帮忙把轿子抬起。这时候挑夫间会彼此交谈,人们会时常听到这个字:"Zo-la!"难道中国苦力已经在谈论德雷福斯丑闻了吗?当然不是!这位法国作家的名字"左拉"在中文发音里是有特定含意的。"Zo-la!"的意思就是"走啦!"若有其他苦力用"Zo-la!"响应,意思就是"可以了!"或是"走吧!"德国领事的巴伐利亚军装,吸引了路人的目光,虽然没有预期中来得场面惊人。有几个人面露吃惊的神情,但也鲜少转过头来——这次不寻常的出行并没有干扰到中国人的宁静。中国人之所以不感到惊讶,或许是因为他们生来具有斯多葛式①(沉着、不受影响)的禀赋吧。

这趟旅程持续了近一个小时,颠簸的巷道像是没有尽头般。我们从一座大桥上越过了河川,由于桥面相当窄,可以向下望见密集川流而行的中式船舶与帆船。之后我们继续穿越混乱的街道,很快又来到河边。这一回没有渡河,而是向右弯,并且沿着有点崎岖的水岸继续往前走。可以注意到,离总督府愈近,市区就变得愈肮脏。最后在水边的衙门前升起了两面红棕色旗帜,在主建筑的周遭则是一片忙乱嘈杂。街道外头驻守着总督的侍卫队,这些步兵要么蹲在地上,要么就像是要睡觉似的,在步道上伸展着肢体。骑士们下马站在坐骑旁边,他们不会给人不好的印象,北方中国人不同于其他地域,本身看起来就像男子气概十足的战士一般。迎接本次采访的中国官员,有些骑着马,有些步行,从衙门里出来,排成了一长列。

通往街道的木制栅栏是开启的。我们穿过去,还通过了好几个挤满了人的庭院。人们急切地想要看我们,形成了一条人龙。衙门内的入口位于第三个庭院处,黑色大门由两扇门组成,上头分别有超过真人大小,身着旧中国战服的英雄画像门神。这道门先前是向某些欧洲人士敞开的,因为荣禄之前的总督李鸿章,喜欢在总督的光环中接见外宾。现在,我们在第三座庭院里,扛轿的仆役们停了下来。总督府的官员到我们面前,取走了三张长形的红色纸片,那是我们的中文邀请函。苦力把轿子扛在肩上,还没决定下一步行动。这位总督刚刚才决定是否要兑现这次预先登记的访问。没过一分钟,黑色的大门开启,服务人员急急忙忙前来,排列于入口的两侧。苦力们这才把轿子放下,我们走了下来。

领事友善地推了我一下说:把雨伞留在轿子里吧。因为若是我带着雨伞出现在这位高官面前的话,会让人感觉,我觉得宫殿内会有水从

---

① 斯多葛主义,斯多葛又译斯多噶或斯多亚,古希腊和罗马帝国思想流派,哲学家芝诺于公元前3世纪早期创立,在雅典时он常"在门廊"讲学,传人有克雷安德与克吕西普;在罗马帝国,代表思想家有塞内卡、爱比克泰德与马尔库斯·奥列里乌斯。

屋顶上漏下来。也许真的有水会滴下来,但是,无论如何这样的举动都是不礼貌的。

我们被引领通过了许多通道,急急忙忙地穿越了许多不明亮的房间,最后进入到一个有着木质地板的庭院,周围被许多接待室或私人房间环绕。在其中一侧,有个通往室内的门开着。这个门口的样式完全是摩尔—阿拉伯式的圆拱门形。这种样式的门经常可以在中国房舍的内部看到(很少出现在外面),这意味着跨越广袤亚洲土地的不同风格,借由这两者产生了古老的联系。

总督的接待室完全以欧式风格装潢。据说荣禄进驻这栋府院时,曾问天津利顺德饭店的老板,愿不愿意把两组家具让给他。但是,利顺德方面并不打算遂他的心愿。于是,他便从海军提督的欧式中国官舍里搬来了家具。曾经在天津停留的海因里希亲王也住过该处。这两间接待室在装潢上毫不华丽,只摆放着几件风格相当古老的家具,但是,家具被保养得很好,看起来既亲切又宜居。这栋房子里完全没有中国式的大小饰品,因此,显得既简洁又独特。

人们留意到总督已经到了!寂静,特别会使人心中产生尊贵的印象。虽然房子里挤满了人,但每个人都无声无息地专注着自己的任务。

一位府院总管或是房间负责人请我们入座。总督此刻正与该省的司库在一起,很快就会出现。我们请求不要去打扰尊贵的总督大人,否则,他与他的司库根本就没法好好交谈。我们坐着等,房间的另外一侧,挂着中国刺绣,还挂着有彩色花卉、背后有白色丝绸的篮子,作为墙上的装饰。那底下有一个玻璃钟,基座上放着两组彩绘泥偶。产制人偶是天津产业中的一个特殊分支。泥偶是歌唱少女,三个人在一起,以生动的姿态稍微侧着头坐着,用纤细的手拨弄着一种琴。

没等我们看完,入口处就有了动静。

"老先生到了!"领事说道。

我们立刻站了起来。总督以快速的步伐走进来,后头跟着两位官员和许多随从。他走近我们每个人面前,目光上下打量着,并以中国的方式打招呼：他把交叠的双手在空中上下移动，然后，把瘦小、柔软又温暖的右手伸向前。领事则除了稍微鞠了个躬之外，都保持着军人的直挺姿态。我们被请进一间用餐室，总督大方地让他的宾客先行。

这个房间空间狭长，几乎被一张大桌子给占满了，桌上盖着棕色的桌巾。此外，上头还挂着人力风扇。桌子上放着一壶煮好的咖啡，还有蛋糕盘子，放着葡萄、梨子与其他水果的玻璃碗，和放着奇特橙黄小球的碟子——似乎是甜点。此外，还有许多其他的好东西。我们在位子上坐下，感觉像是要举行一场大型会议。总督大人坐在这张桌子最前端的主位上，我坐在他的右侧（因为这次接见是以我的名义进行的），坐在左侧的是领事先生，在他旁边的是翻译。在我左边，坐的是总督的随从官员，天津北洋大学堂监督蔡先生①。他是一位和善的中国人，说着流利的英文，经常为总督翻译。他有着一个又小又翘的鼻子，让人联想到伟大的谷奇兰（法国演员 Coquelin）和他的"朝天鼻"。桌子的最末端是另一位官员"海关道台"李岷琛②，他有一半几乎隐身在黑暗之中。这位官员管理海关的某一部门，在公务上一直都跟外国代表们有接触。如此一来，双方联系也逐渐被建立起来，而海关道台的作用是，作为领事与较低阶中国官员间的中介，在正式的接见场合中也扮演着"大使介绍人"的角色。

我们坐定之后，盛有欧洲茶的白色小瓷器随即被端了上来，糖、牛奶和蛋糕也一并端上来。与此同时，我们面前的高脚杯也被倒入了香

---

① 蔡绍基（1859—1933），字述堂，广东珠海拱北北岭人，清朝官员。他是 1872 年清末第一批中国留美幼童之一，曾在哈德福中学读书。1882 年进入耶鲁大学学习法律，同年奉召回国。回国后，曾经担任上海海关道署翻译、牛庄海关道台、天津海关道台、直隶总督北洋洋务总办等职。他曾随袁世凯赴朝鲜征税。1895 年，光绪帝钦准成立北洋大学堂，并由盛宣怀任首任督办，而蔡绍基担任二等学堂总办。1908 年至 1910 年，蔡绍基出任北洋大学督办。

② 李岷琛（1838—1913），字少东。四川安县人，清末政治人物。咸丰十一年（1861）拔贡，同治三年（1864）中举人，同治十年（1871）成进士。选庶吉士，散馆后授翰林院编修。历任贵州乡试副考官、云南学政、国史馆协修、翰林院撰文、顺天乡试同考官、文渊阁校理、起居注协修、方略馆纂修、直隶天津道、直隶津海关道、北洋大学堂督办、江西督粮道、湖北按察使、江西布政使、湖北布政使、护理湖广总督等职。清亡后避居上海。

槟。最后,则是装有哈瓦那雪茄的箱子以及装有埃及纸烟的盒子。离桌子稍远处站着四位总督的随从。四个人都穿着深色的丝绸服饰,在长袍的中间系着丝质的宽腰带。一位随从的腰带扣环是华美的乳白色玛瑙,另一位则在腰带附近用一条丝带挂着一只大怀表。表面是被打开的,为了能让总督随时看到时间。让一位特定随从拿怀表,无论如何,都是贵族豪奢的极致。

总督自己却在服饰上展现出令人吃惊的单一性。他身着一件由深蓝色中国锦缎做成的长袍,前方有很小的金色纽扣。头上戴的是一顶黄色官帽,上头插着一枝带有马毛的红色枝条。帽子顶端有一个圆形的珊瑚制饰品,用来标示中国的最高官阶。帽子上系着一条可以套住下巴的带子。在这顶头饰的黄色边缘前方,有一颗漂亮的白色珍珠。这是总督身上唯一的饰品,手上没有任何的带子、手环与指环。

荣禄是一个年长者,矮小精瘦,脸部有着明显的鞑靼族特征。他的上额头突出,嘴唇的上方留着极有个人特色的黑色细须。他的眼睛是黑色的,黑得让人看不见底。鼻梁稍微弯曲。当总督笑的时候,会露出因年岁而变黄的牙齿以及当中令人生厌的缺洞。不过总督很少笑,他生性严肃,所有的举措都中规中矩。他的平静里带着尊严与崇高。他以稍微响亮的音调说话,但不缺乏声韵。在他嘴里,难念的中文让人感受到一种柔软的语调。对于所有的问题,他都能立即予以回应,虽然他的回答都是以自己利益为出发点,而不是提问者的。他懂语言艺术——耗费了许多词语,却什么都没表达。他的脸部表情就像是他的话语一样,都处于被控制之下,没有表现过吃惊的样子,更不可能陷于混乱。他以不可动摇的沉着态度,听着一切棘手之事,但一直保持着同理之心。因此,他就像是欧洲的年老议员一样的漠然(无热情、缺乏感受)。他聪明精悍的头脑,加上没有变化的面部表情,会让人联想起欧洲议员们的脑袋。荣禄与梅利纳(法国政治家 Méline,1838—1925,特别致力于乡下人民的利益)之间,毋庸置疑具有极高的相似性,甚至,连说话声音也有些类似。人们也可能把他跟弗雷希内(法国重要政治家Freycinet,1828—1923)相比拟。如果人们称呼后者为"白老鼠",那么这个荣禄便是中国版的"黑老鼠"。

整场对话中,总督都把手放在桌子上,一只带有长指甲的、纤细不安的手臂。有时随侍会把水烟斗送到跟前来,是一只带有艺术饰品的银质烟具。这位大人不动一根手指,只把头朝侧边转一下,侍从便把烟管放进他嘴里;他抽两口,把烟具里的水弄得咕噜咕噜作响,烟嘴离开他的嘴唇之后,侍从便带着烟斗悄悄退下。

过了一段时间,总督似乎觉得太热,于是缓缓解开金色小纽扣。一位侍从赶紧走上前来,帮助大人脱掉上衣,上衣底下是一件红棕色丝缎做的衬衣。有时候总督会突然把嘴巴张得很开,看起来仿佛是有话要说,最终却是众人期待下的短暂沉默。总督大人发出清理喉咙的声音,他看了一眼周遭是否有人在走道上,然后,他把痰吐在房间里。值得留意的是,这整件事似乎在总督大人严肃的表情上加深了一些细微的变化。

领事把头盔交给一位随侍,他小心翼翼地放置在壁炉架上,之后我们就开始了对谈。领事请通译转达,感激大人接见这位《法兰克福日报》的代表。福尔克博士轻松优雅地处理着这种艰深的语言。总督大人表示很乐意认识这位《法兰克福日报》的代表,至于能看到德国领事则更是令人欢喜。总督急切保证,他希望能与德国领事间更频繁地往来,还特别希望能够经常从领事那里增长见闻。他说,他还有很多东西需要学习。领事表示,任何时候都愿意协助总督。

在双方礼貌地交换善意之后,我变成了谈话的对象。总督问了我一些问题:在天津已经待多久啦?你从哪里来的呀?我表示我正在进行一次从胶州到天津的旅行,并且,刻意强调了一下胶州,希望我的话能触碰到这位中国政治人物心中敏感的神经,使其对此发表意见。但是,这位总督眼睛眨都不眨一下地耸了耸肩,似乎表示他听到的是一块已然割让给德国的土地,德国记者从胶州来到天津,似乎相当合情合理。

领事用雄辩的话语,将话题引向了报纸的重要性,中国其实也已开始意识到这一点。领事指着我说,这位目前在中国停留的《法兰克福日报》报社的记者,是从巴黎出发的,为报纸一直工作至今。"在德国以外,没有一个地方像巴黎一样对德国大众而言有如此的重要性。"他说道,"从《法兰克福日报》派这位驻巴黎记者来中国这件事,可以得知,德国大众对于在中国所发生的事是多么感兴趣。"

总督点了点头,表示在中国人们当然会重视报纸的重要性,他还希望在未来能够认识其他来自德国的记者。他转过头来对我说,我看到的正好是中国最有趣的时期,任何地方都还不知道中国即将进行改革,因此,中国将处于一个转变的阶段。

我请求荣禄先生解释一下,要实现怎样的改革。

"首先,"他回答道,"将进行军事改革。一段时间之后,计划将一些革新延伸到例如财政、贸易、商业、工业、农业以及报业上。"

"要以何种方式来进行军事改革呢?"我问。

"我们想要将所有的部队都交由外国教导进行训练。这已经开始在一些地方试行了,但应该在更大的范围内进行。"

"将用哪些国家的教导人员?"我问。

"我们会努力确保让所有国家都可以平等参与中国士兵的教育训练。"

"但是,这跟传说中的说法不太一致。根据那些说法,中国政府计划用日本教官全面取代欧洲的。"我提问道。

"这个传言没有根据。也许是哪位总督(意指张之洞)有这样的想法。中国政府无论如何不会刻意只让日本军官从事军队的教导工作。"

"中国政府也打算聘用德国军官?"我试探。

"这是当然!在中国,人人都知道德国的军事实力在所有国家之上。"

这时领事也加入了我们的对话,表示他非常高兴能从总督口中听到这样的认可,从中可以知道大人是个怀抱热情的军人。此外,总督还赞扬了德国在军事上的杰出能力,因此,让人期望总督能够考虑尽可能授予在天津武备学堂服务的德国教导适当的职位,并确保其享有够高的薪俸。

荣禄鞠了个躬,并保证只要是他的事,一定会照办。

之后我继续询问:"中国是否会在军事以外的领域,也考虑寻求外国人的协助?"总督的回答有点躲闪,他说:"目前还没有办法预见未来的发展道路将会如何,改革还不算开始,而且大部分还都停留在计划上。首先,中国人要靠自己的力量帮助自己,之后中国可能会在所有领域都求助外国人,就像是中国的海关组织长久以来所做的那样。"

我接着提问:"在财政改革上,中国若没有外国人的协助可能没法进行。或者中国认为,能够有自己的渠道取得资金?"

"中国政府将会向所有国家询问条件,并且会从各国中选出要求最低利息及最低担保的一个来。"

"中国人真是杰出的商人。"领事奉承道。

总督微笑着,他似乎也认为领事这句话所言不虚。

"对于报纸改革,人们有何想法?"我问道。

"中国迄今仍无官方刊物,"总督解释说,"现在,中国政府选定了一家在上海的报社,作为传递政府信息之用①。圣上也是希望能够读到所有的报纸。"

领事提到了一则新闻:皇帝有意造访天津②,并表示,荣禄先生在几个月前才到职,就得到皇帝来访的垂青,这必然会被视作皇上对您的完全信任。总督回答道,他并不值得获得如此高的荣誉,作为皇帝最质朴的臣民,这样的拜访实在是多蒙圣上恩宠。

谈话转到了外交上,我描述了中国与列强间的关系。

"中国与世界诸国,"总督回应道,"处在最佳的和谐状态中,大家

---

① 指将《时务报》改为官报,交康有为负责。
② 指天津阅兵一事。

都是一家人。"

在我旁边的蔡先生,北洋大学堂监督,举起一只手指并翻译道:四海一家!

我问德国是否也属于这个大家庭中的一员,我所获得的好消息是,中国与我祖国的关系好得让人吃惊!可以预见,荣禄先生对于外交这个领域,在用词上会格外小心。有一次,似乎可以让人察觉到,这位中国人心中有一颗俄罗斯之心在搏动。我提到了在天津以俄国军官取代部分德国军官的事,并以此引出自己的看法:从这次事件中可以知道,中国希望与俄罗斯保持特别稳固的关系。

总督对此给出了耐人寻味的回答:"若是某个国家对中国表现得特别友善,中国自然会让他享有好处。"

对于总督的这段话,我很吃惊。在欧洲,人们的想法正与此相反,在俄国这种强权面前,中国必然会提心吊胆;若俄国将满洲纳入自己囊中,却还能找到证明俄国对中国特别友善的理由,这岂不相当有趣?

突然间总督便没了谈话的兴致,因为这问题让他感到不自在。因此,他刻意误解这个问题,然后,他热切地重新解释:所有国家都是一家人,说法依旧。所有的国家都热爱中国,中国也热爱其他国家,这样一来,外交政策就变得极度简单,而总督也就不需要进行妥协。

"日本的情形如何呢?"这几天,前日本首相伊藤侯爵(伊藤博文侯爵1885年任日本第一任内阁总理大臣,到1901年共出任四次)会抵达天津,并从这里前往北京,听说这次的行程是非正式的,伊藤侯爵是要回访他的好友李鸿章。但实际上,侯爵是日皇(Mikado,欧洲对于日本天皇的称呼)的密使,此番身负政治任务毫无疑义。中国报社头条热烈报道他的到访,并提到中国与日本建立紧密的关系。甚至还谈到,伊藤侯爵试图与中国建立联盟,这传言有几分真假?

总督表示,对于伊藤到中国签署联盟一事,他从未听闻。若是日本有建立进一步关系的意图,那么在中国就会看到对此的友善回应。

最后,我们谈到了铁路这个议题。当总督被问到,中国政府目前可不可能进行全面铺设铁路的计划?

"当财务窘迫的时候,我们会试着从国外弄到钱。"他如此回复。

"然而,德国没有被特别予以考虑吗?如此优异的德国工程师,难道没有被用在铁路建设上头?"我问。

"这里当然也有德国人加入,但参与程度是和其他国家一样的。"

对于进一步的询问,荣禄先生解释道,中国政府已决定,即使铁路是以外国资金建设的,中国政府也将对这些铁路保有最高的控制权。而且,新路线中首先被确定的就是汉口到北京这段铁路。

领事给了我们该离开的信号,但是,总督似乎还未一吐为快,他现在还有一件事想说。

他问道:"沙皇寄来的,邀请诸国考虑解除军备的备忘录,现在状况如何?"

这个想法真的是太好高骛远了!沙皇解除军备的想法,竟然让中国人认真地考虑起来!显然,总督的这个问题如果不是来得那么突兀的话,我们会很难回应。于是,我们便向总督陈述了唯一的对外说法:这一着棋的后续效应根本无法事前评估。在过往的历史里,没有类似的事情在世界上发生。人们一时之间会欢迎沙皇的倡议,但并没有考虑到后果。

"人类是如此的不理性。"北洋大学堂的监督蔡先生说道。

"一旦变得理性时,又会如何?"总督说道。

"这是可能的,但却不太会发生。"

我们请总督留意,沙皇的提议迄今所造成的唯一后果就是俄国与法国之间的不快。

"两年前沙皇曾到过巴黎,那时候,巴黎在所有的墙上都漆上了'和平'这个词。如今对沙皇意欲实现与法国永久和平的目标,人们已感到厌恶。"①

---

① 1891年至1894年间,法国与俄罗斯针对德奥意三国的同盟正式缔结防卫性的"法俄同盟"。因为这个同盟是针对德国的,作者对此有抵触。

这时领事举起酒杯,意味着会谈即将结束。总督把他的杯子拿到嘴边,我们也一样行礼如仪。之后总督荣禄先生举起他的香槟杯向大家敬酒,蔡先生看着大家大声说道:"干杯!"我们稍稍碰了一下杯子,便尽可能快速地把它放下。总督府的香槟在整座天津城里都是恶名昭彰的,听说酒杯里头剩下的,会被倒回到瓶子里。

我们于是起身,总督再次向我们伸出了手,并引领我们走到下一个房间——而他并没有将这次的访问当作是正式的,否则,他会陪同我们一直走到大门处,而且,到达时还会有带枪侍卫(以武器表示军礼相迎)。在第二间房间里,我们跟荣禄先生告别,蔡先生及海关道台会陪我们到出口处。荣禄不希望我们离开时,对他没有任何赞誉的表示,所以在通道处排着他的二十名秘书,穿着长袍官服,平静地站着。从这群平和、庄严的中国人身旁走过,我们走出了大门。

第二十七章 北京危机

一八九八年九月

前两章所谈到的会谈内容,中国提出诸多项改革的核心议题,但是,并没有任何一项被付诸实行。中国皇帝计划于一八九八年十月对天津进行视察,这座城市的中国要员九月起就开始如火如荼地筹办着,但是,后来从事情的发展来看,几乎可以确信,皇帝不会来视察天津了。因为,对一个住在小岛上的人而言,要来天津已经是很困难的了。如今,他能离开小岛的桥又在何处呢?是呀!事情是原来的事情,但是桥已经被撤走了!

皇帝计划要付诸实行的改革,使得那些因改革而受到威胁的反动势力发起了宫廷政变。慈禧皇太后亲自接管了政府,皇帝被关进皇家花园的一座小岛上,时至今日,仍被拘留于该处①。这样北京也陷入了政治危机之中,迄今仍持续着,而且很可能变成中国历史上一个重大的转折点。中日战争(第一次中日战争发生于1894年8月1日至1895年4月)以及该次战争引发的列强入侵行动,使得不具有防备能力的中国一下子暴露在世人面前,也因此引来了一场革命。这段时间以来,在无声无息中进行的内部权力的争斗,随着当下的政治危机终于在中国政体内爆发。新时代与旧时代、欧洲精神与中国传统,这一次都进入到这场争夺中国皇位的战争中来。在争斗中,诸国编织着他们各自的

---

① 指瀛台。之后的囚禁似乎变得比较不严实,而当1900年8月太后于联军面前逃离北京后,皇帝也一同离开,或者应该说被一并带走。

计划,每一个国家都想尝试着影响事件的发展,以便有朝一日能将中国纳入自己的势力范围。同时,那些野心勃勃想要在未来猎取战利品的列强们,外交谍报活动也在进行着。

在内外多个条件的作用下,北京的危机可能会发展得相当缓慢。结果不外乎就是改革派的胜利或者代表中国旧体制者的胜利,满洲王朝的倒台或者是新王朝的成立,或是这一帝国的瓦解换来欧洲的异族统治。——无论如何,危机的终结都代表着中国将继续前进①。

在1898年秋季的日子里,我在天津与北京体验到了关键时期的开启,并同时以手中的笔记下了发生的事。顾虑到整个过程的历史重要性,将事件及其解读依当时人们认为的顺序排列,也许在今日或未来仍会唤起人们的兴致。因此,以下记录着中国历史事件的诸多描述,将以日记的形式加以呈现。

一、在天津,人们注意到北京出事了

一八九八年九月二十六日
天津

天津四处流传谣言已经数日。在李鸿章突如其来下台之后,人们对于北京发生的事态感到有点疑虑和不安。但是,这种感觉并不是很清晰,没有人能够清楚地对此加以说明。九月二十二日,一如往常,上午十一点三十分将有一班快速列车由天津驶往北京。许多欧洲旅客在天津火车站聚集着,在时刻表所预定的开车时间前不久,他们却被铁路

---

① 这次的危机隐约地持续了两年,在1900年夏季突然变得严重起来。慈禧太后在1898年夏季以政变所开启的危机,在1900年的义和团运动中延续。该次运动,本质上是一场反对外国人与欧洲影响势力的运动。可预见的是,偏好中世纪的一些满洲人,其反对文明国家的尝试,最终会换来悲惨的后果。在这些文字被写下的时候,慈禧正带着她的整座宫殿逃亡;而联军,则在皇宫里那迄今仍未被踏入的"禁城"围墙内驻扎部队。后续会发生的事,目前难以预料。总之,危机已经进入到最后阶段,中国的新时代终将会击败旧时代。

官员临时告知：今天这班火车不会再开动了！到北京的铁路路线已经中断的消息，闪电般地传遍整座天津城。现在人们已经不再怀疑，首都北京确实有了不同寻常的情况。

对于所发生的事情，人们并无法获悉详情。可以确定的是，确实有某件事情正在发生着。要乘车前往北京的旅客中，有一位是德国领事馆的工作人员。他询问火车交通中断的理由，得到的答复是：铁轨被破坏了！但是，下午却有一班列车从北京驶来天津——为何同一条铁轨，北京来天津没有被破坏，而天津去北京就被破坏了呢？就在当天，人们说，直隶总督荣禄搭上了一班特殊列车去了北京。此外，还有一班满载高官的火车也被人目击驶往北京的方向。在天津本地，也可以从急骋在中国城区的骑手身上发现，一定有事件发生了。在中国海关处服务的欧洲官员似乎知道些什么，但是他们都隐藏在对外交事务的沉默之中。他们对想要运九十只装满高价商品的箱子到北京的商人说，可以的话最好等几天再送。

天津唯一的欧洲报纸是《京津泰晤士报》(Peking and Tientsin Times)①，每周发刊一次。九月二十二日上午的中文报纸，没有任何这方面的讯息。在得知官方消息的速度上，在中国地方往往是有所延迟的，特别是那些在皇宫高墙里面所发生的事。在缺乏明确消息的情况下，人民的想象力变得特别丰富。天津城里谣言四起，通过外国商务人士的口耳相传，谣言也传进了当地的欧洲企业里。九月二十二日当日的传言更是精彩无比，电报一封接着一封从天津发出。中国电报总局接收了所有电文，但是却没有实时转发出去。这又是一个一时无法解释的问题，没有电文从北京传来——电报传递似乎已经被中断了。

天津所传播的谣言中，首先一条是关于外交上的可怕剧变。根据其中的一个版本，英国已经向俄国宣战；第二个版本是英国向法国宣战；第三个则是俄国向法国宣战。人们可以从这三种战役里头选一个。

---

① 《京津泰晤士报》创刊于1894年3月，停刊于1941年12月，英国建筑师裴令汉在天津英租界工部局的支持下创办。

之后，有某个人确切知晓：法国向中国宣战了。这位法国派遣在北京的官员宣称他有通行的权利，但中国政府拒绝了他，阻止他离开当地，于是就把天津跟北京间的铁路交通中断了。这个流言在当天持续了好几个小时，中国城里反对外国人的不安情绪还因此而得到加强。一些务实的人已经在思考，一旦造反者砸烂了他们的房舍，他们应该向中国政府要求多少补偿金额。义勇兵们则开始磨起了军刀。

此时，欧洲商人也派出公司里的中国人，让他们外出探听消息。而他们也带回了极具威胁性的情报：英国与日本的舰队，与俄国舰队在山海关附近遭遇；而位于海参崴（现为俄属符拉迪沃斯托克）的俄罗斯炮台则向一艘英国舰艇射击。一般而言，从这些消息里可以体会到中国人的感受。而造成整体不安的起始点，必然是一种内在的危机。皇帝的死讯最后也不断地出现在谣言里，且为人所确信。

这个传闻在欧洲区域里同样有人相信，超出了长久以来他们所预期的可能。光绪皇帝（光绪皇帝出生于1871年8月14日。1875年在他的阿姨慈禧太后的训政下，继任父亲同治的皇位，并于1889年3月4日掌握实质政权。1898年慈禧太后罢黜光绪皇帝重新取回政权；在慈禧1908年过世的前一日，光绪因慈禧的命令被毒死。后继者为溥仪。）的死期近了，他最近开始以开明的态度实行统治，但显然由于年轻奋发，在改革速度上冲过了头。皇帝即使是有无上的权力，也不足以让中国在短短几个月内就蜕变成一个现代化的国家。但就算蜕变的过程变得比较慢，最终的宿命也不会改变。对于他改善统治局势的努力，有些人可能会心怀积怨。

正因为如此，皇帝把将利益构筑在中国悲惨境地之上的人，变成了他的敌人。对于靠压榨人民而生存的那些人而言，民主的启蒙会对他的利益有妨碍，进而让他不快。而人民的剥削者，总是将其诉诸值得尊崇的老旧传统求得合理性。不管是宗教的、国族的或是两者并行，这些传统绝对不会阻挡意图对人民进行压榨的人。在中国这片土地上，这些传统比其他任何地方都更具有权威性。任何站在旧习之上的人，地位都比想打破旧习、继续向前的改革者要来得有利。而光绪皇帝自己就是这样一位改革者!

以光绪皇帝为代表的中国统治者开启了改革计划之后,一股潜藏的敌对势力于焉成形,并且队伍不断壮大。反对者有明确的抵抗计划,当皇帝首次下达追求改革的做法后,民间便有传言说他病了;当他在政治上表现得愈像是个自由派时,他的健康状况也就会变得更加糟糕。人们会从中得出这样的看法:中国现在所进行的改革,对皇帝来说似乎相当有碍他的健康。

皇宫里有一个党派正在等候机会铲除恼人的君主制,这是显而易见的事件。而已经进行过长期统治、不得不在皇帝成年后归还政权的慈禧太后,急切地想要再次夺回权力。她以一个女人的阴毒与狡诈,光明正大地利用皇帝改革的热情,找借口铲除年轻的光绪皇帝。她不露声色,波澜不惊,表面上以母亲般的慈祥鼓励着这件事。她在这匹年轻骏马的脖子上套上了缰绳,并且,安静地等待他跑错跑道。当最后一件愚不可及的政策开始进行时,她出场了,以一如往常的慈祥,宣布了皇帝退位的消息。

"你看吧!你没有办法进行统治的。现在,让我再坐回皇座吧!"

最后一项愚蠢的政策似乎是皇帝所下的一道诏令,要求一品至三品的所有高官剪去发辫,并且开始穿欧洲服饰。一个想要在中国取消发辫的皇帝是不会有好结果的。

关于皇帝的这些计划,几天前,人们就在天津得到了消息。因为,几周前就有一些高官从政府机关中逃职。因此,人们在九月二十二日听到皇帝自杀的传闻时,完全不感到吃惊。若是中国皇帝眼下因为自杀而被剪除,而其他人也期待他被剪除的话,那么这个令人吃惊的善意将使人产生极大的怀疑。人们似乎愿意相信皇帝之死,但是,也迫切地想要知道,是谁让皇帝自杀的?

就连中国人也对皇帝会出于本意而自杀感到怀疑。很快地,中国天津的城区就出现了皇帝被毒死的谣言。当然,中国人不是用"毒死"

这种恶毒的字眼,而是说"皇上吞金了"。吞金是高雅的说辞。如果皇帝被谋害了,起码这样听起来还算符合他的地位。即使诏令已经下达,皇帝将跟太后一同执政——这个谣言版本至今仍未完全消散。不过有些中国人宣称,皇帝已经不存在了,现在,只是以他的名义在维持统治,直到下一位继任者被选出来。当然,那会是一个年幼的孩子。但如果皇帝实际上并没有吞金(被毒死),那么他可能在这几天的汤里找到不利于健康的金属。由于正好遇上这位获得黑鹰勋章①的皇帝(这真是一件得到极高荣誉的特殊例子),人们必然会加快给他授勋的速度,如果他们还想确定这位获奖的皇帝还存在的话。

毒物究竟是什么,人们并不知道,而且,永远也不会知道。今天真正发生的事儿其实是皇帝退位了。载有九月二十一日这个日期的退位诏书,现在已经世人皆知。他并不是被迫下野,而是自愿离开皇位,其中,当然包括已被证实的健康疑虑。在现在的事件中,健康疑虑是因为工作超过能力负担了,而太后将会共同参与治理国家。她将会在"帘幕"里参与事务管理。对此人们可以合理猜想,太后在"帘幕"后方,会知道更多国土上发生的事,而且,将会施加更大的影响力,更胜于在"主殿"之上的皇帝。如果皇帝对自己的退位,选择最谦卑的形式一言而蔽之,那么这件事就不会招致怀疑。皇帝的退位诏书,在报道快速且颇受信赖的天津报纸《国闻报》②中,首先被逐字公开。

对于这份备受瞩目的诏书,逐字翻译如下:

"朝政如今相当沉重。从早到晚,我都竭尽全力地在处理不同的事务。每天都有着成千的新问题出现。令人担忧的是,这些负担突然

---

① 从英文翻译而来。黑鹰勋章是普鲁士王国骑士精神的最高勋章。该命令是由勃兰登堡州的选举人弗里德里希三世于1701年1月17日建立的。他在第一次世界大战后流亡荷兰,废黜皇帝威廉二世继续授予了他的家人。他娶了他的第二任妻子格赖茨的赫敏·雷斯(Hermine Reuss)公主,为黑鹰勋章中的一位夫人。
② 《国闻报》是清朝维新派创办的一份报刊,1897年10月26日,由中国近代启蒙思想家、报刊活动家和翻译家严复创办于天津,初期为日报,创刊一个月之后增出旬刊《国闻汇编》,是戊戌变法时期维新派在华北的重要舆论阵地。1899年,由于慈禧太后的压制,报社被迫卖给日本外务省;之后报社被义和团战火所焚,印刷机被毁而自动停刊。

间变得过重。自同治皇帝开始统治之后,太后曾两次参与朝政,以杰出的方式引领国家的命运并克服所有难题。考虑到帝国的荣泰(字义上是说:为了国家与宗庙的荣泰),我已正式向太后请求,愿降尊求教治理工作。太后同意了我的请求,对于国家与民族之官吏们而言,实属大幸。今日起,太后将于帘幕内参与朝政。九月二十三日,我将于太后的勤政殿内,率领诸亲王及大臣,表达我的敬畏。此次仪式由权责单位负责相关事宜。"①

这次北京的危机,当然对外交也造成了影响。中国的整体局势,仍受到英国与俄国间的折冲所主导。因此,人们能合理地把近日重要的(外交)影响联系到这次事件上。最近,英国人发现,李鸿章还是他们中国计划的主要敌手,于是将英国政策的主要力量用来反对这位致力于联俄抗英的官员身上。李鸿章下台了!英国报纸骄傲地大肆报道这次外交胜利。十四天后,皇帝也下台了。两起事件如此紧密地在接近的时间点发生,以至于人们无法忽视二者背后的关联性。这看起来就像是两个人在对弈:英国人先摆出了李鸿章,而后俄罗斯人则以皇帝来回应。"卢布赢了!"当消息从北京传来,天津的欧洲城区便是这么理解的。不过,事情还没有这么简单,对皇帝的垮台,俄罗斯人确实是帮了一把,但实际上却有国内外诸多影响作用其中。要抽丝剥茧地找出根源并不容易,真相或许可以通过以下的文字得到说明:

一位来自广东的、名字叫康有为的年轻小官吏,试图谋取在皇帝之上的神秘权力,这个是故事的起点。一群广东人于是在北京宫廷内组成了一个强大的、令人生畏的党派。这个广东集团的首脑人物就是张

---

① 原文为:上谕:现在国事艰难,庶务待理。朕勤劳宵旰,日综万机。兢业之余,时虞丛脞。恭溯同治年间以来,慈禧端佑康颐豫庄诚寿恭钦献崇熙皇太后两次垂帘听政,办理朝政,宏济时艰,无不尽美尽善。因念宗社为重,再三吁恳慈恩训政,仰蒙俯如所请,此乃天下臣民之福。由今日始,在便殿办事。本月初八日朕率诸王大臣在勤政殿行礼。一切应行礼仪,著各该衙门敬谨预备。钦此。

荫桓①，要附带说明的是，他也是德国公使的好友。张荫桓与李鸿章之间相互忌妒、彼此斗争。结果在广东集团与李鸿章的党派之间，展开了一场彼此无所不用其极的无声的、严肃的斗争。康有为作为皇帝的亲信，经常往来于张荫桓的宅邸，似乎在其计谋之中要利用这位广东集团首脑来对付李鸿章——康有为对李鸿章也抱着极大的私人恩怨。康有为极其努力地想要用自己对李鸿章的不满影响皇帝。为了让李鸿章远离总理衙门，他对他过大的年龄表示了抗议。他指出，这位过气的老头，不再能够对诸多国事进行清楚的判断；也无法凭借过去的名望，对其他大臣进行指挥，因而延误了行政事务的处理。这个流言以及其他种种类似的说法，最后都成功了，皇帝要求李鸿章卸下所有的职务。这命令似乎让外界大感意外。

不过，并不能说张荫桓在北京宫廷内建立了一个亲英的党派。李鸿章在总理衙门的后继者，前福州将军、后来任职四川总督的裕禄，是个最有可能被视为英国同党的中国官员，而广东集团的首脑张荫桓，不曾热衷地代表过英方利益。如果他私底下替英国做事，那他也不会向别人陈述此事。至于他是否拿了英国人的钱，不好判断，若是他拿了钱，在涉及资金来源的事情上，他会表现得更公正无私以遮掩。我们可以简单推测，英国在政策上会利用广东集团与李鸿章之间的对抗以达成目的，并且，在广东人动摇李鸿章地位的努力方面，已经趁机得到了一些好处。

---

① 张荫桓(1837—1900)，字樵野，广东南海县人，清末大臣。清同治三年(1864)，捐得山东知县之职，同治七年(1868)保荐至道员，赴湖北在总督李瀚章幕中总办营务七年。同治十三年(1874)调回山东，历官山东盐运使、芜湖关道员、安徽按察使。光绪十一年(1885)派为总理衙门大臣，赏三品卿衔。不久，派充出使美、日、秘三国大臣。光绪十六年(1890)，复充总理衙门大臣。光绪十八年(1892)，升户部右侍郎，转户部左侍郎，兼署礼部侍郎。光绪二十三年(1897)二月，出使英国，赏紫禁城骑马。翌年，主办铁路总矿务局。光绪二十年(1894)十一月，赏尚书衔，授为全权大臣出使日本。从此一身兼负外交、财政两大重任，成为清廷重要大臣之一。戊戌变法期间，与康有为来往甚密。变法失败后，被革职充军新疆。光绪二十六年(1900)，义和团起事，被诬通俄，斩于戍所。后有旨昭雪，开复原官。张荫桓是戊戌变法幕后重要的推手，他是康有为的举荐人，同时也是为变法牺牲的"第七君子"。

英国驻北京公使窦纳乐爵士（Sir Claude Macdonald）①与李鸿章之间的裂痕，已经扩大到令人无法容忍的程度。李鸿章日益清晰地转向俄罗斯，他认为无须对此保密。最后，在对俄国表示友谊时，他甚至明显展现出对英国的敌对态度。英国公使也不示弱，连李鸿章工作时间不在总理衙门的工作岗位上这种事，他也发文谕知。由于李鸿章在诸大臣中最为年长，而且是总理衙门中最重要的一员，对英国公使申请事项的决议，会由于他的缺席延迟，甚至彻底失败。窦纳乐爵士不得不使尽全力要求李鸿章在总理衙门现身。而当李鸿章终于坐在他的位子上，窦纳乐爵士又没头没脑地对他说，你跟俄国达成协议了。李鸿章回了句粗话，让英国公使哑口无言。因为这些积怨英国公使坚持要李鸿章离开议堂。但是，如果没有广东人的计谋策应，他的努力是否会成功，也值得探问。

无论如何，英国报纸对李鸿章的解职表示庆贺，甚至视之为英国外交上的一大成就。而英国报纸上不谨慎的胜利贺词，也成了一个对俄国的警告。由于全世界都把李鸿章的去职当作是英国在外交上对俄国的胜利，因此，俄国开始想方设法予以回击。

当时俄罗斯在北京并没有公使，仅有一位代办（代理公使职务的工作人员）巴甫洛夫先生（Herr Pawlow）②。俄国政策的领导人打算巧妙地利用这次外交上的过渡时期。这段时期首先被尽可能地延长，俄国驻巴黎公使主任秘书格耳斯先生，已经启程在来中国首都的路上，然而一路上舟车劳顿，迟迟都没有到达。在此期间，巴甫洛夫先生总是被不计后果地被派在前方，当事态变得严重时，他毫无顾忌地表达自己的主张而无须对此负责（否认有所牵连或无须为某事负责）。当英国政

---

① 窦纳乐，1852年出生于陆军军官家庭。1872年加入英国陆军，1888年入英国外交部工作，1896年任英国驻华公使。当时，香港总督罗便臣及英国军事联合委员会都提出拓展香港土地的要求。
② 不该忘记的是，此时是1898年9月26日。格耳斯先生当然早已被派遣至北京，而巴甫洛夫则是作为俄国代表被派至韩国。

府在圣彼得堡表达抱怨时,俄方政府则对此表示歉意,并表示,目前在北京只派任了一位代办人员,他有时对事务太过激进,你们可能需要耐心等待,直到新的大使到任。在此期间,巴甫洛夫先生要求中国政府放弃一处位于西伯利亚境内的金矿,并警告,若中国不满足俄国的希望,俄国将会派兵到中国领地。在这场李鸿章被解职之后的危险游戏中,巴甫洛夫先生必须顶住,如果他的警告不能兑现,那他就必须再把责任全部扛在自己肩上。

巴甫洛夫先生在北京被视作一个低调的人,连在自己的大使馆内,他也几乎没有朋友。而他作为这次事件的当事人,也是背后计谋的策划者,在意图实现的过程中,有了意料外的有利收获:英国窦纳乐爵士完全放任他的行动。李鸿章下台之后,这位英国公使对眼前的成就心满意足,认为世界局势已然大定,安心去北戴河泡温泉了。如同往年一样,整个外国使团要在北戴河会面。巴甫洛夫先生为了让他的英国同僚放心,不时地发电报前来:"我明天就到。"但是不管是明天还是后天,他都没有出现在北戴河。就像英国在李鸿章垮台的事情上插上一脚一般,俄国的政治策略也涉入了皇帝的退位。

就像英国,俄国的外交也只在针对宫廷党派的背景下运作。这就加速了事情的进展,使其朝俄国所希望的方向前进。巴甫洛夫先生为了实现他的目标,利用了李鸿章与太后相当久远且忠实的关系。通过太后的协助,李鸿章准备对广东人党派加以回击。由于光绪皇帝改革诏令过于急迫,加上他年轻缺乏经验,结果就是糟蹋了自己的皇位。光绪全然没有料到,正是因为他致力于解救民族与国家的热情,给他的敌人提供了梦寐以求的让他下台的借口。

有人极力想要将广东人牵扯到皇帝的下野这件事情上来。广东党派的首脑张荫桓先生,宅邸被士兵包围并搜索;康有为试图用毒物谋害皇帝的传言,可能同样是由李鸿章的党羽所散播。事实上,康有为已经逃跑了,张荫桓只能对这些做法大表不满,南中国也不免陷入了动荡。

关于北京危机的第一波新闻,是七艘英国战船已在一位海军上将指挥下离开白河一带,正停留于大沽炮台前方。

(在第一版里还有以下报道:英国人似乎小心翼翼地不向炮台射击,因为,俄国的加农炮是无法对英舰的炮弹进行任何反击的!)

二、北京的说法

一八九八年九月三十日

北京

在北京,一个强大的改革派的出现已引人注目一段时间了,该党派的主要组成是广东人。南中国商业大城所孕育的务实精神,使得这群来自广东的人,能敏锐地感受到满洲帝国所受到的危害,他们热切地思考能够弥补这些危害的手段与进路。国家的发展才能带来贸易繁荣,因此,商人们就尤其需要自由与进步。在中国,改革运动从广东商人那里起步的原因,显然是因为他们能够率先从中获益。此外,广东人也能够与欧洲人持续地建立关系,蒸汽船只消几小时就可以到达英国的殖民地香港。因为香港近在咫尺,作为香港与内地联结纽带的广东,逐渐出现了迈向欧洲化的自由主义趋势。对应于广州这座城市的重要性,在中国庙堂之上,广东人也成了一个有力的阶级或集团,在危机爆发之时,张荫桓便是这个集团的首脑人物。

改革派的次要组成分子,乃是年轻的中国文人。这些年轻的中国精英、文人中最积极能干的一群,深刻体会到了国家的耻辱与悲惨,想要改善国家的混乱秩序。如同在土耳其的土耳其青年,试着将国家在崩解与异族统治的威胁之下救出来一样,中国的年轻志士在紧急状态下也聚集了起来。这群中国青年显然没有清楚地意识到,威胁到底何在。他们从未到过欧洲,脑袋里充塞着中国式的杂乱无章与无知,此时,他们仍徒劳地要追求进步。无论如何他们深信,将中国社会与国家的存续建立在儒家传统之上,这个再也行不通了。即使他们不认识欧洲,他们也认为,自己为国家所做的努力是朝向欧洲方向的。中国年轻文人的改革运动是如此猛烈,以至于很难对之加以管控。在北京发生外交危机之际,人们甚至听到这样的想法,这场运动无疑会有结果,但是,这之前还有许多血要流,那是中国最杰出人物的血。

既是广东人又是年轻文人的康有为,同时身处在两个改革阵营之中,他通过这两个阵营的改革运动,赢得了超越皇帝之上的权力。皇帝与和他年龄相近的康有为之间,有着诚挚的友谊。由于年龄相仿及性情相似,皇帝情感上认同了这批狂飙青年。加上德国海因里希亲王的造访,康有为及其同僚所想象的欧洲,在皇帝那里也已被认同,皇帝也因此成为这群年轻志士中最积极的一个。

最终卷入这场混战的,还有反对君主专制的势力。中国人曾在汉族王朝下幸运地生存了近三百年的时间,那段时期就是明朝,其统治时期(1368—1644)。今日传统戏曲中仍被视作英雄般的伟大朝代为人赞赏。明朝之前,中国是由蒙古统治。明朝皇帝被满洲的军事将领驱逐后,他们取而代之,如今安然地坐在皇位上。汉满之间有着百年纠结,历史上的对立也由来已久,这一次汉族突然苏醒了。中国年轻一代的自由主义改革运动者,在宫廷里的老满洲人身上,遇到了最激烈的反对。这群满洲老贵族对改革是极其厌恶的。他们甚至不想知道任何跟改革有关的事。在皇上尚未成年时就代为训政的慈禧太后,则是这群反动分子的灵魂。如今,满汉双方陷入了尖锐的对立之中。而在今日的争斗当中,如同数百年前一样,汉族代表着较高尚的文化,而满洲帝国则是带有区域性与残暴特质的军国主义。年轻的汉族知识分子于是就以这种方式,开启了反对满洲帝国统治的激烈言论,此种言论已经在相当大的程度上散播到这个提出专制体制问题的民族当中。今日,还有一种思想也在悄悄地蔓延:在龙椅上重新建立一个汉族王朝,并使之适用于整个帝国。皇宫目前的根基已经开始晃动起来。在北京的外交官之间也出现了这种观点:这个王朝在未来如果要避免倾颓,只能诉诸外国的协助。

中国的改革派所获得的建议与鼓励，或是任何形式的支持，都是从日本人那里来的。日本人一直站在中国改革运动的背后，而且，在当前的危机发生之时也插了一手。在改革派打算使出重要一击的那几日，前日本首相、日皇亲信伊藤侯爵也在北京，虽然传言他是因为欠了李鸿章对日访问的一次回访，但这个事情绝非巧合。在伊藤侯爵离开北京之前，拜访了一位欧洲大使，伊藤侯爵倾诉他内心的真实感受，说中国首都所看到的情形让他讶异，他甚至感觉中国的改革现在什么也没开始。

中国改革派背后是日本，而日本之后还有英国。日本人改革中国的意图，外表看起来似乎相当诚恳。他们相信明治维新运动，因为他们从中获得了不少益处。若是中国决意踏上改革之路，日本觉得能够作为建议者与导师提供参考服务，就像是欧洲人当初在他们那里所做的一般。这样一来，日本也能将中国事务引导至对自己有利的一面。日本尤其希望中国将来能与之结盟，因为，他们在政治上的伟大目标就是把欧洲人撵出东亚。日本希望能成为亚洲门罗主义①的先行者，实现一个属于亚洲人的亚洲。而一个与之结盟、以日本方式进行改革、顺从日本思想又同时有实质作战能力的中国，将是抵挡欧洲潮流的一道坚强水坝。

有鉴于此，日本人全力支持中国进行改革，但他们并没有为改革提供良好的建议，甚至一开始就没有提出一个合时宜的进程。被改革冲昏了头的年轻志士影响了皇帝的政令，使之一个接着一个地进入到后果严重的躁进之中②。最近的一个命令是要提出整年的预算案，其中

---

① 对此感兴趣的读者，建议特别关注一下门罗主义。门罗主义可回溯到美国总统詹姆斯·门罗于1823年12月2日在国会前所发表的言论。其口号"美洲人的美洲"在表达这个信条上，还不算充分。

② 中国的年轻志士是有一套通过皇帝政令加以实现的完整改革计划的。这套计划是由伦敦教授道格拉斯（Robert H. Douglas）所制定，其中的建议如下：一，取消五百年来所用的科举制度；二，在北京建立提供英式或西方科学学程的大学；三，把寺庙转换成西式教育学堂；四，建立翻译机关，负责把西方科学书籍翻译成中文；五，设立专利局；六，支持基督教，不再驱逐教士；七，让改革派刊物《中国进步报》成为官报；八，让满洲青年学习外语并到外国游历。

必须涵盖所有的收入与支出。最后,皇帝下达了一个正式命令:要求所有一品至三品的满洲人都剪掉辫子,并且穿上欧洲服饰。这对住在北京、爱好中国古玩的欧洲人而言,真是天大的喜讯,因为,那些高官已经开始着手准备,要卖掉或当掉原有的服饰。有好几天人们可以在北京的古董店里,用极低廉的价格买到这些值钱的中国丝绸长袍。据说皇帝自己也穿上了张荫桓送进宫里的欧洲服饰。

这是压垮骆驼的最后一根稻草,或者说是引发危机的借口。如果改革派够谨慎,让一些有力人士不至于反对自己的话,这次的危机未必会爆发。皇帝轻易听任了建言,首先将李鸿章解职。造成这位朝廷大员下台的种种内外原因,我在先前已经详加描述过了——一方面广东人意图除去他,另一方面,英国人加速了他的去职。

北京的外国使团相信,英国在处理李鸿章这件事情上实际上是犯了个政治错误。过程是这样的:英国公使在一次公开会议上,没头没脑地对李鸿章说,他拿了俄国人的好处。这给了李鸿章在宫廷上的政敌们一次绝佳的机会,他们向皇帝告发李鸿章接受贿赂的事,并要求解除他的职位。不过,人们认为,英国应该可以处理得更好,以其他的方式来让李鸿章顺从。李鸿章本质上既不偏袒英国人也不偏袒俄国人,但由于他现在成了俄国人的朋友,俄国人便基于彼此的友谊给予他奖赏,英国人也应试着提供比俄国人更高的奖赏来让李鸿章成为他们的朋友。在这位无私的中国老官员面前,这样的尝试应当不会失败。如今,李鸿章却因为英国人的发难,而沦落成他们公开的敌人。如果李鸿章没有立即回到他的职位上,并赢回尊严的话,这样的对立便不能被低估。中国人在这方面是太精明了,对李鸿章的垮台也帮了忙的广东人士,以直截了当的方式激怒英国人。当然他们也因此在其所致力的改革事务上受到伤害。人们清楚,李鸿章在去职前不久就反对变法,曾说过一段话:在中国,显然已经出现了一些改善国政的做法,但是,也必须顾虑到过去的传统以及这片土地上的保守精神,而不应该冲过头。李鸿章因为改革派而丢掉官职后,他马上公开地站在了太后那一边(之后不久,慈禧太后便立即赋予李鸿章职位,他被任命为两广总督。而当义和团运动发生之际,他成为这个国家最重要的人物。他晓得,在这个关键时刻应该靠向权力,并与中国朝廷保持联系。而当中国军队被击溃、朝廷希望和平时,他又得以扮演中国与欧洲中介者的角色,一如他先前所为)。

改革派计划的重要一击是针对慈禧太后而来的,它后来出现了戏剧化的转折。对于宣告新时代的到来,太后表现得既被动又犹豫。不过她是一位精力过人的女性,一旦发现自己受到威胁,便会立即采取行动。皇帝已经承认,他与皇太后之间的对立局面将会是一场殊死战斗。两个人中间有一个必须离开,或者太后或者是他。老太后在这场斗争中全力防卫着自己。最后,皇帝让步了,留下来的是皇太后。

改革人士原来的计划是把皇太后流放到奉天(沈阳)。为了执行这个庞大的政变计谋,首先必须确保手中有充足的军事力量。中国最重要的将领荣禄,当时在指挥一个位于天津南方的军营,由于该军营里雇用了许多德国士官作为军事教导,因此被视为亲改革派而受到信任。他们于是决定,由他带领军队去首都支持皇帝。这位将领确实去了北京,不过他好像有点儿健忘,没带他的部队。此外,对于约定好的行动,他执行得并不精确。他其实并没有在皇帝的宫殿里面出现,而是出现在了皇太后那里。他告知皇太后皇帝要反对她的一切准备计划①。

于是皇太后决定出击,没有一丁点儿时间犹豫。她让受她指挥的部队包围了皇帝的宫殿,并强行进入到他的住处,把他的欧洲服饰从身上扯下来,并强迫他在同意太后重新执政的文书上签名。现在,她又重新坐上了王位,新赢回的权力必然会帮助她满足复仇的渴望,这位强悍的女性要看到鲜血,于是刽子手们都忙碌了起来。对于那些在中国力求革新与完善的人来说,恐怖时期于焉开始。皇帝身旁

---

① 袁世凯,这位在义和团运动中多次被提及的山东巡抚也介入了这次告密。

的年轻团体,都被刽子手的刀给铲除了。这场血腥的猎杀是针对广东党派的成员而来的,首先是六位年轻的文人,他们正要从底层的官阶爬向高位时,都被逮进了牢狱,这当中包括皇帝的好友康有为的弟弟,以及某位总督①的儿子(谭嗣同)。司法程序进行得相当快速,他们都被判处死刑。在宣读完罪状之后,他们被带到太后面前,太后愤怒地斥责他们。其中一位以辛辣的言辞回应太后,最后甚至喊道:她才是中国的残渣败类!隔天,他们六人都被行刑处死,五个人都勇敢赴死,只有一个在死前的片刻露出了恐惧。所有的人都在行刑前宣称,他们已为国家选择了最好的,几年之后,人们会怀念他们,并深刻体会到他们才是对的!

　　康有为的逃亡让他得以躲过这次审判。他搭上一班从北京开往天津的火车,在白河的河岸附近登上了一艘往来于天津与上海的英国蒸汽邮轮,在去上海吴淞前被一艘英国炮艇逮捕,之后,从这艘炮艇被带到另一艘前往香港的蒸汽邮轮,最后,他从该处前往日本②。当这六位年轻的文人成为第一批受害者时,张荫桓也被逮捕。为了认识这件事的重要性,必须考虑到张荫桓乃是总理衙门里最具声望的成员,也是各国外交使节里最受欢迎的宾客。而且,他去年还被派遣到欧洲,以全权特使的身份代表中国,参加英国女皇加冕六十周年庆典。即使是如此有影响力的张荫桓,也在简单的审判后被判处死刑。英国与日本的公使极力提出吁请,才使死刑没有被立即执行。就如同对犯罪嫌疑人的处理方式,张荫桓被流放到新疆(听说张荫桓在前往新疆的路上被杀

---

① 谭继洵(1823—1901),晚清官员。字子实,号敬甫,又号剑芙,湖南浏阳县(今浏阳市)人。道光二十九年举人,咸丰十年进士。官至光禄大夫、湖北巡抚兼署湖广总督。因其子谭嗣同参与戊戌变法受株连罢官,后卒于浏阳。
② 日本人接纳了康有为及他的朋友们,因为日本人希望帮助他们在中国进行行动。但这个计划似乎让人感到失望。我在数周之后于东京曾与日本外相青木(周藏)伯爵对谈,对于中国年轻改革家,他并不感兴趣。"我让他们四处乱逛,"他说道,"我们并不会妨碍或约束他们,因为他们不过是政治难民。不过他们实在过于激进,以至于给我观念不够成熟的印象。跟这些人在一起,不会有所作为。"之后,这群中国青年在檀香山成立了一个革命组织,并在中国,尤其是南方,继续宣扬其理念。

害;另一种说法是在义和团运动时期被处死)。

  之后宫廷发生的事情没有人知道。但外面的信息几乎每天都有惊奇,首先就是大量的人头落地。但是,流淌的鲜血从来就没有办法镇压进步运动,如果精神上已经开始迈向曙光,所有的暴力都将失去力量。中国的改革最后也验证了这样的经验。

第二十八章　拜访李鸿章①

一八九八年十月二十二日
北京

德国使团友善地请求李鸿章先生同意与我进行一次对谈。至于他是否会接见我，我们心里没底。此时的中国官员都尽可能地回避与欧洲人士接触，如果在谁住处附近出现了一位欧洲记者，那他们很可能直接在大门外横摆上一根大木棍。没有人知道未来的局面会如何演变，在这个节骨眼上，人心惶惶，所有人都避免进行任何会危及自身安全的访问。

而李鸿章一如往常，他是唯一一个不会心怀恐惧的高官。他同意了使团的要求，并安排第二天就接见。这一天，也正是欧洲军队进入北京的日子。当我们正要准备出门进行拜会时，李鸿章让他的秘书捎来了一封信，信中表示：由于身体微恙，请原谅他取消当日的会谈。欧洲联军进入北京，不难设想中国官员会为此感到头昏脑涨。但李鸿章处理会谈的事情还是典型的中国风格。对德国记者的申请，答复是同意的，因为他不想直接反对而显得不礼貌，但同时他也力图避免这样的会面，因此在会谈举行的当日，他"生病"了！

不过，李鸿章可能不太像是我们想象中的那种中国人。几天之后，他的病痊愈了，于是又重新敲定了会谈时间，德国使团通译冯·达高兹

---

① 李鸿章（1823—1901），本名章桐，字少荃、子黻、渐甫，号仪叟、省心，谥文忠，人称李中堂、李傅相。安徽合肥人，晚清重臣。官东宫三师、文华殿大学士、北洋通商大臣、直隶总督，爵位一等肃毅伯，追赠太傅，追晋侯爵。

先生将会与我同行。在负责处理国家外交事务的专业人士中,冯·达高兹先生算是一个了不起的人才,而且他身上还常带有容易让欧洲人困惑与误解的中国式素养。他能呈现出清新、吸引人的独特人格特质。在拜访李鸿章时能有这样一个通译,能将谈论的事务在各细节处忠实地迻译成中文,并以同等的精确性努力予以答复,对这次对谈而言真是难得的机缘。

我们坐上一辆马车,是那种底下没有避震弹簧的北京马车。行进中它会将路面上的不平之处和遇到石头产生的震动都传到身上,堪称是人类所发明的事物中最可怕的一种"酷刑"交通工具。在前方带路的是领事馆的骑士,后面则跟着一位骑着马的中国仆役。我们从领事馆向右转,在通往皇宫的大道上走了一段时间,然后再向右转,走到了窄巷之中。大约半个小时的路程后,马车与骑士停在了一条不甚宽广的街道中央。这条街道人车较少通行,安静、人烟稀少。李鸿章在他儿子的住处等着我们。这栋房子是木制的,如同一般的中国建筑一样,房间仅有地面上的一层。屋子是新建的,鲜亮的绿色外漆与邻近脏污的灰色民屋形成了强烈对比。从屋前宽广的临街与空地可以看出,这里一定住着有钱人。

领事馆的骑士先去递交我们的中文拜访函,他回来告诉我们拜访被核准了之后,我们便立即走下马车。步行走过大门,穿过用大片长方形石板铺成的干净园子,踏上石板阶梯,李鸿章老先生已经站在门口迎接我们了。门几乎跟他的身高一样高,让他看起来比实际上要高大一些。一个高高在上的老人样貌,令人肃生敬意。

他穿着简单的居家服饰,一件红棕色锦缎长袍,一件蓝色丝质外衣,外衣上的纽扣没有扣上,脖子领口附近还有些磨损。晒得黝黑的脸孔没有什么变化,就像他在欧洲时人们所认识的那样。他鼻子上挂着一副眼镜,不是一般中国文人用的那类怪异样式的(夸张、奇异、不寻常),而是金色细框的欧式眼镜。镜片后面是一对精明的、细小而灵活的眼睛,有时也会目露凶光。他说话的声量很小,听起来并不会让人感到不舒服,倒像是因为上了年纪声音有点儿糊在一起(法国人称此为口齿不清)。可能的话他尽量寡言少语,起码一开始是这样。

之后他的话变得稍微多了起来,但依旧掌控着话语的内容,并带着狡黠的目光。有时候他会在说话时突然冒出短暂的笑声,此时,他嘴巴里的黄牙便清晰可见,那是牢固、修长的犬齿。当他这么笑的时候,脸上便会闪过一丝嘲讽的神情,但随即又恢复严肃与呆板。这位老先生的头上已经毛发不剩,头皮下是骨骼强健的圆形头骨。

李鸿章手上拿着一根有着象牙握把的黑色木质拐杖。由于他喜欢把自己当成是中国的俾斯麦(这是某些欧洲马屁精一直对他说的奉承话,说久了他自己也就相信了),所以弄来一支铁血宰相晚年携带的拐杖复制品也不无可能①。

我们现在所在的房间是一间有着石头地板的前厅,屋里几乎没有什么家具,只在角落旁放着一张欧洲皮椅,皮椅前方另有几把中式椅子,后面是房子的内部,被一面漆着绿色的木板隔着。当没有访客时,板子似乎会被摆回去。李鸿章同我们握手,让我介绍自己的名字,并看我们给他的拜访函。他尝试着读我的名字。之后他便坐到皮椅上,并请我们在椅子上入座。他伸着两只脚,穿的是柔软的中国布鞋,腿上是白色麻布制成的裹腿。之后他向我们介绍他的孙子,年仅十三岁、想法十分开明的中国青年。德国的反犹主义者大概会把他隆起的鼻子视为他亚洲纯正血统的一种反证。这位年轻先生穿着深紫罗兰色华丽长袍,礼貌但有点害羞地向我们伸出手握过之后,就在一张稍远的椅子上直挺坐下,专心听他的祖父说话。

---

① 李鸿章的遗物中,有一根镶满钻石的手杖,据说是世界上最贵的手杖,原是美国总统格兰特的。一八七七年格兰特卸任,偕妻子朱莉娅作环球旅行。一八七九年四月抵达中国,成为美国总统中第一位到达中国的人。李鸿章在天津直隶总督行馆设盛宴款待格兰特夫妇,对格兰特的精美手杖爱不释手。格兰特于是说:中堂既爱此杖,我本当奉赠。只是此杖是我卸任时,国会代表全国绅商所赠,我不便私下赠人。待我回国后将此事公布,如果众人同意,我即当寄赠给您,以全中堂欣赏雅意。一八九六年李鸿章访问美国,格兰特遗孀不忘当年承诺,将该手杖赠予李鸿章。自此李鸿章与此手杖形影不离,直至去世当作遗物陪葬。

皮椅的不远处已经有一位赖姓仆人随侍在侧。双方在谈话时，李鸿章一会儿要他拿东一会儿要他拿西。首先他要香烟。他用一个小巧的镀金滤嘴抽着，之后又要金属制的水烟烟斗，忠实的赖姓仆人得把烟管放进他嘴里。然后是一杯茶。除了水烟之外，他也给我们提供了所有服务。李鸿章在他的皮椅上放了一只壶，像是一个被开启的容器。他不时会把它拿到嘴前，往里头吐上一口，然后再放回原处。由于所有的门都是开着的，风吹得有些夸张，我们身上都穿着外衣，但还是感觉冷。"赖"在没有被呼叫的情况下，主动拿来了一顶中国家居帽，戴到老先生光秃秃的头上。

从试图了解我开始，李鸿章开始和我对谈。他用拐杖指着我，提出了一堆问题：为何从德国过来？在中国多久了？拜访过哪些地方？在胶州停留了多久？何时会回欧洲？

之后出现了空当，我便利用这个机会赶紧提问，并把谈话内容带到重点上。我说道：因为《法兰克福日报》正确地预料到眼前正在发生的重大事件才派我来到北京。目前我只是个异乡客，不懂得如何去理解这场危机，如果能够从您那里得到对以下这个问题的答复我将感到十分幸运："到底发生了什么？"

李鸿章迟疑了一会儿，然后慢慢说道："错在年轻官员。"

"为什么？"

"资深、有经验的官员，被不曾处理过国家事务的年轻一代排挤出去了。他们想从中获得利益，直到最终不能再走下去为止。经过这次危机，这些比较年轻的官员已经被铲除了。"

"这次的巨变，若是能让资深官员重新回到职位上，应该会是好事。但这样的事情似乎没有发生。而人们已经从中看到，目前处于艰困时期的中国还没有给像您这样的人职位。"

老先生兴奋地点了点头，确认这也是他的看法。但他仍旧迟疑，没把话说得更清楚。因此我必须稍微试着催促他一下。

"就我所知，"我说道，"如果没有一个适当人选能够代表中国政府的话,是无法掌握目前状况的要害的。外国使节们眼下要跟谁进行协商呢?我可以想象,他们现在正处于极大的混乱之中。"

之所以如此想象,是因为我有我的理由。冯·达高兹先生(Herr Von Goltz)确认了我的想法,他表示,德国使团如今已不再进出总理衙门。总理衙门已经被弃置了,李鸿章也被赶出衙门了,那谁还会留在那里呢?

"是呀,但是政府一直都在。"李鸿章回答。

"政府光在那里是不够的。"我回应说。

"政府必须发挥点职能。现在事情已经过头了,中国会面对后果的。最起码,中国的信用会遭受损害。"

李鸿章解释说:"只要中国还能支付贷款利息,便不需要为金融信用一事担惊受怕。目前利息都是按时支付着。"

"与这些贷款与利息有所关联的是过去。关键是未来,中国更需要信用。欧洲企业的时代现在正要开始,这需要动用欧洲资本。如果欧洲不给你们钱,中国连铁路也不能修了。"

"那就不要修。"李鸿章沉着地说着。

在欧洲,这位先生被当作是追求现代化的先锋,但从他口中听到这番话,让我感到讶异。冯·达高兹先生则提出实例加以说明,中国是如何在最近的事件中丧失信用的:比利时人不想再为北京至汉口这条由他们负责的路线提供更多资金。德国商业联盟也对新疆到天津的铁路计划感到茫然,表示想要撤回。

我再次表示:"所有这一切,都是因为没有一个欧洲能信任的人在中国官府里头坐镇。对中国的信用来说,李鸿章先生是最好的代言人。实在无法理解,竟然不让您继续服务。在领导中国的官员之中,您几乎等同于中国信用的名号,如今竟毫无作用。"

李鸿章眼睛眨也不眨地听着这些赞扬的话,似乎可以察觉到,这些话打动了他。他深思了一会儿,然后说道:"外国人是依照过去的成就来理解我并推崇我,但如果中国人并不这么想,我又有何可供效力的呢?"

"我不这么认为!"我说。

"这毫不虚假。俾斯麦首相就曾经历过这样的事:他赢得所有文明国家的信任,唯独没办法让他的皇帝信任他!"李鸿章说。

"那么您又为何失去了贵国皇帝对您的信任?"

"人们抨击我,认为我对外国人太过偏袒。他们称我是卖国贼。"

当李鸿章这么说时,脸部因怨恨而出现了一丝抖动。当他说到"卖国贼"这三个字时,爆出了一阵大笑。

"现在,太后已经重新回到大位上,她比较了解您。而您可能很快又要重新执掌国家事务。我十天前从天津出发时,全世界都企盼着能再次见到您以总督的身份出现。"

李鸿章摇了摇头说:"我不相信。"(无论他信或不信,李鸿章不久后还是又被赋予了国家职位。)

"太后到底为什么要重新掌握政府?"我问。

"皇帝病得很重,但还是与太后一同治理国家。在宫廷上,两个人并肩坐着。民众欢迎太后,而外国人只欢迎皇帝。就连伊藤侯爵也拜访了他。"

关于伊藤侯爵的访问正好在危机爆发之前这件事,李鸿章三缄其口。因此,可以从中得知,之后的说法大概与事实相差不远。

"但不管如何,太后似乎掌握了实权,而她的统治总是具有鲜明的反动色彩。这给人一种观感,仿佛她所下达的所有政令,目的都是把近日的进步成果给摧毁掉。皇帝曾经指示,今后所有的国家科举考试中,除了中式学科之外,西洋学科也要一并测验。这个决定在中国学者那里是被推崇的,许多考生也为了学习西洋科学购买了昂贵的书籍。但昨天太后下了一道懿旨,科举考试将一如往昔,只测验中国学科。太后还禁掉了所有的报纸。我很想知道,像您李鸿章先生这样的开明人士,难道会容忍这种开倒车的做法吗?"

"实施报禁很合理,因为有太多的不实报道。就算不把报纸禁了,也要直接禁止中国人读报。"

我们都笑了。我们以为李鸿章又开了一次玩笑,但其实他很认真。他说:"没有报纸在呈现真实。"

我以所有同业之名在他面前鞠了个躬,半是恳求半是拜托。

李鸿章用他的拐杖指了指我,说道:"连你们的报纸也报道了一些不真实的东西。"

"如果一份报纸每天要处理成百上千来自全世界的消息,其中有可能会有点错误。但是大量的消息都是正确无误的,尤其是《法兰克福日报》,从未向她的读者报道过错误的事。《法兰克福日报》的成员是如何努力从最佳的新闻来源进行报道,您从我这次的拜访里头就可以看出来。"

"你做得对。"李鸿章认同我的话,"不管在中国人或是外国人面前,我都是快人快语。你们可以相信我说的所有东西。"

在进行对谈的前一天,我向某位人士表示李鸿章将会接见我,他建议我,提问时不要太过拘束,然后又说:"当然,这老家伙说的话,一字一句你都不必相信。"李鸿章诚恳与否,欧洲人观点似乎并不一致,此时李鸿章自己所言,也许我们的看法也不一致,但我依然相信此时自己的感受。

李鸿章又回到报禁的话题上:"这真是个十分不高明的做法,因为所有的报纸都是欧洲人跟日本人的;而这样的禁令也必然毫无效果。当政府宣布他无法执行的规定时,必定会给人负面印象。之所以会有这种没头没脑的规定,显然是总理衙门里坐着的那些对政事毫无概念的人想出来的。必须把他们全撵出去!"

"像您这样务实的官员也会被迫从总理衙门里被请出来!您知道吗,全世界的人都在说,您的下野是英国人造成的。"

"这并不正确。"

"报纸上还报道,您跟英国驻北京公使窦纳乐爵士之间发生了严重冲突。"

"全是鬼扯。"

于是李鸿章说了一长串的故事：这位英国大使来到总理衙门，向他们反映，中国政府在北京—汉口铁路一事上太偏袒俄国人的利益。李鸿章的意见与他相左，并指出事情根本不是这样。那次的意外事件就仅限于此，没有任何冲突发生。李鸿章此时否认他与英国之间曾发生过敌对，相当值得注目。在对话过程中，我试图要挑起他咒骂英国人的努力，全都白费了。这个老狐狸显然发现，他已经做得太过头了——只要英国反对，他就不可能再回到官府的职位上。因此，他屈服了，而且为了未来能够再次铺设友谊之路（李鸿章与英国人之间似乎并没有取得和解。人们知道，他现在正在和美国人建立友谊。美利坚合众国并不是弱国，可见这位总督在选择朋友上相当谨慎），他以否认过去的对立为起点。

对话进行着，我通过冯·达高兹问李鸿章："你是否看到外国部队进了城？"

李鸿章没有回答，倒是反问我："欧洲军队在北京到底要干什么？"

"驻京使节们想让他们保护居住在北京的外国人。"我回答道。

李鸿章大笑："你们欧洲人真是没有勇气。"（李鸿章在此所言，字句上说的是："你们欧洲人胆子真小。"中国人用胆小来象征缺乏勇气。）

"您现在坐在这栋安稳的宅邸里轻松地笑着，当然不觉得。不久前，我有一次从车站那里过来，差点被石头砸到。有位美国人被打断两根肋骨，有位英国小姐则面临过被丢到水里的危险。欧洲人在这样的情形下请求保护是十分合理的。现在中国政府并不能确保我们的安全，所以我们只能自救。"我说。

"如果我还在总理衙门的话，我会尽力去避免这类针对欧洲人的攻击行为。不过，我看不出来，这群士兵能为欧洲人提供什么保护。"

"话是没错，连住在意大利使馆对面的中国官员昨天也这么说：如果士兵这么少，欧洲人会被杀掉。问题在于，士兵数量不多的状况是否会持续下去?"我说。

"为何你如此认为?"李鸿章问道。

"俄国人派了六十个人来,而不是三十个人;英国公使也说,他会增加派遣人数。如果列强继续这样竞逐,每个国家的驻兵很快地会从三十人变成三千人。连法国与意大利的士兵这几天也会来北京,所有强权都严格提防着彼此。若是有某个国家向北京派出军队,没有哪一个会袖手旁观。"我解释说。

"这该如何解释?"李鸿章继续问道。

"强权们彼此争斗。这情形对于长年引领中国外交的官员来说,应该不陌生。"我说。

"德国也如此吗?"李鸿章又问。

"作为世界强国,德国绝对不会落后于任何一个国家。在进军问题上可以看出,德国在对待中国方面,比任何其他国家都带着更多的善意与斟酌。派兵的想法是从英国与俄国大使那里萌生的,这两个国家向军队发出朝北京进发的命令之后,德国领事才决定跟进。"

"这并不让我吃惊。"李鸿章说道,"对于我方的要求,德国向来以最公正的态度予以尊重,这是我们已然熟悉的。"

"我先前走在使馆大街上时,哥萨克人正牵着他们的马到德国使馆旁的水井边饮水。在北京,他们似乎就跟在自己国家一样。"我说道。

"但我希望,大使们能立刻把军队送回去,把士兵派往北京是种引发危害的做法。这让百姓感到不安和压抑,也散布着中国人与欧洲人之间的不信任,作用完全适得其反。在没有部队的情况下,大使们也可以完成保护本国人的目标。"李鸿章说道。

"他们该怎么做?"我问。

"大使们应该把士兵送回船上,然后,以一份集体备忘录告知太后,他们要求一个强大、认真的政府。"李鸿章回答道。

"这建议听起来不差。"我说。

"的确!"李鸿章继续说道,"太后应该会采取一些补救的办法。如果她事先得知军队会来,可能早就这么做了,那样或许还能避免军队进城。大臣们并没有将各国召集军队前来北京的集体备忘录告知太后。"

"不知太后会对外国使节们这项决定做出什么回应?"我问。

"她可能已经有解决之道了。太后很聪明的,她比皇帝聪明多了。"

"现在,是她找出办法让外国大使退兵,展现智慧的时候了。"我说。

"这并不困难,如果有某个国家先撤回军队,其他的也会跟随。"李鸿章说。

"这倒不见得。列强在召集部队时争强斗胜,撤兵时未必如此。没有一个国家会信任他国,也不会有人开始这么做。"(在这次会谈进行完一年后,俄国却开始有了动作。俄国士兵离开北京,仿佛俄国反对将士兵留在北京似的。但如果俄国士兵在中国首府得到了一块地盘,就应该独自继续占领下去,不跟其他国家共享。俄国把一小批部队从北京撤离,是为了让其他国家也撤回士兵。其他国家实际上也跟在俄国之后撤回了军队,但在义和团运动爆发时,大使们又叫来新的部队。而俄国也忠实地执行这项政策。1900 年 8 月时联军尚未驻扎在北京,俄国这个要求各国清空北京驻军的国家,是第一个又把士兵给召回的。)

"我想了解一下,对于一个强国来说,在北京驻扎军队的意义何在?"李鸿章问道。

"驻扎的意义就是军队的意义。"我说。

"那是怎样的意义?"李鸿章反问道。

"军队意味着武力。"我说。

"这意味着将诉诸武力?"李鸿章又问。

"某些情况下,这是维护合法权利的一种有效做法。"我解释道。

"如此，就意味着战争。"李鸿章说。

"中国准备好了吗？"我问。

"中国不想打仗。"李鸿章说完又笑了。

"您想到的是列强间的冲突吗？您觉得英国会宣战？"

"英国不会宣战。"

"但是，这几个月英国报纸明确地报道与俄罗斯之间的冲突。"我说。

"他们就是这么说，从中却得不到任何东西。"李鸿章回答。

"在哪个方面，您认为英俄可能会交战？"我问。

"就算你跟我谈上十次这样的战争，我也不会相信。"李鸿章回答。

我解释道："在欧洲，人们并不这么想。我刚好有几份《法兰克福日报》的报纸，其中的专栏提到了俄国对于裁减军备的提议，从中可以明确看出以下观点：裁减军备对俄国来说，是战前演习，借以推迟与英国的交战，因为目前，英国舰队相较于俄国还是占有相当大的优势。"

对于这则有关俄国裁减军备的消息，李鸿章表达了浓厚的兴趣，他表示，"俄国人绝不可信任。"在俄国问题上，李鸿章有着无上的权威，而当他说人们不该信任俄国人时，想必是以知情人的角度来说的，但是，在听到一位亲俄人士说出此番言论时，我还是表示了惊讶！

"我相当认同俄国人。"他响应道，"当我在欧洲旅游途中前往俄罗斯时，受到了很不错的接待。沙皇亲自对我说，俄国绝不会兼并中国的土地。"

"您之后可能就放弃这种想法了吧？"我说。

"完全没有！我不相信俄国人会想要夺取满洲，那只是为了延长西伯利亚铁路，纯粹是商业利益的考虑。就连在满洲的铁轨铺设，也是中国官员领导工人干的，这显然不是占领。"李鸿章这样解释道。

"我想回到关于信赖的问题上，您说，俄国人不该信任，那英国人呢？"

"他们最不该信任！"

"德国人如何?"我问。

"任何情况下,德国人都是值得信任的。"李鸿章回答说。

此时,冯·达高兹先生从纸袋里拿出了一件小型艺术品。一位柏林画家用银漆画的李鸿章的画像,送到了北京的领事馆,希望能把它卖给画中的人物,一千马克,如果我没记错的话。图画绘制得相当精美,而上面的中国老人也很杰出。但是李鸿章左看看右看看、上看看下看看之后,问了一句:"这是哪位?"之后,他似乎认出了自己,然后说道:"这是要送给我的吗?"但当他知道画家是要把画卖给他的时候,他很快就把画递了回来。李鸿章显然是那种可以为艺术做任何事的赞助人(为艺术与科学提供慷慨资助的人),但唯一的前提就是他不用花一毛钱。

最后,我想对这位老人表示友好与善意,并让他晓得两年前他去巴黎时,我也在场,我觉得他变年轻了。李鸿章轻摇着头回应,他很清楚,他变老了。之后,他谈及法国人,说道:"他们也不会向德国宣战。"

"他们并非缺乏善意,但我相信,如果他们试着这么做的话,便会烦恼起来。"

"他们显然会帮助俄国人。"李鸿章说。

"我完全不这么认为,俄国人毫无理由进攻德国。俄国人知道,之所以与法国人建立联盟,是法国人希望在没有俄方竞争下收割利益。"我说。

"俄国人的策略还真是令人赞叹。"李鸿章说道。

"也很可怕!"正当我们要离开座位时,他忽然补上了这句。

我们鞠了鞠躬,他同我们握了握手,之后,便随我们走到门前。在门外我们又再次鞠躬致意。正当我要走出出口时,我们看到他扶着两位仆人的肩膀开始在园子里闲逛。这位老人就以这样的姿态,带着尊严与崇高,消失在我们的眼前。这也让人联想起悲剧里的一幕,也就是《安提哥涅》(古希腊诗人索福克里斯的悲剧作品,约在公元前442年首演)里头的盲先知,他苍白的手臂绕着两位奴隶的肩膀,在他们的陪伴下离场。

第二十九章 北 京

一八九八年十一月初
北京

　　从天津到北京—海关车厢—临水区域—首见的群山—甜菜与放牧的骆驼—北京火车站—女侍的冒险—诸神与电气—城门前—有许多城墙的城市—天坛与社稷坛—崇高学养之门—要塞城门—中国城区及满洲城区—被迫强迫他人之人—有着太多空间的城市—农舍间的军用道路—北京的非洲风貌—木桩之城—商店—服饰叫卖—书店街—音乐声响—守夜人—婚礼队伍及丧礼—红轿—苍白的死神—戏院—说书人—黄色砖瓦—至高的荣光—钟楼与塔楼—皇城周围—煤山—柱状宝塔—一处黄色角落—皇城前的陵寝—北京特色—日与夜的街道—骡车—北京驴子与骆驼—使馆大街—城墙上

　　从天津到北京有了便利的铁路交通。两年前，人们还必须用中国的旅行马车，走这段路需要在并不舒适的传统交通工具上熬过痛苦的两天。如今搭乘速度正常的列车，三个半小时就可以抵达首都北京了。
　　最好的列车时间是十一点半从天津出发。在前方拖曳的是高大而有力的火车头，车头最前面还有一块铁制的斜板，用来赶跑那些在行驶中的火车前方观看的好奇的中国人。这班列车就跟这条路线上的其他列车一样，相当长。它仅由旅客车厢组成，要沿着车厢走上好几分钟才会到达直接连在火车头后方的海关车厢。海关是由少数欧洲机构建立起来的，因此，这节车厢还保留着"海关"这个英文名字，并限定只给欧洲人使用。在这辆中国海关的列车里面,欧洲旅客得以享受如同祖国头等舱般的舒适。

这节海关车厢被区分成数个小包厢,人们坐在含有填充物的舒适座椅上,在火车行进时望向窗外。窗户玻璃上透着蓝色微光。透过有色玻璃望向世界的孩子们,难得在火车里玩起了游戏。旅客在车厢所感到的不舒适(孩子吵闹),火车并不理会,它致力于美化其所行经的景致。一开始,会让人感到有些茫然,风景居然优美如画,之后才会注意到,因为窗户的玻璃是蓝色的。这微微的蓝光足以赋予世界一种幸福的外貌。这是多么奇特的事情!当景象被定格在有色玻璃上时,便让火车里的旅人遥想起了未来。

"我们正航向赫伦塔①。"服务生们大概会这么说,于是给包厢换上红色的玻璃。当行经到海边的一处车站时,他则带着蓝色玻璃出现,以便帮人稍微回忆起南方的湛蓝。

在海关车厢里,依照景象更替玻璃的细致服务当然不会太过分。一位欧洲的服务生请求我们出示比一般的车票贵一些的特级车券。在旅行途中,一位中国的火车官员会带着茶前来。旅客们还能吃到梨子。那是一种北京梨,苹果般的外貌,尝起来既甜美又有风味。

火车的其他车厢里都塞满了中国人,有些人穿着胸前绣有四方形图案的华丽长袍②。所有这些人头上都戴着前方有直立帽檐的黑色冬帽。因为几周前皇帝下了一道换穿冬季服饰的诏命,于是整个帝国,无论什么气候,由极北到热带南方,从皇帝喜欢的那一天起,都开始进入冬季。在北京的圣上一旦发现,洁净的北风吹抚过他高贵的鼻尖,那么他的四亿臣民也会同样感到寒冷,需要躲进温暖的长衣里。南方的住民,例如广东一带,即使仍在夏季,也必须换穿冬季服饰,因为皇上觉得冷了。夏天何时开始,也会以同样的方式,通过皇帝的诏命来认定。

---

① 赫伦塔(Höllental),英语翻译为"地狱谷",是德国一侧通往阿尔卑斯山北部德奥边境上的楚格峰的路线之一。它位于加尔米施—帕滕基兴(Garmisch-Partenkirchen)区。
② 指带补子的官服。

从天津站出发，火车会行经长条形的天津中国城区。在低矮的房舍之间，到处都挂着旗帜。法国教堂是座不尖的塔楼，附近有一座古塔，最上方环绕着回廊。对居住在高塔上的神祇来说，能看到基督徒在附近盖塔楼，却找不到尖锐的顶，必然令它们感到极大的愉悦。

流经中国城区前方的白河，突然便横挡在铁路前方，因而需要越过桥梁继续前进。河川下游停着一艘黄色的、干净的战船，装配两门加农炮，炮口在后方穿出船身，指向河流。这艘战船显然是被派来向水中射击的，如果要打鱼群的话，应该会有不错的成效。几位穿着黑色制服的兵士守卫在桥梁两端，慵懒地把身体撑在枪支上。有些蓝色的军用营帐被搭建在一处河岸的低洼地。在轨道旁边有许多民众在等候着栅栏开启，所有要穿越铁轨的路人都挤在一起。即使在外面的空旷田野处，也是人来人往。在这个位于乡间，却有着城市般繁忙的地段，可以对中国的人口密度有点概念。

这里的景象与塘沽和天津的殊无二致，就如同先前所描述过的那样，这是一块土地少、水流多的田地。由于可供支配的土地过少，居民只能因地制宜，直接在水里种田耕作。池塘与湖泊中间拉起了许多低矮的竹制堤坝，像是路标般划分着田地。由于可以耕作的农地很少，人们又想种植可采收的水果，于是就让它们在潮湿的土地上生长。到处都有农工在水田里涉水而过，修剪高处的枝丫。有一个村庄就像是大湖中的小岛，如果农民不会游泳肯定无法进出。这片自然环境适合两栖类生活，假如农民因此身上长出了鱼鳍，也不必太过讶异。若是有一小片土地变得干燥，首先要求行使权利的是死人：坟墓上的小丘，有时候就堆得跟地面的塔一样高。

铁轨笔直地向前，有时候会迟疑着减缓下来，不知是要穿过田野还是水面。水中还立着电报缆线的支杆。此时此地，铁轨把一个钢铁火球送到了河里。有一处开始坍塌的路基被堆起的箱子给胡乱支撑着。火车从拱形桥墩上的铁桥越过白河的一个支流，这支流也是再次汇入白河，跨过田野继续向前奔流着，于是河流似乎又再一次地流经这块平原。车厢两旁的湖泊似乎无尽延伸,看不见湖岸,在接下来的旅程里,跟随在湖泊之后的土地界线则是明确多了。火车离开了水域之后,我们终于迎向了陆地。

这块区域似乎相当丰饶,到处都是新栽种的农地,有些刚播种的种子已经吐出绿色的新芽。高粱已经熟透了,沉重的高粱穗几乎要垂到地面。现在已是秋季,但是这里似乎也是春季,偶尔还会有一点夏季的感觉,因为在车站建筑后方的花园走道旁,有一排黄色向日葵盛开着。火车行经田野之后,来到了一块像是荒地的地方,地面上尽是各类灌木。在比较高的灌木丛里,也有零星的树向上生长。地平线展现出柔软的蓝色形貌,行经安亭车站之后,在远方的朦胧处,出现了巨大的高山。两座山脉前后绵延,顶峰处白云缭绕。列车快速地朝着群山进发,很快地,群山便从左边靠拢了过来,高耸直立,一排之后又是一排,充满着皱褶与线条,在洁净的秋季空气中显得极为清晰。这里没有树,色调是灰色的,但非但不会让人感到不适,还有视觉上的某种美感。尤其是因为它们是从四周都是水、不再延续的地面上突然坚实地升起来的。在旅途中,它们逐渐远去,但没有消失在目光可及的范围外。火车接近北京时,远处又出现了新的蓝色山峦。

现在火车以狂野的速度奔驰,窗外的土地似乎飞逝着。这里四处都被耕作与栽种占满了,找不到任何一小块闲置的土地,到处都是作物在生长。树木枝叶茂密,绿色的大莴苣排列在田地里,园子里的甜菜则开着火红般的鲜艳花朵。草地上覆盖着翠绿的青草,有几只鲜少被放牧的骆驼在上头走着,火车不用花太多时间,就会抵达最后一站——丰台。火车头的所有汽缸都喷着白烟,继续向前咆哮着。铁道旁有一块祠庙用地,想当初第一列火车到达时,祠庙神祇们在这个发出钢铁撞击声和蒸汽鸣声的可怕怪物面前,显然也会是心怀恐惧的。这块神圣的祠庙现在已经被废弃了,一扇大门都快要倒下了;另一扇则已经完全颓圮。不远处有火车头,停在一个半圆形的圆盘上。不想结束的汽笛一声接着一声,宣布旅程的终结。列车的速度逐渐减慢,缓缓开进位于北京丰台的火车站①。

北京丰台的火车站主体仍被施工的架子包围着,现在已经盖到第四层了。漂亮的灰砖建筑,看过去就让人想到首善之都四个字。今后,北京的火车都会从这里发出,北京火车站(旧址:北京丰台站)起初不外乎轨道的终结之处。有着铁皮屋顶、被长形木板所围出的候车室(我们先前有提到)是为贵宾保留的,就连售票窗口也有了立足之地。除此之外,就是月台上的空地。餐厅位于外面,或者应该说是在被架高的月台下方,由木桩撑起的垫布构成了简单的茶室。它们都排列在巷弄之内,形成了一个货真价实的帐篷营地,一座由一道栅栏标示界线的游牧民族的城镇(满族人原为山海关外游牧民族)。旁边则是大厅,人们从月台向下走,便会必经此处。这里是马车停靠站,数百台由骡子牵引、有着蓝色车顶的马车,在此处等候着旅客,提供摆渡到城市的服务。如果你想骑行,也可以单独租用骡子;轿子则要事先在车站处预订。

坐火车到一座城市的火车站,正常的人应该会认为他已经到达这座城市了。然而,在北京不是如此,北京火车站(现在的丰台站)在一处,城市则在另一处,两者仿佛毫不相干似的。它们忽略了彼此的存在,两者间也没有公共交通往来。一台列车若是坚持要到北京,就应该奔向它的目的地,但是北京根本对此充耳不闻,即便是同意,也没有办法让这些固执的火车继续前行。北京城中的神明们似乎也不愿意被铁路打扰,结果是北京火车站并不在北京城内,而是远在城门之外的马家堡②。另一方面,这也说明了从北京火车站人们看不见一丝城市的

---

① 天津—卢沟桥铁路全长150公里,于1897年建成。天津—北京铁路的计划早在1888年就已经被提出,却因为当时保守的风气而未能落实。在甲午战争失败后,清廷意识到了铁路的重要性,转而支持铁路建设,其中就包括津卢铁路。现时该区间是京沪铁路北京—天津区间。

② 马家堡(音铺)位于北京西南方向,隶属丰台区,在历史上曾是京南著名的村庄,现为南苑乡村一个行政村。马家堡是北京城最早的火车总站,也是最早通有轨电车的地方。马家堡原名马家铺,"铺"通"堡",本为驿站。马家堡大约明末清初成村,是个大村庄。地处京城南边,清代时紧临南苑皇家园林围墙,马家堡在围墙西北部,南苑共有13座角门,马家堡角门旧址在马家堡南街西口。南苑的角门都已无存,只留马家堡角门(今简化为角门)一地名。

印记。

有一天,火车载来了一位要服侍某位公使夫人的女侍者。这位大使大概是当时中国政府最尊重与惧怕的一位,名字我就按下不提了,反正接下来的描述便足以说明,这位大使所指何人。这辆火车误点了,天色已经黑暗了下来,当女侍最后终于到达城墙外时,城门已经关了。在中国,通常都是没有拿钱办不到的事,但有一件例外,有钱人也无法让日落后关闭的北京城门再次开启,这点我们已经提过多次。而守门人不可动摇的责任感,可能只是因为不曾有人试着拿出足够高的金额诱惑他。如果够有钱,甚至可以买下整座北京城,因此,实在看不出不能收买这座城门的理由。

女侍者偏偏遇到了不肯妥协的守门人,守门人甚至不接受被贿赂。这位可怜的小妇人既不哀求也不哭泣,只能在城门前露天度过了一个夜晚。大使当时正要去总理衙门,与中国政府官员谈论一件正确的事——位于柏林的德国西门子公司,获得了从火车站(马家堡)铺设电车轨道到城门里的特许状。现在这条电车的轨道已经被安置在街道上了,许多工人正在努力地进行后续的铺设工作。

就这样,由于女侍的不得安眠,北京的电车出现了!值得留意的是这个事件中神明的反应——它们不喜欢火车,但并不反对电车。为何喜欢电气胜过蒸汽,真是一大神秘之事。无论如何,占领凡人世界的电力设备在神祇的彼岸也被接受了,并已经在这次事件中得到了证明。

从马家铺出发,又是一段新的旅程。首先,会走在一条大道上,之后往侧边一转,便会进入到原野上,道路交错纵横在无穷无尽的"之"字线里。在这里,农地中间也有死者安息着,只是现在有了石制的墓碑,而不是像天津附近那些简陋的坟丘。看来死在首都北京也比死在行省来得倍受尊荣。这些坟墓像是石制的毛地黄,形态上会让人想起孩子在沙滩上堆起的蛋糕状沙丘。因此,这块被墓碑占据的田野像是召唤巨人小孩的游乐场,而他们刚把石头蛋糕给烘焙完成。有时有些死者躺在针叶林中的特别墓园里,林中的深色树木与白色光滑石头所制成的廊柱,在营造对比氛围上极具效果。此外,土地都被妥善地分配,农地一块接着一块紧密相邻。四处都有农舍,周围的高大树木向上生长着。

大约步行一个小时之后,出现了一道灰色的城墙,道路再次联结回大道上,笔直地向着城门前进。也有其他邻近城门的街道,皆是向上的缓坡。所有的道路上都在进行着不可预知的移动,数千个滚动的车轮都朝着北京城的入口涌进。任何一个方向都有马车,带着包装好的箱子与成捆的货物前来;每条街道都有两三路长长的车队,发着轰隆的声响前来。所有的这一切都汇集在城门前,并向回堵住了道路,慢慢地,马车一辆接着一辆从回堵中松开,进入城门下的回廊。堵在街道上的队伍缓缓地向前移动,有个小间隙会一下子出现,之后则是另一个。这座城市把她的城门咽喉给松开,让人潮车潮流入,一个接着一个。

需要留意的是,城门之后并不是城市,穿过城门之后又是一片宽广的原野。如果这里应该有一座城市的话,那肯定是没有房舍的城市。城门里外都是平地,北京城在这里不外乎就是平地,只是没有了农田。一片宽广的沙地延展着,外围有狭长的绿色草地,上头有羊群在吃草,中间则是一条被垫高的路基,大片石板铺成的直线街道构成了进城与出城的两条交通路线,车马队伍交错而过川流不息。

人们在这条路堤上缓缓前行,但依旧看不到房舍。过了好一阵子,再次看见了城墙,所以这段路程是从一座城墙到了另一座城墙。有时候城门关闭,望着城墙兴叹;有时候城门开启,带着期待穿过之后,却发现后方空无一物。但即便如此,人们每次都还是心怀期待。东方世界长久以来便认识到这一点,所以习惯把受人敬重的东西用墙包围起来。在东亚的城市中,北京无疑是被城墙重重包围最严实的一个。不管是神还是皇帝,任何一个看重权威之人,都会坐在其他人都不准跨过的独特石柜后方,这是因为他的权威就建立在没人知道墙壁后方藏着什么东西这件事情上。尤其是皇帝,人们对他所知甚少。反之,一位君主不可能干任何蠢事,因为仿佛他是从墙壁中走出,早已洞悉一切,然后把喜好加在群众身上。因此,北京的城墙不仅是作为防卫之用,也能够提供墙外之人关于城市本身的重要观念。遗憾的是,现在有那么多开启的城门,如果不能够进入,北京将是一座多么美丽的城市呀——城市总是存在于不能穿越的栅栏与城墙之后,在其内部妥善保存着一种神秘美。把一座认识的城市,跟另一座不认识的融合在一起,这就是北京令人感到兴奋之处。人们所认识的部分并不美丽,而某个人们并不清楚的部分,在想象中就一定是美丽的。

我们前行的右手边,在平地的边缘处,出现了一道灰色的城墙,方向与我们行走的这条街道一致。另外一道灰墙也在左手边缓缓出现。在这些由砖块砌成的围栏上方,有树枝在顶端向上生长——围墙后面似乎有庄园,一个面积极大的庄园。因为即使骑马沿着城墙走,也要半个小时。巨大的红色城门坚实地关闭着,不允许进入。不久前,右边的石头城墙有一处发生了坍塌,人们可以穿过缝隙进到里头,骑着马四处乱逛——如果马跑得比阻挡外来入侵者的卫士们快的话。现在那道坍塌的缝隙已经不存在了,不过墙上的某些地方还在进行着修补工程;在不够紧实的地方,苦力会用新的砖块补强。所有不请自来的人,尤其是最不请自来的欧洲人,很快便无法再进入了。

右边的城墙环绕着天坛,左边的则是农庙(社稷坛)。在天坛,皇帝每年都会举办盛大的仪式进行冬季祭祀,为他的帝国祈福。他向至高无上的神祈求,这种做法据说起源于还信仰着单一神祇的上古中国,之后,在亚洲的大型宗教建筑中,出现了许多神明与圣者,这些都可以在中国找到来源与习俗,而中国自己也参与了神祇的加工制造过程。在中国,无数的神偶盘踞着祭坛,它们在那里过得不错,而人民也会替它们焚烧在天界生活所需要的线香。佛陀,不管他算不算神,也受到尊崇。连孔夫子这位理性主义者,也会有他自己的祠庙。这群无产的神祇与一个民族变得彼此熟悉,也得到了一丝崇拜,皇帝却每年都在天坛下跪,只承认一位神明的存在。天坛里没有显示神明特征的神像,纯粹是精神性的,不太可能被掌握,也无法被赋予形象。它如同天空一般,穹顶覆盖着整个世界。

天坛寰丘①立于二十七级的大理石石阶上,在满布古老树木的园林深处,隐身在一切幽深的景象之中。寰丘一处相当空旷,附近有一座庙殿,上头有由蓝色砖瓦构成的圆弧顶盖。属于庙殿的还有一个九阶高、由绿色砖块组成的炉子。在皇帝进行祭祀的那一天,用来焚烧一整只牛。这让人想起古希伯来与古希腊的献祭习俗,证明中国的祭天仪式与之有多重的相似性。每年十二月二十日,皇帝会用一台由大象牵引的货车将牲礼送来。十二月二十一日,他会出现在他的黄色丝质大轿里,带着大量穿着官员服饰的随从。在一栋称为斋宫的建筑里,皇帝会度过一夜,不吃也不睡。一早太阳还未升起时,他便会穿上祭服爬上大理石石阶,在祭坛前跪下。皇帝的祭祀过程,伴随着音乐及祝贺的歌声。最后,他会从祭师手中拿到像是圣餐的东西:胙盘以及胙肉。

与天坛相望的是社稷坛,是献给传说中的农业创立者——"神农氏"。在这座漂亮的园地里,立着四座祭坛,里头被圈出一处田地。皇帝每年春天会在那里用犁耕出一条沟槽。当对天神的献祭具有无可置疑的重要性时,同样地,对土地施予营养也变成了最重要的一件事。因此,位于城市入口处的天坛与祭祀坛,共同作为祭祀地点并立。由于他们把中国人分为四类,即一士人(相当于十九世纪时与诗人、作家有所区分的所有知识分子);二农夫;三手工艺者;四商贩。代表农业的农夫被排在第二位,因此,平时不参加农业生产的皇帝,每年都要在此进行一次犁田工作。

道路在两座包围祭坛的城墙间继续延伸,之后有座小桥跨过没有水的河床。小桥之后,原本只有沙地、园林与城墙的中国城区,直接换成了有房舍的城市,而这条街道则变成了中国城区的一条主干道。沿着这条主干道步行约半小时,便会来到一处广场。广场上有一排石制的栏杆,就像是一座干燥地面上的桥。广场上总是蹲着衣衫不整的乞

---

① 圜丘是皇帝举行冬至祭天大典的场所,又称祭天坛,位于天坛南半部,坐北朝南,四周绕以红色宫墙,上饰绿色琉璃瓦,俗称"子墙",始建于嘉靖九年(1530)。

丐。之后，大量群众拥向满洲城区的城门，那是北京所有城门中最巨大也最著名的一座，被称为哈德门（即崇文门）——崇高学养之门。

这座汉族受尽压迫的哀伤城市，是如何与高大城墙与满洲城区的城门相连的？显然这是中国具有最高权势的皇帝所为。当皇帝觉得有必要在一群悲惨的汉族群众中追求自己的伟大时，他所能做的不外乎就是建造巨大的城墙。但其实伟大皇帝的高墙和低矮城区间的不协调也因此突显出来。在低矮城区中居住的永远都是伏在地面上的黎民百姓。不过，城门与城墙倒是能够彰显北京建筑的崇高雄伟。

如同其他的城墙和城门一样，哈德门是一座完整的碉堡，一座旧时的要塞。我们在中世纪风格的城门入口处能见得到的塔楼，在北京城并不存在。在一些大型建筑中，中国人并不倾向盖高，而是盖得宽广、坚固；宝塔也没有意图追求高度，直到在成为塔形建筑前，都与一般只有一层的、彼此相连的房舍无异。北京的城门所考虑的还有军事上的用途，一座狭长的塔楼对防御一道宽的城门而言，并不实用。若要对整个城门进行防御，那就必须建造一座同样宽的城楼才行，于是人们依计而行，建造了这样的防御城楼。城门前按说不应该有城楼存在，因为一座碉堡若是与城门同宽，那可就不妙了，于是，人们干脆把城楼盖在城门上方。中国有无穷无尽的劳动力，也没有办不到的事情——只要皇帝说他喜欢，城门上马上就会出现一幢楼房，而城墙本身也够厚，反正都已经在上头盖房子了，那就不妨多盖几栋吧。于是，这一栋便直接盖在城门走道上方，既宽大又魁梧，活像是一个巨人坐在城墙的马鞍上。这种宽广显然有种戏剧般的夸大姿态，因为人们走近一点便会发现，那上面的木头要比城墙砖瓦更多。假如一门大炮使足全力应付城墙，不消几发炮弹就足以将其摧毁。但无论如何，这栋建筑完全满足了显得强大的目的。而这座历经几百年的中国要塞，伴随着高大的城垛和灰白的沧桑色调，看起来如诗如画。（当联军于1900年8月进攻北京时，在某些城门处还必须用炸药炸毁城墙工事。）

在城垛上可观察到一个特别之处，这些四方形的洞眼构成了一整排的城墙前缘。守门人发现，一间墙壁上有大洞的房子，会有穿堂风。可能是基于这个原因或其他理由，这些垛眼被封住了。在和平时期，这些垛眼根本派不上用场。只有战争来临，守城者才会不安地发现，这些用来对敌军开火的城垛竟然没有洞口。在城楼上方是一道倾斜的中式屋顶。某些官方建筑，屋顶上都会有绿色瓷器制成的走兽。这里的屋檐，左右两侧都有类似的动物蹲着，那是一头怪兽，有着牛头、弯曲的角和恐龙的尾巴，但是没有身体。尾巴跟头连在一起，就像是博斯（文艺复兴时期荷兰画家，有许多谜一般的晦涩作品）在噩梦画作里头的鬼物。

人们从城楼底下走过城门，早已经生了锈的铁制大门上头，嵌着像是拳头般大小的门钉，门倚靠在墙边。墙面前方伫立着有围栏的木桩（西班牙骑士结构风格），这是夜间被用来封锁通道用的。穿过这个阴暗的拱形通道后，街道还在继续向前延伸。通道的长度可让人领会到城墙的厚度，之后人们进入到一座宽大的中庭，那是一座城堡内的瓮城。城墙上仍有碉堡，与穿越主门时感觉相似。穿过瓮城之后，又是一个通往城市、有着铁门的拱形通道。

伴随着车轮与牲畜脚蹄发出的声音，一排排的人与车不间断地拥进城门。圆顶底下的无趣空间，从早到晚都不会安静下来。哈德门本身就是一座城市，有属于自己的生命。内城里有个陶器市场，各式各样的陶制餐盘摆放在地上。有些商人就在这里搭建起了小屋子，小屋的柜台总是被紧紧围绕着，大概是喊出的价位总不及商品的价值吧。在这里人们可以小憩一下，当商人们坐在小屋门前时，总是会带着某种威严。他一半属于这座城市，一半属于外面的世界。他看着这座城市里的事儿一件件地发生，比里头的人了解更多的东西。在哈德门的内城里，人们可以很快吃上东西。即使在长途旅行中，也可以从内城角落处的一间小型黄顶寺院中，带走一些上天的祝福。（1900年8月联军到达的那一天，防守使馆的德国部队发动了进攻，占领了这座哈德门。）

城门之外，朝向满洲城区的方向，有一处北京最大的马车停靠站。

车夫站在马车旁邀人上车,就跟维也纳的双马租赁马车一样。你若是为了摆脱这些车夫而躲开这一侧,马上就会在另一侧落到骡夫那边,他们牵着这些戴着辔具的动物,背上驮着已经磨损的天鹅绒制马鞍,在讨价还价中向顾客提供更低的价位。

在巨大的线条下,北京的城市样貌简单得令人咋舌。在南边,中国城区勾勒出由城墙环绕出的矩形。在这块矩形宽广侧面的北边,是同样由城墙环绕的正方形的满洲城区,高度上比前者还要高一些。在满洲城区里面还有一座由自身的城墙所围出来的孤立区域,就是皇帝的居城①。此外,在满洲城区也有中国的官府机构(总理衙门及其他府院)以及少量的欧洲建筑(外使馆、海关、银行、德国与法国的饭店等等)。

鉴于种族归化上的事实,已不再对应北京城将汉族城区与满洲城区的历史划分。当然,就历史而言,这也并非全然正确的。当满洲人进占北京时(1644),战胜者决定将城市的北部当作宫殿。战胜者共分为八个旗的军团,这些军团的军士是由多数满洲人、少数蒙古人以及在鞑靼旗帜下反汉族的汉人组成的,因此,一开始就有汉人住在满洲城区了。之后,他们又把两个城区彼此融合在一起。一如往常,女性是同化城区最直接的方式。在被压迫的土地上定居的领主,希望生活能过得舒适些,而这样的舒适往往只能通过这片土地上的女性才能获得。于是,他们便因为女性,无意识地与被战胜的民族慢慢结合在一起。起初,为了避免这样的融合(通婚),满洲人兴建了一道与汉人隔绝的城墙,但是,这对于中国女性而言似乎不成为阻碍。哪里有城墙是为了防御女人的呢?如果你在路上找不到比墙壁更大的阻碍,那会找到女人达不到的目的吗?

当老旧的城市区分标志消失后,过去的城墙依旧屹立着。长久以来这两个城区已经彼此联姻,成了一个大都市。但是,即使民族同化在

---

① 指皇城。

现实中进行着，战胜的民族依旧优越于被战胜的，满洲人相较于汉人，完全占据优势。满洲话事实上已经绝迹了，只有皇宫里被当成宫廷语言被刻意维护着。这两个民族已经混在了一起，差别寥寥，除了北方人的高大有力胜过其他地方的人之外。

只是女性之间并没有彼此适应，她们争风吃醋，维护着自身血统的纯正，也许是基于这样的原因，每一个女人总以为另外一个不够漂亮。汉族女性以自己的方式打扮并吸引他人；而满洲女性则不跟汉人女子一样（裹小脚），她们一如以往地保持自然的娇媚（此用语并无贬义，而是意指"自然的少女"），就像她们越过草原来的时候一样，高大、修长与粗悍，如同我们国家农村里的少女一般。就这样，汉族人与其征服者，相安无事地过了两百年。有人可能会认为，定居在中国的欧洲人，有一天也会以这样的方式被同化成中国人。事实上，从那些不住在此处的欧洲人身上，也能够观察到一些中国人的特征。在同化的过程中，较优秀的文明通常会战胜较差的，因此，野蛮血腥的满洲民族，必然会被汉族同化。因此，中国人将与之杂居的欧洲人同化，这样的危险应该不存在。但是反过来说，似乎我们也完全看不出，中国人有一天会变成欧洲人。

在汉族城区与满洲城区之间，街道景致也如出一辙。或许，在汉族城区里已经有比较多的漂亮商店，满洲城区里面也一样有。另一侧，则有较小的商业区，像是满洲城区商店那样的商店。有一间接着一间商店的街道，有没有商店只有住家的巷子，也有一间房子都没有的街道。北京给人的印象，像是要把骇人的城市平面空间徒劳地全部填满。空间在快速地消失，一整个城区被划分出来，用来兴建皇帝的别致行宫。在营造上，人们所考虑的依然不是高度，而是宽度。由于房子没有二楼，因此人们便住在许多间房子里。房屋被区分成许多庭院（四合院），像是在紧邻他人之处却只想独居一般。若想要赢得尊重，就要打造一座园林——不管是人间或是天界，想要在权力位阶上展现某种形式的人，都需要一座庭园以彰显自己的尊荣。

即便如此，这座城市几百年来还是没能成功越过城墙的限制。部分原因显然是因为北京是一座官员宅第与官府之城，大部分住在这里的人，都意图要展现某种象征。这种展现不会造就城市，它永远只突显被众人环绕的个体。城市所创造的、充实于城墙之内的，应当是人民和他们活泼的生命。像是北方的天津，或是南方的广东，被中国商店占满的生活在北京只在一部分城区里显现。在非商业的城区也有小型的商业孤岛，像是商业城市的碎屑，被信手撒在北京广大的范围内。商人是积极又忙碌的人，构成中国最活跃和最具生命力的群体。北京由于没有足够的商人进驻，时至今日还未臻完善。

相较于这座首善之都，天津才是中国北方的商业大都会。而北京的商业之所以不如天津发达，原因就在于它是首都。经常可以看到，人民离统治者愈远，生活就会过得愈好。当人民持续感受到被他人统治，便会丧失自主性、原创力和建设性的能力。在官宅地的城市北京也住着一些商人，但他们都是唯唯诺诺的臣属。这些无名的群众，法国人称其为，被统治者与纳贡之人。倘若一群市民的存在价值在于被他人治理，那这群市民便不具有打造城市的创造力。

这座城市并不是由上而下被决定的，但皇帝与官员们显然试着这么做。他们为北京做出了大型规划。他们圈出了一大块区域，并下令说："这里就是京城。"然后开拓出作为街道的大型通道。这些大街道朝着各个方向笔直地贯穿北京，路面建造得极其宽阔。他们打造出这座城市最引人注目的形貌，在中国其他的地方，都不会有这样的街道。值得留意的是，北京并没有把这些交通要道完全吸纳成自己的一部分。经常有道路有一半的长度，没有任何房子在两侧——政府给出了城市用地，民众就应该在上面发展。政府给建设了街道，民众就应该在两侧盖木屋。但是一个不具有强烈反抗意识、情愿臣属于他者的民族，是无法办成大事的。有时候突然有了些发展，稍稍有了点城市的态势，但除此之外，聚集在京城里的只是中国式的村落，而不是闪耀的街道。除了打造村落之外，没法借由这块土地做出更杰出的成就。

在北京，你一旦离开了大街，就像是进到了田野。灰色的小屋与其他中国行省的村民所搭建的一样，坐落在狭窄的，有时又较为宽阔的巷弄里。这些屋子没有依规范配合街道兴建，而是毫无秩序地散落在地面上。因此，即便有简洁的基本路线，还是无法在北京找到定位。在城市的所有角落，这些相同的低矮房子一再重复。人们已经知道，城北的房子既小又灰暗，城南的房子也一样小一样灰暗，所以，人们并不知道即便努力前往城北也恰似巧合般地来到了城南。

还有许多或大或小的土地上面是没有建筑物的，它们是城市的广场。在北京，广场就是一块没有用途的地。它们是城市里的缺口，一块无人占领而应该在上面盖东西的土地。如果分配给居民，也许明天就应该立即兴建建筑物。有时上面也长着青草，甚至是杂草，一些黑色的猪在这里横冲直撞，在有着波纹的地面上拱出了小土丘。北京城里四处都是草皮，就连城区也遍布着乡村的风貌。主要的街道上也有长满青草的谷地，谷地里头还有绵羊与乳牛。牧羊人带着长鞭站在一群牲畜之后，背上背着一顶大帽子，就像是古希腊牧羊人小说里头描述的一样（描述田园生活的浪漫诗歌，可回溯到公元三世纪的爱情小说《达夫尼与克罗依》）。

如果沿着这个方向走得够远，最终你会看不到房子。但街道还是继续朝田地延伸，上头有农夫正在犁田。这些都发生在城墙之内，耕田的农人也是城市的一部分。也就是说，田野也被包含进城市之内了，以便在被围攻时还能种植谷物。在城西南，特别是这座城市尚未靠近城墙的地方，土地的边缘已经陷到广为蔓延的沙地路面上。此时，若有一队骆驼前来，北面来的旋风将沙尘吹起，城墙在正午的阳光下闪烁着，近似白亮的东方之光照射进来，北京便具有了非洲的风貌。而人们会感觉到，自己在廷巴克图（一座西非城市）的附近，正要进入到沙漠中。换言之，这是一座兼具都会、草地、村庄、林园、农田、街道、花园以及沙漠的城市，这就是北京！

北京在主要街道及商业街道上，如同中国其他城市一样，每间房屋就是一家商店,而每间商店就是一户房屋。这些房屋以一种在中国其他地方都不会见到的方式兴建。北京有独特的风格,木桩作为建筑的主要结构及基本样式被广泛运用,这些木桩不单单是立在房屋前方,也会立在房屋内部,它们是房子的一部分。建筑过程是从下方开始建造房屋,而结束于上方的栏杆。或者应该说,北京就是一座木桩之城,而房子就在木桩底下,像是抽屉一样被移入。房屋立起的柱子约莫是房屋三分之二的高度,整体的外貌就像是有三分之二是由空气组成的,真是了不起的一座城市。居民在他们的房子里,就像是在空中楼阁里栖居着一样。他们尽可能地把空气也给盖进房子里。屋顶的栏杆很多是断裂的,屋脊最前方跃出的弯曲木梁,连接着龙头。一块帘布由上而下地悬挂在一间木雕商店的入口处。依着中国人的习惯,商店入口是没有门的,栏杆的顶端盖着锡制或镀了金的盖子,栏杆、木桩顶端以及木雕品,常常都被镀上金。一栋新盖的房舍,在阳光底下会闪亮得像是一件奇妙的金色玩具,但多数的民宅都被灰色脏污给覆盖了,不仅色泽上失去了东方的光泽,形式上也失掉了轻盈与优雅。

北京最高贵的人,就是宅邸里有最多柱子的人,中等阶级的人有两根便足够了。但在北京富有的商店区里,可能会有六或八根。如果有木棍立在某个商店前,底下有石头基座,顶端还挂着龙旗的话,那就意味着这是一间当铺。在一些商业街道上可以看到许多这样的旗帜。居家附近有一家当铺,可以典当自己的衣物,对中国人而言似乎是不可或缺的。街道上经常出现木棍,上头飘扬着代表商店的旗帜,或许在这里可以寻找这类建筑风格的起源。就像先前提过的,北京的主要干道都有军用道路的样貌。大街是如此宽敞,以至于商人们简直得用棍子才拦得到顾客;而原本用于商店经营的木头,在这群建筑师手中,最后都被用来装点房屋了。

从哈德门一直到北京火车站,笔直宽广的道路上充满着商业活动。最棒的商店都位于巷弄之中,尤其是从哈德门出发,向右转进汉族城区的那些小巷。一般而言,药材行有最昂贵的装饰,比起健康的人,他们更能从病人身上赚取利润。连肥皂行也以奢侈的行头吸引着众人目光，中国人似乎要买很多香皂，但是，由于他们对这些清洁用品表达出害羞之情，因此肥皂行的奢侈并不好理解。他们要这些肥皂做什么？也许是用来吓唬孩子的："如果不乖，就拿这个洗澡！"也许是当作食材使用——这个说法可能是真的，因为肥皂行经常和糕饼店相连。由后者的精致装潢来看，这些北京的糕点师傅同样过得很不错。就跟我们德国一样，这些糕点上用糖写下有意义的文字，否则看起来就没有那么诱惑人了。中国的基本色调灰色也延伸到这些东西上。但是，如果从隔壁拿点儿肥皂一起做烘焙，显然又是不太可能的事。

水果商也挑动着人的胃口。此时篮子里通常放的是北京的秋季水果——柿子，像是扁平的柳橙。在这座城市的园林里，一年四季都可以在树梢间看到这种金黄色的柿子在发亮。对中国人来说，这可是极为美味的食物，尤其是它在树上挂了那么久，直到被霜冻。欧洲人觉得这味道尝起来像是含水的发蜡，不过也许这正是中国人觉得美味的原因。其他的篮子里则是放着漂亮的深蓝色葡萄，连樱桃也是有的。在水果商前面的街道上，有由黑色石头组成的小烤炉，上面有圆锥状的突起，冬天人们在那上头烤栗子。不少房屋里的火炉都是用球状的泥炭加热，北京居民把这些燃料放在街上晾干，以便维持它完整良好的状态。在秋天骑马经过北京的街道时，便会穿越这些放在屋前屋后，为了接下来的冬天而储备的黑色泥炭球。

汉族城区里的服饰店，可以通过从屋顶垂放到街上的狭长布料辨识出。在这些服饰店里，从早到晚都有全套服饰打折，拍卖时还会伴随着叫卖声，一般由两名店员负责。其中一位从一堆衣物里拿出一件长袍交给另一位，并开始吟唱一段音阶向上的叫卖词；另一位在展开这件长袍时则唱另外一段音阶向下的叫卖词。服饰二重唱的旋律给人留下印象，无论喜不喜欢都会整日萦绕在耳朵里。若是能理解歌词的意义，我想一定会相当有趣。也许可以在我们这里办上一次这种音乐戏码，让拍卖人唱一段《晚星之歌》（歌剧《唐怀瑟》里的一首歌曲）中的旋律之后，接上一句"全新男用西装"，听起来一定相当美妙。

卖油店的前方往往挂着铜罐做标示。那会让人想起欧洲理发店里盛装毛发用的盘子。许多大型商店都卖茶叶。贩卖活鸡鸭的商人面前，羽毛上带着点粉红色泽的鸭子在编成圆形的篮子里呱呱叫着。鞋店里，地面上、墙上都放着鞋子，全部都精心地用纸包裹着，防止被北京空气中四处飘落的尘埃给弄脏。这还是有必要的，如果把一件东西拿出去，半个小时之后再拿回来，上面就会盖上一层薄薄的脏灰。即使关上门窗，灰尘还是会进到房子里，当然也会进到宽敞的商店里。商人们想尽办法与之周旋，从中可以得出某种对比：买家、卖家以及上头有着一丁点尘埃的商品。钟表商则有最彻底的做法，如果在孩提时期你曾经试着把钟表里的水甩掉让其继续运转，你便会知道钟表是不喜欢有异物跑进它里面的。时钟告诉人们时间，这是一项极其精细的工作，以至于只要有一点尘埃侵入，时间就可能被干扰，因此，北京的钟表商必然想尽办法防堵尘埃。于是，他们便在商店前面装上玻璃橱窗和店门。钟表商是唯一这么做的商家。

古董商人都是些优雅的男士，店铺里则塞满了美妙的物件。顾客不买的东西都很便宜，而吸引顾客的东西都昂贵到让人买不起。很难想象，古董商人在此状况下是如何获利的。一定在某个地方潜藏着利润，因为商品价格会高达上百或上千。所有的铜制香炉毫无疑问都应该来自明朝；而所有的花瓶都应该来自康熙与乾隆时期，因为这段时间生产的瓷器是最昂贵的。

会减损商品价值的缺损——花瓶上的某个烧制失误，玻璃上的裂痕等，在古董商人那里都被称为"毛病"。就在近日，某人跟李鸿章先生提及太后所进行的政变，并问及可怜的年轻皇帝的作为与未来时，这位中国老官员露出了奸笑，并回答道：皇帝有"毛病"。

住在帝国首府，人们当然可以为自己的修养做点事情。有一条特别的街道，路上满是书商和旧书摊。在这条聚集如此多书籍的巷弄里，四处一片寂静，使用文字的人不发出一点声响，仿佛声音只在他们脑袋中。这条北京书街会让人想起(巴黎)拉丁区的某条街道,那里的大型图书馆不发一语地站在民房之间——那是一个不使用拉丁语的小规模拉丁城区。在北京的书店里,书本都被摆放在柜子上。书的标签向外,上头写着书名。在这里,可以用很便宜的价格买到五经,那是一组包含多本书籍的套书,被放在一个蓝色的匣子里,就像中国象棋一样,以相同的方式被锁在其中。若是对经典没有兴趣,也可以买一些不雅的画册,这当然会比孔子与孟子的至理名言要贵得多。与这些画册相比,孔孟智慧的确要逊色多了。这些画册有一个特殊作用——作为新娘礼品。在宫廷闹剧里有一幕离别戏为人们所知,一位要出嫁的女儿和哭得泪眼婆娑的母亲告别。中国年轻女子婚前看了一眼收到的图册礼物后,立刻会被这些实用知识给启蒙,再也不需要一位哭成泪人儿的妈妈了。

书店街也有印刷工作在进行,印刷作坊店门前放置着要晾干的印刷板。在这些用来印制长形图样的木板或石板上,还都留着墨水的痕迹。此外,在这条书店街上,人们可以买到成为一位有学养之人所需的一切东西。纸店、墨水店、毛笔店林立,当然还有眼镜行。若想成为一位饱读诗书之人,就得先弄一副眼镜挂在鼻子上。

几乎所有的街道上都有乐器行,这会让人猜想,北京是一座音乐之都吗?但是,我一个异乡客显然不会去听中国乐手演奏的东西,那仿佛完全没有接触过艺术一般。若说北京有音乐之都的含义,也许是建立在音乐是吵闹声响这个认知上。每一个要卖东西的中国人,特别是街头商贩,都会尽可能用更多的嘈杂声来推销。有许多中国人只通过制造声响吸引他人,而不是将自我的音乐修养呈现在他人面前。这种声响如果配上音律,听起来会好听一些。北京每一个四处游走的商人都有自己的乐器,最起码有自己的吆喝声,但却始终只有一个音调。在这里,音乐似乎在乐谱上是被分开的,并被分配到不同的民众身上,于是这些乐声脱离了和谐一致,独自在街道上流浪。

一位商贩带着一个铃铛挨家挨户地推销商品;另一个则带着一个

中空的木头,用棒子在上头击打发出声音;第三个带着门环;第四个拿着音叉,在一块铁片上敲击;第五个则携带某种喇叭,就像是歌剧《阿依达》①里面的凯旋之舞所使用的。商人们通常伴随着乐器声前来,不同的声音意味着不同的商品或服务;有时候是以歌声提示某商品的售卖。来自街头的呼喊声整日不绝于耳,人们若是坐在房间里头工作,会对这些呼喊感到愤怒,他们在你耳中灌输一个念头:他们想让你买生活中并不需要的东西。

有时候,会有商人蹲坐在房屋大门前,一吆喝就是数个小时,即使大家都晓得,他人就在那里,无须如此喊叫。想要等他喊到声音沙哑吗?那只是徒劳,中国人的喉咙不会变得沙哑。如果他认为,吆喝就是他的职责,那他会坚持到生命结束,或是坚持到突然有巨石从他头上落下为止,假如这块落石不够坚硬,他甚至会在石头旁继续喊叫。这种叫卖商人唱的小调,听起来颇似痛苦的哀叹。当北京城上方的天空变得阴惨,人们向着隔绝外部的世界、也隔绝财富与美好的满洲城墙望去时,听到这样无可慰藉的痛苦激发出的哀鸣,穿越巷际一再出现,着实令人伤感。

随着太阳下山,街头叫卖的小生意人也回家了。夜里应该是寂静与平和的吧?因为没人会在夜半时刻离开家,谁会想跟鬼魂撞在一起呢?所有大门都被上了门闩,没有车行驶在被遗弃的街道上。但此时,守夜人开始了他们的工作。在北京,这群维护夜间秩序的人,主要职责就在于妨碍居民安眠。守夜人从早到晚都在休息,属于不在白天喊叫的一群人,仿佛为了弥补这一不足,他们便在夜里喊了起来,从一条街到另一条街,呼唤着彼此。此外,他们还拎着一个铜锣,巡视时不断地向前传递着声响。在我的窗下,甚至站着一位带着小鼓的值夜官员,来

---

① 《阿依达》是由朱塞佩·威尔第作曲的4幕歌剧。意大利文剧本由奇世蓝多尼编写,改编自马里埃特所写的故事。歌剧于1871年12月24日在埃及开罗的总督歌剧院首演。《阿依达》原定于1871年1月上演,但因普法战争爆发而延迟上演。《阿依达》是一部著名歌剧,当年一上演已获高度赞赏。《阿依达》经常被演出,并有多个录音版本。

回在巷弄里穿梭。守夜人的噪音在什么程度上对被守护的居民是必要的？给他们能带来怎么样的福祉？这完全让人摸不着头绪。但是，守夜人给小偷带来的好处却是相当清楚的：小偷永远知道警察现在在什么地方，并且能够在一片吵杂间隙的静谧之中，搜索入侵的房屋。因此，这群守夜人替小偷减轻了"工作"时的沉重负担。

北京在举行各类仪式时使用的工具是鼓，在街道上也时常可以听到。它们在旋转时被敲击，每转一圈就敲一下，因此有着奇特的旋律，人们可以在半路上就获得某种庆典般的感受。如果有一整个完整的乐队在场，那么鼓便不是伴随我们而是引领我们。庆典的氛围首先是跟随鼓声而来，之后才是弦乐上场。

人们在婚礼队伍的最前面敲鼓，你每天上街都可以遇见这样的队伍。在北京，人们对婚礼极其热衷，仿佛结婚、努力繁衍是最值得做的事情！婚礼通常是两户家长间的一场"交易"，婚礼当日，新娘入轿，并被带往新郎家中。只有这一天，她们才能够坐上最显贵人士才准使用的红色轿子。新人多半相互间都没有见过，在结为连理时才认识。对年轻的新娘而言，结婚就是前往一栋即将居住并一直住到生命结束的陌生房子里，这必然是人生中一段艰困的路途。天晓得，那些没有红色轿子的重要日子要怎么过！在这世界上，红轿的用途仿佛为的就是在这个时刻让人意识到，相比于中国新娘，我们有义务让自己感觉幸福。

鼓手们开始带领队伍出发，每个鼓手都带着两只鼓，鼓的周围用红色的布幔装饰着。红色不仅仅是属于婚礼的色彩，通常它也代表着最美好的事物。中国人在红色中看到了幸福，因此，新娘队伍里的所有乐手都穿着红色的长袍。整个队伍，包括乐队，被分成了两列，沿着大街移动，他们彼此隔着很小的间隔前进着。有些乐手还用鼻子吹奏木笛，其他的则吹着黑色的号角。这些号角几乎要碰到地面，发出嗡嗡的声响，把街头的青年都逗乐了。后头跟着挂在木棍上的灯笼和镶着金边的图帜。在这些婚礼的象征物里头，也有值得一看的爱神之箭——假设这支由一只手握着的镶金之箭在中国意味着爱情的话——不然，婚礼时的这支箭又会是什么？迎亲队伍中的其他重要物品，在中国的所有公开场合都一样适用。服饰及展示的物品都有着戏剧般的夸张效果，但并不是想要引发更多的想象。镶金的图帜并没有试着想要掩饰它是由纸片构成的事实；队伍中的人员可以毫不费力地被人认出是仆役，他们被付钱请来充当随行人员，一副很开心的样子。即使拿旗子的时候他们穿得也不干净，但并不至于像搬运工人那种程度。红色的轿子一直走在最后；轿子的每个角落都被细心地遮上了，连窗口也被丝绸盖住了。

他们在新郎官家门前停下来，门上斜挂着一块板子当装饰，上头有红色与绿色的彩带。要容纳这一大群宾客，房子就显得窄小了，因此，便添上一些门板加以扩大。提灯笼的人站了出来，排出一个走道让给新娘。在门槛前，轿子被放下来，但新娘并不走出来。在今天这个日子，能够看到新娘子的只有新郎，其他人都不行。中国所有的门口都相当狭窄，因此，仆役们必须把木桩从轿子里抽掉，以便让轿子能进去。此时，鼓声又开始绕圈子响起，长管又低鸣了起来；上好妆的女人们从隔壁的房门中走出来。世界上只要有婚礼可看的地方，就会有女性聚集在一起，而这是一场极佳的戏码。

鼓乐手再次回到街上转着圈，这时，同样一群乐手及高举旗帜的人也出现了，这是另外一支乐队组成的队伍，但是他们带着不一样的欢乐，所有人的脸上都带着满足的表情，唯一的不同点是，在人们期待能够看到新娘轿子的地方，拖来了一只沉重的棺木——同样的"化装舞会"被用在婚礼与丧礼之中。送葬时穿的长袍，婚礼时色彩变得更缤纷，形式更多样，数量也来得更多。当时流行的习俗是，当某个有钱人死掉出殡时，活着的人要尽量打扮得像穷人一般。走在棺木边的人，一样欢欣喜悦。在生活里，穿红色或绿色的长裙，是一件喜气洋洋的事。有些人头上戴着一种羽毛帽，是那种毛茸茸的棕色皮帽，上头插着朝向天空的红色羽毛。那些平日穿着一身破布的人，面孔显然不太适合这些鲜艳的全新服饰。有一位头戴红色高帽、身穿红衣之人，随着大家一起跑动。他并没有固定的位置，像是个开心果般，一下在左，一下在右，逗得周围的人哈哈大笑。

厚重的丝绸覆盖在棺木上，棺材前方是死者的儿子们。他们身穿白色长袍，头上绕着白布，哀痛使得他们步行不稳，每一个都有两位仆人搀扶。棺木后方的三张轿子里，坐的是死者老婆、女儿和妹妹。轿子很严实，但光线还是可以从白色的帘幕穿透进去。在里头，似乎是三个披头散发、哭红了双眼的女人。中国人选择白色作为代表哀伤的颜色，与我们不同，对我们而言，死亡意味着黑色与哀伤，对中国人而言则意味着白色与幽魂。而当人们看见这三张鬼物般的白色轿子，突兀地出现在日常的街道上，便会立刻知道白色代表着穿透生命的死亡惊恐。

通过挂在门前、以黄色或红色纸糊成的长串灯笼，可以得知这是间餐馆。通过像是要跨过街道的长竿上的三角旗帜，则可以得知那是一间酒店。哪里挂着灯笼或这种旗帜，哪里就有得吃了。若是想喝点什么，你就到茶馆。那里提供的山酒（尝起来有点像雪莉酒）比茶还多。茶馆经常开在街口，因为作为入口之故，往往有狭窄高耸的木制前厅（建筑物入口前方由柱子撑起的前厅），上头漆以缤纷的色彩，有各式漩涡状的装饰，有些甚至还有彩色砖瓦制成的华盖。

剧院也有类似的大门，在汉族城区的商业街道，有太多这种艺术剧场，整天都在上演戏剧。人们可以在任何他喜欢的时刻去，不管是上午还是下午，剧院总是座无虚席。昏暗的、被烟熏黑的大厅里，全是挤在狭长板凳上、身穿蓝色麻布服饰的观众。当天棚开启，白色的日光照进来时，一阵锣声便会带着余音响起，一出明朝的悲剧在舞台上演，正进行着骇人的剧情转折。舞台下方挤着小贩，为想要恢复精神的人提供服务。烟斗是最常见的需求，只要付点钱，就能抽上一口。由于斗身极长，小贩能够把烟斗伸到坐在他后方、隔着好几张凳子的人嘴里。

一整排商店中从不缺饭馆，但往往在路堤处还会有一些流动餐馆。在宽敞的军用道路上似乎没有商店，但总是会有特卖店。蓝色布幔围成的小屋里，满是质量较差的商品，价格便宜。

在这些小屋中,也会有说书人,数量庞大的听众坐在板凳上,听他绘声绘色。他说得既轻松又流畅,用语肯定,仿佛是国会殿堂上的演说家,演讲时还带着生动的、有表达力的表情与姿势。板凳上的人们张着嘴,仿佛身陷于魔法之中。若说到精彩之处,则引来众人的连番大笑;若是说到卑鄙的作为或悲惨的命运,众人都皱起眉头,眼神也变得黯淡无光。

街上的房子之间,偶尔会有寺庙藏身其中。它们的屋顶是由黄漆瓦片构成的。在北京,黄色砖瓦是官方建筑的必备品。皇城内的所有建筑,包括环绕它的城墙,都是用这类瓦片加以覆盖,北京及周遭的寺院也是如此。黄色瓦片因此成为中国首都城貌的一个极为特殊之处,也是它不太具有建筑美感的一个证明。在这个世界上,黄色其实没有很好的评价,否则,黄色屋顶就会像流行饰品一样到处出现。但是,在木制建筑和灰色城墙之间的黄色屋顶,视觉感受相当舒适。黄色瓦片有瓷器般的平滑与光耀的质感,而中国寺庙和皇宫那种带有温暖、柔软、光亮以及内敛气质的色彩,也许是世界上最棒的黄色。

中国皇帝就住在这种黄色的陶瓷屋瓦底下,这也对应了人们对于中国皇帝与皇宫的想象。中国其他地方都无法让人有这样的想象,这也满足了在随处可见的脏污中人们对光泽与色彩的梦想,最起码这里能够赋予皇帝中国式的荣耀。在这一点上,诗人很可能是对的,人们会想起《白玉诗集》(Livre de Jade)①里头李太白的诗词。其中,描述中国统治者的诗歌是一些温柔的词句和高昂的情感。人们尤其会想到安徒生童话:中国皇帝卧病将死,夜莺飞到了他的窗前,用歌声赶跑了带来痛苦的死神,皇帝于是起身,穿上黄袍,佩上宝剑,带着无上的荣光出现在相信他已死的大臣面前。

---

① 作者朱迪思·戈蒂埃(Judith Gautier)(1845—1917),法国著名的女作家、翻译家、评论家。她在中国人丁敦龄的帮助下,完成了这部诗集。该书共选中国诗词110首,时间跨度从周到清朝。入选作品较多的作者为:李白19首,杜甫17首,苏东坡8首,张若虚7首,李清照6首。朱迪思·戈蒂埃的译诗风格简明、语言优雅。她大胆舍弃法国人无法理解的内容,按照他们容易接受的方式翻译中国古体诗,结果大受欢迎,成为历史上推动中西文化交流的著名作品。

在无上的荣光之中！人们多么愿意相信它！在这片土地上，人们多么愿意维持这样的幻想！但是，一旦你环顾一下今天北京的真实面目，就必然会放弃这种信念。人们会看到，并没有皇帝的荣光。当他看到在皇城之外的悲惨世界，皇帝会相信，这悲惨会延伸到皇权内部，黄色陶瓷屋瓦底下必然也有败德之事正在发生。若是仔细观察，你就会了解，皇帝其实只是所有苦力当中的苦力之王，除此之外他什么也不是。

若人们觉得在一片灰暗的北京城里，需要度过亮黄的一日，那就应该到皇城去走走。当然，那里不允许进出，只能在外头沿着城墙游荡。我们可以走上从使馆大街向北延伸的宽马路。马路上一间邮局的斜对面，就是罗伯特·赫尔特爵士的院落。大约半小时路程，会经过钟楼与塔楼。钟楼里挂着一只大钟，是洪武帝十五世纪初所铸造；鼓楼里则有着一张大鼓，危急时用来发出警告。这两座楼也都禁止进入，不过不去也没有多大损失。到北京游历，并不是为了绕着大钟与大鼓观赏。在《乞丐学生》（奥地利音乐家的一出轻歌剧）中就有这种大鼓出场。从外面观赏无论如何都比在里面来得有趣。鼓楼是两个中比较单纯的一座，就是一间塔楼，像是城门上的建筑，只不过被漆成了红色。钟楼则在一座稍远的山丘上，有一道宽广的阶梯通向它。这座塔楼是一栋白色的漂亮宫殿，在阳光下闪闪发光。它的周围有漂亮的阳台，里面有展示艺术作品的走廊，优雅地环绕着直到顶端。

在鼓楼街道转向左侧，再经过半小时，就会到达皇城前面的一个城门。这里是开放的，直到又出现新城门的内墙时，人车才必须停止前行。城门是木制的，共有三道，就跟某些官府衙门的入口是一样的——皇宫的城门也没有差别多大。有些手工艺者和卖食物的小商贩在这里做生意。门后是一条笔直的大路，左右两边都有一样宽的小河流过，沿着小河的则是顶上贴着黄色瓦片的皇宫围墙。道路两旁有独特的木制三角饰物，顶端用纸片贴着，显然是照明用的，虽然让人有些费解——在没有灯源照明的情况下这些由木头和纸做成的灯饰如何发光。

视线会被一座街道前的青郁山丘挡住,这座山的中文名字读作"煤山"①。根据传说,这座山是由煤炭堆成的,以便在被围攻时不会缺燃料。也许这座山的主体真的是煤炭,虽然穿上了一件绿色树林做成的外衣。在这片常见赤裸山丘的土地上,一座绿意盎然的丘陵实属罕见。作为城市里最值得一看的惊奇之物,它被保存下来便不足为怪了。在北京一片乡村美景中,没有比这样一座山丘更令人印象深刻的了:它突然在街道中隆起,底部到山顶都长满了树木,在山顶侧面一座有着金黄屋顶的亭子在枝叶间闪闪发亮。

这里也是明朝的终结之处,随之而逝的还有汉族的荣耀与伟大。满洲人占领北京城时,明朝末代皇帝崇祯在煤山上害怕之极;当他看见城市被焚烧、听见胜利者在呼喊时,再也无法忍受这么多的苦痛,于是在一处亭子里上吊自杀。上头的老树也许正是这幕悲剧的见证,身负悲惨命运的皇帝,临死前的哀叹一定传进了树枝之间,但这无损于那讨人喜欢的葱郁,大自然没有差别地环抱人类的宿命,若皇帝是死于宫殿之中,也不会有一片枝叶为此而落下。

"煤山"现在完全坐落在北京所谓的"禁城"之内。之前曾经允许攀爬,后来由于从山顶可以一览无遗地望见皇城的格局及皇城内诸多宫殿,便不再允许进入,外国人也难以一窥皇室的究竟,②所以我只能在外头兜圈子。在煤山所在的位置,街道随着皇宫的城墙以极大的角度向右侧弯曲。在皇城里面,似乎是建在基座上的亭子(角楼),以半高或全高的形态露出于城墙之上。这些建筑风格简洁,但全都有着黄色的顶盖。在街道的尽头,一座石头制成的瓶状建筑耸立在所有树木

---

① 指景山,位于北京市东城区。景山公园地处北京城的中轴线上,占地 32.3 公顷,原为元、明、清三代的皇家御苑。景山高耸峻拔,树木蓊郁,风光壮丽,为北京城内登高远眺,观览全城景致的最佳之处。在六百多年前的元代,该处是个小山丘,名"青山"。据传明代兴建紫禁城时,曾在此堆放煤炭,故有"煤山"的俗称。

② 联军 1900 年 8 月进占北京时,煤山被法国人占领。

与城墙之间,这座独特的大型建筑被称为"白塔"①,是一座中国宝塔,但并不是北京城里唯一一座有瓶身外形的宝塔。"白塔"似乎也在皇宫范围之内,走近时你才可以发现,它在城墙的正对面。街道的另一侧是一道开启的城门,后方则是这座盖在城墙基座上的瓶状宝塔,上头的灰色透露出这座宗教建筑年代已久远。

在老树底下,这条街道到了尽头,守卫的士兵阻挡了去路。这里是一处漂亮的角落,一处独树一格的黄色角落。这里又有几座黄顶的亭子,伸展于皇宫的城墙之上。这是一座有着许多建筑的寺院,人们叫太和殿,每一个建筑都顶着像是头盔的黄色小屋顶,高度比一般的房屋高上一倍。附近的城门黄漆上有绿色斜纹,这闪耀着黄色的光芒的伟大城门,阻挡了前往大理石桥的路。较早之前这里也是可以通行的,但是现在没有人可以享受这座桥的便利,它已是著名皇家花园的景致了。

现在我们在太和殿前的一个角落向外望去,这条街道有着不寻常的宽度。但是,在皇宫城墙之外坚贞守护的护城河,则是有着双倍的宽广。数百年来有水在这里淙淙流进,像是河流一般。也许是厌倦了一再的流淌,这些水现在已经沉寂下来,只有太阳还想唤醒在它底下昏昏欲睡的生命——它的光线触及的事物,无不跃出闪耀的银光,水面的莲叶则像是为此准备了盖子。如今正值秋日,莲花正在盛开,仿佛它也能感受到这片生长之地的古老岁月,宽阔的莲叶慵懒地伸展于水面之上,枝梗向上伸展,上头则是荷花的花朵。

每座著名的城市都有能够表达其特色的属性。例如威尼斯的月光,拿波里的歌声,巴黎嘈杂的活动噪音。而北京的标签,使它能够为人所认识的特色,大概是脏乱。这是遍布在这儿的一切事物的真实,是

---

① 白塔位于北京北海公园琼华岛上,建于清初顺治八年(1651),是一座藏式喇嘛塔,也是北海的标志性景点。北海白塔据建塔石碑记载,当时"有西域喇嘛者,欲以佛教阴赞皇猷,请立塔寺,寿国佑民",得到皇帝的恩准,于是修建了永安寺和白塔。白塔塔高35.9米,上圆下方,富有变化,为须弥山座式,塔顶设有宝盖、宝顶,并装饰有日、月及火焰花纹,以表示"佛法"像日月那样光芒四射,永照大地。

所有图画的远景、一切生命的基底。在这座城市的所有体验中,脏乱大概是最真实直接的感受。一位欧洲妇人曾向我提过,有一次她生病了,她先生的中国朋友的太太来拜访他们,对她的病表示了同情之意之后,这位中国女士热情建议说:"只要六个礼拜不洗澡,你的病就会好!"

这座城市的卫生就如同这里的个人卫生一样,给人相同的观感。北京是一座数百年来已不再成长的城市,街道的清扫留给风来负责,冲洗则留给雨水。这两者清除不掉的,就让它留着吧。以前,人们把垃圾都堆在街道上,新一代也还是继续堆着。在这片崇拜祖先的土地上,这大概也是一种与过往者保持联系的方式。这些统治者来了又离去,在这片土地上留下的唯一成果,就是愈堆愈高的垃圾山。相较于欧洲社会市民的重要义务是维持街道清洁,北京居民则合力把它弄脏。街道是家庭垃圾的排出孔,也是露天厕所。任何时刻都会有狭窄的木门被打开,走出一位化了妆的中国妇人,拿着桶倒出厨余或者什么,也可以看到有人蹲在小巷弄内。一开始根本不会想到是怎么回事,因为中国人只要想休息也会蹲在地上——一般而言,他蹲坐并不需要特殊的理由。之后便会逐渐注意到,若是有人蹲着,一定有特殊的理由。通常会有不少人聚在一起,就像是一起去用餐时一样,他们蹲坐成一个圆圈,闲话家常。有些小团体偏好在桥上,桥梁替所有想要抒发情感的人保留了最棒的舒展空间。上头是桥,下面是世界,这里会让人想到某些象征性的东西。如果有人天性不偏好象征之物,便不会上桥,而是在屋墙边处理一般的事情。

可以想象一下,在这些情况下,怎样的气味会在北京飘过。这味道并不好想象,而必须实际去闻一下,才能对此稍微有概念。有一天,持续的干燥气候把一整地的垃圾全变成了沙尘,这片沙尘就如同煤炭一般黑,给街道盖上了一层厚厚的脏污,也渗透到人身上的每一处。风将沙尘卷成云雾,每一口呼吸都会把它给吸进来,如果回想起这些是由什么东西所组成的,会让人倍感不舒适。一旦下起雨来,沙尘里便会出现一片粪泥之海,烂泥漫布在车道上,有些地方会流动,但大多已是凝固的。

车辆若是被陷进这股黑色泥泞之中,会直到轮轴的高度。尤其在那处令人吃惊的浅滩,情况更糟糕。这里的街道上要不没有铺石子,要不就是曾经铺过现在完全消失不见了。数百年来在上头滚动的沉重车轮,现在被路面弹了回来。铺石路面上的石头或高或低,还有着大大小小的坑洞;没有铺石的路面,则是完全失去了控制。路面裂隙四处都是,当粪泥盖在上头时,光是注意别让鞋子陷入的泥沼是不够的,同时还要注意,脚确实是踩在地面上,这需要技巧性的平衡。野狗的尸体能提供可信赖的行走方向,若是某处出现死狗、死猫或死耗子,便足以推测该处是块坚实的地面。实际上曾发生过,有人在北京街道上被淹死的事。

夜间的通行特别困难。关于城区夜间的照明,北京有一套系统,不妨称之为个人照明设备。夜幕降临时,北京的所有街道都是一片黑暗,而城市的照明,有赖于想要看见东西的人自己带一盏灯。使馆大街上有一条窄巷,通往欧洲人设立的漂亮的俱乐部,巷子的墙上有一盏煤气灯,这大概是北京城里唯一的官方照明设备。来访北京的旅客可不能错过这个景点!

如此一来,在夜间的街道上,四处都有灯在行走,就像白天的狗。沉静昏暗的街道,会突然跑出许多小亮点。夜晚的天穹分外明澈,星星在上头明亮地闪烁着。中国人无法触及天空,这座城市是真正留在地面上的。星星作为忠实的光源,高高俯视着在地面上移动的亮点——这些在街道上必须使用,并将中国人引领回家的星星之光。这是北京夜晚的气氛。

北京的马车必然是相当坚固耐用的,为了与强硬的街面对抗,必须建造牢固以保护好自己。在欧洲,一辆双马拉的马车,除了要有在马路上行走时不至于被损坏的功能外,还有很多舒适性方面的要求。但是,北京的马车就不会让人有如此想法。马车显然是源自遥远的古代,最早的马车大概就是用来载人的。若是坐在这种马车里,会让人对于干栏建筑①时代(约五千年前)的便利马车交通有所想象。人们必然会让马车成为坚固的工具,因为,它们要在所有的路况行驶,不畏惧任何障碍。无论高低起伏,甚至像那种在汹涌大海中载浮载沉的歪斜路面它都得要挺过去。今天,旅程中不断出现的危险并不是针对马车,而是针对旅途中的人。

全世界所有马车中,无疑只有北京的最令人痛苦。车厢置于两个大轮子之上,底下没有减震弹簧,车厢上面再盖上一座蓝色的圆弧顶,便是马车全部的构造了。上车用的踏板当然不会有,你得手脚并用爬进车厢。马夫坐在车马之间的拉杆上,两腿向两侧伸展开。车厢里头是没有加深的,旅客必须把双腿向前伸直,坐五分钟之后,你的两腿便会失去知觉。马车出发时很急促,旅客若是不够警觉,便会招致它的报复,像是被甩巴掌一样。马车一下用它左边的挡板打旅客的脸,一下再用右边的挡板打他的头。旅客在车里被推向一侧时,半途上可能又会被推到另一侧,而且,还会比他所预期的来得更早。如果没有替自己的胃找个牢靠的位置,大概它会被吐出来。为了减轻吓人的撞击,你所能做的不外乎就是用手撑在两侧的横条上,直到旅途结束为止,除此之外什么也做不了。

基于这些状况,人们尽量避免搭乘马车。但是前往官府拜访时却又不可避免。不然人们宁可在哈德门旁的停靠站挑一头驴子或骡子更好些。这些动物强壮,行动也够快速,还相当机灵。令人吃惊的是:它们会努力让自己变得聪明,因为它们若是在身为驴子一事上得到体谅,便不会因愚笨而被斥责。于是,后面的事情只剩下人们的追问——严重低估它们的智力是不是一件不公平的事。对驴子的愚笨发出质疑,是北京少数会激发思想的事物。这些驴子已经发现,所有骑在马上的

---

① 干栏式建筑,又称干栏屋、高脚屋、吊脚楼、棚屋,是一种特色民居建筑,其特点是"编竹苫茅为两重,上以自处,下居鸡豕,谓之麻栏",盛行于东南亚、马达斯加加、台湾、中国南部、海南等地区。其种类有高架式、高床式、桩上屋等类型,通常是木头、竹子架构屋梁,茅草盖顶,也有柱桩顶端设轭木,较牢固的干栏式建筑。

人都有影子,它们反复看这些影子,以便了解怎么做才能避免挨打。一旦影子活动,它便开始出发。当骑马的人把手巾拿到鼻子前,或是跟认识的人打招呼,驴子也会毫不迟疑地开步前进。此外,这些驴子也充分理解鞭笞,已经习惯了逆来顺受。或许它知道,被打就是驴子的生命内容,因而当驴子不发一语地被鞭打着走在路边时,它会稍微调整一下自己,以便让骑士的胫骨与石头产生剧烈的摩擦,然后它会竖起耳朵来,表示它第一个对此意外表示遗憾。

在北京的秋季,会出现成千只骆驼。它们将货物从亚洲内陆运来,然后再装上新的货物运往内陆。尤其是商队茶①,全靠骆驼进行运送。此外,骆驼也运送各种小型箱子或捆起来的货物,它们有耐心地驮着人们强加在身上的东西,组成漫长的队伍一只接着一只地穿过街道。长着绒毛的腿非常有劲儿,每一步行进都会撑开驼蹄,然后在微微的晃动中前进。而当它们像是城中的伟大人物,高高在上地穿越人群时,便是属于它们的尊荣时刻。蒙古来的驼夫有些骑马,有些徒步跟在它们身边。每只骆驼的鼻子都被穿上了套环,上头绑着与前一只相连的绳子。它们头上有时候会有一簇红色的装饰品,脖子上则挂着长形的铁制铃铛,行走时发出低沉的金属撞击声。特别罕见的是,当一队骆驼在夜间经过时,巨大的身影在黑暗中晃动,宁静之中似乎像有一只神秘的时钟在嘀嗒地走着。

使馆大街所在的位置,并不比其他地方好。外国势力的代表们,迄今还不曾得到允许在他们居住的街道上铺柏油。浓厚的沙尘与没来由的脏污也覆盖在车道上。法国使馆对面有一处水井,深长的泉洞没有任何保护用的栅栏,兀自敞开在马路中央。如同这座城市的其他地方,野狗四处乱窜,浑身疥癣,对着路人咆哮。脏兮兮的乞丐挤在一

---

① 商队茶,由中国的乌龙茶、祁门和少许正山小种拼配而成,有一些则不加入正山小种。商队茶带有麦芽的甜香和淡淡的烟熏味,口感浓厚顺滑。它以从中俄边境运去茶叶的俄罗斯骆驼商队命名,也有一种说法是,商队茶最初是俄国人将运回的中国红茶进行再制而成的,以合乎俄国人的口味。

起,口中永远喊着:"大老爷!"使节团的成员和他们的夫人,年复一年地住在使馆的围墙之内,只有在绝对必要时才会走到街上去。

每一间使馆都有花园和庭院,起居室和工作室很多,占地够广阔。建筑形式大多属于中国式的官府建筑,房子只有地上一层,屋顶都是倾斜的。所有使馆建筑上的装饰,都来自一般的中国涂料与饰品。从不完全开启的红色衙门,阻隔着通往大街的路。法国使馆的大门前,有两个负责守卫的中国石狮子。这座建筑与英国使馆同属于中国早期的宫殿。英国与法国倾向于一同向中国发起战争。

法国达利旅馆及另一家为贝克先生所有、房间较小的德国饭店,都位于使馆大街上。都是中国式的房舍,所有的房子都在同一层,所有的门都可以当窗子使用,反之亦然。德国领事馆附近有一间欧洲杂货铺,那里可以买到居家生活所需要的一切东西。不远处有香港上海汇丰银行的建筑。邮政总局及电信总局并没有在使馆大街上,而是在附近一处德国领事馆对面的街上。

德国领事馆是逐步形成今日这个局面的。建造之功应归于巴兰德先生,这是这位杰出人士诸多功绩中的一项。他在北京做外交代表多年,时至今日,在中国生活的德国人还对他深怀思念,无限感激。现任的德国领事海靖男爵与其优秀的前任相比,毫不逊色。他在外交上的成就已经在其他地方提到过了。他作为外交官的个人形象,与其所做出的决策相当一致。为了向中国人说明何谓权力与力量,这位金发巨人来到了北京。在他的工作室里,海靖先生挂着一幅来自皮蒂宫①的儒略二世②精美复制肖像画。"他真是一位精力过人的教皇!"当有人

---

① 皮蒂宫是一座规模宏大的文艺复兴时期意大利佛罗伦萨的宫殿。位于阿诺河的南岸,距离老桥只有一点距离。1458年建造时原是一位佛罗伦萨银行家卢卡·皮蒂的住所。1549年,这个宫殿由美第奇家族的科西莫一世买下,并作为托斯卡纳大公的主要住所。通过世代累积皮蒂宫逐渐储藏了大量的绘画、珠宝和贵重的财宝。
② 教宗儒略二世原名儒利安·德拉罗韦雷,1503年11月1日当选罗马主教,同年11月26日即位至1513年2月21日为止。他是教宗西斯笃四世的侄子,同样出身德拉罗韦雷家族。1506年1月22日,儒略二世组建了至今已五百多年历史的瑞士近卫队。儒略二世也是文艺复兴时期知名的艺术赞助人,艺术家拉斐尔、米开朗基罗等皆为其好友。

问及他偏爱这幅画作的理由时,他这样回答。这种强大的且坚持目标的人格特质,包裹在他招人喜爱的外表之下。男爵夫人是贝蒂那·冯·阿宁(德国著名女作家)的侄女,因为这层亲戚关系而大可以对她有所期待,不会让人失望。若是到领事馆做客,便会听到这位聪明得令人吃惊的妇人,对国际政治问题的清楚理解如同对于魏尔伦①与莫泊桑②的理解一般。当看到墙上荷兰大师的画作,你会对重获文化教养的熏陶而深感幸福。这是在北京的访客接待中,最极致的成就——她让客人忘了他正置身于北京。

(海靖先生于1899年春天离开北京,其后继者为当时德国驻墨西哥公使克林德先生。这位公使的短暂在位及死亡,很快也成为过往。克林德先生如同一位英雄般,在执行勤务时身故。当他在义和团运动爆发后的某日前往总理衙门,请求中国政府镇压仇外行动时,在路上被一位中国士兵射杀。德国立即将一支军队派往中国,要对大使被谋害一事兴师问罪。在获得补偿且德中外交关系再次建立之后,当时的卢森堡办事员穆莫先生作为大使被派往北京,代表德意志帝国。)

在北京散步是一件功业,而且不会没有丁点成果。如果想要找到一条不行经街道的路线的话,留在街道上反而是一件值得选择的享受。午后的散步时分,人们会出现在城墙上,通过一道由白胡子蒙古人守卫的狭窄城门后,会到达一处宽阔的山路,或者说某种相当陡峭,朝向高处的引道。由于城墙的惊人厚度,它上头有足够的空间为城市提供最宽广的路面。这还不是最神奇之处,最令人惊叹的,是人们会在城墙上发现,这条路是北京唯一一条洁净的道路。中国人并没有把脏污带到这上面来,因为他们根本上不来。这里可以呼吸到没有中国人的空气。

---

① 法国诗人魏尔伦(Paul Verlaine,1844—1896)是法国象征派诗歌的一个"诗人之王",在法国诗歌史上占有重要地位。在诗歌艺术上,魏尔伦是一位反叛既有传统的诗人。他也是象征主义的代表人物之一,与马拉美、兰波并称象征派诗人的"三驾马车"。与后两者晦涩的诗风相比,魏尔伦的诗更通俗易懂、朗朗上口,所以也受到普通读者的喜爱。
② 莫泊桑是19世纪法国小说家,作品以短篇小说为主,被誉为"短篇小说之王",也被认为是"世界三大短篇小说之王"之一。名作有《项链》《羊脂球》《俊友》等。

站在宽广的街道上,唯有太阳与天空相伴。这是一座真正的城上之城——底下聚满了中国人,而这里,有的只是空阔的街道与广场。如果人们走到这上面,城门上的宽敞庭院会替城墙添加像是广场般的自由空间。因此,人们可以绕着哈德门上面的环形山道游荡,向下看着城门的路面、急急忙忙往来的人群以及一台接着一台、不见头尾、朝着相同方向行进的马车队。他们的上方扬起了烟尘,像是灰色雾气般充斥在整座城门里。

自哈德门向西,可以一路漫步而行,巨大的正方形石板构成了漂亮的路面,石板间大多长着浓密的灌木,有时候在这些会刺进衣物的荆棘丛中,会出现驴子踩出来的走道。人们可以想象,若是在这里唤醒睡美人,会是怎样的景象?没有睡美人的荆棘令人生厌。

在北京也有一列"西行列车"。西边的城区住着生活较优渥的人,有靠年金生活的小老百姓,也有住着简陋的灰色矮房却有着大型庭院的官员。从高度上这些矮房几乎很难被留意,再加上相同高度的树木遮掩,看过去像是一片有着绿色的茂盛田野——这座城市突然变成了一个巨大公园。右侧远方的绿地之上是皇城中高起的亭子,黄色的陶瓷顶盖在暮光中闪耀着红光。西边的山丘以蜿蜒的地貌串联出一条地平线,后方是炙烧着的巨大落日。山丘映射出紫罗兰般的色彩,清澄的蓝色包围着黄昏天空的穹顶,太阳发出充沛的光亮,一种大气的金黄。一群闪耀着白色羽翼的鸽子列着巨大的队形飞过城市上方。当它在北京的悲惨与灰暗中死去,心中仍强烈地生起对美的向往。

第三十章 回 家

在提供我住宿的瑞士人尚雷诺先生的屋前,我爬上了驴子。尚雷诺夫人刚刚起床,完美发型上还留有几丝床枕羽毛。她把一些旅行用的口粮放在驴鞍上,伤感地对我说:替我向祖国问好!

这是真的?我会再见到故土德国?马上?跑吧!可爱的驴子,越快越好,我们要回家了!

我骑着驴穿过了城门。不用怀疑,我要与北京永别了。"永别"听起来会有点伤感,如果不是要与这座陌生城市分离的话,离开北京是一件乐事——再也不用见到这座城市的念头令人舒坦。

在马家堡车站里,火车正冒着白烟。我的中国仆役,年轻的杨,还没有带着我的皮箱抵达,他理所当然会在火车出发之前几分钟内赶到。在主人着急的时刻,他总是表现得不急不忙,这是我这位仆人的特色。在你需要他时,他鲜少会在第一声呼唤后出现。多叫几声也不见得有用,因为杨正在睡觉。如果他碰巧醒着,便会像是被打扰到一般在周围四处闲晃,开动脑筋想能够再去睡一会儿的借口。

再会了,北京!列车冲进了平原,向低处行驶要比往高处来得快一些。我们再次来到天津,人力车夫簇拥而来。不,我走路!为了能够再次享受鞋子踩在柏油路面上的舒适感受。

从天津前往塘沽的河流上有多艘蒸汽船,全都是要开往上海的,我可以从中任意挑一艘。中国招商局的"安平轮",会是一个漂亮的选择,而且,它是所有船只中最快的。来自芝罘(烟台)的温柔又苗条的安妮小姐,也说要搭"安平轮"返家,当然,这是她很早就决定了的事。

但是，当人们在一堆差异甚小的船只和安妮小姐要搭乘的船只之间做选择时，显然会选择后者，于是我便登上了这艘"安平轮"。

河口的水位很浅，因此，我们必须在潮水涨得够高之前在锚前等候，这耗上了不止二十四小时的时间。之后"安平"便滑进了一片水域，平静得像是日内瓦湖。无云的天空把湛蓝倾洒下来，柔软的清晨气息吹拂而过。中国的秋季如同五月般的舒适。烟台一地则有着奇幻般的美景，粉红色的山峦环绕着湛蓝的大海。

在这种气候下，只需要放手让船只自己航行。船长只顾着处理他的自行车，车胎上有个洞，问题相当严重。如果船舱底下的轮机长没办法上来帮忙，大概没人可以堵住这个洞。在商务舱，有两位中国人也一同航行，一个是富有的年轻人，另一位是佛教僧侣。有钱的年轻人坐在桌子旁吃东西，发出许多不必要的声音。当他喝汤时，人们从舰首的旗帜处就可以听见声响。僧侣则整日拿着毛笔，在纸上画着神秘的符号。

船长说："那些全无意义！"

上海到了，从绿树中可以亲切地感受到这座不错的城市。如果经历了长途的旅程之后回到上海，会有种真实的返乡感受。再次遇见了宁静、舒适、文化以及可爱的人们（这里说的可不是金发少女）。马车在河岸边移动着，海关的塔楼发出了熟悉的钟声。不，这都是真的——朋友们虽然获悉"安平轮"难以确定到岸时间，却已经把一位男仆役派到我这里来。他就站在岸边，用仅有的一把扇子替头部遮阳，远远地就带着老熟人的微笑向我打招呼。他还是老样子，对每一次请求都以"很愿意"响应。在汉口路的一间旅店内，有个房间已经备妥。墙上的壁炉里，高大的火焰从中温暖而出。脚底下厚重的天津地毯柔软地轻抚着；雪白的亚麻布盖在床铺上；躺椅伸出椅臂迎接着我。女屋主甚至好心地替我在桌上放置了花朵。

北德洛伊航运公司的船舶不知状况如何，"萨克森号"不久前才出发前往欧洲，"拜仁号"则要下个月月初才启程，所以还要等上个三周。这段时间足够让人搭船赶往日本了。因此，是否要最后一次攫取她的精髓,要尽快做出决定,不管了,出发前往日本!

关于日本,我会另行报告。京都那古老的寺庙园林以及在宁静街道上、沿着房屋而来的僧侣祈福的笛声,关于这些奇特的故事,我都会一一陈述;还有岚山那被秋季枫叶覆盖的紫红色山林;在东京的将军们用漆成黑色的木头所建造的墓地寺院;日光那座跨越河床,有山涧流过的红色美丽拱桥;我的朋友、也是人力车仆役的古座、室内仆役、导游甚至还有一名婚姻介绍人;剧场内像是长串水滴般的三味线叮咚声,伴随着一整幕戏剧,剧中台词似乎在述说着神秘力量如何宰制人类的命运;屋上的灯笼,夜晚时将街道盖上一层牛奶似的白色;东京的主要街道银座上有灯光明亮的商店,迷宫似的蜿蜒市集,木制轨道发出的清脆声响;三只在一间日光的寺庙里,作为壁饰及佛教象征的猴子:一只遮住耳朵,一只遮住眼睛,最后一只遮住嘴巴,这应该是要表达,要以这样的方式度过生命——不听、不看也不说,也不为此感到哀伤;在赤坂一处美丽庭园里举行的皇家菊花庆典;为了显示其可人之处,小女皇的嘴角有着孩童般的吃惊笑靥,在这种微笑里可以一再地发现这片土地上所有的灵感泉源;在东京吉原的曙小姐穿着传统的日本华服出现在房间里,角落里摆着一盏白纸做的立灯,她那悦耳的名字,意思乃指晨曦。

为了不错过在上海的行程,现在得要加快脚步了。"萨摩号"是一艘糟糕的小船,海面因来自北方的狂风而翻腾着,但这并没有带来延迟。一天都不能耽搁,这艘可怜的蒸汽船,在狂暴的浪头上无碍地舞动着。螺旋叶片一半在水里,一半在空气里旋转着。我晕船晕得发起烧来,真希望这艘船能沉掉,以便结束这晃动。

在上海,我还有一天的时间可以进行离别前的拜访,递了许多的拜访函。隔天上午,补给船"维多利亚号"停泊在美最时公司前方的法国河岸带,将朝着河川下游航行,并前往"拜仁号"的停泊点吴淞。每个要出发的人都会被一群朋友围绕,但是下船处便不是所有人能掌握的了。半座城市的人聚集于此,人群中传来巨大的乒乓响声。如果有船要开往欧洲,这天便是上海的节日。行李一个堆着一个被载运到蒸汽轮船上。德国邮政局的负责人飞利浦先生甚至与一群苦力一同出现,带着装金子的箱子。

"您难道不放一只在我的船舱里当作旅资?"

鸣,汽笛声鸣叫着。无数的手向前伸出。"再见!旅途平安!""身体健康!""万分感谢!""欧洲再会!"

缆绳被解开,船只缓慢地偏离了陆地,人们在甲板上挥舞着帽子。有几个烟火在空中炸开,这是一位中国买办为了送别即将去欧洲度假的公司员工放的。"维多利亚"迎着风浪向下游急速航行。最后一次,我看到了作为上海地标的红色邮政塔楼,一个纪念美好时光的建筑。

在"拜仁号"的船舷边,我们登上了船梯,船上的乐团为我们吹奏了一首有趣的欢迎曲。栏杆上可以看见德国水兵的制服。

"拜仁号"的甲板上有二十六位海军军官,这是一艘航向欧洲,轮替军士用的船只。乘客由民众及军人组成。军人们当然会留意不跟市民们搞混。如果市民可以轻松地跟军官们厮混,那么最后他可能会想象自己也是个受尊敬的人物。军方似乎是这么想的,而市民们则尽量挤在角落里,同样有他们的想法。市民们的一个想法是,每一位海军军官肯定都是亲切的男士。但若从这二十六位亲切男士那里感受不到亲切,那又当如何?

当军官们的用餐气氛干扰到主甲板上的人,他便会爬上这艘船的最高处。驾驶着"拜仁号"的船长普仁先生,没有值勤时便会在他舱房前的军椅上休息。人们可以从旁再拿一张军椅来,在新鲜有趣的对谈中你会开心地发现,上头的空气是如此清新。上海总领事的腊肠狗小哈也一同航行,它住在舰桥旁的一处小屋,当看到上海主人身边出现认识的人,它便会快速摇起尾巴,绕着甲板汪汪叫。

在香港,金色太阳高挂在美妙的蓝天之上,一切都沐浴在金色光芒之中。温柔、清新的春风自山上吹来,这样的天气会持续四个月,而住在这里的幸运儿,四个月都看不到云朵。香港是一处无可比拟的冬季转运站——如果从欧洲来的旅程不是那么远的话。

由于全世界又再一次进入冬季，因此新加坡的热气也不是那么吓人了。

在科伦坡，一些兜售宝石与饰品的印度商人来到了船上。一开始开的高价愈到船要启程的时刻愈是一路下杀。最后，只需要一个老旧的黑色时钟就可以换到核桃般大的宝石。最后五分钟，一位心情不错的旅客办了个拍卖会，出最高价的人只用一马克便赢得了六只纯金戒指。

在科伦坡港口的出口处，停着一艘法兰西轮船公司的客轮。经过时，我们这群有礼貌的德国人奏起了法国的《马赛曲》，而法国人则以呼喊与挥手致意。从科伦坡前往亚丁的七日航程，在海天之间的单调无趣中度过。

在亚丁港，"普鲁士号"正在装运煤炭。它要再次前往中国，而我们这里没有人会有兴趣再从"拜仁号"换乘到"普鲁士号"上。亚丁的太阳一如往常的灼热，傍晚时吹起了微风，向岸边划船的深肤色船员们因为觉得微寒已穿起了作为冬季大衣的老旧英军制服。

我们第一次航行到红海时是四月份，当时还是夏季。现在是十二月了，但这里依旧是夏季。摩卡的宣礼塔①在远处闪耀着。十二月三号中午，我们感受到了冬季的气氛。欧洲从北方送来了寒冷的问候，我们脱下了白色的热带服饰，立即打包收在皮箱里。船上所有的柠檬都开始出现在郎姆酒瓶附近，通过两者的调和可以制造出许多烈酒来。四处都有人担心感冒，人们不安地获悉，傍晚在吸烟室里，泰国海军的医师已经打了三次喷嚏。

下午我们停靠在西奈的海岸边，那里飘来了神圣的阵雨。接近傍晚时，无声的静默漫布在整艘船上。从下甲板处，突然传来了水手们的欢庆声："宁静夜、平安夜！"当他们唱起这首歌时，夜晚也已降临此地，星光正闪耀。当时，就在这附近，救世主来到了世间。在西奈及邻近的

---

① 宣礼塔，又称光塔或是唤拜塔，是清真寺常有的建筑，用以召唤信众礼拜。早期的伊斯兰清真寺中无此建筑，约在穆罕默德去世 80 年前后才出现。

土地上,不是其他的星辰,正是救世主降生时所闪耀的。而每个夜晚,暮色都从红海上降临,就如同这首歌所唱的一样。正是今日,我们感受到了涵盖万物的夜色气息。我们与东方的圣贤呼吸着相同的空气,徜徉在同一片星空之下。

用餐室里有一棵圣诞树,几乎从地板伸到屋顶,被金箔饰品包围的枝干正闪着亮光,最顶端还有一颗插着电的大星星。熟悉的杉树香气充盈着整艘船,圣诞节到了!我们这一群素不相识的陌生人,站在墙边,并在此刻才真切感受到,我们彼此陌生到何种程度。孩子们都睁大了眼睛,被中国奶妈抱在手上的小婴孩,对这一切都不感到吃惊,幸福地看着生命中的第一棵圣诞树。船长因为感动,脸上洋溢着红光,骄傲地把帽子捧在手上。乐团演奏了一首合唱曲,之后是第二首,但在第三首时他们便放弃了,因为已经没有人跟着唱了。圣诞树被移除(不然明天就会被孩子们给洗劫),服务生送上了食物,席间还进行了摸彩。我赢得了一面德国海军的小旗帜,可以当作胸针使用。

我们继续航行。某个夜里,船上突然传出急切的船笛声,告知在海上孤独航行的我们:新年到了!船笛声持续了好一会儿才把人们从睡梦中唤醒。船上到处都洋溢着"新年快乐!"的响亮贺喜声。之后,便又恢复了沉寂。在寂静的航行中,船只把昏昏欲睡的人们带往新的一年为他们准备的、无法回避的、未知的宿命。

在海上的是哪座山?山脚下有白色屋子,就连山顶也到处都是这种房子,会是哪里?那边是卡布里岛(Capri),这里是阿玛菲,现在就快要到索伦托了。这是真的!不是吗?心脏狂乱地跳动着,雨水浸湿了全身。遥远的航程结束了,巨大的渴望已被满足。

回到欧洲了!安全了!没事了!不安的梦已经结束了!卡布里、阿玛菲,还有索伦托!

船只缓缓地驶在那不勒斯港那明镜般的水面上。乐队站到了甲板上,演奏起了《普鲁士进行曲》。嘿,看那小服务生是怎么击鼓的!"我们又回来了!"喇叭声也响彻云霄。在其他停靠在港口的船只上,有人正挥舞着白色手绢,问候着完成全球远航后的返家之人。同时,小船上也响起了曼陀铃的乐声。"噢、我的太阳!"一位表情毫无顾忌的黑发女性,摇摆着臀部唱了起来。但是《普鲁士进行曲》并没有让这位从那不勒斯乘船而来,为了帮我们唱上几首《太阳之歌》的女歌手登场。城市在不远处,经过这么长时间后,还能够再次看到这么多大房子紧密地聚在一起,实在是有趣。

那不勒斯的元旦,人们走到街上,亲切地握手、问候彼此。"祝您有美好的一年!"不论是从上方的窗户或是底下的街道,都持续散发出热情的问候。圣雅纳略的大教堂里,弥撒已经结束。主教穿过教堂,被善男信女们包围。他们试着将嘴唇伸向主教那手持令牌的白手。主祭坛及礼拜堂里面涌出了灯光,数以千计的灯光。

最神圣的祭坛是一处地下礼拜堂。每一次在这座祭坛进行的弥撒,都会将一个灵魂从地狱之火中拯救而出。"真是神迹!"守门人虔诚地说。他把地道门打开,并随我进入。那底下跪着一尊真人大小的卡拉法主教的大理石雕塑,据说这是米开朗基罗的作品。引路的守门人手上的烛光,摇曳地映照在他瘦弱的脸庞和祈祷时紧闭的双唇上。而这座大理石雕像似乎也展现着一种神迹般的感染力。真是神迹!神迹!能够从最遥远的东方返回,回到米开朗基罗,此乃奇迹,神所赐福的奇迹!

后　记

2011年的初秋，我第一次前往亚得里亚海岸。在地图上看，从维也纳出发，穿过斯洛文尼亚，是到达亚得里亚海边城市的里雅斯特①的最近路线。在夜幕低垂的傍晚时分，我进入斯洛文尼亚边境，斯国海关警察把我拦了下来。尽管斯洛文尼亚是申根协定国，按协约应当撤销边境检查站，但他们依然要求检查我的证件。我递交了我的全部合法证件，斯国海关警察看后说，证件没有任何问题，但我没有买高速公路票，要缴纳罚款160欧元。事实上，在进入斯洛文尼亚之前，我一直都在留意公路两边的商店、加油站。我已经预想到进入这个国家是要购买高速公路票的，但是，一路上并没有看到任何营业场所。按理这个时候再买也是可以的，可是两个警察不由分说就要罚款，而且，态度十分蛮横，直接扣下我的护照与驾照，看来不交罚款人走不了了。这个从前南斯拉夫分离出来的国家，经济上已经到了崩溃的边缘，警察也是见钱眼红了。对我来说，时间可比金钱更重要，只好交了160欧元的买路钱，继续这趟亚得里亚海的旅程。

我原打算在这个国家的首都停留一两天，了解一下他们的历史、文

---

① 的里雅斯特市位于意大利东北部，是靠近斯洛文尼亚边境的一座港口城市，位于亚得里亚海最北端——的里雅斯特湾最深处。公元1372年到公元1918年间，这里曾经是罗马帝国及奥匈帝国的一部分。这座城市虽然在地理上属于南欧，但在语言、文化、建筑方面，却具有明显的中欧特色，它与其他意大利城市有着明显的区别。1867年到1918年的五十年间，的里雅斯特作为奥匈帝国的主要出海口，曾经是地中海沿岸一个繁荣的港口城市，也是奥匈帝国南部经济文化艺术的中心。第一次世界大战结束后，奥匈帝国战败国家分崩离析，的里雅斯特并入意大利，这里的经济文化贸易从此衰落。

化与城市风貌,但经历了与斯国海关警察不愉快的纠葛,我对这个小国家兴趣全无。驱车穿过斯洛文尼亚进入意大利,大约有两百多公里的路,汽车疾驰不到三个小时,我就来到了亚得里亚海边的意大利城市——的里雅斯特市。

已经是午夜,汽车驶出高速路沿着盘山公路向下,远处是一片灯光,看来这座城市的规模很大,远远超出我之前的想象。驶入市区,马路开始由宽变窄,柏油路变成了石头路面。古老的街道、老旧的房屋,一切都是一座有历史的城市应该有的样子。

我在欧洲学习、生活多年,每到一座城市我都喜欢去看古董店和邮票店。漫步古老的街道寻觅历史痕迹,是我在外地旅行的最大爱好。这座城市依山而建,环抱亚得里亚海岸。我住的威斯汀酒店位于城市的山顶,从高处沿着狭窄的石头街道走下来,山脚下就是这个城市的中心。这一天是星期六,恰逢城市有周末跳蚤市场,我逛了一圈并没有什么收获。于是,我沿着古老的街道漫步前行,来到一家古董店前,这么偏远的地方,应该会有什么宝贝吧?旧货琳琅满目,然而我在里面足足转了近半个小时,也没找到什么特别的东西。

当我打算离开的时候,礼貌性地问了一下店老板:"您这里有来自亚洲的东西吗?"老板看了看我,想了一下,然后,用德语回答道:"我们店里有本一百多年前的书,里面写的是中国的故事,您有兴趣吗?"说着他从身后书架上找出两本书,小心翼翼地递给我。我看了一眼书的封皮:Ein Sommer in China,直译是:一个夏天在中国。这是一套上下两册的旧书,泛黄的封面与僵硬的纸张略有破损。我小心翼翼地打开来看,竟然全是古典字体的德文。我没有学过古典字体德文,一时间看起来有些吃力,也看不出什么门道和价值来,但我想,既然是一百多年前的出版物,就当是古董买了也不错。

只经过一个回合的讨价就成交了!这店铺里陈列的旧书不计其数,我估计店老板自己都没有读过这本书。他或许也不会想到,这本书对我们中国人而言意义重大,它给了我们一幅尘封百年的中国历史画卷。

  一周以后,我回到了法兰克福的办公室,立即把书拿给我的朋友乌利先生,请他认真看看,然后把里面的内容大致整理一下,告诉我。乌利先生是德国的经济律师,父亲曾经是德国政府的高级官员。他接受过德国和瑞士两国的大学教育,如今年近七十岁,知识渊博,是看得懂古典体的。乌利先生用几天时间把书读了一遍,然后,兴致勃勃地来到公司,坐下来给我详细介绍这本书的内容。

  中日甲午战争结束后,时任《法兰克福报》的记者保罗·戈德曼先生,受报社指派,于1898年前往中国,专程对大清国的经济、政治、军事、司法、出版、宗教等进行考察。他四月从意大利北部热亚那港口出发,乘坐德国"普鲁士"号远航机械船,由地中海经埃及塞得港、苏伊士运河、红海-亚丁湾,远航至东方欧洲城新加坡,而后从香港登陆,经广州、上海深入中国腹地。

  1898年是中国的戊戌年,整个夏天,他先后拜会了广东总督秘书兼厘金局局长、上海的行政长官、两个通商城市的地方要员。他沿长江乘船而下,在汉口、武昌、镇江等城市都有所停留,对中国铁路建设中列强资本竞争的内幕有所了解。他在武昌考察了德国军官训练营,结识了湖广总督张之洞,记录了德国工程师与军事教官在中国工作的全过程。然后,他又前往胶州湾青岛、威海、芝罘(烟台),探访刚刚纳入德国租界的胶州。接着,他从烟台继续北上到达天津,访问、参观了天津武备学堂,拜访了陆军总领、直隶总督荣禄。此时,北京发生了戊戌变法,他被困在天津多日。待北京戒严解除,他进入北京城采访,拜访了刚刚下野的李鸿章……

  听了乌利先生的介绍,我顿感这本书的重要性。外国人写中国的书有两本,一本是马可·波罗的《中国游记》,一本是美国作家埃德加·斯诺的《西行漫记》(又名《红星照耀中国》),而这本《一个夏天在中国》时间正好介于这两本书之间。如果我没有判断错的话,这应当是第三本历史价值重大的、外国人探访中国的书。德国记者对1898年中国社会的描述,无论是什么样,应该都有一定的史料价值。尤其是他曾在那个特殊的年份,与清政府高级官员对话,一定能够为已有的历史叙述提供一些参照,说不定能提供我们更多关于戊戌变法,关于大清帝国在艰难危局中转型的重要历史细节。我预感,这一定是一本记录中国历史的好书!

我马上请乌利先生着手调查这本书的作者。首先,我们从记者任职的《法兰克福报》入手,由乌利先生代表公司发了问询函,遗憾的是,今天的《法兰克福汇报》与之前的《法兰克福报》之间,并没有任何法律上的继承关系。历经两次世界大战,他们亦无法找到关于这本书的更多信息。但是,他们告诉我,因为作者反对纳粹,这本书曾经被列为禁书,纳粹时期要求全部销毁。我们在报社的建议下,马上与德国版权管理机构联系,他们很快给了我们书面答复:该书已经过了七十年解禁期,我们可以申请获得再版的权利。由于原书是古典字体德语,普通人阅读困难,于是,我委托乌利先生用了一年时间,将古典德文逐字转换成现代德文,2014年在德语国家出版。为完成这套书的整理工作,我的朋友乌利先生用眼过度,患上了严重眼疾,待完成文字转换的时候,他的左眼几近失明。2017年12月21日,乌利先生因骨癌在法兰克福去世。他是我亲密的朋友,也是很多中国人的好朋友,在德国法兰克福、巴登洪堡,有许许多多的中国人都曾获得过他的法律援助。他爱中国,乐于帮助中国人,遗憾的是,他没有来过中国。我答应要带他一起来中国看看,我们说好了,晚年他在我身边养老……这成了我一辈子的痛。

自2015年开始,我就着手这本书的中文翻译工作。由于作者的宗主国横跨普鲁士、奥匈帝国以及魏玛共和国向第三帝国的演变进程中,他的语言南北混杂,我几乎找遍了中国的德语翻译大家,都无人肯接受这本书的翻译工作。我也深知这套书的翻译难度很大,但是,我也深知,对研究中国历史的价值而言,这样富有现场感的记录有多么难得!我们可以透过一个外国记者的采访与描述,从"他者"的视角,换一个眼光看到清末中国社会的真实风貌。就算是"片面"的真实,也万分宝贵。

我下决心要完成这本书的翻译工作,没有人愿意干,我就组织人自己干。我和乌利先生,还有他能找到的,能够识别古典德文的朋友和专家一起工作,2017年,中文直译工作基本结束——深切怀念我的朋友乌利先生!

原著于1899年在德国出版发行后,1900年很快发行了第二版。作者为了确保历史记录的准确,在再版时根据后来的事态发展做了一些注解。正文括号中的文字恰是第二版所加,所以,读者能更好地了解这本书的全貌。翻译过程中,查阅历史资料是必不可少的工作,为了便于今天的读者理解,我也对一些人物与事件做了注释,这些注释在这本书中都以脚注的方式呈现出来了。但一些人名的翻译,未必尽与国内通行一致,我尽可能列出了原名,供读者参考。

这本书在翻译整理的过程中,得到了我的同学全晓煜、李雪玉,中央电视台董浩先生,山东大学白洪声教授,我中学时代的班主任清秋子老师的支持。2018年夏季,香港知名时事评论员郭一鸣先生来德国,我向他介绍了这本书的发现过程和内容,他以职业嗅觉肯定这本书的价值,为此,在香港《大公报》对这本书做了大量报道,并获得了《大公报》社长姜在忠先生,香港皇朝家私谢锦鹏先生的支持。根据郭一鸣先生的建议,我对保罗·戈德曼的生平做了深入调查,很快,我在奥地利首都维也纳查到了作者的生平资料以及后来的命运。

保罗·戈德曼(Paul Goldmann),1865年1月31日生于德国布雷斯劳市(现为波兰弗罗茨瓦夫市),1935年9月25日在维也纳去世。他是奥地利及德国新闻工作者、公关人员、旅行作家、戏剧评论家、翻译、戏剧散文和小型戏剧的作者。保罗·戈德曼父亲古斯塔夫·戈德曼是当地的商人,母亲克莱门汀·尼·玛姆罗斯是家庭主妇。

他德国布雷斯劳大学法律专业毕业,获得法律博士学位后前往维也纳,在他叔叔玛姆罗斯主持的《在美丽的蓝色多瑙河》维也纳杂志工作。保罗·戈德曼是现代戏剧的狂热者,通过其叔叔认识了阿瑟·施尼茨勒这样的作家,并与他的亲密朋友理查德·比尔·霍夫曼和雨果·冯·霍夫曼施塔尔共同从事早期的出版。

施尼茨勒在 1889 年与戈德曼的一次会谈中写道:"我接受了马姆罗斯先生的邀请访问编辑部,这次与他的代表和侄子会面,这是那封友好的录取通知书的作者,二十四岁,和蔼可亲的绅士。保罗·戈德曼博士,身材粗壮,有点驼背,卷曲的头发,明亮、美丽的蓝眼睛。我们很快彼此了解,对生活和艺术中的大多数事物都有相同的看法。"

而在 Bernhard Reich 的印象中他是一个花花公子。戈德曼是维也纳现代主义代表人物,曾担任维也纳国家石油公司和蒙达格斯的外部雇员。从 1890 年到 1892 年,他是维也纳 Neue Freie Presse 编辑协会的成员。

戈德曼与艺术赞助人珍妮·毛特纳和她的丈夫、实业家伊西多·毛特纳在一起。他结识了记者兼作家朱利叶斯·鲍尔和作家兼文化历史学家埃尔明·克洛特。

从 1892 年至 1902 年,他在布鲁塞尔、巴黎和中国担任《法兰克福报》的记者。1896 年,由于德雷福斯事件,他与法国反犹太新闻记者 Lucien Millevoye 之间发生了一场手枪决斗,最后以放弃告终。

从 1902 年开始,他在维也纳,也在柏林担任《维也纳新自由报》的戏剧记者。他负责奥托·勃拉姆斯的导演工作,有时还涉及麦克斯·莱因哈特的喜剧评论。1908 年 8 月,他在维也纳与伊娃·玛丽亚·弗朗克结婚(1937 年 11 月 2 日自杀身亡)。女儿 Franziska 生于 1911 年 5 月 29 日,1938 年 3 月 29 日离开维也纳前往米兰,1940 年底移居巴西里约热内卢,于 1963 年去世。

戈德曼在第一次世界大战期间担任了战地通讯员。战后在德国将权力移交给纳粹之后,他因为反对纳粹,于 1933 年 8 月在米兰被盖世太保逮捕,同期遣返回维也纳,1935 年 9 月 25 日在维也纳去世,享年七十岁,葬于维也纳城市公墓。

2018年10月我们查到他的资料,并在维也纳找到了他的故居,同时在维也纳公墓管理处,找到了戈德曼先生墓地的编号。由于墓地费用支付到1994年6月5日,此后无后人前来支付,墓地管理部门无法联系上其后人,只能按惯例给予20年的延期,2014年6月5日作为无主墓处理。现在墓碑已经不存在了!

保罗·戈德曼的主要作品:

《1898年的夏日:一个德国记者的中国观察》,游记,共2卷,1899年;

《一个不应该的合谋》,三幕喜剧,1902年;

《新方向》(关于柏林剧院表演的辩论性论文),1903年;

《引人入胜的迷宫》(关于柏林剧院表演的文章),1905年;

《德国舞台的衰落》(关于柏林剧院表演的辩论性论文),1908年;

《文学作品和创作方向》(关于柏林剧院表演的辩论性论文),1910年;

《与兴登堡元帅一起——1914年在总部的一个晚上》,1914年;

《从里尔到布鲁塞尔》(包含德国陆军西方阵地和战斗的照片),1915年;

《与兴登堡的对话》,1916年;

《赖兴巴赫伯爵的沦陷》,1923年。

感谢人民文学出版社臧永清社长的大力支持,感谢资深编辑付如初博士对翻译稿件的精心打磨。如果不是这本书的特殊价值,我原本是不会想到自己此生会做翻译工作的。尽管我拼尽了全力,但在文字方面依然有很多欠缺。付如初博士本着对历史负责、对读者负责的职业操守,协助我完成了近四十万字文稿的整理工作。她逐字逐句帮助我修改润色,核对史料,启发我核对原文的准确含义,探讨中文表达的分寸和细节。如果没有她的帮助,您面前的这本书,不会是这样令人欣慰的面貌。当然,此中错讹还是难免，这些都是我的责任，盼望读者慧眼指出，帮助我让书稿更臻完善。我的邮箱地址：info@ glanz-culture.de。

我期望这本书能够留存下去，为中国历史保存一份珍贵的史料，更为中国人保存一段值得铭记的记忆。古老的中国步履艰难走过的那段岁月，学过历史的中国人都不会忘记。我们无法忘记国家贫弱时候的屈辱，因而才会更加珍惜国家富强之后的自豪。

2021 年 7 月于德国国王湖

1898 年的夏日
——一个德国记者的中国观察